Über das Buch:
Konrad Beikircher ist ein Multi-Talent: Musiker, kompetenter Kenner der klassischen Musik und ein hinreißender Kabarettist. Und so ist er der perfekte Autor für diesen ersten Führer durch die bekanntesten Konzerte der klassischen Musik, der sein Thema nicht mit Ernst und erhobenem Zeigefinger, sondern mit Humor und Leichtigkeit behandelt. Da bleibt kein Auge trocken, wenn sich Konrad Beikircher kabarettistisch über Johann Sebastian Bachs Brandenburgische Konzerte oder Beethovens 9. Sinfonie hermacht, und trotzdem genießt der Leser einer hochkompetente Einführung in das Werk, in die Biographie der Komponisten und in die Entstehungsgeschichte der Stücke. Aber damit nicht genug: Wie im »Michelin« oder »Gault-Millau« die Restaurants fein säuberlich benotet werden, bewertet Konrad Beikircher die technischen Aspekte der Werke, ihren künstlerischen Rang und gibt praktische Hinweise, zu welchen Lebenssituationen (Liebeskummer, plötzliche Börsengewinne, Dauerregen am Sonntag) ein Werk am besten passt, welche Bemerkungen sich für ein kompetentes Pausengespräch eignen und an welchen Stellen man sich bei welchen Sinfonien ruhig ein Nickerchen leisten kann ...

Der Autor:
Konrad Beikircher, geboren 1945 in Südtirol, studierte Psychologie und Musikwissenschaften in Bonn. Im ersten Leben Psychologe in einer Jugendstrafanstalt, seit 1986 freiberuflicher Kabarettist, Musiker, Moderator, Regisseur und Autor. Zahlreiche Rundfunk- und TV-Auftritte, CD- und Buchveröffentlichungen.

Weitere Titel bei K & W:
»Et kütt wie't kütt, Das rheinische Grundgesetz«, KIWI Köln 2001; »Und? Schmecket?! Eine kulinarische Reise durch das Rheinland«. Mit Rezepten von Anne Beikircher, KIWI Köln 2003.

Andante Spumante

Der Beikircher
Ein Konzertführer

*Mit einem Vorwort von
Franz Xaver Ohnesorg*

Kiepenheuer & Witsch

1. Auflage 2003

Der Beikircher, Andante Spumante, Ein Konzertführer
Copyright © 2001, 2003 by Verlag Kiepenheuer & Witsch, Köln
Alle Rechte vorbehalten. Kein Teil des Werkes darf in irgendeiner Form
(durch Fotografie, Mikrofilm oder ein anderes Verfahren) ohne schriftliche
Genehmigung des Verlages reproduziert oder unter Verwendung elektronischer
Systeme verarbeitet, vervielfältigt oder verbreitet werden.
Lektorat: Andreas Graf, Köln
Musikwissenschaftliche Unterstützung: Anneliese Kürsten, Dieter Kohlhaas
Umschlaggestaltung: Barbara Thoben, Köln
Umschlagfoto: © Donka Müller
Montage: Rudolf Linn, Köln
Gesetzt aus der Scala
Satz: Greiner & Reichel, Köln
Druck und Bindearbeiten: Clausen & Bosse, Leck
ISBN 3-462-03323-9

*Franz Xaver Ohnesorg
und
Lars Vogt
mit einem Lächeln
zugeeignet*

Vorwort
von Franz Xaver Ohnesorg

Schon seine frühen kabarettistischen Abende, bei denen er mit so skurrilen wie realistischen Betrachtungen zur rheinischen Grammatik und zum Leben der Kölner »an sich« die Herzen seiner Zuhörer eroberte, ließen es ahnen: Hier analysierte nicht nur ein begnadeter Vortragskünstler mit sensiblen Kenntnissen der rheinischen Psyche den Singsang kölscher Sprachmelodien, hier bekannte einer auch ganz offen seine tiefe Liebe zur Musik, die mit diesem ganz besonderen Dialekt verbunden ist. Mehr noch: Für mich selbst – der ich wie Konrad Beikircher ein aus Kölner Sicht aus dem Süden Zugereister bin, also ein »Immi« – war sein Denken eine umfassende Bestätigung eigener früher Studien des Hauptwerks des Münchener Musikwissenschaftlers Thrasbylos Georgiades, das dem Ursprung der Musik in der Sprache galt.

Als mir dies bei Konrad Beikircher auffiel, war ich Intendant der Kölner Philharmonie und gerade dabei, neue Konzertformen zu entwickeln, bei denen es darum ging, dem begeisterungsfähigen Kölner Publikum möglichst unverkrampft mehr Wissen zu vermitteln.

Konrad war dafür genau der Richtige. Endlich hatte ich in ihm einen idealen Vermittler gefunden, jemand der sein Wissen zur Musik und vor allem seinen überaus sinnlichen Bezug zur Musik so formulieren konnte, dass es für das philharmonische Publikum lehrreich und unterhaltsam zugleich war. So wurden aus den ersten Beiträgen – wenn etwa unser gemeinsamer Freund Hanns Dieter Hüsch oder die Philharmonie selbst Geburtstag feierten – bald ganze Abende mit Porträts rheinischer Musiker, wie Beethoven, Schumann oder Max Bruch oder des rheinischen Tenors Anton Raaff, der 1781 Mozarts Uraufführungs-Idomeneo war.

Nun endlich – und aus philharmonischer Sicht durchaus folgerichtig – hat Konrad Beikircher einen Konzertführer geschrieben: so ungezwungen, frech und unterhaltsam und dabei ebenso kenntnisreich und solide, wie sein ganzes Denken eben ist. »Andante Spumante« ist also kein trockenes wissenschaftliches Traktat zur Erzeugung von Minderwertigkeitskomplexen bei seinen Lesern, sondern ein vergnügliches Handbuch für aufgeschlossene Konzertgänger, in dem die Wertungen von so fortschrittlichen Musikologen wie Csampai, Holland oder Helm durchaus ihren Platz haben.

Beikirchers Seriosität und seiner Lust, im Ernsten das Heitere und im Heiteren den Ernst zu sehen, verdanken wir so durchaus lebensvolle Porträts, bei denen die menschlichen Seiten der Komponisten ungewohnt tief ausgeleuchtet werden, wenn etwa bei der Schilderung der schwierigen Beziehung zwischen Robert und Klara Schumann ein Ernst Jandl zu Wort kommt oder im Blick auf Franz Liszt Albert Camus durchaus hilfreich zitiert wird. Das alles ist mitten aus dem Leben gegriffen und voller freundlicher Menschenkenntnis.

Sein geradezu unerschöpfliches Erzähltalent ermöglicht es Beikircher, einen Herrn Schmitz zu erfinden, dessen psychologische Kenntnisse viel mit dem früheren Beruf seines Erfinders zu tun haben: Wenn dieser Herr Schmitz Robert Schumanns letzte Tage in der Nervenheilanstalt Endenich beschreibt, dann gerät diese Schilderung nicht nur zu einer anrührenden Liebeserklärung an eine geschundene und missverstandene Kreatur, sondern auch zu einer kritischen Auseinandersetzung mit den begrenzten Möglichkeiten eines Anstaltspsychologen (als der Konrad Beikircher viele Jahre lang in nordrhein-westfälischen Justizvollzugsanstalten diente). Nicht weniger tief geraten die Einsichten in das Leben Ludwig van Beethovens, gerade weil sie sich in diesem Fall aus einem tragikomischen Gespräch mit einem durchaus wirklichkeitsnahen Marcel Reich-Ranicki ergeben. Nicht nur in solchen Abschnitten ist Beikirchers Konzertführer eigentlich ein Vorlese-Buch – wobei zum kongenialen Erfassen des Beikircher'schen Sprachduktus seine CD-Aufnahmen der »Kaffeehausgeschichten« und natürlich der rheinische Klassiker »Wie is et? Jot!« wärmstens empfohlen seien!

Natürlich kommt neben Beikirchers zugegebenermaßen unkonventionellen Porträts und den damit verbundenen höchst originellen, aber immer künstlerisch fundierten Werkeinführungen seine kabarettistische Phantasie nicht zu kurz, z. B. wenn er seinen Lesern – nach Männern und Frauen getrennt – Empfehlungen für den effektvollen Pausen-Talk mitgibt oder mit seinen Hits und Flops praktische Lebenshilfe für Konzertgänger erteilt.

Kurzum: »Andante Spumante« ist ein spritziges Buch für Musikliebhaber, die auch während eines Konzerts gerne schmunzeln, weil sie sich daran erinnern, was Konrad Beikircher zu den Kompositionen und ihren Erfindern eingefallen ist. Nichts wappnet Sie besser gegen nicht nachvollziehbare Musikkritiken als dieses Buch! Gratulieren wir Konrad Beikircher und uns allen dazu!

Franz Xaver Ohnesorg

Einleitung

Ich saß in der Philharmonie in Köln in einem Konzert, dessen Programm c-moll lautete: Beethoven Leonore und 3. Klavierkonzert, nach der Pause Brahms 1. Symphonie. Alles wäre schön gewesen, wenn Dirigent und Orchester dem c-moll gewachsen gewesen wären. So war es aber nicht. Was die Streicher an Brillanz vermissen ließen, glichen die Bläser durch Unkoordiniertheit aus – was den Pauken immer wieder was Solistisches verlieh. Nun gut, man war froh, als das Gefranse zu Ende war, und gab sich schon Überlegungen für das Après-Konzert hin, als der Dirigent eine Zugabe ankündigte: einen langsamen Sibelius-Satz. Hinter mir saß ein sehr älterer Herr, dessen Gemahlin offenkundig schwerhörig war. Ihre Frage: »Was spielen sie?« beantwortete er mit gewohnter Lautstärke, also brüllend: »Sibelius! Da kann ich mir ja gleich die Kugel geben!« Unnötig zu sagen, dass mindestens in zehn Reihen die Besucher im Lachkrampf nach Luft rangen.

Spätestens dieses Erlebnis festigte meinen Entschluss, eine Art Konzertführer zu schreiben, der die hehren Dinge nicht so ernst nimmt. Dass dabei das Unternehmen unter meinen Händen wuchs, hat niemanden gewundert, der mich kennt: Lust an Lebensläufen hatte ich immer schon, ich plaudere für mein Leben gern, und ich sehe gerne im Ernst das Heitere und umgekehrt. Dabei kam das heraus, was Sie jetzt in Händen halten, wofür ich mich mit einer Verbeugung bedanke. So, und jetzt können Sie sich setzen: Bitte nehmen Sie Platz.

Sie können also in diesem Buch einiges über das Leben des jeweiligen Komponisten erfahren und über das in Rede stehende Werk – dazu gibt es kabarettistische Anmerkungen. Ich überlasse es Ihnen, zu entscheiden, was Ihnen besser gefällt, betone aber, dass ich Ihnen – was die Fakten anbelangt – keine kabarettistischen Bären aufbinde, so seriös müssen selbst wir Kleinkünstler sein.

Mein ursprüngliches Ziel, 50 der häufigst gespielten Werke zu besprechen, musste ich allerdings beschneiden, da der Stoff unter meinen Händen so wuchs, dass bald klar war: In einem Band hat das nicht alles Platz. Ein flüchtiger Blick in das Inhaltsverzeichnis

zeigt Ihnen natürlich auch, wer in einem möglichen zweiten Band »vorkommen« muss: Brahms natürlich, Richard Strauss, Johann Strauß, Janáček, Debussy, Prokofieff usw., die zweiten 25 eben. Bleibt mir nur die Hoffnung, dass der Verleger diese einleitenden Sätze ebenfalls liest und grünes Licht für einen solchen Doppelschlag gibt. (Gibt er! *Der Verleger*).
Selbstverständlich habe ich für dieses Buch eine Menge Literatur verwendet: die gängigen Lexika als da wären »Musik in Geschichte und Gegenwart«, »The New Grove Dictionary of Music and Musicians«, Biographien, Artikel etc. Ich werde im zweiten Band ein ausführliches Literaturverzeichnis »nachliefern«, habe aber jetzt schon mal im Text auf Literatur verwiesen, damit Sie nicht ganz im Regen stehen, wenn Sie Ihre Kenntnisse vertiefen möchten (was ich mir angesichts der Ausführlichkeit dieses Buches kaum vorstellen ...!).
Zu mir: Ich bin Jahrgang 1945, habe das Konservatorium in Bozen besucht und so intensiv Geige studiert, dass ich Geiger werden wollte. Als ich im Oktober 1965 nach Bonn kam, um Psychologie zu studieren, erlitt ich einen derartigen Sprachschock (ich verstand einfach kein Wort), dass ich auf der Stelle beschloss, mich auf die Aufnahmeprüfung an der Musikakademie in Wien vorzubereiten. Ich fiedelte also vier Monate lang Paganini, Vieuxtemps, Bach und Fiorillo, zwischendurch immer mal wieder den leidigen Sevčik, und sah mich schon auf den Podesten der Konzertwelt rasenden Applaus entgegennehmen, als ich die Idee hatte, einen Bozener Geiger in Düsseldorf zu besuchen, der dort bei Sandor Vegh die Meisterklasse besuchte. Ich spielte ihm mein ganzes Repertoire vor und wollte natürlich wissen, wie es um meine Berufsaussichten stünde. »Zu den ersten Geigen im Orchester des Theaters am Gärtnerplatz in München reicht es vielleicht – zu mehr aber nicht«, war seine Antwort. Pünktlich zum beginnenden Sommersemester 1966 erholte ich mich von diesem Schock und studierte nun ernsthaft Psychologie. Aber: Heute noch bin ich diesem Geiger (Toto Egger) dankbar, dass er mir damals die Wahrheit gesagt hat! Ich ergänzte mein Studium um die Fächer Musikwissenschaften (bei Vogel und Massenkeil) und Philosophie (insbesondere Barion) und arbeitete als Diplom-Psychologe von 1971 bis 1986 im Jugendstrafvollzug in Nordrhein-Westfalen. Die musische Seite aber brach sich Bahn und drängte mich aus der Beamtenlaufbahn. Seit April 1986 bin ich als Kabarettist – der gerne mit der rheinischen Sprache spielt, weil: jetzt verstehe ich sie –, Autor und Komponist (mehr cantautore) italienischer und deutscher Lieder unterwegs.
1992 lernte ich in der Philharmonie in Köln anlässlich eines Auftritts Franz Xaver Ohnesorg kennen. Er regte mich zu allerlei Din-

gen an: zu Komponistenporträts aus rheinischer Sicht, zu Kinderkonzerten (insbesondere solche mit zeitgenössischer Musik) und zu meinem »Concerto Buffo«. Ihm verdanke ich das Entree in die Welt der großen Musik, nun aber nicht mehr als Hörer – ein Leben ohne Musik kann ich mir nicht vorstellen –, sondern als Mitwirkender. Dass wir obendrein denselben Sinn für Humor haben, hat uns Freunde werden lassen, auch wenn er jetzt, nachdem er in extremer Weise linksrheinisch beschäftigt war (Carnegie Hall!), im Rechtsrheinischen (Berlin) tätig wird. Ohne ihn wäre mein Leben um ein großes Stück Freude ärmer.

Mit Lars Vogt, dem begnadeten Pianisten (und so jung, dass ich sein Vater sein könnte), verbindet mich neben gemeinsamer Arbeit eine enge musikalische Freundschaft. Sein großer pianistischer Atem ist mir immer wieder Anregung, das Zusammensein mit ihm Gute-Laune-Surfen.

Bei beiden, Franz Xaver Ohnesorg und Lars Vogt, möchte ich mich hier ganz ausdrücklich für all das Schöne, das sie mir gegeben haben, bedanken.

Ihnen aber, werte Leserinnen und Leser, wünsche ich viel Spaß beim Schmökern, seien Sie nicht erbost, wenn da schon mal freche Bemerkungen zu lesen sind; Komponisten, auch die größten, haben auch ganz gerne gelacht, und von niemandem gibt es so viele Scherze, Anekdoten und Witze über Musik wie von den Musikern selbst. Eine Gebrauchsanweisung zum Umgang mit diesem Buch und seinen vielen Rubriken finden Sie übrigens auf den Seiten 321 bis 323.

Gefällt Ihnen das Buch, schreiben Sie es mir auf meine »Heimatseite«: www.beikircher.de. Gefällt es Ihnen nicht, schreiben Sie es dem Verlag!

Der Dirigent

Zu Beginn – wie der Dirigent vor dem Orchester steht – ein paar Sätze zu dem Menschen, der in jedem Konzert am meisten auffällt und ohne den scheinbar gar nichts geht: dem Dirigenten.
Den einen ein Gott, den anderen ein Ärgernis, ist der Dirigent genauso wie das Orchester unentbehrlich für ein Konzert. Ist er ohne Orchester lächerlich, ist es ohne Dirigenten hilflos. Beide also brauchen einander, nein, sind einander auf Gedeih und Verderb ausgeliefert.
Wie es gute und nicht so gute Orchester gibt, gibt es natürlich auch gute und nicht so gute Dirigenten. Unangenehmerweise dirigieren allerdings die nicht so guten Dirigenten gerne die schwierigsten Werke, und das auch gerne auswendig, was zu hübschen Konzerterlebnissen führen kann, zu völlig neuen Sichtweisen großer Werke, wenn z. B. ein etwas verwaschener Einsatz bei Beethovens Fünfter statt zu drei Achteln zu vier Achteln führt.
Andererseits muss man sagen, dass die Qualität der modernen Orchester heute so hoch ist, dass der Dirigent als Taktschläger, Rhythmushalter und Akzentsetzer eigentlich überflüssig geworden ist: Man kennt, was man spielt, und man spielt es, wie man es kennt.
Deshalb muss ein Dirigent, um ein guter Dirigent zu werden, Fähigkeiten auf Gebieten haben, die mit Musik nichts zu tun haben. Hier unterscheiden wir zwischen mehreren Dirigenten-Typen:

DER MIT DEN SCHÖNEN HÄNDEN

Schon im Kreißsaal lief das halbe Krankenhaus zusammen, um seine wunderbaren Hände anzuschauen. Man spricht in solchen Fällen von einer Handgeburt, weil diese Babys natürlich wissen, wie schön ihre Hände sind, und deshalb, um sie zu schonen, mit den Händen voraus auf die Welt kommen. Für solche Hände sind Nivea, Atrix und Palmolive erfunden worden, solche Hände erlauben nur zwei Berufe: Zigarrendreher oder Dirigent. Der Dirigent mit den schönen Händen formt die Töne, als gelte es, Plastiken zu gestalten. Seine Finger surfen auf den Obertonreihen, seine Hände schmiegen sich den Wellen der Musik an, im Grunde ist ihnen alles Brandung und Meer: Ob dieser Dirigent vor einem Orchester oder am Strand steht, ergäbe keinen Unterschied, seine Bewegungen wären dieselben. Er liebt Schumann, Debussy und Ottorino Respighi und träumt davon, einmal 120 Harfen dirigieren zu dürfen, das Instrument, das seinen Glissando-Krallen am verwandtesten ist. Alle Frauen, die seine Hände sehen, schmelzen dahin und bedauern, dass er nicht Pianist geworden ist.

DER VERKEHRSPOLIZIST
Er kann gut zeigen, und er liebt Musik. Das hat zur verhängnisvollen Entscheidung geführt, Dirigent zu werden. Er hat sich mit dem Studium der Musik und der Partituren sehr schwer getan. Aber er hat es geschafft. Jetzt will er in jedem Konzert beweisen, dass er die Partitur kennt. Jedes Konzert ist eine Prüfung, er muss bestehen. Also dirigiert er mit dem Zeigefinger der rechten Hand. Einen halben Takt vor dem Einsatz zeigt er auf die Flöte, und siehe da: Die Flöte setzt ein. Schon zeigt er auf die Bratschen, und tatsächlich: Sie sind dran. Manchmal muss er im Takt vorher vier Einsätze geben, kein Problem, mit preußischer Exaktheit zeigt er auf zack! die Oboe, zack! die Celli, zack! die Pauke, zack! die Hörner, und alles stimmt. Er ist der geborene Verkehrspolizist. Partituren sieht er unter dem Ampel-Gesichtspunkt: Wer hat rot und wer hat grün? Er selbst ist immer im gelben Bereich: Achtung ... Oboen halt! Und Achtung ... Klarinetten grün! Unter seinem Dirigat wird Musik zu einem Spiel mit der Kreuzung: Schau! wie alles klappt und guck mal hier: die Fermate als Sackgasse fürs Triangel, schön! Er liebt das Kamener Kreuz, Carl Maria von Weber und Arthur Honegger. Er träumt davon, Rillen in die Autobahnen zu fräsen, damit über die Reifen jedes Auto seine eigene Musik bekommt und sein Passat die schönste. Frauen mögen ihn nicht, weil: Das kennen sie schon.

DER URSCHREI-TYP
Er federt aufs Podium, wirft einen kurzen Blick aufs Orchester, dann sammelt er sich einen Moment. Man denkt an nichts Böses, da reißt er plötzlich beide Arme hoch, hält sie einen Moment oben, als wäre er Boris Becker mit zwei Schlägern, um dann, mit einem Urlaut aus der Tiefe des Schrittes, beide Arme nach unten stürzen zu lassen, um sein As zu schlagen. Dummerweise hat er die Arme so lange gespannt oben gehalten, dass das Orchester keine Eins mehr sieht, sich also entschließt, nach eigenem Gutdünken anzu-

fangen, was den Urschrei-Dirigenten hoffnungslos ins Hintertreffen geraten lässt. Ab jetzt schwimmt er verzweifelt hinter den Einsätzen her, macht das aber, wenn er geschickt ist, so virtuos, dass es im Grunde keinen stört und der Eindruck bleibt, dass sich da einer im Dienst der Musik völlig abrackert. Sein Urschrei am Beginn gibt dem Publikum das Gefühl, dass es sich bei dem, was es jetzt hört, um wirklich wesentliche Dinge handeln muss, also gibt es sich zufrieden dem Fluss des Gehörten hin. Dass er was geleistet hat, sieht man am durchgeschwitzten Frack, und das honoriert man gerne durch wohlwollenden Applaus. Der Urschrei-Dirigent besteht auf Garderobe mit Dusche. Er liebt Richard Strauss und Ewald Balser als Beethoven-Darsteller und träumt davon, die Sinfonie der Tausend in einer Fassung für 10.000 Posaunen vor dem Hermanns-Denkmal im Teutoburger Wald *open air* aufzuführen. Er isst gerne Schlachtplatten und hört im Auto immer wieder die Kassette der deutschen Nationalhymne in der Schöneberger Rathaus-Fassung für Kohl, Brandt, Genscher und 20.000 Pfeifer.
Frauen mögen ihn nur bedingt: Der Urschrei ist zu kurz.

DER WESENTLICHE
Der Wesentliche kommt mit nach innen gerichteten Augen auf das Podium und würdigt das Publikum keines Blickes. Nicht, dass er es verachtete, er sieht es gar nicht. Es geht nicht um die Gewinnung kurzfristiger Zuneigungen – wie flüchtig ist Applaus! –, es geht um das Werk. Es zu gestalten ist er hier. Er ist allerdings kein kniefälliger Komponistendiener, er ist gleichberechtigter Mitschöpfer, und daran lässt er keinen Zweifel. Er würgt den Auftrittsapplaus durch ein knappes Kopfnicken ab, dreht sich um und fängt an zu gestalten. Wer allerdings jetzt auf titanische Gesten wartet, wird enttäuscht. Der Wesentliche braucht den ganzen Gestenfirlefanz nicht. Er hebt eine Hand, manchmal auch nur einen Finger, und das Orchester führt aus. Das Orchester zittert vor ihm, denn dem Wesentlichen kann man nichts vormachen. Da kann der Konzertmeister so laut spielen, wie er will, der Wesentliche hört genau, was hinterm vierten Pult los ist. Er braucht nichts zu sagen, er schaut nur hin, das genügt. Hat der Wesentliche viel Konzerterfahrung, dirigiert er nur noch mit den Augenbrauen. Ist er damit spärlich ausgestattet, dirigiert er mit den Manschettenknöpfen. Einigen wenigen soll es auf dem Höhepunkt ihres Schaffens gelungen sein, allein durch ihre Anwesenheit ein Werk zu dirigieren. Der Wesentliche liebt Monteverdi, Haydn, Pfitzner und die Metamorphosen von Richard Strauß. Er ist Fußballfan, schaut viel fern und macht

sich nichts aus Frauen. Seine Unerreichbarkeit macht ihn schöner, als er ist; siebzehn Frauen sind wegen ihm schon in den Freitod gegangen, aber niemand hat gewagt, ihm das zu erzählen. Der Wesentliche träumt manchmal davon, ein neunzigminütiges Konzert für 22 Beine pfeifen zu dürfen.

DER HÜPFER

Der Hüpfer ist in Gummi gezeugt und drin geblieben. Er ist kugelrund und lacht gerne: ins Publikum, wenn es ihm gefällt, oder ins Orchester, wenn es ihn befriedigt. Die Partitur ist ein Trampolin, Musik ist Freude und Springen, das geht doch gar nicht anders, er wünscht sich, dass es keine Stühle gäbe, dann könnte auch das Publikum mithüpfen und sich freuen. Er rollt aufs Podium, und schon vor der Verbeugung fängt er an zu hüpfen. Wegen ihm sind manchmal Seile um das Podest gespannt, damit er auf dem Trampolin bleibt. Er wäre in der Lage, durch das brennende Triangel zu springen, wenn's schön ist. Am liebsten dirigiert er Opern. Da *muss* er hüpfen, damit ihn die Sänger sehen. Am schönsten hüpft er für Primadonnen. Im Sprung modelliert er ihre Töne, er holt hüpfend das Letzte aus ihnen heraus, er umschmeichelt sie, dann verschwindet er, um im Orchestergraben nach dem Rechten zu sehen, aber vor dem nächsten Einsatz ist er wieder da, funkelt im Sprung seine Schöne an und zaubert sie in den Erfolg. Primadonnen lieben den Hüpfer, solche Männer wünschen sie sich, die für sie springen.
Im Orchester sind die Meinungen geteilt: Die Piccoloflöte hüpft mit, für sie ist die Eins da, wenn der Hüpfer an die Zirkuskuppel stößt, die Bratschen verlassen sich da eher auf die Füße und nehmen als Eins, wenn er wieder auf dem Boden ist. Der Hüpfer liebt Mozart über alles, Prokofieff und Rossini. Er liebt Gummibärensaft, A-hörnchen und B-hörnchen und Sitzbälle. Frauen mögen ihn sehr, weil er so vital ist, halten sich aber von ihm fern, weil sie ahnen, dass er zu Hause nur schläft. Der Hüpfer träumt manchmal davon, ein Orchester zu haben, das man aufziehen kann.

DER RUDERER

Der Ruderer ist eine tragische Gestalt: Wer so lange Arme hat wie er, hätte besser Melker werden sollen. Keine Kuh wäre ihm jemals zur Gefahr geworden. So aber ist er Dirigent und verursacht Platzprobleme: So manches Cello, das ihm zu nahe war, hat er einfach weggerudert. Seine – wie gesagt viel zu langen – Arme sind eigenständige Wesen. Sie sind ihm angewachsen wie anderen Leuten der

Kontostand oder ein Buckel. Er hat sie zwar, aber er kann sie nicht beeinflussen. Kommt er aufs Podium, hat man den Eindruck, dass eines dieser hübschen Planschtierchen für Kinder aus der Badewanne in den Konzertsaal rudert: Der vollkommen ruhige Körper geht nicht, sondern wird von den unglaublich ausschlagenden Armen nach vorne gepaddelt. Selbst bei der Verbeugung beschreiben seine Arme drei Kreise, dann dreht er sich um, das Orchester springt ins Boot und jetzt wird gerudert. Er paddelt sich durch Bruckner, Wagner und Brahms. Brahms liebt er übrigens sehr, weil er da in unterschiedlichen Rhythmen paddeln kann: links drei Schläge, rechts vier Schläge und dann die Schlagzahl erhöhen! Der Ruderer bringt Bewegung in den Konzertsaal, er schaufelt die Noten gleich kiloweise weg, jeder bewältigte Takt hinterlässt einen kleinen Strudel im Fluss der Musik. Das Problem ist nur: Wer rudert, schaut nach hinten. So dirigiert er auch. Aber sei's drum, es macht Spaß, ihm zuzuschauen. Der Ruderer liebt Brahms, Bruckner und Edward Elgar. Er mag Eintöpfe und Luftmatratzen. Frauen finden ihn komisch, mögen ihn also nicht. Der Ruderer träumt vom Fliegen und einem Konzert für Albatros und Kaiserpinguine.

So weit dies. Es gäbe natürlich noch eine Reihe von spezielleren Fragen, z. B. womit dirigiert man was. Natürlich Bruckner mit einem Tannenzapfen, Brahms mit dem Aal in der Hand, Offenbach mit Kölschglas und Wagner mit seidenen Damenstrümpfen. Nur, das würde an dieser Stelle denn doch zu weit führen.

Johann Sebastian Bach
1685–1750

Sechs Brandenburgische Konzerte
BWV 1046–1051

Johann Sebastian Bach: am 21. März 1685 in Eisenach geboren, am 28. Juli 1750 in Leipzig gestorben. Um 20 Uhr 15. Über sein Leben ist schon so viel gesagt worden, dass ich mich hier auf das Wesentliche konzentrieren kann.

Er ist – soweit man weiß – nie fremdgegangen (wann auch: Er musste entweder Unterricht geben, komponieren, selber spielen oder Babys wickeln, denn in den 34 Jahren von 1708 bis 1742 kamen 20 Kinder zur Welt; multipliziert man das mit jeweils zwei Jahren wickeln ...!).

Er hat keinen Ausschweifungen gefrönt, es sei denn, man wollte seine Lust am Kaffeetrinken und seine Freude am Hefeschnaps darunter zählen. Andererseits: Zwanzig Kinder galten auch damals nicht mehr als Kleinfamilie. Somit können wir uns um die Zeit kümmern, in der die Brandenburgischen Konzerte entstanden sind: Bachs Köthener Zeit.

Diese zentrale Periode in Bachs musikalischem Schaffen fängt witzigerweise mit Arrest an, also quasi im Knast, was man bei so einem geordneten Menschen wie Bach wahrlich nicht vermuten würde. Wie kam es dazu? Bach war 1708 mit 23 Jahren als Geiger und Cembalist zu Herzog Wilhelm Ernst an den Hof von Weimar berufen worden und machte dort richtig Karriere bis zum Hofkonzertmeister. Das war schön. Nicht so schön wird gewesen sein, dass Bach oft genug in Heiduckenuniform auftreten musste – was für ein Geschmack! Natürlich wollte er gerne weiterkommen: Hofkapellmeister war das Ziel. Der etwas mürrische Herzog aber taktierte herum, weil er Bach zwar schätzte, aber offenbar nicht so recht leiden konnte. Er dachte wohl, Bach gehört zu den Angestellten, die man zu Höchstleistungen antreiben kann, wenn man den Daumen draufhält. Telemann sollte Hofkapellmeister werden, das klappte nicht, dann setzte der Herzog einen Sohn des bisherigen Kapellmeisters, Johann Wilhelm Drese, in dieses Amt. Bach hatte natürlich »ene Hals bis Muffendorf« und guckte sich nach was Neuem um. Fürst Leopold von Anhalt-Köthen war über dieses Interesse hocherfreut und stellte Bach ein. Auch, um Herzog Wilhelm Ernst in Weimar tüchtig zu ärgern. Pech nur, dass Bach da in Weimar noch gar nicht gekündigt, das heißt, um seine Entlassung gebeten hatte.

Also: Im August 1717 nimmt er die Berufung nach Köthen an. Die Familie übersiedelt schon dahin, aber Bach darf nicht weg. Sein Entlassungsgesuch ist auf der langen Bank. Im September geht er nach Leipzig, gibt dort ein legendäres Orgelkonzert (das eigentlich ein Wettstreit mit Louis Marchand sein sollte, der hatte aber am Morgen vor dem Konzert gekniffen und Leipzig verlassen) und muss nach seiner Rückkehr nach Weimar vom 6. November bis zum 2. Dezember in den Arrest, weil dem Herzog als Strafe für die Eigenwilligkeit Bachs, mit der er immer noch um Entlassung ersuchte, nichts Besseres einfiel. Vermutlich hatte der Herzog vom Führungsprinzip: »Reisende soll man nicht aufhalten« noch nie was gehört. Im Knastjargon ausgedrückt: Bach war klassischer Kurzstrafiger. Da schreibt er sein Orgelbüchlein weiter und zeigt durch seine Beharrlichkeit (denn er war schon ein richtiger Sturkopf) dem Herzog, dass ein Bach sich nicht unterkriegen lässt. Recht so. Der Herzog gibt nach, und noch im Dezember tritt Bach sein Amt in Köthen an. Wird wohl ein freudiges Weihnachtsfest gewesen sein.

Köthen muss eine richtig geile Zeit gewesen sein, um es mal modisch auszudrücken. Fürst Leopold liebte Reisen und weltliche Musik, und Bach war immer dabei. Die Ehe lief, Bach hatte ein richtig dickes Gehalt, er war mit dem Fürsten befreundet – Glück, was willst du mehr? Kein Wunder, dass da die schönsten Orchesterwerke entstanden, allen voran die sechs so genannten »Brandenburgischen«, die so genannt werden, weil der Kurfürst Christian Ludwig von Brandenburg sie wahrscheinlich in Auftrag gegeben hat.

Der Rest des Lebens ist schnell erzählt: 1720 stirbt Maria Barbara Bach, mit der er fünf Söhne und zwei Töchter hatte, 1721 heiratet er Anna Magdalena Wilcken, mit der er sechs Söhne und sieben Töchter hat. 1723 geht Bach nach Leipzig, um dort als Thomaskantor Latein zu unterrichten. Folgerichtig stirbt er daran am 28. Juli 1750.

Ein dreiviertel Jahrhundert lang war es dann ruhig um Bach, und seitdem ist er der Größte. Mauricio Kagel hat es im Programmheft der Berliner Festspiele 1985 auf den Punkt gebracht:

»Es mag sein, dass nicht alle Musiker an Gott glauben; an Bach jedoch alle.«

ENTSTEHUNGSZEIT
Zwischen 1717 und 1721 in Köthen. Diese Angabe ist aber sehr relativ zu sehen, weil Bach sich selbst ein Leben lang »beklaut« hat, sodass einige Einfälle viel weiter zurückliegen.

URAUFFÜHRUNG
Weiß kein Mensch. Weil man damals sowieso ständig gefeiert hat, fiel die Uraufführung eines Orchesterwerks als Anlass für eine Premierenfeier nicht weiter auf. Was wir heute als große Kunst feiern, der wir hingebungsvoll zuhören und der wir Ausschließlichkeit schenken, war damals U-Musik, also eher die Untermalung einer Feier als die Feier selbst.

ERFOLG
Wird wohl geklappt haben, denn: Die Brandenburgischen Konzerte haben zwar den Musikgeschmack der damaligen Zeit gesprengt, aber nicht so, dass es wehgetan hätte oder gar den Hofschranzen aufgefallen wäre. Zumal die Verschmelzung dessen, was damals »in der Luft lag« (also französischer und italienischer Stil), dem Publikum damals sicher als »kommt mir irgendwie bekannt vor« gefallen haben muss. Ganz abgesehen vom »drive« der Konzerte, der sicher auch damals mitgerissen haben wird. So anders als wir waren die ja damals auch nicht, oder?!

ANEKDOTEN
Sind keine bekannt. Der Ausspruch Bachs anlässlich einer Aufführung des fünften Brandenburgischen, bei der er an der Bratsche und Wilhelm Friedemann am Cembalo gesessen haben soll, »Hau rein, Friedemann, was der Kiel hält!« ist schon allein aus sprachlichen Gründen in das Reich der Legende zu verweisen. Auch die Geschichte, dass er bei seinem vierten Brandenburgischen am Karnevalsdienstag die Flauto-dolce-Partie auf unterschiedlich gefüllten Hefeschnapsflaschen geblasen haben soll, müssen wir, weil technisch nicht darstellbar, vehement zurückweisen.
Aber halt! Eine Kleinigkeit ist doch bemerkenswert: Im 6. Brandenburgischen fällt auf, dass die Gamben erheblich leichter zu spielen sind als die Bratschen. Bach hat da seinem Freund, dem Fürsten Leopold, der gerne Gambe spielte, einen Wunsch erfüllt: mitspielen zu dürfen. Damit es nicht auffällt, wenn Ihro fürstliche Gnaden mal wieder danebensägen, hat Bach die Stimmen der Gamben so

simpel gehalten, dass es auch Hochwohlgeboren bewältigen konnte. Vermutlich ist es dem Fürsten gar nicht aufgefallen. Aber nett ist das schon von unserem Bach, was?

Übrigens: Vom 5. Brandenburgischen gibt es eine Aufnahme mit Furtwängler, bei der die Cembalopartie vom Meister persönlich gespielt wird – am Flügel! Bevor Sie aber lachen, hören Sie sich die Kadenz gegen Ende des ersten Satzes an – zum Abheben!

WERK
Sätze
Konzert Nr. 1 in F-Dur BWV 1046
    (Allegro) – Adagio – Allegro –
    Menuetto/Trio/Menuetto/Polonaise/Menuetto/Trio/Menuetto
Konzert Nr. 2 in F-Dur BWV 1047
    (Allegro) – Andante – Allegro assai
Konzert Nr. 3 in G-Dur BWV 1048
    (Allegro) – Adagio – Allegro
Konzert Nr. 4 in G-Dur BWV 1049
    Allegro – Andante – Presto
Konzert Nr. 5 in D-Dur BWV 1050
    Allegro – Affettuoso – Allegro
Konzert Nr. 6 in B-Dur BWV 1051
    (Allegro) – Adagio ma non tanto – Allegro

Dauer
Konzert Nr. 1   ca. 18–19 Minuten
Konzert Nr. 2   ca. 11 Minuten
Konzert Nr. 3   ca. 11 Minuten
Konzert Nr. 4   ca. 15 Minuten
Konzert Nr. 5   ca. 21 Minuten
Konzert Nr. 6   ca. 17 Minuten

Besetzung
Konzert Nr. 1: 2 Hörner
              3 Oboen
              Fagott
              Violino piccolo (konzertierend)
              2 Violinen
              Viola
              Violoncello
              Basso continuo
Konzert Nr. 2: Trompete
              Flöte
              Oboe
              Violine (konzertierend)
              2 Violinen
              Viola
              Violone
              Basso continuo

Konzert Nr. 3: 3 Violinen
 3 Bratschen
 3 Violoncelli
 Basso continuo
Konzert Nr. 4: Violino principale
 2 Flauti dolci (Ossia-Blockflöten)
 2 Violinen
 Viola
 Violoncello
 Kontrabass
 Basso continuo
Konzert Nr. 5: Querflöte
 Violino principale
 Violine
 Viola
 Violoncello
 Kontrabass
 Konzertierendes Cembalo
Konzert Nr. 6: 2 Bratschen
 2 Gamben
 Violoncello
 Kontrabass
 Cembalo

HITS

Die sechs Konzerte sind ein einziger Hit. Und hörte man sie alle hintereinander, wäre man auch noch von der instrumentalen Vielfalt hingerissen. Man kennt die Themen und wäre nicht überrascht, dass plötzlich Leute mitpfeifen, pfiffe man das Thema vom ersten Satz des dritten Konzerts vor sich hin.
Aber darüber hinaus gibt es noch Top-Hits in den einzelnen Konzerten.

Konzert Nr. 1 in F-Dur
Smash-Hits sind hier das Adagio und das Menuetto: das eine mit seiner überirdisch schönen Melodie und einem grandiosen Schluss, das andere mit seiner tänzerischen Umarmung, der sich keiner entziehen kann. Und wenn dann die Polonaise im Menuett auch noch pianissimo daherkommt, tut sich der Himmel auf.

Konzert Nr. 2 in F-Dur
Natürlich das Andante mit seinem – wie man heute sagen würde – sagenhaften *walking bass* und für Trompetenfetischisten das Allegro assai. Wenn das alles klappt und einer vielleicht noch die Fugenstruktur erkennt: Aber hallo!

Konzert Nr. 3 in G-Dur
Das ist der Rausch, der Hammer, der Wahnsinn! Hier tanzt der Anapäst (s. u.) zum Himmel, und es ist nur noch auf ein paar Spezialitäten hinzuweisen: Takt 46–53 und Takt 67–70, Takt 78 ff., wo das zweite Thema erklingt, und Takt 87–96 im ersten Satz – wen es da nicht »derbröselt«, der soll sein Abo kündigen. Und wenn die Celli die Steigerung in Takt 114–118 richtig hinkriegen, ist Atemlosigkeit angesagt. Kurios der eine Takt Adagio, was damit zu tun hat, dass hier früher improvisiert wurde. Im dritten Satz insbesondere Takt 24–27 und 44–46, da hat jede Note eine Applaushand und drei Rufzeichen!

Konzert Nr. 4 in G-Dur
Natürlich das Thema im ersten Satz für die flauti dolci, die Blockflöten, der Riesenatem im zweiten Satz und die Fuge im Presto, wo das Orchester schließlich den »Kampf« gegen die drei Solisten (Violine und Blockflöten) gewinnt.

Konzert Nr. 5 in D-Dur
Dieses Konzert gilt als das erste veritable Klavierkonzert, weil hier Bach das Cembalo konzertant behandelt und nicht nur als begleitende Nähmaschine. Die Takte vor der eigentlichen Kadenz im ersten Satz sind für Cembalo-Freaks der Himmel. Das läuft aber auch im Kreuz-Wibbel-Stich, möchte ich mal sagen. Ein weiterer Hit im ersten Satz: das Piano von Takt 71 bis Takt 101. Wer eine ab- und aufsteigende Bewegung so komponieren kann, muss ein grandioser Liebhaber sein (s. o.: Kinderzahl!). Das Thema des dritten Satzes gehört auch zu den Bach-Themen, die jeder kennt. Das Ganze ist ein Rausch, nicht nur für Cembalo-Freaks.

Konzert Nr. 6 in B-Dur
Für mich das intimste aller sechs Konzerte. So ungefähr muss sich Bach mit seinen Söhnen musikalisch unterhalten haben. Und das Adagio ma non tanto ist der Mega-Hit für den, der sich in solch warmen Klängen verlieren kann. Von wegen »strenger Familienvater«! Wer spüren will, was für ein liebevoller Mensch Bach gewesen sein muss: Hier kann man es hören.

FLOPS
Ein Flop – wenn auch auf hohem Niveau – ist sicherlich, dass Bach im dritten Satz des ersten Konzertes die Solovioline schwierigste Passagen spielen lässt (Doppelgriffe etc.), die keiner hört, weil die Hörner hupen, was das Zeug hält. Das mag alles seine werkimma-

nente kompositorische Begründung haben, die Geiger aber sind sauer. Das ist nicht nett, Herr Bach!
Ansonsten gibt es in allen sechs Konzerten keine Stelle, wo man mal dösen könnte oder sich überlegen, wo man nachher essen geht.

OBACHT
Bei den Brandenburgischen kann man nicht von heiklen Stellen reden, die sechs Konzerte *sind* eine heikle Stelle. Schlägt Freund Metronom den Takt, kann man es vergessen, da hetzt du durch die Sätze, als liefe einer mit dem Messer hinter dir her; wenn einer aber gnadenlos romantisiert und ein Rubato ans andere klebt, ist es so, als wolltest du loslaufen, es geht aber nicht, weil Kaugummi an den Sohlen klebt. Wenn aber ein Orchester oder ein Ensemble sich auf diese minimalen taktumspielenden Unregelmäßigkeiten verstehen, dann wachsen dir Schwingen (auch im jazzigen Sinn dieses Wortes), und du spürst nur noch Freude.
Besonders »genussvoll« werden die Konzerte, wenn die »Solisten« nicht allererste Sahne sind. Haben Sie schon mal das zweite (mit der extrem schwierigen Trompetenpartie) von einem mittelmäßigen Musiker vorgehupt bekommen? Schade. So viel Angstschweiß war nie. Herrlich auch der Gesichtsausdruck nicht souveräner Blockflötenspieler beim 4. Brandenburgischen. Und bei den langsamen Sätzen immer gucken, ob nicht doch einer dabei ist, der die 32stel-Verzierungen nicht ganz auf die Reihe bekommt, was dem Ganzen sofort so was Bräsiges gibt.
Und wissen Sie, warum das 6. Brandenburgische so selten gespielt wird? Weil die guten Bratschisten alle auf zweite Geige umgeschult haben.

ES MEINEN
Allein im Internet gibt es über eine Million Einträge zu Johann Sebastian Bach. Deshalb stellvertretend für alle das Folgende von Nikolaus Harnoncourt:
»Hätten ihn die Lebensumstände an einen großen katholischen Hof oder in eine unabhängige bürgerliche Stellung gebracht – und er hätte eine solche Entwicklung sicherlich begrüßt –, wäre er unbedingt zum größten Opernkomponisten seiner Zeit geworden.«
(Harnoncourt, »Der musikalische Dialog«, 1984)
Als »normaler Glauben« (wie man im Rheinland sagt, also als Katholik) habe ich dem nichts hinzuzufügen.
Luc-André Marcel weist in »J. S. Bach« (rowohlts Monographien,

Reinbek bei Hamburg, 1991) auf einen zentralen Aspekt bei den Brandenburgischen Konzerten hin: den Anapäst.
Was das ist, fragen Sie?
Na, dann lesen Sie doch
diese Verse genau
und schon wissen Sie auch
dass das dritte Konzert
ganz genau diesem Versmaß entspricht.
Hätte Bach nicht gewusst
was das ist: Anapäst,
hätte er nicht mit Lust
die Musik komponiert
die uns heut so erfreut
wie die Freundin ein Liebesgedicht.
Anapäst, dieser stampfende, fröhliche Versfuß ist tatsächlich in vielen Themen zu finden. Wetten abschließen – Suchen – Gewinnen!

BEIKIRCHER RÄT

ANLASS
Die Brandenburgischen passen exzellent zum Champagner, bevor man in der Kirche zur Trauung schreitet, überhaupt zum Sonntag früh, zu reschem Weißwein und zum Fisch.

NUTZUNG
Zur Stimmungsaufhellung bei Depressionen (nicht in allen Fällen), als Schrittmacher bei Jogging für Fortgeschrittene, zur Beschleunigung öder Schreibarbeiten.

AUTO
Extrem zu empfehlen beim Durchfahren von Alleen in Südfrankreich oder Mecklenburg-Vorpommern. Vorsicht beim Hören in Polo, Smart oder ähnlichen Kleinwagen: Da wirken auch die Brandenburgischen plötzlich etwas billig.

PAUSEN-TALK
»Das habe ich auf CD besser.«
»Meine Frau und ich haben beschlossen, uns Köthen anzusehen. Also nach *der* Musik ...«
»Hätte Bach die h-moll-Messe in Köthen geschrieben, wäre sicher eine C-Dur-Polonaise daraus geworden – aber mit Chor!«

FRAUEN
»Musik wie Mode von Galliano.«
»Wenn ich mir die Brandenburgischen auflege, spare ich mir die Gurkenmaske – so frisch bin ich danach!«
»Ich nehme morgen die Brandenburgischen in den Aerobicstep-Kurs mit – es ist genauso schnell und hat doch mehr Stil.«

MÄNNER
»Anapäst in Musik
ist der Rock des Barock – äh.«
»Mich überwältigt ja immer diese ungeheure Kraft bei Bach: Er lässt einfach nicht locker, nicht?«
»Ja, ja, dä Bach: immer wigger, ne!«
»Wissen Sie, die Gambe ist das Fagott der Streicher, finden Sie nicht auch?!«

BEWERTUNGEN

Die Solo-Partien	🎺🎺	Auch heute noch nur von exzellenten Musikern bewältigbar.
Ensemble	🎺	Weil: s. »Obacht«.
Gambenpartie im 6. Konzert	kein Horn	Bei aller Rücksicht auf Fürst Leopolds technische Fähigkeiten hätte Bach da schon etwas anspruchsvoller sein können!
Gesamt	🎺🎺🎺	Weil: Der Dirigent ist verzichtbar, die Brandenburgischen spielen sich für wirkliche Musiker von selbst.

Wilhelm Friedemann Bach
1710–1784

Symphonie F-Dur »Dissonanzen-Symphonie« (Falck 67)

Wilhelm Friedemann Bach war Johann Sebastians Ältester, was ihm die Dinge nicht gerade leichter gemacht hat. Am 22. November 1710 in Weimar geboren, starb er nach bewegtem Leben am 1. Juli 1784 in Berlin. Was hat er aus diesen knapp 74 Jahren gemacht? Nachdem sein Vater dem zehnjährigen Friedemännchen das »Klavierbüchlein« zusammengestellt hatte, legte er sich ins Zeug (wer möchte nicht seinen Vater auf eigenem Felde schlagen?) und war bereits mit 23 Jahren bestallter Organist an der Silbermann-Orgel der Sophienkirche in Dresden. Da hatte er nicht viel zu tun, also komponierte er schon mal was weg, damit er was auf der Notenbank hatte (tatsächlich stammen die meisten seiner Instrumentalwerke aus dieser Dresdener Zeit). Am 16. April 1746 kündigte er, nachdem er am selben Tag den Vertrag mit der Liebfrauenkirche in Halle unterschrieben hatte. Also schon ein etwas keckes Vorgehen, sagen wir mal: eigenwillig. In Halle blieb er bis zu seinem sechzigsten Lebensjahr; mit bisschen Unterricht und ab und an ein Konzert geben brachte er sich und seine Familie durch, siedelte im April 1771 nach Braunschweig über, um von dort im April 1774 nach Berlin zu ziehen, wo er am 1. Juli 1784 verstarb. In den letzten 14 Jahren seines Lebens nagte er überwiegend am Bettelstab (um einen berühmten Versprecher zu zitieren), was nicht schön ist, was aber auch daran lag, dass er lieber freischaffender Künstler war als sich zu verbiegen, was wiederum schön ist. Scherz beiseite: W. Friedemann Bach hat einiges komponiert, noch mehr aber improvisiert. Er war *der* geniale Improvisator seiner Zeit, wie seine Zeitgenossen übereinstimmend berichten. In der hohen Kunst der Improvisation soll er sogar seinem Vater überlegen gewesen sein. Was Wunder, dass er lieber einfach drauflosspielte, statt sich hinzusetzen und Noten zu pinseln. Die wenigen Live-Aufnahmen, die uns von ihm erhalten sind, sind leider in obskuren amerikanischen Archiven verschollen. Er hat aber obendrein das Pech gehabt, in der falschen Zeit leben zu müssen. Er sah sich nicht so sehr als Musikbeamter, ihm schwebte freies Künstlertum vor, eine Idee, der man aber erst im Sturm und Drang langsam näher kam (Sie erinnern sich: Stichwort »Originalgenie«). So war er – wie die hier in Rede stehende Dissonanzensymphonie auch zeigt – seiner Zeit so weit voraus, dass er an ihr scheitern musste. Schade. Er hätte nur 40 bis 50 Jahre warten müssen, dann wäre alles bestens gelaufen. So aber musste zur Unterstützung der Witwe nach seinem Tode Händels »Messias« zu ihren Gunsten aufgeführt werden, was sicher auch schön war und ein hübsches Licht auf die Hilfsbereitschaft jener Zeit wirft.

ENTSTEHUNGSZEIT
Die einen sagen so, die andern sagen so. Zwischen 1733 und 1746 sei sie entstanden, wo, wisse man nicht genau, oder (wie Hartmut Haenchen meint) zwischen 1755 und 1758 in Halle, was mir angesichts der Dissonanzen wahrscheinlich erscheint. Was anderes als Dissonanzen hätte er – man warf ihm vor, mit Geldern zu freigebig umgegangen zu sein – in Halle komponieren können?!

URAUFFÜHRUNG
Das weiß kein Mensch. Ob Wilhelm Friedemann jemals selbst eine Aufführung erlebt hat, ist ebenso fraglich. Er gehörte ja nicht zu den begüterten Komponisten, die sich ein Orchester hätten leisten können, nur um mal zu hören, wie es so klingt.

ERFOLG
In Bezug auf die Uraufführung: ???
Die Berliner Nachrichten schrieben 1774 (also zu einer anderen Zeit und über ein anderes Werk Wilhelm Friedemanns, aber was macht das schon, wenn man sonst nichts in den Fingern hat):
»Alles, was die Empfindung berauscht, Neuheit der Gedanken, frappante Ausweichungen, dissonierende Sätze ...«
Und Carl Friedrich Zelter, der musikalische Berater Goethes, der W. F. B. sehr schätzte, sagte: »Als Componist hatte er den tic douloureux, original zu sein« – was immer uns dieser Musikpapst von damals damit sagen will.

ANEKDOTEN
Über diese Symphonie sind keine Anekdoten bekannt, es sei denn, man betrachtete es als Anekdote, dass er die beiden Menuette wohl

als Kompromiss an den Zeitgeschmack so brav komponiert hat, zum »Glätten der Wogen«, nachdem er in den ersten drei Sätzen die Ohren seiner Zeitgenossen extrem strapaziert hatte.

Ansonsten haben sich romantisierende Schreiber (vor allem Albert Emil Brachvogel in seinem Roman »Friedemann Bach« von 1858, verfilmt 1941 mit Gustav Gründgens in der Titelrolle) über ihn eine Menge einfallen lassen, über sein Lotterleben, seine Trinkerkarriere, sein Musizieren mit Zigeunern, seine Fälschungen väterlicher Noten, sein Versilbern von Erbstücken, die Hartherzigkeit Carl Philipp Emanuels, als W. F.B. ihn, den reichen Musikbeamten, mal wieder um Geld angegangen war – ja mein Gott, was hätte er denn machen sollen in einer Zeit, in der es noch keine GEMA, keine GVL und so was alles gab? Ihn ereilte das Schicksal so vieler freier Künstler: Wenn man ihnen was geben will, sind sie längst gestorben.

WERK
Sätze
Vivace – Andante – Allegro – Menuetto I und II

Dauer
ca. 13 Minuten

Besetzung
Violine I
Violine II
Viola
Cembalo
Violoncello
Kontrabass

HITS
Die ersten zehn Minuten sind *ein* Hit, und die restlichen drei werden Sie wohl auch noch aushalten können, oder?!

FLOPS
In diesem grandiosen Werk gibt es nur einen einzigen Flop: den Schlussakkord, weil er bedeutet, dass es nicht mehr weiter geht.

OBACHT
Heikle Stellen zuhauf. Z. B. im Andante in den Takten 14 und 15 die Triller. Also wenn das danebengeht, werden Sie von mir hiermit

autorisiert, sofort aufzustehen und zu gehen. Weil: Dann fangen sich die Musiker für den Rest auch nicht mehr.
Im Allegro sind nach ca. einer Minute (Takt 33 und Takt 34) bange Sekunden angesagt: abwechselnde Sechzehntel-Triolen in den ersten (was ja noch ginge) *und* zweiten Geigen. Da hat schon so mancher zweite Geiger so getan, als müsse er umblättern, um nicht mitspielen zu müssen.

ES MEINEN
Von niemandem ist hier eine Äußerung zitierbar, weil noch keiner diese Symphonie gespielt oder dirigiert hat. Aber es sollen alle davon schwärmen.

BEIKIRCHER RÄT

ANLASS
Diese Symphonie passt gut zu Gelegenheiten, in denen man angeben muss. Man wird über Ihren Geschmack und Ihr Wissen staunen.

NUTZUNG
In Luxus-Einrichtungshäusern gut einsetzbar, um eine gewisse konservative Avantgarde zu demonstrieren.

AUTO
Nicht besonders Auto-kompatibel. Zu leise, und die Dissonanzen, die diese Symphonie spannend machen, gehen im Bremsgequietsche unter (man müsste bremsen, wollte man sie hören). Allerhöchstens für längere Tunnelfahrten zu empfehlen, weil die Aufregung in der Musik darin ihre straßenbauliche Entsprechung findet. Und weil alles gut ausgeht (in F-Dur).

PAUSEN-TALK
»Dass man damals schon so was hat komponieren können ...«

FRAUEN
»... Musik wie Rossini mit Puderperücke!«
»... Musik, als hätte Elisabeth Louise Vigée-Lebrun wie Käthe Kollwitz gemalt!«
»Wer ist denn Elisabeth Louise Vigée-Lebrun?«

»Das wissen Sie nicht? Dann sagt Ihnen die Musik von Wilhelm Friedemann wohl auch nichts!«

MÄNNER
»Da hat einer einem ganzen Jahrhundert elegant eins auf die Zwölf gehauen!«
»Musik wie ein Elfmeter!«
»Wie sollte die Insel aussehen, auf die man so eine Musik mitnehmen könnte?«
»Als ich damals mit dem Postschiff durch die norwegischen Fjorde getuckert bin, hätte ich diese Musik gerne mitgenommen!«

BEWERTUNGEN

Technik Stellt für seine Zeit überdurchschnittliche Anforderungen, ist heute aber Standard.

Gesamt Eigentlich drei Dirigierstäbe, aber weil sie so kurz ist: einer.
Eine Symphonie, wie Picasso gemalt hätte, wäre er Breughel gewesen.

Franz Joseph Haydn
1732–1809

Symphonie Nr. 94 G-Dur (Paukenschlag)

Auf dem Lande geboren und im Grunde dageblieben, könnte man sagen, wenn man sich das Leben dieses Genies anguckt, das Wilhelm Dilthey einen »Spielmann, der aus dem Volke kommt« nennt. Also: Ruhrau in Niederösterreich, die Gegend, welche die Wiener gerne als den Landstrich, aus dem die »Todl« (Dorfdeppen) kommen, bezeichnen, heißt der Geburtsort. Am 31. März 1732 sei er geboren, heißt es, aber er selber soll zu seinem Biographen gesagt haben:»Ich bin am ersten April geboren, und so steht es in meines Vaters Hausbuch eingeschrieben – doch mein Bruder Michael behauptet, ich sei am 31. März geboren, weil er nicht will, dass man sage, ich sei als Aprilnarr in die Welt getreten.« Wir korrigieren also: 1. April 1732 und notieren, dass es da schon losgeht mit den Lücken im Lebenslauf. Tatsächlich ist es so, dass alle Haydn-Forscher darob zetern, dass es da so viel Undokumentiertes gebe. Lieber Josef Haydn, wie konnten Sie einen so lückenhaften Lebenslauf einreichen? Nie von der Nachwelt gehört, oder was? Finden Sie es etwa schön, dass die betagte »Musik in Geschichte und Gegenwart« Sätze schreiben muss wie diesen:
»Es gibt Jahre in Haydns Leben, aus denen man außer der Entstehung einzelner Werke keine weiteren Ereignisse belegen kann, und es gibt (besonders in der Frühzeit) Jahre, aus denen man überhaupt nicht angeben kann, was sich gerade in ihnen zugetragen hat.« (MGG, Bd. V, S. 1858, Taschenbuchausgabe) Das ist nicht nur Bedauern, Herr Haydn, das ist eine Rüge!
Jedenfalls: Der Urgroßvater Kaspar kam aus Tétény in Ungarn, nahe der Grenze, und zog dann ins Österreichische; Musik haben sie in der Familie alle ein bisschen gemacht, und das werden wohl burgenländische und magyarische Klänge gewesen sein, womit die Wurzeln des Haydn'schen Genies genügend erörtert wären.
Der kleine Franz Joseph hatte ein feines Stimmchen, kam deshalb mit sechs nach Hainburg, woselbst ein Halbonkel (Mann der Halbschwester des Vaters, aber das ist in Österreich schon engste Familie) ihn in der Kirche singen ließ und ihn auch ansonsten ein bisschen in die Musik einführte. Dort wurde er vom kaiserlichen

Hofkapellmeister Johann Adam Joseph Karl Georg Reutter entdeckt und mit acht Jahren als Sängerknabe in die Wiener Domkapelle aufgenommen. Für Pepi war das natürlich *die* Chance! Wien! Aber da hing er nun rum, hinterm »Steffö« kaserniert, und es passierte eigentlich nichts. Die Buben hatten zu singen, solange die Gurgel den Sopran oder Alt hielt, danach wurden sie von einem auf den anderen Tag entlassen. Ansonsten: gerade mal zwei Stunden Kompositionsunterricht in der ganzen Zeit durch Herrn Reutter (und Haydn war fast zehn Jahre lang da), ansonsten mussten sich die Buben so ziemlich um alles selber kümmern, sogar bis hin zum Essen. Und das alles fern von den Eltern, die er sehr geliebt hat! Paar Jahre später kam sein jüngerer Bruder Michael in die Domkapelle, das ist der, der in Salzburg die wunderbaren Kirchenmusiken und Messen geschrieben hat.

Woran es nun lag, dass Haydn erst im achtzehnten Lebensjahr den Stimmbruch hatte: Man weiß es nicht; vielleicht an der »guten, alten Zeit«, in der alles langsamer ging, vielleicht an der Geburt in Niederösterreich, möglicherweise auch, weil die Akzeleration noch nicht erfunden war, vielleicht aber auch daran, dass Knabenstimmen damals außerordentlich hoch geschätzt wurden und jedermann diesen Zustand so lange wie möglich goutieren (oder daran verdienen) wollte. Solche Gedanken müssen es wohl auch gewesen sein, die Herrn Reutter auf die Idee brachten, Haydn einen ungeheuerlichen Vorschlag zu machen: Er solle sich kastrieren lassen. Vielleicht so:

»Waaßt, Pepi, waunst du jetzt in Stimmbruch kummst, is ois vurbei. Oba a so a Talent, was du host, dös is a Verpflichtung, waaßt. Waaßt, wievüü Leut waaß Gott wos zoin, waunst du mit 40 olewäu no so singen kaunst wia jetzt? No oisdaun. Waaßt wos: I zohl den Schnitt, und du kaunst daun weita bei uns bleibm.« Oder so.

Haydn soll recht erfreut gewesen sein und dies auch seinem Vater erzählt haben, der – als gestandener Mann – Reutter sofort abkanzelte, und der Fisch war gegessen. Haydn mit sechzig Jahren vor Beethoven stehend und ihm »Ach ich habe sie verloren« im Knabensopran vortragend: Was für eine Vorstellung! Gut – hätte Haydn damals schon gewusst, in was für eine vierzigjährige Ehe er hineinsausen würde, wer weiß? Er wäre vielleicht mit dem Schnitt einverstanden gewesen.

Hübsches Thema für Pausengespräche.

Haydn flog also wegen Stimmbruchs von der Domkapelle und nun begannen die bitteren Jahre bis 1759. Er ging sozusagen Gassi. Gassatim spielen nämlich sagte man damals, wenn man auf der Straße musizierte. Das hat Haydn wohl gemacht, um sich über

Wasser halten zu können, hat mal dies, mal jenes komponiert, alles eher leichtere Dinge, Divertimenti und Ähnliches. Seinen Spaß wird er sicher dabei gehabt haben, und verhungert ist er Gott sei Dank auch nicht: Wer fideln und – in seinem Falle – feine Musik machen kann, der geht nicht unter. Dann aber erhielt er mit 27 Jahren die Anstellung als Musikdirektor beim Grafen Morzin und 200 Gulden im Jahr. Grund genug zu heiraten! Was er dummerweise auch tat (1760). Eigentlich sollte es die Therese Keller sein, die ging aber ins Kloster, also nahm er – nach überzeugenden Argumenten seitens des zukünftigen Herrn Schwiegerpapa – deren ältere Schwester, die Maria Anna Aloysia Apollonia Keller, zur Frau. Sie entwickelte sich – zumindest hat er das immer behauptet – zur engstirnigen Xanthippe (»... aber es fragt sich, ob ihr Format dazu gereicht hat«, schreibt sarkastisch die »Musik in Geschichte und Gegenwart«), die ihm das Leben ziemlich schwer gemacht zu haben scheint. 40 Jahre hat er die kinderlose Ehe durchgezogen, ohne zum Weiberfeind zu werden, hat sich auch zu anderen Frauen hingezogen gefühlt, aber: Wenn du so weit weg lebst von aller Welt und kein Motorrad hast ... Also zum Filou ist er nicht geworden, das steht schon mal fest. Solide verlief auch sein weiteres Leben. 1761 kam er zu Esterházy als »Fürstlich Esterházy'scher Vice-Capellmeister«, und dort blieb er bis 1790. Alles bestens, alles schön, aber halt sooo weit weg von Wien und der Welt: Eisenstadt, am Neusiedler See. Herrliche Gegend, um sich vom Stress zu erholen – aber wo gab es damals so viel Stress, dass man sich ein halbes Leben lang davon in Eisenstadt hätte erholen wollen? Aber: In der Zeit knüpfte er Kontakte zu Verlagen, seine Werke wurden überall aufgeführt, er war sozusagen weltberühmt – wenn auch in Esterház fast Einsiedler. Andererseits hatte diese Weltabgeschiedenheit auch seine Vorteile. Er selbst sagte (zu Griesinger):

»Mein Fürst war mit allen meinen Arbeiten zufrieden, ich erhielt Beifall, ich konnte als Chef eines Orchesters Versuche machen, beobachten, was den Eindruck hervorbringt und was ihn schwächt, also verbessern, zusetzen, wegschneiden, wagen; ich war von der Welt abgesondert. Niemand in meiner Nähe konnte mich an mir selbst irre machen und quälen, und so musste ich original werden.«

Obwohl Haydns Haus zweimal in Flammen aufging (1768 und 1776) und damit sicher auch viele Kompositionen (und was die Flammen verschonten, fiel dem Wasser zum Opfer, man kennt ja die Feuerwehr), war er unermüdlich tätig. Symphonien, Opern, Kammermusik (ich sage nur: die göttlichen Quartette!), alles, was das Herz begehrt, selbst Marionettenopern (»Philemon und Baucis« ist noch erhalten: Bitte, hochverehrte Intendanten, führt das doch mal auf, zumal die meist wenig zufrieden stellende Personenregie entfiele: Der Spielleiter führt die Damen und Herren an den Fäden, fertig!) entstanden in dieser Zeit und zu unserer Freude.

1790 starben Fürstin und kurz darauf Fürst Esterházy. Haydn konnte endlich in die Welt, dies umso leichter, als er als nomineller Kapellmeister eine schöne Pension erhielt. Also: erst mal Wien und dann *London*! Dazu »verführte« ihn ein gebürtiger Bonner: Johann Peter Salomon, Geiger und Konzertunternehmer, organisierte die erste London-Reise (1791/2), die ein unglaublicher Erfolg wurde, ebenso wie die zweite (1794/5). Danach kehrte Haydn nach Wien zurück in sein Häuschen in Gumpendorf (heurigentechnisch gesehen eine 1aLage!), schrieb noch die »Schöpfung«, »Gott erhalte Franz den Kaiser« und die »Jahreszeiten«, das letzte Streichquartett op. 103 und hatte sogar noch ein Oratorium vor: »Das Jüngste Gericht«. Dazu kam es aber nicht mehr, weil er am 31. Mai 1809 starb.

»Nach 5 Uhr wurde Haydn in einem eichernen Sarg in die Gumpendorfer Kirche geführt, da dreymal herumgetragen, eingesegnet und in den Kirchhof vor der Hundsturmer Linie geführt. Nicht ein Kapellmeister Wiens begleitete seine Leiche« (entnehmen wir dem Tagebuch J. C. Rosenbaums).

ENTSTEHUNGSZEIT
Die Symphonie Nr. 94 in G-Dur ist die vierte Londoner Symphonie, 1791 komponiert.

URAUFFÜHRUNG
In der Londoner Konzertsaison 1791/92 am 23. März 1792.

ERFOLG
Überwältigend. Presse und Publikum waren von den Symphonien Haydns, insbesondere von der Paukenschlagsymphonie, begeistert. Es sei, berichtet ein Zeitgenosse, beim ff, also dem so genannten Paukenschlag, zu vereinzelten Schreien erschrockener Damen gekommen.

Von der Uraufführung bis heute ist die »Symphonie mit dem Paukenschlag« ein Publikumsliebling geblieben.

Symphonie Nr. 94 G-Dur (Paukenschlag)

ANEKDOTEN

Stendhal schreibt in seinem Buch »Vies de Haydn, de Mozart et de Métastase« zur Paukenschlagsymphonie Folgendes:
»Als Haydn in England war, musste er feststellen, dass die Engländer hingerissen und begeistert von Instrumentalkonzerten waren, wenn lebhafte Allegro-Sätze gespielt wurden. Bei langsamen Andante- oder Adagiosätzen aber pflegten sie einzuschlafen, ohne Rücksicht darauf, mit wie viel Schönheit er sie ausgestattet hatte. So komponierte er ein liebliches Andante mit vielen zarten und ruhigen Passagen. Die Instrumente hatten leiser und leiser zu spielen, mitten im zartesten Piano jedoch ließ er alle auf einmal wieder einsetzen, unterstützt von einem Schlag auf die Kesselpauke – und damit war das Publikum erwacht!« (zit. n. Norman Lebrecht, »Musikgeschichte in Geschichten«, dva 1989)
Attila Csampai interpretiert in seinem Konzertführer (Wunderlich-Vlg 1996) dieselbe Stelle noch etwas anders:
»Der überraschende Fortissimo-Schlag des Orchesters ... war nicht nur zur Belustigung des bei langsamen Sätzen zum Einschlafen neigenden englischen Publikums gedacht, sondern er markiert in unmissverständlicher Prägnanz die neu gewonnene Freiheit des Subjekts als selbständig handelnde und nicht mehr dienende Instanz. Unvorhergesehene Kräfte greifen ein, spontanes Handeln, der frei agierende Geist bestimmen nun den Verlauf des musikalischen Geschehens.« Und: »Ein einziger Paukenschlag auf falscher Zeit genügt Haydn, um diese neue *Musikalische Philosophie des Handelns*, die eigentliche Novität der Wiener Klassik, Wirklichkeit, Klang werden zu lassen.« Dem habe ich nur hinzuzufügen: That's the point! Denn so verstanden ist Haydn nicht mehr nur der Wegbereiter für Mozart, Beethoven etc., sondern zeigt genau hier seine grandiose Eigenständigkeit und Größe. Gucken Sie mal in die Klaviersonaten rein: Was sich da an Unerhörtem tut, das bis in die Romantik vorausweist, ist unglaublich.
Übrigens hat Gerard Hoffnung in seinen genialen Spielereien genau diesen Satz Haydns benutzt, um ihm noch mehr Überraschungen (und nicht nur den Paukenschlag) hinzuzufügen. Wenn Sie Musik lieben, sollten Sie sich »Hoffnungs Festival« unbedingt besorgen!

WERK
Sätze
Adagio cantabile/Vivace assai – Andante – Menuett: Allegro molto – Finale: Allegro di molto

40 Franz Joseph Haydn

Dauer
23–24 Minuten – vorausgesetzt, dass keiner beim Paukenschlag rausläuft und der zweite Satz wiederholt werden muss!

Besetzung
2 Flöten
2 Oboen
2 Fagotte
2 Hörner in G und C
2 Trompeten (clarini) in C
Pauken
Violinen I/II
Bratschen
Violoncello
Kontrabass

HITS

Natürlich ist der zweite Satz, das Andante, der absolute Hit dieser Symphonie. Und der Paukenschlag zusammen mit dem Orchester aufs zweite Viertel in Takt 16. Das knallt und zeigt, wo der Hammer hängt. Aber der Reihe nach:
Abgesehen davon, dass in dieser Symphonie keine, aber auch wirklich keine Note zu viel ist (gerade in dieser Symphonie zeigt sich die absolute Meisterschaft Haydns!), gibt es ein paar Momente, auf die ich hinweisen möchte.
Im Adagio ist eine Stelle, die muss Beethoven so sehr beeindruckt haben, dass er sie geklaut hat, aber hallo! Natürlich mit ein paar Veränderungen, aber hören Sie selbst: Takt 7–14. Hier haben die Fagotte obendrein (rhythmisch) das Motiv von Ludwigs Fünfter zu spielen. Beethoven, wir kommen dir auf die Schliche!
Dann im Vivace assai die »Rossini-Stelle«: Takt 66–75. Also auch du, mein Sohn Gioacchino: Orchestrierung bei Haydn astrein abgekupfert (inklusive der Idee, Flöten und Geigen synchron zu führen)!
In meinen Augen absolut genial ist das Moment der Ruhe in Takt 129 (so gegen Ende der 5. Minute dieses Satzes), äußerst witzig am Ende des Taktes 142 der klassische Kadenzakkord: steht einfach so da, aber wie immer, wenn man mit Musikbeamten zu tun hat, fühlt sich keiner aus dem Orchester aufgefordert, da mal was draus zu machen. Der Dirigent schaut einen Moment, was ist? Will einer? Nein? Na gut, dann weiter. Und weil das schon ein bisschen traurig ist, wenn alle vor dem Tor stehen, aber keiner schießt, kommt das Motiv nochmal, aber pianissimo und mit düsteren Streicherakkorden. Dieser Schluss des zweiten Satzes ist für mich *der* Hit dieser Symphonie. Im Menuett tanzt der niederösterreichische Bauer,

und weil er am Ende des Menuetts keine Lust mehr hat, hört er beinahe mittendrin auf. So sind sie eben auf dem Land!
Beim Finale berauscht die wundervoll präzis kalkulierte Steigerung ab Takt 225 bis zum Schluss.

FLOPS
Dass Haydn im zweiten Satz nicht mehr eingefallen ist als ein Paukenschlag, ist schon ein bisschen mager. Da musste erst Gerard Hoffnung 1958 kommen, um diese Idee der Überraschung noch weiter zu führen: Er hat die schlichte Melodie ironisch aufgepeppt. Schade. Wäre im Original besser gekommen.

OBACHT
Hätten wir heute nicht die guten Orchester, die wir haben, sondern krebsten immer noch auf dem technischen Niveau der Orchester zur Zeit Haydns herum, gäbe es eine Menge Hinweise auf »Obachts«. So aber: Die Präzision, insbesondere bei den Streichern, die diese Symphonie erfordert, ist in den meisten Fällen gegeben. Andererseits: Am ersten oder am letzten Satz kann man sehen, was mit einem Orchester los ist. Kriegen die Geiger die schnellen Läufe nicht hin: sofort zur Kasse, Geld zurück. Es sei denn, es ist ein Werkorchester oder eine Südtiroler Blaskapelle, dann sollte man den Mut, Haydn zu spielen, mit Anfangsapplaus honorieren und sich danach wieder an die Steuererklärung setzen, die man wegen des Konzerts voreilig hat liegen lassen.

ES MEINEN
Ernst Ludwig Gerber schrieb in seinem »Historisch-biographischen Lexicon der Tonkünstler« schon 1790 einen feinen, aber dennoch überraschenden Satz über Haydn:
»Immer reich und unerschöpflich; allezeit neu und frappant; allezeit erhaben und groß, selbst wenn er zu lächeln scheint.«
Andreas Kluge schreibt im Booklet zu den Londoner Symphonien (teldec):
»Aller höfischen Zwänge und Privilegien entledigt, stellte sich Haydn erstmalig der Herausforderung des ›freien Marktes‹.«
Ich möchte das noch ausweiten: Mit den Londoner Symphonien und speziell der mit dem Paukenschlag hätte er an die Börse gehen sollen!
Aber es gibt auch negative Sätze. Robert Schumann natürlich (die

Haydn-Freunde stöhnen, weil: Diesen Satz kennen sie alle), der schrieb:
»Man kann nichts Neues mehr von ihm erfahren; er ist wie ein gewohnter Hausfreund, der immer gern und achtungsvoll empfangen wird; tieferes Interesse aber hat er für die Jetztzeit nicht mehr.«
Tja, Robert, da liegst du aber so was von daneben! Außerdem: Nichts Neues mehr von ihm erfahren? Hätte er denn im Sarg noch weiterkomponieren sollen?

BEIKIRCHER RÄT

ANLASS
Der zweite Satz ist ideal beim Geschirr-Abtragen. Natürlich muss man das Timing perfekt beherrschen, denn der Stapel Teller muss natürlich exakt beim Paukenschlag zu Boden fallen, alles andere wäre ziemlich stillos.

NUTZUNG
Wenn Sie zu den Leuten gehören, die gerne zehn Minuten autogenes Training machen, ist die Paukenschlag-Symphonie extrem hilfreich: Körperschwere draufschaffen beim Adagio cantabile, beim Vivace assai Entspannungssurfen und beim Paukenschlag im zweiten Satz bisse wieder wach und topfit. Als hätte Haydn das schon alles gekannt. Perfekt!

AUTO
Natürlich ideal beim Stop-and-go-Verkehr. Wenn Sie's gut timen, hören Sie den Aufprall gar nicht. Und wenn alle die Symphonie laufen lassen, haben wir endlich das, was wünschenswert wäre: dass die deutschen Autofahrer Minibeulen nicht mehr so ernst nehmen (oder finden Sie das toll, wenn Sie eine halbe Stunde im Stau stecken und dann merken, dass die Ursache ein kleiner Blechschaden war, für den man die Polizei geholt hat?).
Aber Sie sehen: was für ein »Timing-Meister«!

PAUSEN-TALK
»Das habe ich auf CD besser.«
»Also wenn Sie mich fragen: Haydn ist der Wieland Goethes!«
»Ich sage ja immer: Die Landluft hat noch niemandem geschadet. Was da rauskommt, wenn einem nicht die Großstadt das Hirn vernebelt: un-wahr-schein-lich!«

»Also ich finde ja, Haydn ist die Volkshochschulausgabe Johann Sebastian Bachs.«

FRAUEN
»Was muss Haydn für ein Liebhaber gewesen sein: diese Sanftheit und gleichzeitig diese Entschlossenheit! Wunderbar.«
»Wissen Sie, wie despektierlich sich Haydn über die englischen Frauen geäußert hat? Er hat geschrieben: ›Die Frau ist in Frankreich als Mädchen tugendhaft, Hure als Weib, in Holland Hure als Mädchen, tugendhaft als Weib, in England bleibt sie allezeit Hure.‹ Schockierend, was?«
»Was meinen Sie, was er gesagt hätte, wenn er in Berlin die Love-Parade erlebt hätte!«

MÄNNER
»Genial, wie Rossini die Stelle im zweiten Satz aufgegriffen und zu einer fast selbständigen Kunst vorangetrieben hat.«
»Die Stelle ist im ersten Satz.«
»Wieso? Rossini hat doch gar keine Symphonien geschrieben!«
»Haydns Musik ist die musikalische Vorwegnahme der Französischen Revolution – aber unblutig.«
»Ich liebe die Stelle für das Englisch Horn.«
»Das war nach der Pause bei Brahms.«
»Quatsch! Von dem gibt's doch gar keine Londoner Symphonie.«

BEWERTUNGEN

Technik		Verlangt zwar technische Präzision, aber auf einem Niveau, das schon von den ersten professionellen Orchestern zu erwarten war.
Gesamt		Weil sie zu vielen Leuten gefällt, die keine Ahnung von Musik haben.

Wolfgang Amadeus Mozart
1756–1791

Symphonie Nr. 40 in g-moll
KV 550

Über Wolfgang Amadeus Mozart reden heißt erst mal: klären, über welchen Wolfgang Amadeus Mozart man reden will. Über Wolfgang Amadeus Mozart den Älteren oder über Wolfgang Amadeus Mozart den Jüngeren ... Wieso? Weil Constanze Mozart, geborene Weber, die Cousine übrigens von Carl Maria von Weber, die geniale Idee hatte, Franz Xaver Wolfgang Mozart, das jüngste der Mozart-Kinder (geb. am 26. Juli 1791, gestorben am 29. Juli 1844), nach dem Tode von Wolfgang Amadeus Mozart dem Älteren in Wolfgang Amadeus – ohne »d. J.«, dieser Zusatz war erst später erforderlich – umzubenennen. Damit nahm das Verhängnis für Wolfgang Amadeus Mozart d. J. seinen Lauf. Denn er war ein begabter Komponist und herausragender Pianist und machte Konzertreisen durch ganz Europa – stand aber immer im Schatten seines Vaters. Er war andererseits wegen seiner Musikalität hoch geschätzt und wegen seines angenehmen Charakters hoch geschätzt, befreundet mit Robert Schumann, Franz Grillparzer und anderen berühmten Zeitgenossen. Er kümmerte sich mit seinem älteren Bruder Carl Thomas Mozart (ohne »d. J.« oder »d. Ä.«) um das Erbe seines Vaters und das Mozartcum in Salzburg, und er war überhaupt einer, von dem die alte Tante »Musik in Geschichte und Gegenwart« schreibt: »Wolfgang Amadeus Mozart d. J. gehörte nicht zu den Großen der Zeit, überragte aber den Durchschnitt des üblichen Schaffens. Als Persönlichkeit und Komponist verdient er auch das Interesse der Gegenwart.«
Was man natürlich auch über Wolfgang Amadeus Mozart d. Ä. sagen müsste – wäre es nicht immer schon gesagt worden.
Wie alle Fachleute wissen, ist das Leben von Wolfgang Amadeus Mozarts d. Ä. schnell erzählt. Er kam am 27. Januar 1756 in Salzburg zur Welt, wurde auf den Namen Johannes Chrysostomus Wolfgangus Theophilus getauft (was sich die Eltern dabei gedacht hatten – das ist einer der wenigen Punkte in Mozarts Leben, die ungeklärt sind) und reiste erfolgreich mit Papa Leopold als Wunderkind durch die Welt. Als er aber seine erste Solo-Reise unter-

nahm, ging so ziemlich alles schief, was schief gehen konnte: Die Mutter stirbt in Paris, Constanzes Schwester, Aloysia Weber, die er liebt, will ihn nicht haben und auch sonst kein Erfolg nirgends. Also heiratete er – offensichtlich mehr von Druck und Intrigen getrieben als kraft der Liebe – am 4. August 1782 Constanze geb. Weber, hatte nicht nur sechs Kinder mit ihr, von denen zwei überlebten – was bedeutet, dass die oft geschmähte Constanze von 1783 bis 1791 quasi permanent schwanger war! –, sondern liebte sie wohl tatsächlich und nicht nur brav ein Leben lang, wurde 1784 Freimaurer in der »Loge Zur Wohltätigkeit im Orient von Wien« (eine erst am 2. 2. 1783 von einigen Mitgliedern aus der Loge »Zur gekrönten Hoffnung« konstituierte Loge in der Nähe von Mozarts Wohnung) und starb am 5. Dezember 1791 in Wien.

Und da sind wir beim anderen unklaren Punkt in der ansonsten beinahe zentimeterweise ausgeleuchteten Biographie Mozarts: Ist er nun ermordet worden oder ist er nicht? Ich persönlich ziehe die dritte Variante vor: Ja und nein. Wenn Gunther Duda in seinem Buch »W. A. Mozart – Den Göttern gegeben« (Verlag Hohe Warte 1994) Recht hat, dann war es ein »Bauopfertod«: nämlich die »freundschaftliche«, allerdings nicht explizit ausgesprochene Aufforderung seitens der Geheimbündler, damit einverstanden zu sein, für die berühmte »höhere Sache« nunmehr geopfert zu werden. Eine Aufforderung, der sich Mozart – laut Duda – resigniert gefügt haben soll.

Er sei wohl – sagt Duda – von den Idealen der Eiferer etwas abgewichen oder habe sich – sagt Duda – nicht mehr so ganz in ihre Dienste gestellt oder habe einfach – sagt Duda – keine Lust mehr gehabt und habe deshalb – sagt Duda – »geopfert« werden müssen, was er möglicherweise – sagt Duda – auf schwer nachvollziehbare Weise akzeptiert habe; todesahnungsvoll – sagt Duda – sei Mozart ohnehin schon gewesen. Aber wenn schon das Portemonnaie, das er natürlich immer bei sich hatte – und er hat es sicher oft geöffnet, um zu gucken, ob vielleicht doch noch was drin ist –, die Geheimabzeichen der Loge trug, und zwar nicht irgendeine Maurerkelle, sondern das Hiram-Abzeichen (also die Erinnerung daran, dass sich schon einmal einer freiwillig dem größeren Bau zuliebe opferte ...), dann bedeutet das schon, dass ihm diese esoterische Welt, mehr als wir anerkennen möchten, nahe war. So jemand wundert sich vielleicht nicht mehr darüber, dass ein Unbekannter mit dem Auftrag, ein Requiem zu schreiben, dreimal – und immer etwas seltsam und esoterisch – an ihn herantritt. Das war vielleicht so was wie der Fisch im Zeitungspapier, den die Mafiosi ihren Opfern am Abend vor der »Hinrichtung« zu überbringen pflegen. Und wenn das so war und Mozart die Ahnung hatte, dass er den Geheimbündlern ohnehin nicht würde entrinnen können, unternehme er, was er wolle, dann kann schon sein, dass er es ernst meinte, als er schrieb: »Ich weiß, dass ich sterben muss, jemand hat mir Acqua Toffana eingegeben und hat den Tag des Todes genau vorher berechnet – und dafür haben sie ein Requiem bestellt – *ich schreibe es für mich selbst.*«

Diesen Hypothesen entsprechend stellt Duda sein Buch unter ein Motto, das er der Zauberflöte entnommen hat:
»Dann wandelt er an Freundeshand,
Vergnügt und froh ins bess're Land.«
Gut – man muss das jetzt nicht unbedingt glauben.

Andererseits: So ein Genie wie Mozart soll einfach eines natürlichen Todes gestorben sein? Hitziges Frieselfieber – da kann man doch nur lachen. Natürlich muss er eines *nicht* natürlichen Todes gestorben sein, schon allein weil's romantischer ist. Wenn einer so Göttliches geschrieben hat und schon mit nicht ganz 36 Jahren dahingerafft wird, dann ist das in jedem Fall ein irgendwie als gewaltsam empfundener Tod. Und wenn dann da vielleicht tatsächlich auch noch so was wie Geheimbünde, Intrigen und Giftmischerei war: Grandios! So was passt in jede Zeit, so was regt die Phantasie an, so was passt zum Genie: Wer uns zu Lebzeiten so überragt, der muss bestraft werden. Wie es Schikaneder (Freimaurer und »Zauberflöte«-Librettist) in einem 1802 geschriebenen Knittelvers Mozart selbst – den er aus dem Grabe steigen, und zu uns zu sprechen, lässt – in den Mund legt:

»Doch es ist schon so der Welten närrischer Lauf
Man bringt Lebende um, und weckt Todte wieder auf.«

Wir bestrafen Mozart für seine Genialität mit unseren ewigen Spekulationen, die so lebenswichtig sind wie ein Kropf. Seiner Musik zuzuhören ist allemal aufschlussreicher. Von schöner gar nicht zu reden.

Alles andere, was Mozarts Leben angeht, können Sie nachlesen. Überall. Im Internet sogar in über 1,5 Millionen Stichwörtern. Nur dass er den »Idomeneo« einem alternden rheinischen Tenor auf den Leib geschrieben hat, das weiß keiner außer Ihnen, wenn Sie den Anhang lesen! Viel Spaß! Und sagen Sie Ihrer Frau rechtzeitig »Gute Nacht«, denn das könnte länger werden. Oder buchen Sie ihr über das Computer-Bestell-System »Mozart« gleich eine Suite in Salzburg (brrrr! Wie er es hasste!) oder Wien, dann hat sie auch was von Ihrer Mozart-Sucht. Aber lassen Sie sie bitte nur im ICE »Mozart« fahren und statten Sie sie mit Mozartkugeln aus – wegen Einstimmung!

ENTSTEHUNGSZEIT

25. Juli 1788. So steht es jedenfalls im »Verzeichnüß aller meiner Werke«. Wenn dieser Eintrag stimmt, dann hat Mozart innerhalb weniger Wochen die drei großen Symphonien Es-Dur KV 543, g-moll KV 550 und C-Dur KV 551 komponiert. Schwierig, aber es geht! Mit anderen Worten: Wahnsinn!

Warum er diese Symphonien komponiert hat, ist wieder mal heiteres Spekulationsspiel der Mozart-Forscher. Die einen sagen, hier habe Mozart ohne Auftrag (als ob er sich so was hätte leisten können!) ein »Vermächtnis für die Nachwelt«, einen »Appell an die Ewigkeit« geschaffen; die anderen sagen, er habe damit Präsenz zeigen wollen, in der Hoffnung, aufgeführt zu werden, weil es damit in den letzten Jahren nicht mehr so weit her war. Der »Harenberg Konzertführer« führt eine andere Variante als Motiv für die Kompositionen ins Feld: Der Musikverlag Artaria in Wien hatte im »Dreierpack« Symphonien von Michael Haydn, Franz Anton Rosetti und Joseph Haydn veröffentlicht. Vielleicht hatte sich Mozart da ebenfalls eine Veröffentlichungs-Chance ausgerechnet. Tatsächlich aber kam es nicht dazu.

Wie dem auch gewesen sei: Zum Glück hat er sie komponiert, diese drei grandiosen Symphonien. Die Welt wäre ärmer ohne sie.

Außerdem hat er die g-moll-Symphonie in zwei Fassungen geschrieben: die erste ohne Klarinetten, die zweite (bis heute die »klassische« Fassung) mit Klarinetten. Die Arbeit hätte er sich sicher erspart, wenn nicht eine Aufführung angestanden hätte, oder? Die erste Fassung allerdings – etwas herber, schärfer, blechbetonter als die zweite – sollte ruhig öfter aufgeführt werden: Sie ist ungeheuer spannend.

URAUFFÜHRUNG

Wahrscheinlich am 16. und 17. April 1791 innerhalb der Akademie der Tonkünstler-Societät in Wien. Am Pult: Antonio Salieri (!) und an den Klarinetten (daher die zweite Fassung?) die mit Mozart befreundeten Gebrüder Stadler. Aber: Ganz genau weiß man es nicht.

ERFOLG

Keine Zeugnisse von der Uraufführung (sonst wüsste man ja auch genau, wann sie uraufgeführt wurde).

Aber schon schnell nach Mozarts Tod gab es Kopien, Veröffentlichungen (als Klavierauszüge und als Partitur) und höchste Wertschätzung.

ANEKDOTEN

Gibt es zur g-moll-Symphonie nicht direkt. Dafür aber hier ein paar Anmerkungen: Von keiner Symphonie gibt es so viele Einspielungen wie von dieser. Kaum ein Thema wurde so verballhornt wie das Thema des ersten Satzes: als Telefonmelodie, von Waldo de los Rios mit seinem Gitarrendsummtata-dsummtata, als kakophonische Überlagerung der Symphonie mit ägyptisch-arabischer Musik – was noch fehlt ist eine Rap-Fassung. Und dass Wiener Kellner, wenn sie einen warten lassen, dies nicht mit dem g-moll-Motiv tun, ist schon alles (aber hübsch wär's doch):

»Bitte sehr, bitte gleich, bitte spä – ter
Sie sind lei – der im an – dern Revier hier,
außer – dem bin ich eh nur Ver – treter
und zuerst kriegt der Mann am Klavier Bier.
Heute sitzt man draus im Garten
und wer drin sitzt der muss warten
mindestens bis hal – ber vier.«

Übrigens, um mal wieder seriös zu werden, das aufsteigende Thema im Finalsatz ist eine so genannte »Mannheimer Rakete«, was jetzt nichts mit dem enthusiastischen Beifall nach einer Büttenrede zu tun hat, sondern ein Motiv ist, das die Mannheimer Schule entwickelt hat. Die Rakete ist ein in gebrochenen Intervallen nach oben »schießender« Dreiklang: ein Bild für stürmische Dynamik und schnelle Bewegung. Mannheim spielte im 18. Jahrhundert eine zentrale Rolle in der Musik. Die »Monnemme« haben quasi den Katalog der musikalischen Ausdrucksformen durchforstet und eine ganze Menge neuer Möglichkeiten geschaffen. Das Mannheimer Crescendo ist legendär, erst Rossini hat es mit seinen Raffinessen weiterentwickelt; die einheitliche Bogenführung bei den Streichern ist eine Mannheimer Erfindung, überhaupt wurde die Orchesterkultur von den Mannheimern entscheidend weiterentwickelt. Christian Friedrich Daniel Schubart schreibt in seinen »Ideen zu einer Ästhetik der Tonkunst« 1806 (ein übrigens immer noch lesenswertes Buch):

»Kein Orchester der Welt hat es je in der Ausführung dem Mannheimer zuvorgethan. Sein Forte ist ein Donner, sein Crescendo ein Catarakt, sein Diminuendo – ein in die Ferne hinplätschernder Krystallfluss, sein Piano ein Frühlingshauch.« Weiter: »Und als Klopstock das dasige Orchester hörte, rief der große selten bewundernde Mann ekstatisch aus: ›Hier schwimmt man in den Wollüsten der Tonkunst!‹«

Und eben die Rakete, derer sich Mozart hier bediente.

WERK

Sätze
Molto allegro – Andante – Menuetto (Allegretto) & Trio – Finale (molto allegro)

Dauer
28–35 Minuten
»Reclams Konzertführer« gibt 21 Minuten an. Ich vermute aber, dass diese Geschwindigkeit am Einspruch der Musikergewerkschaften scheitert. Außerdem: Mozart ist nicht Formel 1.

Besetzung
1. Fassung: Flöte
              2 Oboen
              2 Fagotte
              2 Hörner
              Violinen I und II
              Viola
              Violoncello und Bass
2. Fassung: Flöte
              2 Oboen
              2 Klarinetten
              2 Fagotte
              2 Hörner
              Violinen I und II
              Violoncello und Bass

Es hat allerdings Aufführungen gegeben, da haben 500 Mann (Halle 1830) inklusive Posaunen die g-moll geschmettert!

HITS

Natürlich das dadadam-dadadam-dadadadi.
Aber ein Hit ist es auch, dass diese wundervolle Symphonie die Bratschen anfangen dürfen, und zwar so, dass sie erst den typischen »Sound-Teppich« legen, den jeder im Ohr hat!
Alle Klarinettisten freuen sich auf Takt 72–75 (und bei der Wiederholung nochmal), da dürfen sie auch mal einen kleinen Teil des Themas blasen.
Weitere Hits: Takt 101 ff. (wenn's nach der Wiederholung des ersten Teils weitergeht) mit der Steigerung für die Kontrabässe ab Takt 116, da geht aber harmonisch und überhaupt so was von die Post ab!
Und kurz vor Schluss Takt 285–290: Nur fünf Takte braucht Mozart, um Ruhe einkehren zu lassen, bevor dieser Satz zu Ende geht.
Im zweiten Satz sind meine persönlichen Hits die Takte 66–74. Was da in der Abwärtsbewegung für eine Sehnsucht mitschwingt, ist unbeschreiblich.
Und die kleine Raffinesse vor dem letzten Takt: Nur die ersten Gei-

gen spielen die kleine Achtel, die jeder erwartet, man meint aber, alle hätten sie gespielt.

Der dritte Satz (Menuett in moll!!) hat einen Top-Hit in Takt 15–27 (gleich nach der ersten Wiederholung): die fulminante Gegenbewegung bei Geigen und Fagott und natürlich im zweiten Teil des Trios die Hörner!

Der vierte Satz hat in den Takten 125–206 Unerhörtes. Wie da Mozart das Thema durch die Harmonien jodelt, das hat es in so kunstvoller und definitiver Weise vor und nach ihm nicht gegeben. Und keine Note wirkt konstruiert oder »Auweia, da hat er aber gerade noch mal die Kurve gekriegt«. Genial.

FLOPS
Bedaure.

OBACHT
»Obachts« stehen bei einem Werk, das jeder kennt und das zu den meistgespielten überhaupt gehört, vor jeder Note. Da hat der Dirigent schon vorher die Panik in den Knochen, es sei denn, er gehörte zu den wenigen wirklich ganz Großen. Und einer dieser ganz Großen, Karl Böhm, hat an seinem 75. Geburtstag, nachdem ein junger Dirigent die g-moll-Symphonie dirigiert hatte, sinngemäß gesagt: Er habe sich in dem Alter an die großen Werke nicht herangewagt, aber diese jungen Spunde machten es einfach. Und das war nicht positiv gemeint.

Ein erstes »Obacht« ist schon im ersten Takt: Die Bratschen beginnen mit den berühmten Achteln, die natürlich leicht daherkommen müssen. Bratschen unterliegen aber eigenen Trägheitsgesetzen, wie jeder Musiker weiß (deshalb sind an den beleuchteten Notenpulten bei den Bratschen immer Bewegungsmelder angebracht ...). Schön, wenn es klappt, aber: Ohren spitzen, ob es klappt!

Immer mal einen Blick auf die Kontrabässe werfen: Die haben im ersten Satz Hand und Bogen voll zu tun, und wenn sie die schnellen Läufe schmieren, bleibt von der ganzen Symphonie ein teigigschwerer Eindruck zurück. Nicht schön.

Im zweiten Satz sind die herrlichen 32stel ein krasses »Obacht«. Wenn man das jeweils erste der beiden 32stel zu stark betont, wird es bleischwer, behandelt man es aber als Vorhalt (Sie wissen schon: als kleine durchgestrichene Note vor der »eigentlichen«), dann kehrt sich die ganze Bewegung um, und wir haben eine neue Symphonie vor Ohren. Alles schon passiert, zum Ergötzen der Kenner.

Im Menuett ist natürlich die Hörner-Stelle Takt 26–36 der Horror. Das sind die Stellen in der Musik, denen die Hörner den Beinamen »Glücksspirale« verdanken: Es klingt so leicht, wenn es klappt – und es haut den ganzen Abend um, wenn's danebengeht.
Das Finale hat eine insgesamt heikle Stelle ab Takt 125. Wer da nicht gut zählt, ist draußen. Oder wenn der Dirigent verwaschene Einsätze gibt. Und es gibt Orchester und Dirigenten, die vor den Wahnsinns-Modulationen bis Takt 205 Angst haben und sie nach dem Motto »Hauptsache durch« musizieren. Nach solchen Aufführungen kann man dann den Kommentar hören: »Also dass Mozart quasi die Zwölftonmusik vorweggenommen hat – wer hätte das gedacht!«

ES MEINEN

Dietmar Holland (in: Csampai, »Der Konzertführer«): Hier ist »die Grenze der Tonalität erreicht«.
Wunderbar wie immer »Reclams Konzertführer« in seiner poetischen Diktion: »Die g-moll-Sinfonie ist die schwermütige Schwester der Es-Dur-Sinfonie. Nirgends bei Mozart und auch in der sonstigen Literatur nicht oft findet sich ein Gegenstück, in welchem mit solch geradezu unheimlicher Ausschließlichkeit schmerzlichen Empfindungen Ausdruck verliehen ist. Doch der letzte Sinn dieser Töne ist gleichwohl nicht Verzweiflung. Das Dunkel wird gemildert durch den verklärenden Widerschein sphinxhafter Schönheit.«
Also da scheint die Schönheit, aber nicht klar, sondern sphinxhaft, und den Schein sehen wir nicht direkt, nein, wir sehen nur den Widerschein, der aber verklärt. Alles klar?!
Ansonsten gibt es keinen Musiker auf der ganzen Welt, der über diese Symphonie etwas zu meckern hätte.

BEIKIRCHER RÄT

ANLASS

Schiffsuntergänge auf Windjammern sind ein idealer Anlass für diese Symphonie (vorausgesetzt es dauert ca. 35 Minuten bis zum Absaufen), weil: Getrösteter und stilvoller kann man nicht von dieser Welt lassen. Oder der leider nicht erfolgte Abriss des Schürmann-Baues in Bonn; Wehmut bei den Geldgebern und Freude bei den Anwohnern hätten in dieser Symphonie ihren idealen Ausdruck gefunden.

NUTZUNG

Man kann die g-moll-Symphonie überall da nutzen, wo sich Freude mit Schmerz in existenzieller Weise paaren: Eröffnung von Testamenten, in denen nur ein Teil der Erben bedacht wird, Konkursanmeldungen, wenn die stillen Teilhaber mit dem Geld auf und davon sind etc.

AUTO

Ideal auf Autobahn-Baustellen, wenn Sie nachts im Wolkenbruch Gischt sprühende Sattelschlepper überholen wollen.

PAUSEN-TALK

»Das habe ich auf CD besser.«
»Das müssen Sie von Krips hören!«
»Eine erstaunliche Leistung des Dirigenten – für sein Alter!« (passt im juvenilen wie im senilen Fall)

FRAUEN

»Das ist Musik wie Tante Jolesch. Haben Sie das mal gelesen? Also die ist genauso wie diese Mozart-Symphonie.«
»Ich liebe es ja, wenn so junge Dirigenten Mozart dirigieren: diese Hände, diese Bewegungen, und dann diese schlanke Musik!«
»Also bei dieser Musik muss ich immer an Kirschen denken: so dunkel, so süß.«

MÄNNER

»Als mein Vater im Sterben lag, wollte er nur diese Symphonie hören: Diese tiefe Leichtigkeit hat es ihm angetan.«
»Das Sprengen von Strukturen und Formen in diesem Werk ist ein aggressiver Akt, der bis heute nachwirkt. Kein Wunder, dass ihn die Freimaurer umgebracht haben. Diese Musik wurde ihnen zu gefährlich.«
»Ich bin ja mehr fürs Ballett: Also tanzen könnte man diese Musik nicht, es sei denn: auf einem Vulkan.«

BEWERTUNGEN

Technik		Es gibt schwerere Literatur zu spielen.
Dirigent		Kaum ein Komponist

ist schwerer zu dirigieren als Mozart, kaum eines seiner Werke schwerer als dieses.

Gesamt

Weil: Wenn's alle kennen, muss schon was dran sein.

Wolfgang Amadeus Mozart
1756–1791

Symphonie C-Dur »Jupiter«
KV 551

Kennen Sie die Diskussion um Mozarts Ohr? Also das Ohr von Wolfgang Amadeus Mozart d. Ä.? Sie ist, ganz ähnlich wie die Totenschädeldiskussion – wer hatte nun den echten Mozartschädel: Hyrtl? Mayerhofer? Oder doch das Wiener Dorotheum als ständige Leihgabe an bedürftige Wiener Heurigengeschädigte? – bizarr und typisch gelehrtenhaft. Mozarts Ohr also sei »degeneriert«, »einer früheren Entwicklungsstufe angehörig«, »ein Hinweis auf Schwerhörigkeit« (so weit geht das Bedürfnis, Mozart und Beethoven als Wiener Klassik selbst anatomisch miteinander zu verschmelzen!), mit einem Wort: Er hatte ein Ohr, das kein Komponist haben darf. Es war riesig, ohne Läppchen und überhaupt: ein degenerierter Hautlappen, den kein anständiger Mensch am Schädel trägt. Nun, meine Herren Anatomen, was glauben Sie, warum man damals Perücken trug? Um solche Ohren zu verstecken! Aber lassen wir erst mal die Mediziner zu Worte kommen.
»Die Helix, in einfacher Ausführung, setzt sich am Ohrläppchen fort. Abnormal verläuft der untere Abschnitt der Antihelix, wobei die Ausbildung des Tragus und Antitragus nur angedeutet ist, fortlaufend mit einem spiraligen Wulst, welcher die Concha zu einem guten Teil ausfüllt.« (Gottfried Tichy, »Mozarts unfreiwilliges Vermächtnis«, Bouvier Verlag, Bonn 1998) Und ein anderer, hundert Jahre früher:
»Nach dem Schwalbe'schen Ohrenindex (O = 100 x B/L) schwankt dieser bei Deutschen zwischen 54 und 68,5, das ›Mozart-Ohr‹ hingegen hat einen Wert von 64,5. Somit gehört er nicht mehr zu den ›Langohren‹, sondern zu den ›Breitohren‹, wie es für die ›rassisch Niederstehenden‹ charakteristisch ist.« (Dr. P. H. Gerber, Uni Königsberg, 1898) Dummerweise hat es in der Mozart-Zeit noch nicht das Gesetz gegeben, dass bei Passbildern das linke Ohr freizustehen hat und abgebildet sein muss. Aber don't worry, es geht noch weiter. Prof. Dr. Robert J. Ruben (Department of Otorhinolaryngology des Albert Einstein College of Medicine of Yeshiva University in New York – puh! Die Amis können zwar keinen Hamburger von

einem Radieschen unterscheiden, aber eine Titel-Kultur haben sie, da schnallst du ab!) meinte 1976, dass derartige Missbildungen häufig seien und mit dem Urogenitaltrakt in Verbindung stünden. Woraus man aus dem Ohr Mozarts auf Gehörprobleme und Nierenerkrankungen schließen könne.

Herrschaften, da braucht's kein Kabarett mehr: Die Mediziner argumentieren da, wie sie Streichquartett spielen (*die* Leidenschaft der Ordinarien): *voll daneben*!

Sie sehen also, dass meine Behauptung, Mozarts Biographie sei zentimeterweise dokumentiert, zumindest auf diesen Körperteil beinhart zutrifft. Ein Trost, dass die Herren Anatomen sich nicht auch noch auf andere Mozart-Details gestürzt haben. Napoleon z. B. blieb dies nicht erspart. Der Arzt, der seinen Tod feststellte (heute vermutet man, dass er ermordet wurde: So gleichen sich die Bilder), schnitt ihm auch gleich seinen Penis ab und konservierte ihn in Formalin. 1999 wurde er versteigert (in einem nicht genannt werden wollenden Londoner Auktionshaus) und erzielte einen Erlös von ca. 3.000 DM. Jämmerlich! Wo Napoleon doch immer die rechte Hand in Brusthöhe hielt! Warum wohl!

Ich möchte mal sagen: Mozarts Ohr, Napoleons Penis: alles Lüge! Mozart hatte absolutes Gehör, und Napoleon war auch kein Fisch. Also bitte!

ENTSTEHUNGSZEIT

1788. Am 26. Juli 1788 hat Mozart die g-moll-Symphonie vollendet, bereits am 10. August 1788 die Jupiter-Symphonie. Das, bitte, muss man sich mal vorstellen: 865 Takte (ohne Wiederholungen) Musik in ein paar Tagen, und zwar Musik, die zum Größten gehört, was je komponiert worden ist. Wer jemals Partituren geschrieben hat (mit der Hand), weiß, dass das allein schon schreibtechnisch eine enorme Leistung ist. Und zwischendurch wird er sicher auch ein paar Mal ans Pianoforte gelaufen sein! Also: Unglaublich!

URAUFFÜHRUNG

Weiß man leider nix drüber. Aber: Wenn sie schon 1793 in Kupfer gestochen wurde, wird sie schon uraufgeführt worden sein, oder?!

ERFOLG

Offensichtlich schon, sonst wäre die Jupiter-Symphonie nicht so schnell in Kupfer gestochen worden.

ANEKDOTEN

Immer wieder die Frage: Wie kam es zum Namen »Jupiter-Symphonie«?
Tja, wo man früher nur spekulierte, ist man heute glücklicherweise auf fundiertes Wissen angewiesen. In den Tagebüchern des englischen Verlegers Vincent Novello und seiner Frau Mary, die im Jahre 1829 Constanze Mozart in Salzburg besuchten, steht unter dem 7. August folgende Eintragung:
»Mozart's son said he considered the Finale to his Father's sinfonia in C – which Salomon christened the Jupiter – to be the highest triumph of Instrumental Composition, and I agree with him.«
Also wieder einmal Johann Peter Salomon, der Bonner Impresario, dem wir schon bei Haydns London-Reisen begegnet sind! Nur mal am Rande: Angesichts solcher Größen, die Bonn neben Beethoven aufzuweisen hat, ist die Entscheidung der Bundesregierung, tatsächlich nach Berlin umzuziehen, vollkommen unverständlich, finden Sie nicht auch?

WERK
Sätze
Allegro vivace – Andante cantabile – Menuetto (Allegretto) – Molto allegro

Dauer
Zwischen 28 und 40 Minuten, je nach Temperament des Dirigenten, Können des Orchesters und je nachdem, wie man es mit den Wiederholungen hält.

Besetzung
Flöte
2 Oboen
2 Fagotte
2 Hörner in C
2 Klarinetten in C
Pauken
Violinen I und II
Bratschen
Violoncelli
Kontrabass

HITS
Nach der massiven Einleitung ist der erste Hit im ersten Satz Takt 56 ff., das ist da, wo die Geigen das »kleine« tänzerisch-lyrische Thema zu Gehör bringen. Ein zweiter Hit ist natürlich die bekannte »Rossini-Stelle« Takt 101–106 und die Modulation Takt 157–160.

Der zweite Satz ist insgesamt Hit. Selbst wenn Sie die ganze Symphonie verschlafen: Beim zweiten Satz heißt es wach sein, weil: Hier ist alles drin, was Mozart jemals war.

Ein besonderer sozusagen Ober-Hit sind die Takte 11–14 und die raffinierten 16tel-Triolen ab Takt 20 (aber das mehr für Kenner).

Im Menuett ist der Hit der erste Teil des superkurzen Trios. Wieder einmal zeigt Mozart: Es langen ihm acht Takte und zwei Akkorde, um alles zu sagen, was zu sagen ist.

Finale, tja, das Finale. Da sind Bibliotheken drüber geschrieben worden. Hier nur so viel: Das Thema, aus dem sich alles entwickelt und mit dem der Satz auch direkt losgeht, dauert nur acht Takte und stellt trotzdem eine Brücke zwischen alter und neuer Zeit dar. Der »cantus firmus« – die ersten vier ganzen Noten in den ersten Violinen – sind die strenge alte Zeit, quasi Bach und Monteverdi in einem. Die zweiten vier Takte aber tanzen wie Harlekine der alten Zeit auf der Nase herum und springen in die Zukunft. Dieser Satz ist Hit in mehrfacher Hinsicht:

1. architektonisch das Geschlossenste, was Symphonie so zu bieten hat,
2. kompositionstechnisch das Beste, was Mozart je geschrieben hat; wie er hier mit Kontrapunkt, Fugato, Engführungen, Spiegelungen, Imitationen, Vergrößerungen und Verkleinerungen umgeht, ist atemberaubend und im Musikstudium mit das Schweißtreibendste, was man als Referat sich aufbürden kann,
3. harmonisch mit das Gewagteste, was er komponiert hat, ich sage nur: Takt 217–224! Das geht mit einer Schwindel erregenden Selbstverständlichkeit von h-moll nach C-Dur, da bist du fertig mit der Welt. Und dann weiter ab Takt 237. Und nie klingt es konstruiert. Na ja, Mozart eben.

FLOPS

Ein Flop wäre höchstens, dass dieses Gebäude so weitläufig ist, dass sich mancher lieber ins Café setzt, als sich in dieser Symphonie müde zu laufen. Schade!

OBACHT

Spezielle »Obachts« gibt es keine, weil dies eine Symphonie ist, an die sich sowieso nur die Könner heranwagen. Und von diesen Orchestern kann man schon verlangen, dass sie wissen, was sie da spielen, und dass sie das gut tun. Diese große C-Dur-Symphonie würde gnadenlos schon in den ersten Takten Orchesterschwächen bloßlegen, weil es da keine Nische gibt, in der sich die Bratschen oder die zweiten Geigen zu einem Nickerchen treffen könnten. Diese Symphonie verlangt Profis, die obendrein hellwach sein müssen, sonst ist Essig.

ES MEINEN
Alle Profis haben Angst vor ihr (speziell Dirigenten), weil das Gebäude zusammenfällt, wenn du auch nur einen Stein herausziehst bzw. eine Schlamperei zulässt.

BEIKIRCHER RÄT

ANLASS
Feierlichste Anlässe offiziellster Art: Einweihungen, Inthronisationen z. B. von DFB-Präsidenten, Eröffnungen von Bundesgartenschauen (nicht Landesgartenschauen, da langt die Ouvertüre zu »Oberon« von Carl Maria von Weber).

NUTZUNG
Bei der Motivierung von Feiglingen hat sie sich sehr bewährt, z. B.: »Jetzt gehst du rein zu deiner Frau, sagst ihr, dass du die Scheidung willst, weil deine Freundin schon drei Kinder von dir hat, und dass du deshalb auch das Telefon schon abgemeldet hast.« Jupiter an und zack!

AUTO
Wenn der Anlasser aussetzt: Die ersten Takte der Jupiter-Symphonie haben dieselbe Bewegung, sind aber schöner. Ansonsten ist sie natürlich eher was für das ganz große Auto: ab 7 m und länger. Und dann alle Fenster auf, und dann wollen wir doch mal sehen, ob irgend so ein Techno-Freak mit seinem bumm-bumm-bumm-bumm noch dagegenhalten kann!

PAUSEN-TALK
»Das habe ich auf CD besser.«
»Das müssen Sie von Krips hören.«
»Das ist keine Symphonie, das ist eine Oper.«
»Wie meinen?«
»Es ist eine Oper von Mozart über Mozart.«

FRAUEN
»Also ich finde die Jupiter so wahn-sin-nig männlich!«
»Ich finde dagegen, das ist eher was für Männer.«

MÄNNER
»Ich möchte mit Aktien so umgehen können wie Mozart mit Modulationen!«
»Wenn ich diese Symphonie höre, muss ich immer an den Petersdom in Rom denken: Du wirst umarmt, aber es ist einem doch ein bisschen fremd.«
»Für mich ist das Bach, Schubert und Mozart zusammen – und Beethoven hat die Modulationen geschrieben!«

BEWERTUNGEN
Technik   Es gibt technisch noch schwerere Literatur.

Dirigenten + Für die interpretatorische Kraft, die ein Dirigent bei dieser Symphonie haben muss – das + für die Angst, die er zu überwinden hat, wenn sie auf dem Spielplan steht.

Gesamt
in Gold
Weil es die pralle Pracht ist.

Wolfgang Amadeus Mozart
1756–1791

Konzert für Klavier und Orchester B-Dur
KV 595

Also wenn es um die Klavierkonzerte geht, sollte man sich daran erinnern, dass Mozart seinen Zeitgenossen insbesondere als Pianist bekannt war. Die Konzertreisen des Wunderknaben und dann die grandiosen Konzerte von 1782 bis 1786 zementierten seinen Ruf als herausragender Klaviervirtuose. In dieser Zeit spielte er viel, und er erspielte sich damit stattliche Summen. Konzerte vor den berühmten »Fürstlichkeiten« wie Konzerte zu Hause – gegen Eintritt, versteht sich. Und alle kamen, und alle wollten ihn hören. Doch ab 1787 wendete sich das Blatt, und er spielte kaum noch öffentlich; vielleicht hatten die Wiener sich am Pianisten Mozart satt gehört und satt gesehen, wer weiß. Jedenfalls: Er »lief« nicht mehr wie früher. Vielleicht warf ja die Zeit der großen Tastenlöwen (Beethoven fing in Wien auch als solcher an) schon ihre Schatten voraus, vielleicht war sein »Image« doch eher das des Fürstendieners (und das in der Zeit der Französischen Revolution!) und man zierte sich als moderner Wiener lieber mit Musikern, die entweder politisch neutral waren oder eben eindeutig »fortschrittlich«, wie gesagt: Wer weiß. Da hat halt der »Zeitgeist« zugeschlagen, obwohl es diesen Begriff damals noch gar nicht gab ... Vielleicht sind das aber auch alles Legenden, und er hatte einfach keine Lust mehr, sich vor aller Augen am Klavier die Finger zu zertrillern, was man ja auch verstehen könnte.

Jedenfalls spielte Mozart am 5. Dezember 1786 im Trattner'schen Casino im Rahmen seiner Advents-Akademien das letzte Mal öffentlich ein eigenes Klavier-Konzert: das Konzert in C, KV 503.

Kurz und gut: Dem letzten Klavierkonzert in B-Dur hat das alles nur gut getan, denn dieses ist eines, das so klingt, als hätte er es nur für sich selber geschrieben, ohne virtuoses »Geklingel« für die Leute.

ENTSTEHUNGSZEIT
Die Skizzen gehen wahrscheinlich bis 1788 zurück, fertig war das Konzert am 5. Januar 1791. Und aus dem Thema des letzten Satzes

hat er ein paar Tage später eines seiner schönsten »Volkslieder« gemacht: »Sehnsucht nach dem Frühlinge« KV 596. Kennen Sie nicht? Aber sicher: »Komm, lieber Mai, und mache ...«!

URAUFFÜHRUNG
Am 4. März 1791 hat Mozart bei seinem letzten Auftritt in privatem Kreis beim Klarinettisten Joseph Beer dieses Konzert gespielt.

ERFOLG
Davon weiß man nichts. Ich denke: Ergriffen werden die Gäste sicher gewesen sein.

ANEKDOTEN
Manchmal ist es schon abenteuerlich, wie ein Autograph – also das handschriftliche Original – letztendlich die Öffentlichkeit erreicht. Die Handschrift des Klavierkonzertes B-Dur gehörte zum Bestand der ehemaligen Preußischen Staatsbibliothek Berlin, deren Handschriftenbestände jedoch im Rahmen des Durcheinanders nach dem Zweiten Weltkrieg praktisch verschollen sind. Der großartige Pianist Rudolf Serkin jedoch hatte eine Fotokopie davon, die zum Nachlass von Arturo Toscanini gehörte, der ebenfalls als verloren galt. Georg Szell und Paul Badura-Skoda aber haben diese Fotokopie wieder gefunden und dem Bärenreiter-Verlag für die Mozart-Werkausgabe zur Verfügung gestellt (der ich diese Geschichte entnehme). Die waren natürlich froh, dass sie die Handschrift zur Verfügung hatten und damit bei der Ausgabe dieses Konzerts nicht nur auf die ersten Drucke zurückgreifen mussten (die ja nicht immer fehlerfrei sind, so auch in unserem Fall: Zwei Stellen konnten aufgrund des Originals endlich korrigiert werden).

WERK
Sätze
Allegro – Larghetto – Allegro

Dauer
ca. 30 Minuten

Besetzung
Flöte
2 Oboen
2 Fagotte

2 Hörner in B
Violinen I und II
Bratschen
Violoncelli
Kontrabass
Klavier

HITS

In wenigen Klavierkonzerten ist die Wartezeit auf den Einsatz des Soloinstruments so leicht und schwebend: Die Orchestereinleitung ist also schon mal ein Hit.

Ein zweiter Hit sind ab Takt 123 die Klavierläufe zusammen mit dem Pizzicato bei Celli und Bass, ein dritter Hit die Hinführung ab Takt 185 zum h-moll (Takt 191) und von da der Flug zur Grundtonart B-Dur.

Und die Kadenz von Mozart (ebenso im dritten Satz) ist auch nicht von schlechten Eltern: Gerade die Sparsamkeit macht hier den Hit.

Das Larghetto wirkt, als hätte es Mozart quasi schon postum komponiert, fernab von all dem, was einem das Leben immer wieder schwer macht. Überirdisch schön, muss man da wohl sagen. Ein kleiner Ober-Hit besteht ab Takt 66: Sieben Takte lang begleitet nur der Kontrabass das Klavier, und es sind halt wieder einmal sieben Takte, in denen der Himmel ist.

Hit im dritten Satz ist natürlich das Thema. Egal, wann Sie diesen dritten Satz hören, ich schwöre Ihnen, dass Sie ihn eine Woche lang nicht mehr aus dem Kopf bekommen!

FLOPS

Wie soll es im Himmel Flops geben? Es sei denn für einen, der den Himmel insgesamt ablehnt (vielleicht zugunsten der Hölle, Kessel 17, wo die Altbier-Trinker zu finden sein sollen).

OBACHT

Technisch gibt es weder bei den einzelnen Instrumenten noch beim Solisten besondere »Obachts«, Mozart hat hier niemandem die Panik in die Krallen komponiert. »Obachts« sind allerdings in höchstem Maße bei allem, was mit der Interpretation zu tun hat, angesagt. Zumal dieses Klavierkonzert das Intimste ist, das Mozart geschrieben hat. Die Pranke des Solisten hat da gefälligst in der Garderobe zu bleiben, allerdings auch der Silberfinger, Sie wissen schon: das Porzellanhändchen. Denn: Verzuckert ist dieses Konzert bei Gott keineswegs. Im rechten Tempo aber die Läufe ziseliert und exakt spielen zu können, das erfordert höchste pianistische Fähigkeiten (und immer Clara Haskil im Kopf!).

ES MEINEN
Weil es (für die Orchestermusiker) relativ locker zu spielen ist und weil es – wenn es schön aufgeführt wird – höchste Wirkung erzielt, ist dieses Konzert ein Hit für die Damen und Herren Festangestellten. Sie würden es alle gerne öfter spielen.
Attila Csampai schreibt in seinem Konzertführer:
»Und über allem liegt ein Hauch von heiterer Trauer oder lächelnder Melancholie. Aber es ist gerade die Schwerelosigkeit und Entrücktheit, die dieses letzte Klavierkonzert Mozarts so bedeutend machen, denn hier ist der denkbar würdigste, reinste Schlusspunkt einer unglaublichen musikalischen Entwicklung gesetzt, die es weder vorher noch danach in ähnlicher Dichte in einer anderen musikalischen Gattung gegeben hat.«
Dem ist nichts hinzuzufügen.
Antonio Salieri soll Mozarts Tod so kommentiert haben:
»Es ist zwar schade um ein so großes Genie; aber wohl uns, dass er tot ist. Denn, würde er länger gelebt haben, wahrlich! Die Welt hätte uns kein Stück Brot mehr für unsere Kompositionen gegeben.«

BEIKIRCHER RÄT

ANLASS
Ideal beim Krawattenbinden, Sich-Gel-in-die-Haare-Schmieren, Sich-Stylen, bevor man zu seiner Schönen fährt. Ideal überhaupt beim Sich-Aufbauen, denn diese Musik lässt einen wieder an sich glauben. Und zwar mit einem Augenzwinkern, was das Schönste ist.

NUTZUNG
Empfehlenswert beim Training z. B. der Weight-Watchers: Wenn du bei den Abspeckübungen den letzten Satz auflegst, hat jeder direkt das Gefühl, schon zehn Kilo abgenommen zu haben.

AUTO
Dieses Konzert ist komponiert für ein offenes Cabrio, mit dem man hinter Taxach bei Salzburg links abbiegt und durch das Salzkam-

mergut fährt. Gemächlich, einen Arm um die Schöne gelegt, fährt man die sanften Kurven hoch und runter und weiß: »Ich bin toll und sie wird nicht widerstehen können.«

PAUSEN-TALK
»Dieses Konzert sollte man eigentlich im Freien aufführen.«
»Und wenn es regnet?«
»Dann kann der Pianist immer noch auf Chopin umschwenken!«

FRAUEN
»Das ist für mich der Frühling. Besser hat es keiner ausgedrückt.«
»Doch: Mörike.«
»Wie?«
»Frühling lässt sein blaues Band
wieder flattern durch die Lüfte;
süße, wohl bekannte Düfte
streifen ahnungsvoll das Land ...«
»Sie wohnen in der Stadt?«
»Ja.«
»Drum!«

MÄNNER
»Mir kommt bei diesem Konzert wieder einmal die Frage in den Sinn: War Mozart wirklich Freimaurer? Diese Heiterkeit – und dann Freimaurer?«
»Es ist für mich eher das Lächeln, das mich in diesem Konzert anspricht – aber das Lächeln nach dem Tode.« »Ach, kommen Sie, so, wie Sie aussehen, überleben Sie den Sibelius nach der Pause glatt auch noch!«
»Dat es Musik, wie wenn du bei Stromausfall in't Rejal langs un de Taschenlamp es tatsächlich do.«

BEWERTUNGEN

| Technik | | So leicht verdienen die selten ihr Geld. |
| Klavier | | Weil gerade das Einfache so schwer zu spielen ist. |

Gesamt 🖌🖌🖌 Es ist die heiterste und
      mit Flügeln feinste Beschreibung
              von dem, was es
              bedeuten kann,
              Mensch zu sein.

Ludwig van Beethoven
1770–1827

Symphonie Nr. 3 Es-Dur »Eroica«
op. 55

»Beethoven war so taub, dass er sein Leben lang dachte, er malt.« (anonymer englischer Musiker, 19. Jahrhundert)

Geboren ist er in Bonn, am 16. oder 17. Dezember 1770, und gestorben ist er in Wien am 26. März 1827.
Aber gleich zu Beginn das Wichtigste:
Das Erste, was man nie vergessen darf, ist: Beethoven war *Bonner*!. Er ist in *Bonn!* geboren, sein Herz hat immer an *Bonn!* gehangen, egal, was er gemacht hat, er hat es als *Bönnsche! Jung!* getan, egal, was er geschrieben oder gesagt hat, er hat es als *Bonner!* geschrieben oder gesagt, und dass das in Wien überhaupt irgendwie alles geklappt hat, hat damit zu tun, dass er als *Bonner!* überall in der Welt zurechtgekommen wäre, selbst in *Bonn!.* Deshalb muss ich als Wahlbonner aus Südtirol natürlich auch meiner Pflicht der Stadt Bonn gegenüber Genüge tun und erst mal was zum »Bönnschen« in Beethoven und zum Verhältnis dieser Stadt zu ihm sagen.
Das fängt ja schon mal damit an, dass das »van« eine hübsche rheinische Scharade ist: Es ist kein richtiges »von« aber »e bissje« mehr als gar nichts ist es doch! Und das bei einem, der, wie jeder richtige Rheinländer, natürlich Republikaner war. Wo der Bayer oder der Wiener heute noch »Chromosomal-Monarchist« ist (von denen kann ja keiner ohne Krönchen leben), war die rheinische Art auch zu Beethovens Zeiten schon »e bissje« anders: Man erträgt die Monarchen, liebt sie aber nur dann, wenn man mit ihnen abends auch mal ein Kölsch trinken kann. Andernfalls können sie dem Rheinländer »dä Mai piefe«. Das hat sich seit damals bis in unsere Zeit glücklicherweise erhalten ... Und Ludwig van Beethoven war geradezu ein Parade-Republikaner. Vielleicht noch nicht in Bonn, aber in Wien, wo jeder Laternenanzünder schon kaiserlich-königlich war und wo mit Hofrats-Titeln die Straßen gepflastert wurden, da schliff sich sein rheinisch-republikanisches Politikgefühl zu einer

Waffe, die seinen Werken innewohnt und die auch die Zeitgenossen gespürt haben und auf die sie reagiert haben: mit Jubel die einen, mit Verständnislosigkeit die anderen. Weil neben der musikalischen Größe auch diese politische Botschaft verstanden wurde: dass es, wenn es darum geht, einen musikalischen Ausdruck für die Menschheit zu finden, kein Oben und Unten geben kann, sondern nur ein: »Alle Menschen werden Brüder«. Für mich ist diese Dimension Beethovens ohne seine rheinische Jugend, in der er mit diesem Lebensgefühl aufgewachsen ist, nicht erklärbar. Und wir wissen, dass es eine schlichte, einfache Jugend war und dass schon dem Kind rheinische »Weetschafte« nicht unbekannt waren, damit aber auch das Gefühl, das an rheinischen Theken immer schon dominiert hat: dass hier alle gleich sind. Oder, anders gesagt: Uns Ludwig muss in dem kaiserlich-königlichen Wien, wo er ja mit Fürsten, Adel und »Jedönsräten« täglich konfrontiert war, schon beim Aufstehen »esu ene Hals« gehabt haben. Umso mehr, als er auf sie angewiesen war.

Das wäre für mich schon mal ein ganz wichtiger Aspekt, wenn es darum geht, den rheinischen Wurzeln im Werk Ludwig van Beethovens nachzugehen – eine, wie ich finde, lohnende Aufgabe. Übrigens ist ohne diesen »rheinischen Teppich« eine berühmte Geschichte kaum verständlich, nämlich die Geschichte, die Bettina Brentano berichtet, die ich aber lieber Beethoven selber erzählen lassen möchte:

»Wie ich in Teplitz ens der Joethe jetroffen habe, sind mir spazieren jejangen, un da kamen uns die Kaiserin von Österreich mit dem janzen Hofstaat und Jedönsräten und allem entjejen, und der Joethe wollte denen schon Platz machen. Da hab ich für der Joethe jesagt: ›Bleibt nur in meinem Arm hängen, sie müssen uns Platz machen, wir nicht.‹ Aber dem Joethe wurde dat mit jedem Schritt unanjenehmer, er reißt sich plötzlich von mir los, tritt an die Seite und zückt der Hut bis zur Erde. Ich möchte mal sagen: ein Bild des Jammers, ne. Dieser Dichter, und dann der Hut bis zur Erde. Ich natürlich mitten durch durch die janze Bagage, kurz der Kaiserin zujenickt, hatte sich der Fall. Die haben sich auch alle brav verneigt und mich jejrüßt. Paar Schritte bin ich dann weiter jejangen und hab dann auf der Joethe jewartet. Und wie der kam, hab ich ihm jesagt, damit er es sich auch merkt: ›Auf Sie hab ich gewartet, weil ich Euch ehre und achte, wie Ihr es verdient, ne, aber jenen habt Ihr zu viel Ehre anjetan.‹ Hehe, hatte der natürlich einen Satz roter Ohren!«

So oder so ähnlich hat er es sicher im Griechen-Beissel erzählt oder im Sauerhof in Baden!

Das Verhältnis der Stadt Bonn nun zu Beethoven hat Aspekte, die mich sehr an die Geschichte vom Tellerwäscher, der zum Millionär geworden ist, erinnern.

Der Tellerwäscher, der zum Millionär geworden ist, hat zwar Kollegen und Freunde gehabt, als er Tellerwäscher war, aber selten feiern diese den späteren Millionär als einen der ihren. Und die Millionäre feiern ihn auch kaum, weil er ja mal Tellerwäscher war.

Bonn geht immer noch mit Beethoven so um wie mit einem, der vergessen hat, sich beim Einwohnermeldeamt abzumelden: Er ist zwar hier gemeldet, hält sich aber doch eigentlich in Wien auf, also sollen die doch gucken. Nur: Daran sind nicht die Bonner allein schuld. Es liegt auch an Schindler und dem 19. Jahrhundert.

Heinrich Heine beschreibt übrigens Herrn Schindler so:
»Minder schauerlich als die Beethoven'sche Musik war für mich der Freund Beethovens, *l'ami de Beethoven*, wie er sich hier [in Paris] überall produzierte, ich glaube sogar auf Visitenkarten. Eine schwarze Hopfenstange mit einer entsetzlich weißen Krawatte und einer Leichenbittermiene. War dieser Freund Beethovens wirklich dessen Pylades? Oder gehörte er zu jenen gleichgültigen Bekannten, mit denen ein genialer Mensch zuweilen umso lieber Umgang pflegt, je unbedeutender sie sind und je prosaischer ihr Geplapper ist, das ihm eine Erholung gewährt nach ermüdend poetischen Geistesflügen? Jedenfalls sahen wir hier eine neue Art der Ausbeutung des Genius, und die kleinen Blätter spöttelten nicht wenig über den *ami de Beethoven*. ›Wie konnte der große Künstler einen so unerquicklichen, geistesarmen Freund ertragen!‹ riefen die Franzosen, die über das monotone Geschwätz jenes langweiligen Gastes alle Geduld verloren. Sie dachten nicht daran, dass Beethoven taub war.«

Die beiden – Schindler und das 19. Jahrhundert – haben aus Beethoven einen derartigen Überflieger gemacht, dass kein richtiger Bonner Lust verspürt, so ein titanisches Überwesen als einen von uns anzusehen. Und diese Legenden wurden konsequent weitergestrickt: Beethoven als der um jeden Ton Ringende, von seinem Genie gepeitscht, von seinem Künstlerbewusstsein gezwungen, nur dem Erhabenen und Wahren zu leben, die Fackel der Menschheit quasi unter größten Qualen in der Hand haltend. Man muss nur Ewald Balser als Film-Beethoven sehen, um zu verstehen: So kann es nicht gewesen sein. Und so war es auch nicht. Es war ziemlich anders:

Uns Ludwig war ein mit allen Wassern des damaligen Showbiz gewaschener Tastenlöwe, er pflegte sein Image als bärbeißiger Frauenheld durch betont unkonventionelles Verhalten, im Geschäftsleben war er ein durchtriebenes Schlitzohr, dem (fast) jedes Mittel recht war, er hatte den typisch rheinischen Blick fürs Reale und entsprechenden Humor, und er war natürlich Alkoholiker, aber hallo! Vater Johann hatte eine Weinhandlung, er starb quasi im Delirium, Ludwigs Oma war so »jot dabei«, dass sie nach Köln in ein Heim eingeliefert wurde (für damals heißt das wirklich was!), und er selbst trank in Wien – also immerhin an die 30 Jahre lang – pro Tag im Schnitt zwei Flaschen Weiß- und eine Flasche Rotwein. Er hatte halt nicht die Ausgeglichenheit eines Giuseppe Verdi – ebenfalls ein Weinhändlerssohn. Wenn Freunde da waren, kam bei Beethoven noch die eine oder andere Flasche Schaumwein dazu. Daran starb er ja letztlich auch. Schindler, sein erster Biograph, hat das halbe Leben Beethovens verbogen, um den Eindruck des »Trunkenbolds« erst gar nicht entstehen zu lassen.

Weiter: Beethoven eroberte Wien zunächst mal eher als Pianist denn als Komponist. Da ließ er aber auch nichts aus, was »imageförderlich« sein konnte. Graf Fries veranstaltete ein künstlerisches Duell zwischen Steibelt, einem der größten Klaviervirtuosen seiner Zeit, und Beethoven. Man haute einander die Arpeggi um die Ohren, und Ludwig war schon dabei, den Lorbeer zu erringen, da setzte er noch einen drauf: Er schnappte sich ein Notenblatt von Steibelt, drehte es – aber so, dass es alle sehen konnten – auf den Kopf und improvisierte aus den auf den Kopf gestellten Noten freie Variationen, die Steibelt mit roten Ohren aus dem Saal und aus Wien (das er nachts fluchtartig verließ) fegten. Beethoven hatte also nicht nur gegen ihn gewonnen, er hat ihn fertig gemacht. Und ganz Wien sprach davon.

Beethoven hatte zwar nie eine Ehefrau, aber Affären genug, wenn sie auch nie lange hielten. Freund Breuning wundert sich in seinem Tagebuch darüber, dass Beethoven, obwohl meistens unrasiert, ungepflegt und z. B. im Zimmer herumspuckend, sehr viel Glück bei den Frauen gehabt habe. Aber das kennt man ja: Klavier spielen, komponieren, etwas ungepflegt auftreten und das alles mit einem machomäßig pockennarbigen Gesicht, dem auch etwas Animalisches anhaftet: Da sind sie fertig, die Frauen. Aber man kennt auch, dass das nie lange hält. Also war er in all seinem Erfolg natürlich einsam und trauerte gerade den nie Erreichbaren hinterher, wie sein Brief an die unsterbliche Geliebte zeigt.

Geschäftlich clever war er auch, eben ein rheinisches Schlitzohr. Aber das musste man damals wohl sein, es gab ja noch keine GEMA und kein Copyright, und Musiker und Schriftsteller wurden von Konzertveranstaltern und Verlegern beklaut, was das Zeug hielt. Also verkaufte Beethoven seine Kompositionen gleich mehreren Verlegern gleichzeitig (ab und zu jedenfalls), wunderte sich über deren Zorn, ließ sozusagen Sonder-Editionen verfassen, die er für 50 Gold-Dukaten verkaufte, und holte mit persönlichen Widmungen seiner Werke nochmal Kohle raus. Und wenn das nicht reichte, bot er das eine oder andere Werk auch noch zur Subskription an. Mehrfachvermarkter war er also und damit seiner Zeit – möchte ich sagen – geschäftlich weit voraus.

Und er hatte Humor, und zwar rheinisch-bissigen. So sagte er über die Wiener: »Eigentlich hätte in diesen Zeiten jetzt eine Revolution ausbrechen müssen. Aber ich glaube, solange der Österreicher noch braunes Bier und Würstel hat, revoltiert er nicht.« Damit traf er das Wiener Lebensgesetz: »Da muss was g'schegn – aber da kann man nix mach'n« mitten ins Herz!

Mit einem Wort: Er war ein toller Hecht, uns Ludwig, und wert, dass wir ihn gebührend feiern. So langsam scheinen dies auch die Bonner zu begreifen. Lassen wir ihnen Zeit und schauen wir mal, wie das mit dem Beethovenfest und der Förderung des Archivs etc. in ein paar Jahren ausschaut!

Wenden wir uns lieber der dritten Symphonie in Es-Dur op. 55, der Eroica, zu.

ENTSTEHUNGSZEIT

1803 war die Eroica wohl im Groben fertig, die Endfassung entstand wahrscheinlich erst kurz vor der Drucklegung 1806. Die Idee allerdings, eine Hommage an Napoleon in Form einer großen Symphonie zu schreiben, hatte er möglicherweise schon 1798 im Kopf, jedoch: Man weiß es nicht genau.

Ob er schon bei den ersten Skizzen vorhatte, ein Werk von sage und schreibe 1853 Takten zu komponieren – eine Symphonie, die damit mindestens dreimal so lang ist wie eine von Mozart oder Haydn –, kann nur so beantwortet werden: ja sicher – ging es doch um Napoleon und die Idee der Freiheit!

In dieser Zeit – im Sommer 1803 – ging es unserem Ludwig richtig gut. Er hatte im Jahr zuvor das Theater an der Wien herumgekriegt, ihm im Theatergebäude (heute Linke Wienzeile 6) unentgeltlich eine Wohnung zur Verfügung zu stellen, damit er frei von Nöten und besorgten Vermietern (»Was denn wohl die Nachbarn dazu sagen, dass der Herr Komponist nachts um drei auf dem Flügel herumhämmert«) seine Arbeit am »Fidelio« vorantreiben konnte. Allerdings gefiel Beethoven diese Wohnung nicht, weil sie nach hinten lag und es da nicht so viel »zu gucken« gab. Er zog also im Frühjahr 1803 nach Ober-Döbling in ein einfaches Häuschen, das mitten in den Weinbergen lag. Also »aussichtsmäßig« in jeder Hinsicht 1a! In Ober-Döbling war man gut drauf, würde man heute sagen, man feierte, und es gab oft Nacht-Musiken mit anschließendem geselligen Essen im »Hirsch«, die er sich nicht entgehen ließ. Was einen wieder mal zur Frage bringt: Welche Bedingungen brauchen Genies, um arbeiten zu können? Ich meine: So eine *marcia funebre* ausgerechnet in einer der lieblichsten Gegenden Wiens zu komponieren ist ja nicht gerade die nächstliegende Idee. Jemand hat mal nachgewiesen, dass es kaum einen in irgendeiner Weise »trockenen« Autor gab. Gilt das auch für Komponisten? Wenn es so wäre – bei Beethoven gibt es ja Gründe, das so zu sehen, selbst wenn der Wein damals nicht so stark alkoholhaltig war wie heute –, müsste man dann sagen: War es egal, wo er jeweils lebte, Hauptsache es war genug Wein da? Doch genug des Kabaretts: Wenn einer so ein Genie ist wie Bach oder Beethoven, dann kommt es vielleicht nur noch darauf an, genügend Platz für ein Blatt Notenpapier zu finden, um das, was im Kopf ist, niederschreiben zu können. Bach komponierte zwischen Cembaloschülern, Babygeschrei und nörgelnden Stadträten, Beethoven zwischen (wie er dachte) ihn bestehlenden Bediensteten, völlig chaotischen Einrichtungen (s. u.) und unter Dächern, durch die es durchregnete – oder eben in lieblichen Gegenden ...

URAUFFÜHRUNG
Am 7. April 1805 im Theater an der Wien, anlässlich einer Akademie (= Konzert) des Geigers Franz Clement.
Zuvor allerdings (1804) wurde die Dritte »privat gegeben«, und zwar beim Fürsten Lobkowitz.

ERFOLG
Bei den privaten Aufführungen bei Lobkowitz: ungeteilter Erfolg. Man musste sogar dem Prinzen Louis Ferdinand zuliebe (der selber Komponist war) die ganze Symphonie wiederholen.
Die »offizielle« Uraufführung fand ein eher geteiltes Echo.
»Es fehlt ihr gar nicht an frappanten und schönen Stellen, in denen man den energischen, talentvollen Geist ihres Schöpfers erkennen muss: Sehr oft aber scheint sie sich ganz ins Regellose zu verlieren ... Ref.[erent] gehört gewiss zu Hrn. V. Beethovens aufrichtigsten Verehrern; aber bey dieser Arbeit muss er doch gestehen, des Grellen und Bizarren allzu viel zu finden, wodurch die Übersicht äußerst erschwert wird und die Einheit beynahe ganz verloren geht.« (»Allgemeine musikalische Zeitung«, Leipzig 1805)

»... und endlich vor allen Beethoven's neue große heroische Symphonie, die größte, originellste, kunstvollste und zugleich interessanteste aller Symphonien, ein Product, das ein immer währendes Denkmal des eminenten Genies, der reichen Phantasie, des tiefen Gefühls und der ausgebildeten Kunst ihres Verfassers bleiben wird ...« (»Journal des Luxus und der Moden«, Weimar 1807)

ANEKDOTEN
Natürlich die Geschichte mit Napoleon, dem die Eroica gewidmet werden sollte. Vielleicht wegen der gemeinsamen Liebe zum Chambertin, dem wundervollen Burgunder? Beethoven soll vom französischen Botschafter in Wien sechs Flaschen davon als Dankeschön von Napoleon überreicht bekommen haben ... Und natürlich wegen der Idee der republikanisch gefärbten Freiheit, die Napoleon zu verkörpern schien. Als der sich aber 1804 zum Kaiser krönen ließ, war Beethoven so außer sich, dass er die Titelseite des Manuskripts zerriss und ausgerufen haben soll:
»Ist der auch nicht anders wie ein gewöhnlicher Mensch! Nun wird er auch alle Menschenrechte mit Füßen treten, nur seinem Ehrgeiz frönen, er wird sich nun höher wie alle anderen stellen, ein Tyrann werden!«
Wohl wahr! Obendrein ist dieser Ausspruch beredtes Beispiel für die tief-republikanische Überzeugung Beethovens – aber auch für seine Einstellung, Menschlichkeit über alles zu stellen. Vielleicht wäre er heute bei Amnesty International oder Greenpeace.
Beethoven schrieb schließlich über die Symphonie: »Sinfonia eroica composta per festigiare il Souvenire di un grand' Uomo«: heroische Symphonie, komponiert, um das Andenken eines großen Menschen zu feiern – wen er damit meinte, bleibt letztlich aber unklar. Ich vermute, er meinte es allgemein. Und er widmete die Symphonie dann kurzerhand einem seiner Geldgeber und Förderer: dem Fürsten Franz Joseph von Lobkowitz.
In die erste Violinstimme schrieb er darüber hinaus die Bemerkung: »Diese Symphonie, die mit Absicht länger angelegt ist als die üblichen, muss man eher kurz nach Beginn als kurz vor dem Ende einer Akademie [eines Konzertes] spielen, und kurz nach einer Ouvertüre, einer Arie und einem Konzert; damit sie nämlich, wenn sie zu spät zu Gehör gebracht wird, für den Zuhörer, der von den vorangegangenen Darbietungen schon ermüdet ist [!!], nichts von ihrer eigenen, absichtsvollen Wirkung verliert.«
No, ist das Selbstbewusstsein? Und das 1805, wo noch alles vor dem »angestammten Herrscherhaus« und den »Fürstlichkeiten« im

Staube gelegen hat! An solchen Bemerkungen zeigt sich das neue Selbstbewusstsein des Künstlers, bis dahin unerhört in der Geistesgeschichte (Genies wie Michelangelo etc. ausgenommen, aber auch die mussten oft genug zu Kreuze kriechen).

WERK
Sätze
Allegro con brio – Marcia funebre. Adagio assai – Scherzo. Allegro vivace – Finale. Allegro molto

Dauer
Die Partitur sagt 52 Minuten und legt dabei die später angelegten Mälzelmetronom-Zeiten zugrunde. Nur: Das Mälzelmetronom war – in der Zeit Beethovens erfunden und von ihm begeistert angenommen – damals, um es mal freundlich auszudrücken, nicht wirklich das Zuverlässigste, was die Zeitkünstler erfunden hatten. Sprich: Es ist nicht wirklich eindeutig, wie die Beethoven'schen Metronom-Vorschläge zu interpretieren sind. Also schwankt »det Janze« zwischen 50 und 60 Minuten. Der Rezensent der »Allgemeinen musikalischen Zeitung« (1805) mokiert sich geradezu über die Länge: »... sie dauert *eine ganze Stunde* ...«, was allerdings eher ein Hinweis darauf wäre, dass die Eroica heute schneller gespielt wird als damals. Übrigens hat zu der leidigen Metronom-Frage Arnold Schönberg definitiv und witzig Stellung genommen. Auf die Frage, was er denn vom Metronom halte, sagte er: »Ja, es gilt mindestens für den ersten Takt.« Die Klavierlehrer haben zu dieser Frage auch was Hübsches zu bieten: Das Tempo hat sich nach der schwersten Stelle zu richten! Feiner Gesprächsstoff für die Pause, oder?!

Besetzung
2 Flöten
2 Oboen
2 Klarinetten
2 Fagotte
3 (!) Hörner
2 Trompeten
Pauken
Violinen I und II
Bratschen
Violoncelli
Kontrabass
Mit dem Umfang der Besetzung erreichen wir bei der Eroica langsam die Gefilde, die wir seit dem 19. Jahrhundert gewohnt sind (aber Beethoven war der Wegbereiter).

HITS
Die ersten beiden Akkorde sind schon mal der erste Hit. Da hast du dich kaum hingesetzt und freust dich auf himmlische Musik, schon hämmert dich Beethoven so was von in den Boden, um dich gleich

danach mit einem der schönsten Themen der Musikliteratur wieder aufzurichten.
Und der Hit bei diesem Thema ist: Es ist von Mozart (Ouvertüre zu »Bastian und Bastienne«)! Beethoven hat es von G-Dur nach Es-Dur transponiert und klaut es exakt für drei Takte und zwei Viertel des vierten Taktes – als hätte es damals schon die berühmte gerichtsnotorische »Ab-vier-Takte-ist-es-aber-geklaut«-Regelung gegeben! Er führt es dann aber so genial weiter, dass man ihm nicht böse ist. Außerdem: In Es-Dur ist es einfach schöner!
Ein weiterer Hit sind die Takte 250–258 (nach ca. sieben bis acht Minuten), wo Beethoven das gesamte Orchester mit den Muskeln spielen lässt: Die Akkorde knallen und die Geiger erheben sich bei jedem Bogenstrich etwas von den Sitzen.
Dann: Takt 338–366, in denen das Thema auf diese wunderbar-elastische Figur der Kontrabässe gesetzt wird, und kurz darauf die Pianissimo-Stelle, das ist schon »Musik vom Feinsten«, um mal Impresario-Deutsch zu sprechen.
Der zweite Satz, die *marcia funebre*, ist *der* Trauermarsch schlechthin (wie das für Klavier der von Chopin ist). Weil dieser Satz Trauer und Unerbittlichkeit des Todes so allgemein für alle Menschen verstehbar ausdrückt, ist der ganze Satz ein Hit. Einzelheiten herauszuholen wäre Linsenzählerei. Beethoven hat kurz vorher (6. und 10. Oktober 1802) sein »Heiligenstädter Testament« geschrieben, in dem er die Gewissheit ausdrückt, kein glückliches Leben unter Menschen führen zu können, was sicher als autobiographischer Akzent in diesen Satz eingeflossen ist. Andererseits ist es das erste Mal in der Musikgeschichte, dass ein bürgerliches Moment, nämlich ein Trauermarsch, explizit in eine Symphonie aufgenommen wurde: also wieder ein Beweis des stolzen Selbstbewusstseins des Republikaners Beethoven!
Auf eine Raffinesse sei doch extra hingewiesen: Die 32stel-Figur im Kontrabass liegt in den ersten Takten auf der Eins (obwohl man sie immer als Auftakt empfindet), erst zum 5. Takt führt sie als klassischer Auftakt. Stellen Sie sich diese Figur schon in den ersten Takten als Auftakt vor, dann werden Sie hören, wie trivial das Thema plötzlich wäre!
Im dritten Satz ist der Oberhit natürlich die Hörnerstelle im Trio!
Der furiose vierte Satz fängt an, dass man meint: Huiiii! Was kommt denn jetzt?, um dann ins Pizzicato (piano natürlich) zu münden, das hat schon Raffinesse!
Dann aber: Takt 210–255 (nach ca. fünf bis sieben Minuten)! Diese 5. Variation fegt in rauschenden begleitenden 16teln der Streicher daher, dass es einem die Schuhe auszieht.

Und ab Takt 365 die »Opern-Stelle«, wo die Klarinette mit den klassischen 16tel-Triolen das Thema in der Oboe begleitet: Ha! fein! Und dann 380–396 die 7. Variation und darin die grandiosen drei Hörner im Fortissimo. Da versteht man plötzlich, warum Beethoven das erste Mal drei Hörner verwendet hat: Damit's dich weghaut! Dann noch die Schlusstakte: Das ist einfach grandios und Jubel!

FLOPS

Ein Flop wäre – wenn es Beethoven nicht so genial gelöst hätte – die Tatsache, eine eigene Symphonie direkt schon mal mit einem geklauten Thema anzufangen. Nur: Er hat es halt schon wirklich toll weitergeführt: zum Des runter, das muss ihm erst mal einer nachmachen.
Auch bei einem großen Werk kommt man mal an Stellen, wo man den Eindruck hat: Hier wusste der Komponist nicht so recht weiter, also hilft er sich drüber weg. Vielleicht ist 99–109 so was: Die Streicher haben da ein paar zögerliche Viertel und dann eine gegenläufige Achtelbewegung, das läuft die zehn Takte durch, ohne dass da nennenswert viel passiert. Also: gemessen am Namen Beethoven: ein Flop. Zumal sich diese Stelle noch ein paar Mal wiederholt.
Eindeutig ein Flop ist die Stelle Takt 551–563, wo mit der Bratpfanne von Es (piano) über Des (forte) – »So und jetzt alle mal einen Ton tiefer!« – nach C-Dur (fortissimo) moduliert wird. Das ist die musikalische Sprache der »Heavy-Metaler« – aber die gab's damals noch gar nicht.
In der *marcia funebre* wäre ein Flop, die 1. Geigen mit der tiefen Leersaite anfangen zu lassen (tz tz tz!), wenn nicht erkennbar wäre, dass genau diese Leere spüren zu lassen Absicht ist. Somit also: kein Flop, sondern ein Hit!
Natürlich könnte man auch sagen: Die 16tel Triolen bei den Geigen ab Takt 69 (und später, ab Takt 191 die 32stel) hätten etwas Etüdenhaftes (mit so was quält man sich im dritten Jahr Sevčik herum!). Aber gut: Ein richtiger Flop ist das noch nicht.
Der dritte Satz wäre dann Flop, wenn am Anfang das Pianissimo nicht beachtet wird. Dann ist der ganze Satz im Eimer. Als Flop könnte man noch die berühmte Alla-breve-Stelle Takt 381–384 bezeichnen. Das ist da, wo das ganze Orchester den 3/4-Takt unterbricht, um mal kurz Es-Dur nach unten zu arpeggieren, aber natürlich fortissimo.
Und natürlich ist ein Riesen-Flop im vierten Satz der Beginn, wo du wunders meinst, was jetzt kommt, und dann ist es so, als würden die Orchestermusiker zu spät nach Hause kommen und auf den Zehenspitzen nach dem Lichtschalter suchen, damit nur ja die Frau

nicht wach wird. Es nützt aber nichts, denn in Takt 29 steht mit Fortissimo und drei Achtelnoten die Frau am Schalter und macht Licht! Dumm gelaufen.
Bisschen flopig, wenn auch sehr komisch, ist das Ende der siebten Variation (kurz vor Ende des letzten Satzes), wenn da in Flöten, Fagotten und Geigen das Getröpfel anfängt: Das ist eine kleine Stelle zum Schirmaufspannen. War das wirklich nötig, Herr van Beethoven? Oder ist das einer Ihrer kleinen Scherze?

OBACHT
Für den Dirigenten gibt es hier ein Riesen-»Obacht« bei den Tempi. Nimmt einer den zweiten Satz zu langsam, dann haben wir keinen Trauermarsch mehr vor uns, sondern eher eine Pizza, die überm Tellerrand hängt, nach unten sinkt und der ganze Belag mit, so à la Salvador Dali eben. Das ist dann nur sehr schwer zu ertragen. Hat man aber einen dieser Kilometerfresser ans Pult gestellt und der nimmt den dritten Satz zu schnell, dann braucht man nur auf die Achtel bei den Geigen zu warten und wird sich an den verzweifelten Gesichtern der MusikerInnen amüsieren können – aber nicht mehr über die Musik.
Es gibt dann noch einige speziellere »Obachts«: die Hörnerstelle im Trio des dritten Satzes, die Kontrabässe im zweiten Satz (wenn die allerdings ihre Noten präzise spielen, tut sich der Himmel auf) – aber das sind Dinge, die ein professionelles Orchester der obersten Liga heute absolut draufhaben muss, und andere Orchester sollten solche Werke erst gar nicht aufs Pult legen.
Besondere Beachtung verdienen die Pauken, sie haben im Trauermarsch beim Thema nur sparsame Achtel zu spielen. Achten Sie mal drauf: Sie werden spüren, was das für eine ernste, wunderbare Bewegung gibt. Auch in solchen »Kleinigkeiten« zeigt sich die Meisterschaft Beethovens.

ES MEINEN
Hörner: »Mehr davon!«
Zweite Geigen: »Rossini ist aber auch nicht leichter!«
Paul Bekker, »Beethoven« (Berlin 1912): »Beethovens Orchester ist von jetzt an [von der Eroica an] eine Summe von Einzelwesen, eine musikalische Republik.«
Attila Csampai im »Konzertführer«:
»Diese Symphonie nimmt Partei, sie mischt sich ins *politische* Geschehen ein.«

Napoleon soll von der zerrissenen Widmung gehört haben. Wann?
Am Morgen der Schlacht bei Waterloo!
Salvador Dali: »Die ganze Symphonie ist viel zu schnell« (als er in Saintes-Maries-de-la-Mer die dritte hörte, gespielt von Manitas de Plata).

BEIKIRCHER RÄT

ANLASS
Die Eroica ist die klassische »Ex-post-facto«-Symphonie: Sie passt zu allen großen, aber noch individuellen Tragödien, und zwar frühestens eine Woche nachdem sie eingetreten sind (eben: ex post facto). Man sitzt zusammen und lässt die Dinge im Ansatz schon abgeklärt Revue passieren: den Autounfall, den Tod großer Haustiere, den Zusammenbruch der Börse (sofern man dabei Haus und Hof verloren hat), die Demontage vor einem parlamentarischen Untersuchungsausschuss etc.

NUTZUNG
Man kann die Dritte Symphonie aber auch großartig zum Aufwerten kleinerer Ereignisse nutzen: Die Freude über den Tod des Lovers der Ehegattin z. B. lässt sich keimfrei verstecken, wenn man bei den Trauerfeierlichkeiten die Dritte abspielen lässt – jeder wäre dank Beethoven von der menschlichen Größe des Ehemanns überzeugt.

AUTO
CD in den Player, zweiten Satz laufen lassen, volle Lautstärke, aussteigen: Nie kam ein Auto würdevoller in die Schrottpresse!

PAUSEN-TALK
»Das habe ich auf CD besser.«
»Das müssen Sie von Furtwängler hören.« (passt ab Beethoven bis Brahms immer)
»Mit 33 Jahren hätte ich weiß Gott andere Sorgen gehabt, als eine solche Symphonie zu schreiben.«
»Aber Sie sind doch Chirurg.«
»Eben.«

FRAUEN
»Bei diesem Werk muss ich immer an die Trauer über den verlorenen Knochen denken.«

»Das heißt aber Wut über den verlorenen Groschen.«
»Sag ich ja.«
»Beethoven hat es ja immer mit der Natur gehabt, nicht wahr. Nur: Wo ist die Natur so, wie er sie hier vertont hat?«

MÄNNER
»Das ist keine Symphonie, das ist Revolution. Dass das in Wien keiner gemerkt hat, ist schon erstaunlich.«
»Die Ideen in dieser Symphonie müsste mal ein Politiker in Worte fassen – es wäre gewaltig.«
»Ich wüsste auch schon, wer: Möllemann!«
»Beethoven ist der Wehner der Wiener Klassik – hier hört man es!«

BEWERTUNGEN

Technik	🎺🎺	In der damaligen Zeit verlangte die Partitur von den Musikern das Äußerste, heute müssen sie das schon als oberen Standard leisten können.
Gesamt	🎺🎺🎺 mit Trauerflor	Die Einzigartigkeit eines Menschenlebens ist nie so konzentriert, gewaltig und zukunftsweisend in all seinen Dynamiken in Töne gesetzt worden.

Ludwig van Beethoven
1770–1827

Symphonie Nr 5 in c-moll
op. 67

Erlauben Sie mir, einige der wichtigen Themen aus dem Leben Ludwig van Beethovens in ein Gewand zu kleiden, das unserer TV-Zeit entgegenkommt: ins Gewand einer Talkshow, allerdings auf »höchster Ebene«. Kein Geringerer als unser Literaturpapst Marcel Reich-Ranicki – der übrigens ein großer Musikliebhaber und -kenner ist! – gibt sich die Ehre, mit dem Komponisten zu »talken«. (Bitte denken Sie daran, jedes »S« bei Herrn Reich-Ranicki mit der Zungenspitze zwischen den Schneidezähnen zu lesen!)

MARCEL REICH-RANICKI: Ich begrüße Sie, meine sehr verehrten Damen und Herren, zu einer sensationellen Ausgabe unseres Vier-Augen-Gesprächs »Wer waren Sie?«, der beliebtesten Talkshow in unserem Lande. Ich bin stolz darauf, heute einen der größten Komponisten aller Zeiten und gleichzeitig einen sehr merk-würdigen Mann meinen Gast nennen zu dürfen: *Ludwig van Beethoven.*
Bitte nehmen Sie Platz, verehrter Meister. Soll ich etwas lauter sprechen?
VAN BEETHOVEN: Nee, nee, et jeht. Sch-meine: Wat ich da alles versucht habe, passt auf keine Kuhhaut, möchte ich mal sagen, ne. Aber, willse machen, jeder hat dat Kreuz, wat er verdient, ne, hehe.
MRR: Wobei Sie gleich ein wichtiges Kapitel Ihrer Lebensgeschichte aufschlagen, verehrter Meister, nämlich Ihre Krankheiten. Nun weiß man ja, dass Sie nicht gerade am Gehörverlust gestorben sind, nicht wahr ...
VAN B.: Tja, hehe, dat kann man wohl sagen, ne. Ich möchte mal so sagen: Wenig essen und viel Wein schlägt auf den Bauch und jeht ins Bein, ne ...
MRR: Bauchwassersucht und Beinödeme, gekoppelt mit einer krankhaft geschädigten Leber und Bauchspeicheldrüse. Krankheiten, die natürlich zum Tode führen mussten, zumal der Patient Ludwig van Beethoven den Teufel tat, um die Ursachen dieser Krankheiten zu bekämpfen ...

VAN B.: Dat hätt mir noch jefehlt, hehe, möcht ich mal sagen, ich bitte Sie: Wat hat ein Mensch wie ich denn schon vom Leben jehabt: Ärger mit Verlegern, Geldsorjen, ständig neue Wohnungen, Ärger mit dem Personal, Ärger mit dem Neffen und noch viel mehr Ärger mit dessen Mutter, Ärger mit dem Bruder und seiner unmöglichen Frau – du lieber Himmel, da steigt einem ja heute noch die Galle hoch, ne, Ärger mit Konzertabrechnungen, wo man dauernd übers Ohr jehauen wurde, also wenn da auch noch die Ärzte kommen und einem sagen: kein Bier, kein Wein, kein Kaffee ... also ich bitte Sie ... wo simmer dann ...

MRR: Maßgebliche Mediziner, die Ihren Fall mit ungeheurer Akribie untersucht haben, kommen zu folgendem Ergebnis, ich zitiere: »alkoholbedingte chronische Pankreatitis, in deren Folge sich eine Leberzirrhose ausbildete, die zum Tode führte.« Und weiter: »Bereits während der Bonner Jahre verbrachte er regelmäßig seine Abende im Wirtshaus, um der häuslichen Misere wenigstens für ein paar Stunden zu entfliehen. Als Junggeselle verköstigte er sich in Wien vornehmlich im Gasthaus und trank zu den Mahlzeiten regelmäßig Bier und Wein. Nachmittags pflegte er ein Bierhaus aufzusuchen, zum Abendessen und danach genoss er wiederum Bier und Wein. Das war aber nur der normale Tagesablauf. Hatte er Gäste, so erhöhten sich die Alkoholmengen rasch.« Champagner, Vöslauer und alter Rheinhesse, vom Feinsten also. Und weiter: »Er gehörte nicht zu der Kategorie der auffälligen und unkontrollierten Alkoholiker. Beethoven war so genannter Wohlstandstrinker, die selten betrunken sind, er war deswegen auch alles andere als ein Trunkenbold. Aber er gehört auch zu den unbegreiflichen Wundern dieser Welt, vor denen wir nur staunend stehen können und vor denen jede Kritik schweigt: Aus einer über Generationen belasteten Trinkerfamilie stammend, von deren Kindern man glaubt, es könne ohnehin nichts aus ihnen werden, zählt er zu den größten Genies, die je über die Erde gingen.« Zitat-Ende. Was sagen Sie dazu?

VAN B.: Ich möchte mal so sagen: Es war eine schöne Zeit, ne. Ich meine, ich hab dat ja bis zum Schluss genossen, ne, soweit et einem da noch möglich war.

MRR: Ich weiß, ich weiß. Man erinnert sich an Ihre letzten Worte auf dem Sterbelager, verehrter Meister. Als in den letzten Minuten Ihres Lebens der Hofrat von Breuning mit dem von Ihnen, verehrter Meister, verlangten Kistchen besten Rüdesheimer Weines das Zimmer betrat, es war so gegen Viertel vor eins am Mittag, haben Sie bedauernd die Flaschen angeschaut und die denkwürdigen Worte gesprochen: »Schade! – Schade! – zu spät!« und versanken in Agonie.

VAN B.: Oh, da hab ich nicht mit jerechnet. Ich hatte nämlich am gleichen Vormittag mir noch wat überlegt jehabt als letzte Worte, weil man ja weiß, dat die janze Nachwelt danach hungert, und hab dann Plautus zitiert mit dem – wohljemerkt lateinischen – Satz: »Plaudite, amici, comoedia finita est.« Also ich meine, dat waren doch Worte, die man der Nachwelt ruhig hinterlassen kann. Aber dat jetzt der Schindler auch noch dat »Schade, schade, zu spät« mit aufjeschrieben hat, hab ich dann jar nicht mehr mitbekommen, aber, ejal, willse machen ...

MRR: Ja, ja, Plautus: Applaudiert, Freunde, die Komödie ist zu Ende! Ein wundervolles Zitat, was uns gleich zum nächsten Thema bringt: Ihre Bildung. Beziehungsweise: Ihre Nicht-Bildung, denn man weiß ja, verehrter Meister, dass Sie nur vier Jahre eine notdürftigen Grundschule besucht haben, alles andere aber sich selber beigebracht haben. Erstaunlich ...

VAN B.: Och jo, ich meine: Ich war ja immer neugierig, ne, hat mich quasi alles interessiert. Hier: Griechen, Lateiner, Odyssee zum Beispiel, ne, oder bisschen Göttliche Komödie dabei. Ich möchte mal so sagen: »Et hat keine Abhandlung gegeben, die zu gelehrt für mich jewesen wäre; ich hab mich doch bestrebt von Kindheit an, den Sinn der Besseren und Weisen jedes Zeitalters zu fassen. Schande für einen Künstler, der es nicht für seine Schuldigkeit hält, es hierin wenigstens so weit zu bringen.« Also ich möchte mal so sagen: Wat einem nicht beijebracht worden ist, muss man sich ebends selber beibringen.

MRR: Sogar Physik und Astronomie gehörten zu Ihren Steckenpferden. Immerhin hat Ihre Bildung sogar einem Goethe Achtung abgenötigt

VAN B.: Och jo, der Goethe. Ich meine, ich hab ihn vertont, Gedichte und alles, zur Oper »Faust« isset dann leider nicht mehr jekommen, aber ich hab damals mal jeschrieben, zementens, wo hab ich et, hier – hab mich ja auch ein bisschen auf die Sendung vorbereitet, hehe, man weiß ja, dat Ihre Heimat die Literatur is. Also passop: »Goethe behagt die Hofluft zu sehr, mehr als es einem Dichter ziemt. Es ist nicht viel mehr über die Lächerlichkeiten der Virtuosen hier zu reden, wenn Dichter, die als die ersten Lehrer der Nation anzusehen sein sollten, über diesen Schimmer alles andere vergessen können.«

MRR: Äußerst kritische Worte, die belegen, dass Sie immer einen klaren Blick für Zierat, Tand und Modetorheiten gehabt haben müssen. Apropos Goethe: Wenn sich zwei derartige Titanen der Geistesgeschichte treffen, da muss es doch vor Funken nur so gesprüht haben!

VAN B.: Och, dat stellt man sich auch immer mehr vor, als wat et tatsächlich is. Ich meine: Der hatte zu tun, ich hatte zu tun, wat soll et dann!

MRR: Was für ein Standpunkt! Dabei hätten Sie über so viele Themen sich austauschen können. Ich sage nur: Frauen!

VAN B.: Jo, do wär der Goethe natürlich Experte jewesen, ne ...

MRR: Sie beide haben ein unendlich inniges und gleichzeitig unendlich distanziertes Verhältnis zu Frauen gehabt ...

VAN B.: Also so kann man dat nicht sagen, ne. Ich hab mich zum Beispiel ein Leben lang nach einer Frau jesehnt, also jetzt für zu heiraten und esu, wie soll ich sagen: dat da mal bisschen Ordnung und Liebe, also jetzt mehr regelmäßige Liebe, ne, in dat Leben ereinkommt, aber ... willse machen, hat nicht sollen sein, ne ...

MRR: Dabei waren Sie ein ausgesprochener Frauentyp. Salopp gesagt, könnte man sagen: ein Kevin Costner der Wiener Klassik ...

VAN B.: Ja Gott, wie man et nimmt, ne. Zeig Ihnen die kalte Schulter und sie laufen dir nach, ne. War ja damals auch schon so. Aber wenn ich an die wunderbaren Frauen denke, denen ich nachjelaufen bin, Josephine Brunswik oder die Magdalena Willmann oder et Giulietta Guicciardi, da war ich ja dann doch nicht ganz so, wie soll ich sagen, erfolgreich, ne. Ich möchte mal so sagen: Ich hab da auch so einiges auf das Dach bekommen, jetzt mal salopp jesagt.

MRR: Allerdings haben Sie dafür Generationen von Frauen mit Ihren Kompositionen beglückt, Kompositionen, die in ihrer ganzen Tiefe vielleicht nur Frauen zugänglich sind ...

VAN B.: Also ich will mal Folgendes sagen: Wenn ich so sehe, wie Sie heute alle leben, freie Beziehungen, Scheidungen, alles kreuz und quer und durcheinander, also ich weiß et nicht. Ich hab dat mein janzes Leben lang anders jesehen: »Sinnlicher Genuss ohne Vereinigung der Seelen ist und bleibt viehisch, nach selben hat man keine Spur einer edlen Empfindung, vielmehr Reue.« (Tagebücher 17v / 122) Und diese Vereinigung der Seelen muss ihren tugendhaften Ausdruck finden in der Ehe, alles andere bleibt Episode. Und für einen wie mich, ich meine: Ich wusste ja auch mein Leben lang, dat ich eine Aufgabe als Künstler habe, so wat spürt man, und das lässt einen ja nicht mehr los, und da war mir auch immer klar, dat da auch Verzicht sein muss auf vieles, was dem Alltagsmenschen unverzichtbar scheint. Ich hab dat mal so formuliert: »Du darfst nicht Mensch sein, für dich nicht, nur für andere: Für dich gibt's kein Glück mehr als in dir selbst, in deiner Kunst.«

MRR: Hohe Worte ...

VAN B.: Tja, nur: Dat sagt sich leichter, als et is. Also, wenn ich mal ehrlich bin: Für mich war et immer ein Kampf. Ein Leben lang.

Und ich hätte't schon gerne anders jehabt. Andererseits: Wenn ich diese, sagen wir mal, häusliche Liebe jefunden hätte, wo wär dann die Zeit für die Kunst, für das Edle, Bessere jeblieben? Ich möchte mal so sagen: Die Suche nach der unsterblichen Geliebten, der liebenden Frau, hat mir jeholfen, in der Einsamkeit des Künstlers mich selber zu finden. Hätte ich nicht diesen Weg jehabt, ich wär verzweifelt ...

MRR: Peter Altenberg, dieser wunderbare Dichter aus dem Wien des *Fin de Siècle*, hat einmal, als ihn eine Professionelle bedrängte, mit ihr zu gehen, und dies in den Satz kleidete: »Komm, aus dem Hirn schwitzen kannst du es dir ja doch nicht«, geantwortet: »Ich schon« und ist aufgestanden und gegangen. Ist davon auch ein Stück in diesem Ludwig van Beethoven?

VAN B.: Och mein Jott, Herr Dingens, wenn Kunst nur daraus entstehen könnte, dass man keine Frau hat, dann wär dat doch wat Ärmliches, ne. Musik muss vom Herzen kommen und zu Herzen gehen, und dazu braucht es mehr als nur den Verzicht, ich bitte Sie. Da geht et auch um Wahrheit, um äußerste Wahrheit, und die kann man nur in sich selber finden, ohne Rücksicht auf die Welt. »Die wahre Kunst ist eigensinnig und lässt sich nicht in schmeichelnde Formen zwängen.« Und wer dazu nicht die Kraft hat, bleibt ein armer Tropf ...

MRR: (räuspert sich etwas verlegen, dann forsch) Was uns zum nächsten Thema führt, verehrter Meister: »armer Tropf«, was Sie ja in diesem Sinne nie waren ...

VAN B.: Wer hat Ihnen dann dat Märchen erzählt? Wissen Sie eijentlich, wat ich mein Leben lang für Schulden am Hals hatte? Wat habe ich für Kämpfe mit Verlegern ausfechten müssen, damit die einen nicht übers Ohr hauen! Die größten Kompositionen musste man wie sauer Bier diesen Geldsäcken anbieten ...

MRR: Was Sie ja auch weidlich getan haben. Manche Werke haben Sie ja – mit Erfolg – gleich vier oder fünf Verlegern gleichzeitig verkauft.

VAN B.: Ja, jot, aber dat war damals ja auch esu üblich, ne. Ich meine: Man hat jetan, wat man konnte. Sie müssen ja auch die Wechselkurse bedenken, ne: Dat war nit esu wie heute, wo die Bank alles erledigt. Da waren ja Verbrecher dabei, die einem die genaue Summe geschickt haben, aber in einer Währung, die keinen Pfifferling mehr wert war, ne.

MRR: Das mag sein, in der Verwirrung der napoleonischen Kriege zum Beispiel ...

VAN B.: Jenau. Also wenn man da nicht aufjepasst hat, war man der Betrogene.

MRR: Heute würde man den mehrfachen Verkauf desselben Werkes arglistige Täuschung, vielleicht sogar Betrug nennen ...

VAN B.: Och jo, da sind große Worte schnell bei der Hand. Dat hab ich gern: Bei meiner Neunten Sinfonie in Tränen ausbrechen, aber dann nach Steuerhinterziehungen fahnden oder wat. Also ich meine: Wozu bin ich dann hierhin jekommen? Muss ich mich dann jetzt von Ihnen do quasi als kriminell hinstellen lassen?

MRR: Aber verehrter Meister, so ist das nicht gemeint, ich bitte Sie, es ist die Neugier des Bewunderers, was sage ich, des Hingerissenen, der einem Genie, wie Sie es waren, dadurch etwas näher kommen möchte, indem er dem Alltagsmenschen in Ihnen nachzuspüren versucht.

VAN B.: Wat natürlich Quatsch is ...

MRR: Wieso dieses?

VAN B.: Weil dat Werk eines Künstlers entweder is oder nicht is. Und alles andere is uninteressant.

MRR: Sagen Sie das nicht, verehrter Meister. Es befördert das Interesse des Publikums ungeheuer, wenn der Mensch hinter dem Künstler ebenso interessant ist wie der Künstler selbst. Und dies wiederum bedeutet volle Konzertsäle. Aber da sage ich Ihnen ja nichts Neues. Haben doch Sie selbst auch immer wieder virtuose Werbestrategien entwickelt, um die Säle zu füllen und Ihre Partituren zu verkaufen. Ich erinnere mich da an Vorschläge, ein Musikgeschäft mit einer Kneipe zu verbinden, um dem Publikum in der zwangsläufig entstehenden Weinseligkeit einige Partituren mehr andrehen zu können ...

VAN B.: Sie müssen zujeben, dat dat eine brilliante Idee war!

MRR: Gewiss, Herr van Beethoven, gewiss. Aber gerade in diesem Zusammenhang möchte ich Ihnen noch eine letzte Frage stellen: in Zusammenhang mit Ihrer rührenden Pflege um Ihren Neffen, den Sie wie einen Sohn behandelt haben ...

VAN B.: Wat der Bengel nicht immer verstanden hat ...

MRR: In diesem Zusammenhang also ist die Frage aufgetaucht, ob das Kind, das Ihre Schwägerin Johanna ...

VAN B.: Die Mutter vom Karl, dat Aas, eine impertinente Person, kann ich Ihnen sagen, die seinerzeit ...

MRR: Gut, gut, wir wissen, dass Sie ihr durch die Gerichte die Vormundschaft über den Jungen entrissen haben, aber ein paar Monate nach diesen ganzen Prozessen, als alles schon zu Ihren Gunsten entschieden war, hat die Mutter des Jungen, Ihre Schwägerin und in diesem Falle Intimfeindin, ein Mädchen geboren, Ende 1820 war es, dem sie den Namen Ludowika gab – was natürlich dazu führte, darüber zu spekulieren, ob Ludwig van Beethoven nicht doch ein leibliches Kind sein Eigen nennen konnte ...

VAN B.: Also jetzt hört sich aber alles auf! Wat soll denn der

Quatsch? Ja hört dat denn nie auf? Ein Leben lang hab ich schon unter der Furie jelitten, wat hat die mir nicht alles nachjesagt, seinerzeit. Bis vor die Gerichte is dat alles jejangen, ne, un jetzt jeht dat janze Spiel at widder los.
MRR: Es gibt aber seriöse Biographen, die dieser Behauptung nicht unfreundlich gegenüberstehen ...
VAN B.: Wenn man am Dreck schnüffelt, muss man sich nicht wundern, wenn man Jestank in der Nase hat, ne. Wenn die Herren, die sich meine Biographen schimpfen, nichts Besseres zu tun haben, als dodrüwwer zu spekulieren, ob ich möglicherweise Vater jeworden bin oder nicht, kann ich nur sagen: schade um die verlorene Zeit, ne. Also ich danke Ihnen für dat Jespräch, lieber Herr Dingens, ne, aber jetzt isset jut. Tschöö und auf Wiedersehen ...

ENTSTEHUNGSZEIT
1803–1808.
Die Fünfte entstand in einer Zeit, in der Beethoven, beginnend mit der »Eroica«, definitiv neue Wege ging und kompositorisch in den unterschiedlichen Gattungen ausprobierte, wohin ihn diese Wege führen würden.
Dies alles in einer Zeit (1808), in der es finanziell etwas durcheinander ging, bis sich – ausgelöst durch ein verlockendes Angebot – alles zur Zufriedenheit des Komponisten löste. Das Angebot beschreibt Beethoven in einem Brief an Baron Ignaz von Gleichenstein vom 1. November 1808: »Liederlicher Baron – ich hab dich gestern umsonst erwartet – ... ich habe einen schönen Antrag als Kapellmeister vom König von Westphalen erhalten – man will mich gut bezahlen – ich soll sagen, wie viel Dukaten ich haben will – etc. – ich möchte das mit dir überlegen – wenn du daher kannst, komm diesen Nachmittag gegen halb 4 zu mir – diesen Morgen muss ich ausgehen.«
Wer war nun dieser »König von Westphalen«? Sie werden es nicht glauben: der Bruder Napoleons, Jérôme Buonaparte! Der hatte von Napoleon das eigens für ihn gegründete Königreich Westfalen übertragen bekommen – er saß in Kassel und war damit dem Kaiser aus den Füßen! Wir fragen uns natürlich: Ein Angebot aus dem Hause Buonaparte ernsthaft zu überlegen, bedeutet, dass Beethoven seine Verachtung Napoleons überwunden haben muss, oder? Vielleicht aber war das nur eine willkommene Pokerkarte, um seinen Wiener Förderern den Schock des »Jetzt geht er wirklich« zu versetzen und damit ihre Förderwilligkeit erheblich zu verstärken. Es hat auch – falls Beethoven Jérôme tatsächlich zum Pokern be-

nutzte – geklappt, denn er erhielt im Januar 1809 vom Erzherzog Rudolph sowie den Fürsten Lobkowitz und Kinsky die Zusage, jährlich 4.000 Gulden als Rente zu bekommen (was sich die drei teilten), worüber am 1. März 1809 feierlich ein Vertrag unterzeichnet wurde. Dies alles hatte unmittelbare Auswirkungen auf die Fünfte bzw. deren Widmung. Das Werk war nämlich quasi ein Auftrag des Grafen Franz von Oppersdorff, dem Beethoven seine Symphonie auch zugesprochen hatte. Dann aber musste er ihm am 1. November 1808 – unter demselben Datum wie der Brief an Baron von Gleichenstein – folgenden Brief schreiben:
»Bester Graf! Sie werden mich in einem falschen Licht betrachten, aber Noth zwang mich, die *Sinfonie*, die für Sie geschrieben, und noch eine andere dazu [d. h.: die 6. Symphonie] an jemanden andern zu veräußern – seyn Sie aber versichert, dass Sie diejenige, welche für Sie bestimmt ist, bald erhalten werden [d. h. die 4. Symphonie]...«
Die Fünfte wurde also in dem Jahr vollendet und uraufgeführt, das beinahe Beethovens letztes Jahr in Wien hätte werden können. Andererseits: *Er* als Rheinländer in Westfalen – das wäre *niemals* gut gegangen!
Er widmete die Symphonie dem Fürsten Franz Joseph von Lobkowitz und dem Grafen Andreas von Rasumowsky.
Übrigens komponierte er sie gleichzeitig mit der 6. Symphonie, der Pastorale – was für eine geistige Spannbreite muss Beethoven gehabt haben!

URAUFFÜHRUNG
Am 22. Dezember 1808 wurde die Fünfte anlässlich einer Akademie im Theater an der Wien uraufgeführt. Die Uraufführung war eine Katastrophe und ist in die Konzertgeschichte eingegangen. Mangelhafte Probenarbeit, eine Sängerin, die nichts taugte, wahre Eiseskälte und ein Programm, das einen umhaut (hier ein Ausschnitt!):
4. Symphonie Nr. 6 in F-Dur op. 68
5. Arie »Ah perfido!« op. 65
6. Gloria aus der Messe in C-Dur op. 86 (Esterházy-Messe)
7. Konzert Nr. 4 für Klavier und Orchester in G-Dur op. 58
Pause
8. Symphonie Nr. 5 in c-moll op. 67
9. Sanctus und Benedictus aus der Messe in C-Dur
10. Eine freie Improvisation Beethovens
11. Chorphantasie op. 80
Und das den »gemütlichen« Wienern!
Johann Friedrich Reichardt (Besucher der Uraufführung) schrieb:

»Da haben wir denn auch in der bittersten Kälte von halb sieben bis halb elf ausgehalten und die Erfahrung bewährt gefunden, dass man auch des Guten – und mehr noch, des Starken, leicht zu viel haben kann.« Er wünschte »den Mut gehabt zu haben, früher hinaus zu gehen«. Übrigens: Beethoven dirigierte selbst das ganze Konzert und trat auch als Solist auf!
Schon kurz darauf aber – bei anderen Konzerten – setzte sich »die Fünfte« durch.

WIRKUNG
Man begriff sofort die Größe dieses Werkes. Im Unterschied zur Aufnahme der »Eroica« gab es bei der Fünften nicht so heftige Ablehnung durch die Zeitgenossen. Die »Wiener allgemeine musikalische Zeitung« schrieb 1813 über eine Aufführung der fünften Symphonie unter der Leitung des Geigers Ignaz Schuppanzigh: »Dieser Ausbruch genialer Phantasie, kraftvoller Größe, dieses lebendige Bild hoher Leidenschaft in allen Abstufungen bis zu ihren heftigsten Momenten, und ihrer Auflösung in triumphierenden Jubel, ist allgemein als ein Meisterwerk des Verfassers erkannt, das im Fache großer Instrumental-Musik einen klassischen Wert behauptet.«
Dass sie so schnell »Schicksals-Symphonie« genannt wurde – keiner weiß, wer das erfunden hat –, führt Wulf Konold in seinem »Konzertführer Klassik« (Atlantis 1997) darauf zurück, dass man sich der lapidaren Wucht dieses Werkes durch Mythenbildung zu entziehen trachtete – ein feiner Hinweis und schöner Stoff für das Pausengespräch.

ANEKDOTEN
Hier muss es natürlich darum gehen: Wie kam Ludwig van Beethoven auf das berühmte ta ta ta taaaaaaa? Schindler sagt, Beethoven, der sich nicht mehr dagegen wehren konnte, habe gesagt: »So klopft das Schicksal an die Pforte!« Blödsinn.
Ebenso ins Reich des Unsinns gehören folgende Entstehungsgeschichten: Beethoven habe auf dem – mit Verlaub – Abort gesessen, als jemand Eintritt geheischt habe, was Beethoven barsch mit dem Satz »Es ist beseeeeeetzt« zurückgewiesen habe, selig, in diesem Moment das Motiv für die Fünfte gefunden zu haben.
Andere erzählen, Beethoven sei wie so oft im Wienerwald spazieren gegangen, da habe er dieses Motiv einen Specht klopfen hören – als ob Spechte auf dem Klöchen säßen und »Es ist beseeeeeetzt« hämmerten!

Nein, die Wahrheit ist – und deshalb sollte man die Fünfte die »Rheinische« Symphonie nennen, auch, weil sie mit einem »Päuschen« beginnt, was sehr rheinisch ist – folgende:
Beethoven kannte natürlich den kleinen Spottvers, den man den Rheinländern – die, um der Verwechslung von »das« und »dass« aus dem Wege zu gehen, beides als »dat« aussprechen – nachruft: »Darf dat dat? *Dat dat dat darf!*« (Darf es das? Dass es das darf!) Beethoven hat diesen Spöttern sein rheinisches Selbstbewusstsein geradezu königlich entgegengehalten, indem er den zweiten Teil des Spruches mit einem musikalischen Rufzeichen versah, das bis heute die Welt in Atem hält: Dat dat dat darf!
Eine weitere anekdotische Anmerkung lässt sich zur Achtelpause am Beginn dieser Symphonie machen: Wenn man den Einsatz nicht haarscharf gibt, kann es passieren (und es ist passiert, einmal war ich selbst dabei, möchte aber den Namen des Dirigenten und des Orchesters nicht verraten), dass statt der berühmtesten drei Achtel vier Achtel erklingen: ta ta ta ta taaaaa! Das ist dann der Himmel auf Erden (weil er herabgestürzt ist) ...

WERK
Sätze
Allegro con brio – Andante con moto – Allegro – Allegro

Dauer
30–40 Minuten

Besetzung
Flöten
Oboen
Klarinetten in B
Fagotte
Hörner in Es
Trompeten in C
Pauken
Violinen I und II
Bratschen
Violoncelli
Kontrabässe

Im 3. und 4. Satz kommen dazu [!!!]:
Piccoloflöte
Kontrafagott
3 Posaunen

HITS

Die ersten vier Töne sind schon der Welt-Mega-Hit!
Mit einer großen Terz sich in die Menschheitsgeschichte einzugravieren, das muss »unserm Ludwig« erst einmal einer nachmachen.
Wie er grundsätzlich diese Figur durch die ganze Symphonie schleust, ist der zweite Hit.
Weiterer Hit ist Takt 268: das Adagio für die Oboe allein! Auch eine 5-Sterne-Sehenswürdigkeit, weltweit bekannt, sozusagen Beethovens kleiner Eiffelturm.
Und kurz vor Schluss in den Takten 486 und 490 das freche, pfiffige As-G (Tidaa) in der Oboe.
Im zweiten Satz ist ein absoluter Hit die Stelle Takt 29–48: das Fortissimo mit allen Hörnern und direkt darauf das Pianissimo, welches das vorangegangene »Gedröhne« in Frage stellt, aber wie!
Putzig und ein kleiner Hit ist die »Verdi-Stelle« mit dem hm-ta hm-ta hm-ta in den Streichern kurz vor Schluss (205–212) und natürlich der monumentale Schluss dieses Satzes.
Beim dritten Satz mit dem gebrochenen c-moll-Akkord im Kontrabass lässt uns wieder einmal an die Mannheimer Rakete denken (s. Mozart g-moll-Symphonie), zumal die Korrespondenz zum letzten Satz der Symphonie Nr. 40 in g-moll von Mozart hier unübersehbar ist. Dann aber:
Die Wiederholung des Themas des ersten Satzes, aber ohne Achtelpause am Anfang, sondern im 3/4-Takt in vollen Vierteln. Das ist schon genial!
Ein Hit ist zweifellos auch das Fugato im Trio (ab Takt 141), das mit den Kontrabässen beginnt, sowie die ungeheure Steigerung ab Takt 244 bis zum Schluss: Da hält die Welt den Atem an.
C-Dur in voller Kraft, Durchbruch zum Licht quasi, schon in den ersten Takten des vierten Satzes: Mega-Hit!
Die »Fetz-Stelle« für Hörner ab Takt 26, da lässt Beethoven aber so was von die Post abgehen, dass einem ganz heiß wird.
Und jetzt kommt der Hinweis auf das, was erst seit kurzem bekannt ist (die Zeitgenossen Beethovens wussten es allerdings). Peter Gülke, Herausgeber der jüngsten Ausgabe der Fünften, hat auf den offenkundigen, absichtlichen Zusammenhang der Fünften mit der Musik der Französischen Revolution hingewiesen. Das Nebenthema (in Takt 47/48 taucht es im Cello das erste Mal auf und ab da immer wieder bis zur geradezu apotheotischen Verklärung durch Hörner und Posaunen in Takt 303–307), dieses berühmte ta-daa daa-daaaa (g – fis – g – a) stammt aus einem Lied, das Rouget de Lisle, der Autor der Marseillaise, komponiert hat und dem die Worte zugrunde liegen: »La liberté, la liberté«. Das heißt,

Beethoven hat mit voller Absicht ein Revolutionslied, das dann die napoleonischen Soldaten bei ihren Angriffen durch ganz Europa trugen, in seine Fünfte eingebaut: ein absoluter Hit! Vielleicht wurde ihm die C-Dur-Verklärung im vierten Satz doch etwas zu viel, sodass er da ein politisches Bekenntnis für die Revolution denn doch noch äußern wollte, wer weiß.
Und natürlich der Schluss: ein Beethoven-Klassiker.

FLOPS
Dass bei einer »Rede an die Menschheit«, wie die Fünfte gerne genannt wird, schon mal ein paar Längen drin sind – klar. Richtiger Flop ist aber keiner in Sicht. Leider!

OBACHT
Wie gesagt: der korrekte Einsatz für die ersten Achtel! Sonst ist die Pause im Eimer, und wir hören vier Achtel. Dumm gelaufen.
Auf ein interessantes »Obacht« weist die »Wiener allgemeine musikalische Zeitung« 1813 anlässlich einer Konzertkritik hin: »Nur der Anfang des Trio [im dritten Satz], wo die Contrabässe und Violoncellen unisono einen fugirten Satz in laufenden Noten auf den tiefsten Corden intoniren und die Violen ihn beantworten, hob sich nicht heraus. Referent hat dieß bei jedesmaliger Aufführung dieser Sinfonie bemerkt; die Ursache davon scheint in der Schwierigkeit des Satzes zu liegen, welcher wohl von keinem Contrabassspieler anders als stakkirt [staccato] vorgetragen werden kann, wodurch nothwendig die Stelle an Verständlichkeit leiden muss« (zit. n. »Ludwig van Beethoven – Die Werke im Spiegel seiner Zeit«, hrsg. von Stefan Kunze, Laaber-Verlag 1987)
Ein weiteres »Obacht« ist natürlich die Oboen-Stelle im ersten Satz (das Adagio): Haben Sie mal gehört, wie eine Oboe klingt, wenn sie »unter Wasser steht«? Dann klingt's wie mit Strohhalm ins Altbierglas geblasen: reizvoll, aber doch sehr befremdlich!
Die Fünfte ist übrigens der Prüfstein schlechthin (was die Wiener Klassik angeht) für Bratschen und Kontrabässe. Wenn Sie diese Instrumentengruppen mal eine Fünfte lang beobachten, wissen Sie, warum. Wenn's aber klappt: herrlich.

ES MEINEN
Stellvertretend für alle Profi-Äußerungen sei hier der berühmte Satz von E. T. A. Hoffmann – selbst nicht nur ein wunderbarer

Schriftsteller, sondern auch talentierter Komponist – zitiert, der in der »Allgemeinen musikalischen Zeitung« 1810 Folgendes schrieb: »Recensent glaubt sein Urteil über das herrliche Kunstwerk des Meisters in wenig Worte zusammenfassen zu können, wenn er sagt: dass es genial erfunden, und mit tiefer Besonnenheit ausgeführt, in sehr hohem Grade die Romantik der Musik ausspreche.«

BEIKIRCHER RÄT

ANLASS
Passt zu allen Schicksalsschlägen, auch dann, wenn man sie im Moment für nicht überwindbar hält, z. B. Rausschmiss aus Wohnungen, Kündigungen, Zusammenbruch von Staaten, Börsenkräche, »Sie haben noch 24 Stunden zu leben, aber ich habe gestern vergessen, Ihnen das zu sagen«, fehlerhafte Statik-Berechnungen beim Hochhaus, aber es ziehen schon Mieter ein, Erdbeben etc.

NUTZUNG
Man kann die Fünfte gut in Schlachthöfen einsetzen: Musik beruhigt selbst das störrischste Rindvieh, tragisch (für es) ist die Situation auch, und die C-Dur-Apotheose im vierten Satz gibt dem Kopfschlächter beim Duschen ein grandioses Gefühl.

AUTO
Für den Pkw unter normalen Umständen nicht wirklich geeignet: Die Symphonie ist einfach zu groß dafür und lässt selbst einen Rolls etwas lächerlich daneben erscheinen. Bestens geeignet ist sie aber für den Erdbau-Geräte-Führer. Wenn er in der Dampframme oder im Bulldozer sitzt und endlich den Schürmann-Bau in Bonn abreißen darf: Fünfte in den Kopfhörer und die Sache stimmt!

PAUSEN-TALK
»Das habe ich auf CD besser.«
»Das müssen Sie von Furtwängler hören.«
»Sagen Sie, hat Beethoven in dem verträumten Bonn überhaupt was von der Französischen Revolution mitbekommen? Er soll ja damals schon gerne im »Stiefel« gesessen haben und ...«
»Das ist keine Symphonie, das ist ein Erdbeben.«
»Sicher, aber am Schluss geht es doch gut aus, oder?«
»Aber nur wegen des Einsatzes des Technischen Hilfswerks.«
»Ah, Sie meinen die Posaunen!«

Ludwig van Beethoven

FRAUEN
»Was muss Beethoven für ein Mann gewesen sein!«
»Ich finde es ja auf die Dauer etwas laut.«
»Die Oboe?«
»Auch.«

MÄNNER
»Ich finde, die Bässe haben ein bisschen geschmiert.«
»Wen?«
»Ich hatte ja als junger Mann das Glück, die Fünfte unter Toscanini zu hören.«
»Und?«
»Diese Tempi! Diese Exaktheit!«
»Und das Orchester?«
»Eine Katastrophe – aber wun-der-bar!«

BEWERTUNGEN

Technik Wegen der extremen technischen Anforderungen an bis dahin unbeachtet vor sich hin vegetierende Instrumente (Bratsche etc.).

Gesamt Diese Symphonie *ist* die Rede an die Menschheit!

Ludwig van Beethoven
1770–1827

Symphonie Nr. 9 in d-moll
op. 125

Ludwig van Beethoven ist oft umgezogen. Jeder Beethoven-Freund, der in Wien ist, möchte natürlich die Häuser sehen, in denen Beethoven – wenn auch oft nur für kurze Zeit – logiert hat. Als kleine Hilfe also hier die chronologische Liste seiner Wohnungen in Wien, versehen mit den heutigen Adressen, soweit dies möglich ist (zit. n. Kurt Smolle, »Wohnstätten Ludwig van Beethovens von 1792 bis zu seinem Tod«, Beethovenhaus Bonn 1970):

November 1792 bis Anfang 1793:
Alstergasse Nr. 45 Dachstübchen
Heute: IX. Alserstraße 30

Anfang 1793 bis Spätsommer 1794:
Alstergasse Nr. 45 »auf der Erd« (Parterre)
Heute: IX. Alserstraße 30

Sommer 1794 bis Mai 1795:
Alstergasse Nr. 45 1. Stock bei Fürst Lichnowsky
Heute: IX. Alserstraße 30

Mai 1795 bis Februar 1796:
Kreutzgasse Nr. 35 (Ogylvisches Haus 1. Stock)
Heute: I. Löwelstraße 6, Palais Montenuovo

Februar 1796 bis Mai 1799:
Wohnungen unbekannt

Mai 1799 bis Anfang 1800:
St. Petersplatz 3, Stock u. Hausnr. unbekannt
Heute: I. Petersplatz

Anfang 1800 bis Frühling 1801:

Tiefer Graben »Greiner'sches Haus«
Heute: I. Tiefer Graben 10 (?)

Sommer 1800:
Unterdöbling, Adresse unbekannt
Heute: XIX.

Frühling 1801 bis Mai 1802:
Wasserkunstbastei 1196 bzw. 1275
Heute: I. Seilerstätte 15

Sommer 1801:
Hetzendorf, Adresse unbekannt
Heute: XII.

Sommer 1802:
Heiligenstadt, Herrengasse Nr. 13
Heute: XIX. Probusgasse 6
(»Heiligenstädter Testament«!)

Sommer 1802 bis 7. 4. 1803:
Am St. Petersplatz »Zum silbernen Vogel«
Heute: I. Petersplatz (ungefähr) Nr. 11

Zeitweilige Aufenthalte 1802/03:
Jedlesee, Augasse 58 bei Gräfin Erdödy
Heute: XXI. Jeneweingasse 17

April 1803 bis Anfang 1804:
»Dienstwohnung« im Theater an der Wien
Laimgrube Nr. 26
Heute: VI. Linke Wienzeile 6

Sommer 1803:
Baden, wahrscheinlich bei Fam. Browne

Und Sommer 1803:
Oberdöbling, Hofzeile Nr. 4
Heute: XIX. Döblinger Hauptstraße 92 (»Eroicahaus«)

Mai 1804 bis Anfang Juli 1804:
Alservorstädter Glacis »Rothes Haus«
Heute: IX. Garnisongasse 11 (ungefähr) – Frankgasse

Juli 1804:
Baden, Adresse unbekannt

Und Sommer 1804:
Oberdöbling, Hofzeile Nr. 4
Heute: XIX. Döblinger Hauptstraße 92

September 1804 bis Sommer 1808:
Mölkerbastei 1293 »Pasqualatihaus« 4. Stock
Heute: I. Mölkerbastei 8

Sommer 1805:
Hetzendorf, Adresse unbekannt
Heute: XII.

Sommer 1807:
Baden, »Johanneshof«
Heute: Baden, Johannesgasse

Und Sommer 1807:
Heiligenstadt, Adresse unbekannt
Heute: XIX.

Winter 1807/08:
Krugerstraße bei Gräfin Erdödy
Heute: I. Krugerstraße 10

Sommer 1808:
Heiligenstadt, Kirchengasse 1. Stock
Heute: XIX. Grinzinger Straße 64

Und Spätsommer 1808:
Baden, »Alter Sauerhof«
Heute: Baden, Weilburgstraße

Herbst 1808 bis Frühjahr 1809:
Krugerstraße bei Gräfin Erdödy
Heute: I. Krugerstraße 10

Frühjahr 1809 bis 10. Juli 1809:
Walfischgasse 1191
Heute: I. ungefähr Walfischgasse 11 – Akademiestr.

Sommer 1809:
Baden, »Alter Sauerhof«
Heute: Baden, Weilburgstraße

August 1809 bis Frühjahr 1810:
Klepperstall Nr. 82
Heute: I. ungefähr Teinfaltstr. 6 – Schreyvogelgasse 1

April 1810 bis Februar 1814:
Mölkerbastei »Pasqualatihaus« 4. Stock
Heute: I. Mölkerbastei 8

Sommer 1810:
Baden, »Johanneshof«
Heute: Baden, Johannesgasse

Sommer 1813:
Baden, »Alter Sauerhof«
Heute: Baden, Weilburgstraße

Februar 1814 bis Ende Juni 1814:
Mölkerbastei 94, 1. Stock »Bartenstein'sches Haus«
Heute: I. Mölkerbastei 10

Sommer 1814:
Baden, »Johanneshof«
Heute: Baden, Johannesgasse

November 1814 bis Frühling 1815:
Mölkerbastei »Pasqualatihaus« (letztmalig)
Heute: I. Mölkerbastei 8

Frühling 1815 bis April 1817:
Auf der Seilerstadt »Lambertisches Haus« 3. Stock
Heute: I. Seilerstätte 21 – Schwarzenbergstr.1

Sommer 1815:
Baden, »Johanneshof«
Heute: Baden, Johannesgasse

Und Sommer 1815:
Unterdöbling, An der Stiege Nr. 33, 1. Stock
Heute: XIX. Silbergasse 4 – Nußwaldgasse 2

Sommer 1816:
Baden, Alandgasse Nr. 9 (Ossolynskisches Schloß)
Heute: Baden, Braitnerstraße 26

Winter 1816 bis Anfang 1817:
Renngasse »Zum römischen Kaiser«
Heute: I. Renngasse 1

April 1817 bis Oktober 1817:
Landstraße 268
Heute: III. Landstraße – Hauptstraße 26

Sommer 1817:
Heiligenstadt, Am Platz Nr. 66, 1. Stock
Heute: XIX. Pfarrplatz 2

Und Sommer 1817:
Nußdorff, Nr. 59 »Gfreiner'sches Haus«
Heute: XIX. Kahlenbergerstraße 26

Oktober 1817 bis Mai 1818:
Gärtnergasse Nr. 26, 1. Stiege 2. Stock
Heute: III. Gärtnergasse (ungefähr) Nr. 5

Sommer 1818:
Mödling, Herrengasse 76 »Hafnerhaus«
Heute: Mödling, Hauptstraße 79

Sommer 1819:
Mödling, Herrengasse 76 »Hafnerhaus«
Heute: Mödling, Hauptstraße 79

Oktober 1819 bis Mai 1820:
Schwibbogengasse Nr. 6, 3. Stock
Heute: VIII. Auerspergstr. 3 – Trautsohngasse 2

Winter 1819/20 ebenfalls:
Ballgasse Nr. 986
Heute: I. Ballgasse 6

Sommer 1820:
Mödling, Achsenaugasse Nr. 116
Heute: Mödling, Achsenaugasse 6

Vor dem 26. 10. 1820 (unbestimmt):
Alt-Lerchenfald Nr. 8
Heute: VIII. Josefstädterstraße 57

Anschließend bis Frühling 1822:
Landstraße 244, 2. Stock
Heute: III. Landstraße – Hauptstraße 60

Sommer 1821:
Unterdöbling, An der Winterzeil Nr. 11
Heute: XIX. Silbergasse 9

Und Sommer 1821:
Baden, Rathausgasse Nr. 94
Heute: Baden, Rathausgasse 10

Sommer 1822:
Oberdöbling, Alleegasse Nr. 135
Heute: XIX. Pyrkergasse 13 (wahrsch. Gartenhaus)

Und Sommer 1822:
Landstraße Nr. 244
Heute: III. Landstraße – Hauptstraße 60

September 1822:
Baden, Wienergasse Nr. 23
Heute: Baden, Antonsgasse 4

Oktober 1822:
Baden, Frauengasse Nr. 85
Heute: Baden, Frauengasse 10

Ende Oktober 1822 bis 17. Mai 1823:
Obere Pfarrgasse Nr. 60
Heute: VI. Laimgrubengasse 22

Sommer 1823:
Hetzendorfer Hauptstraße Nr. 32
Heute: XII. Hetzendorferstraße 75a

Und Sommer 1823:
Baden, Rathausgasse Nr. 94
Heute: Baden, Rathausgasse 10

Oktober 1823 bis Mai 1824:
Landstraße Nr. 323, Ecke Bockgasse Nr. 5 / Ungargasse
Heute: III. Ungargasse 5 – Beatrixgasse 8

Sommer 1824:
Penzing, Parkstraße Nr. 43
Heute: XIII. Hadikgasse 62

Und Sommer 1824:
Baden, »Schloß Gutenbrunn«
Heute: Baden, Sanatorium Gutenbrunn, Peregrinistraße

November 1824 bis April 1825:
Johannesgasse 969, 4. Stock
Heute: I. Johannesgasse 1, Ecke Kärntnerstr. 33

18. April 1825 bis vor dem 6. Mai 1825:
Krugerstraße 1009
Heute: I. Krugerstraße 13

Sommer 1825:
Baden, »Schloß Gutenbrunn«
Heute: Baden, Sanatorium Gutenbrunn, Peregrinistraße

15. Oktober 1825 bis 26. März 1827 (Tod):
Alsergrund Nr. 200 »Altes Schwarzspanierhaus«
Heute: IX. Schwarzspanierstraße 15

29. September 1826 bis 1. Dezember 1826:
Gneixendorf, »Wasserhof«
Heute: Gneixendorf, Niederösterreich

Na, ist das eine Liste? Wer in gut 30 Jahren nahezu 70-mal umzieht, kann natürlich keine gediegene Einrichtung brauchen. Tatsächlich hat er sogar den Flügeln, die er brauchte, die Beine abgemacht: Sie lagen meistens einfach auf dem Boden. Und Möbel kaufte er am liebsten beim Trödler. Was heißt Möbel: die paar Stühle und Tische, deren er bedurfte. Bettina von Arnim beschrieb das so:
»Seine Wohnung ist ganz merkwürdig: im ersten Zimmer zwei bis drei Flügel, alle ohne Beine auf der Erde liegend, Koffer, worin seine Sachen, ein Stuhl mit drei Beinen; im zweiten Zimmer sein Bett, welches winters wie sommers aus einem Strohsack und dünner

Decke besteht, ein Waschbecken auf einem Tannentisch, die Nachtkleider liegen auf dem Boden ...«

Wie so ein Umzug (der im Frühjahr 1818 nach Mödling, Hauptstraße Nr. 79) aussah, beschreibt Ignaz Ritter von Seyfried: »Einmal mietete Beethoven sich in die österreichische Schweiz, um den pittoresken Briel recht nach Herzenslust zu genießen. Es wurde also ein vierspänniger Lastwagen mit wenig Mobilien zwar, dagegen aber mit einer ungeheuren Wucht von Musikalien befrachtet; die thurmhohe Maschine setzte sich langsam in Bewegung, und der Besitzer dieser Schätze marschierte seelenvergnügt, *per pedes apostolorum*, voraus. Kaum außerhalb der Linien, zwischen blühenden, vom sanften Zephyr wellenförmig bewegt sich schaukelnder Kornfelder, unter dem Jubelsang schwirrender Lerchen, die trillernd mit Wonnegenuss des lieblichen Lenzes ersehnte Ankunft feyerten, erwachte schon der Geist; Ideen durchkreuzten sich, wurden angesponnen, geordnet, mit der Bleyfeder notiert – und rein vergessen war nunmehr auch der Wanderung Zweck und Ziel. Die Götter wissen, wo sich unser Meister in der ganzen, langen Zwischenzeit herumgetrieben haben mag; genug, er langte erst mit einbrechender Dämmerung schweißtriefend, staubbedeckt, hungrig, durstig, todmüde in seinem erwählten Domizil an. Aber hilf Himmel! Welch grässliches Spektakel wartete dort seiner. Der Fuhrmann hatte eine Schneckenfahrt vollendet, den Patron aber, dem er sich verdungen und welcher ihn auch bereits bezahlt, zwei Stunden vergebens erwartet. Unbekannt mit dessen Namen, konnte auch keine Nachfrage stattfinden. Der Rossebändiger wollte wenigstens zu Hause schlafen – er machte also kurzen Prozess, lud den gesamten Transport frey auf dem Marktplatze ab und retournierte ungesäumt. Beethoven ärgerte sich vorerst tüchtig, dann brach er in schallendes Gelächter aus, dingte nach kurzer Überlegung ein halbes Dutzend gaffender Straßenjungen und hatte vollauf zu tun, um bis zum die Mitternachtsstunde verkündenden Nachtwächterrufe glücklicherweise bey Lunas Silberschein die Kinder seiner Phantasie noch unter Dach und Fach zu bringen ...« (zit. n. Stadtlaender, »Beethoven zieht um«)

Warum so viele Umzüge? Darüber gibt es viele Spekulationen, ich bin da mehr fürs Praktische. Er hatte unter anderem eine recht eigentümliche Gewohnheit: Wenn er vom stundenlangen Komponieren »heißgelaufen« war, nahm er einfach einen Zuber Wasser und schüttete ihn sich über Kopf und Körper, ohne Rücksicht, ob was danebenlief. Das gab natürlich Wasserlachen, um die er sich nicht kümmerte, weil er weiterkomponierte. Folge: Es tropfte durch, und schon war der Krach mit den Mietern unter ihm pro-

grammiert. Dass er natürlich auch nachts komponierte, improvisierte, spielte, sang und polterte: Normal! Wen wundert es da, dass ihm meckernde Mitbewohner bald so auf die Nerven fielen, dass er wieder umzog.
Übrigens überfielen ihn – wie es kreativen Geistern oft so geht – auch immer mal wieder richtiggehend fixe Ideen. So hatte er es sich in den Kopf gesetzt, selber zu kochen. Seine Freunde (es war um 1801 herum) ergriff nackte Panik, man wollte ihn davon abhalten – nichts! Beethoven kaufte ein und lud auch noch seine Freunde zum Souper. Es ging daneben, was nur danebengehen konnte: Der Braten verkohlt, die Suppe zu dünn, das Gemüse, fast roh, schwamm im Fett daher – Beethoven aber aß mit Begeisterung. Als Einziger! Er muss es dann aber doch gemerkt haben, denn später vergriff er sich an Kochlöffeln höchstens noch, um einen Diener zu verprügeln. Seit diesem denkwürdigen Ereignis ist ihm aber – unter Freunden – der Spitzname »Mehlschöberl« geblieben, mit dem er manchmal seine launigen Briefe unterzeichnete.

ENTSTEHUNGSZEIT
1793 hatte er schon mal die Idee, Schillers »An die Freude« zu vertonen. Pläne dann ab 1817/18, fertig komponiert (fast parallel zur »Missa solemnis«) 1822–1824.
Es war die Zeit der Vormundschaftsprozesse um den Neffen Karl (die Beethoven letztendlich gewann, die ihn aber völlig zermürbten), der beginnenden völligen Taubheit und damit der berühmten »Gefühlsschwankungen« anderen Menschen gegenüber: mal übertrieben freundlich, mal misstrauisch bis zum Äußersten (was keinen wundert, der im Umgang mit Gehörlosen erfahren ist), die Zeit der Suche nach einem Opernstoff (»Faust« war sein Lieblingsprojekt, Grillparzer schrieb für ihn »Melusine«), die Zeit, in der seine Krankheiten manifest und zur Last wurden, der politischen Restauration (vorbei war der Elan der Revolution; der Wiener Kongress sorgte dafür, dass die alte Ordnung harscher als je wieder Einzug hielt), des Rossini-Fiebers, die Zeit auch der Zerstreuung (»Der Kongress tanzt«!), schlussendlich die Zeit, in der alle neue Wege suchten und in der auch Beethoven das Komponieren schwer »von der Hand« ging. Es war aber auch die Zeit, in der Beethoven immer unerbittlicher erkannte und forderte, dass Musik mehr als alle anderen Künste das Absolute in sich zu tragen hat, sich von der Zeit und der äußeren Welt, der sie entstammt, emanzipieren muss hin zum Allgemeinen, Großen. Das hat nichts mit der berühmten Isolierung aufgrund seiner Taubheit zu tun, das war auch sozusagen

ein Kunstkonzept, das er schon lange in sich trug, dem die Taubheit und die zwangsläufig damit verbundene tatsächliche Isolierung allerdings möglicherweise zum Durchbruch verhalf.

Neben allen Plänen Beethovens gab die Bitte der Londoner Philharmonischen Gesellschaft, für den Betrag von 50 Pfund – und damals war das noch was wert! – eine Symphonie zu schreiben, möglicherweise den letzten Anstoß zu diesem gigantischen Werk.

URAUFFÜHRUNG

Am 7. Mai 1824 im Kärntnertortheater in Wien.

Zum Erfolg zwei Pressestimmen nach der Uraufführung: »Allgemeine musikalische Zeitung mit besonderer Rücksicht auf den österreichischen Kaiserstaat«, Wien 1824: »Der berühmte Beethoven kann diesen Tag als einen seiner schönsten im Leben betrachten, denn der Enthusiasmus der Zuhörer erreichte nach jedem Tonstücke von seiner Meisterhand den höchsten denkbaren Grad. Es war ein Tag der Feyer für alle wahren Freunde der Musik.«

Die »Allgemeine musikalische Zeitung«, Leipzig 1824: »Große musikalische Akademie des Hrn. Ludwig van Beethoven, Ehrenmitgliedes der königl. Akademien der Künste und Wissenschaften zu Stockholm und Amsterdam, dann Ehrenbürgers von Wien, worin seine neuesten Werke producirt wurden, nämlich: 1. Große Ouvertüre; 2. Drey große Hymnen, mit Solo- und Chorstimmen; 3. Große Symphonie, mit im Finale eintretenden Solo- und Chorstimmen auf Schillers *Lied an die Freude*. Die Solos sangen die Demoiselles Sonntag und Unger, die Herren Haitzinger und Seipelt; der Musikverein verstärkte das Orchester und den Chor, Hr. Schuppanzigh dirigirte an der Violine, Hr. Kapellmeister Umlauf führte den Commandostab, und der Tonsetzer selbst nahm an der Leitung des Ganzen Antheil: Er stand nämlich dem amtierenden Marschall zur Seite und fixierte den Eintritt eines jeden Tempo, in seiner Original-Partitur nachlesend, denn einen höhern Genuss gestattet ihm leider der Zustand seiner Gehörswerkzeuge nicht. Aber wo soll ich Worte hernehmen, meinen theilnehmenden Lesern Bericht zu erstatten über diese Riesenwerke, und zwar nach *einer* hinsichtlich der Gesangspartie wenigstens noch keinesweges genugsam abgerundeten Production, wozu auch die stattfindenden drey Proben [!!!] bey so außergewöhnlichen Schwierigkeiten nicht hinreichen, mithin auch weder von einer imponirenden Gesamtkraft, noch von einer gehörigen Vertheilung von Licht und Schatten, vollkommener Sicherheit der Intonation, von feineren Tinten und nuancirtem Vortrag eigentlich die Rede seyn konnte. Und dennoch war der Eindruck unbeschreiblich groß und herrlich, der Jubelbeyfall enthusiastisch, welcher dem erhabenen Meister aus voller Brust gezollt wurde, dessen unerschöpfliches Genie uns eine neue Welt erschloss, nie gehörte, nie geahnte Wunder-Geheimnisse der heiligen Kunst entschleyerte!«

Der Komponist Louis Spohr, ein Zeitgenosse Beethovens, konnte der Neunten allerdings keine guten Seiten abgewinnen. In seinen Lebenserinnerungen schreibt er u. a.: »... und gestehe frei, dass ich den letzten Arbeiten Beethovens nie habe Geschmack abgewinnen können. Ja, bei mir beginnt das schon bei der viel bewunderten neunten Symphonie, deren drei erste Sätze mir, trotz einzelner Genieblitze, schlechter vorkommen als sämtliche der acht frühern Symphonien, deren vierter Satz mir aber so monströs und geschmacklos und in seiner Auffassung der Schiller'schen Ode so trivial erscheint, dass ich immer noch nicht begreifen kann, wie ihn ein Genius wie der Beethoven'sche so niederschreiben konnte. Ich finde darin einen Beleg zu dem, was ich schon in Wien bemerkte, dass es Beethoven an ästhetischer Bildung und an Schönheitssinn fehlte.«

ANEKDOTEN
Schiller soll sich im Himmel über die Uraufführung so gefreut haben, dass er Goethe im Traum erschien. Was er ihm dabei sagte, ist nicht überliefert. Vermutlich »Ätsch!«

WERK
Sätze
Allegro ma non troppo, un poco maestoso – Molto vivace/Presto – Adagio molto e cantabile – Presto/Allegro assai

Dauer
70–90 Minuten

Besetzung
Solostimmen: Sopran, Alt, Tenor, Bass
Vierstimmiger gemischter Chor
Piccoloflöte
2 Flöten
2 Oboen
2 Klarinetten
2 Fagotte
Kontrafagott
4 Hörner
2 Trompeten

3 Posaunen
Pauken
Triangel
Becken
Große Trommel
Violinen I und II
Bratschen
Violoncelli
Kontrabässe

HITS

Der erste Hit ist, dass die Grundtonart d-moll erst in Takt 17 auftaucht, das ist schon ziemlich verwegen, die Symphonie fängt also mit der Dominante an!

Ansonsten muss man sagen, dass dieser erste Satz nach Meinung vieler Musiker der komplizierteste von allen ist, wobei das Berauschende daran ist, dass Beethoven aus dem quasi minimalistischen Thema so ein gigantisches Puzzle entstehen lässt: Wer es hören kann, ist fertig mit der Welt, den anderen ist nicht zu helfen.

Ein Hit ist die »Schubert-Stelle« ab Takt 339, wo das Holz eine leichte Tanzbewegung hat, das von zwei 16teln und einem 8tel in Trompeten und Streichern abgefedert wird.

Takt 513 bis zum Schluss des ersten Satzes ist ebenfalls als grandiose Steigerung ein Maxi-Hit.

Im zweiten Satz hat die Pauke nach den beiden Streichereinsätzen gleich zu Beginn in Takt 5 einen Mega-Hit: Mit diesen drei Schlägen ist von Anfang an absolut klar, was hier Sache ist! Die Pauke hat nochmal in Takt 198, 201 und 204 eine zentrale Rolle (das ist die Stelle mit dem »Schlachtengetümmel«!), dann wäre die »Dvořák-Stelle« zu erwähnen (Takt 438–460), wo im Trio Horn und dann Fagott über dem Staccato der Geigen wunderbare Bögen spielen. Natürlich sind auch die drei Schlusstakte ein Hit: zum einen, weil man weiß: Aha, Ende! Zum anderen, weil es grandios ist.

Der dritte Satz ist insgesamt ein Hit, falls es dem Dirigenten und dem Orchester gelingt, ihn atmen zu lassen.

Im vierten Satz ist natürlich der »Titelsong« der Hit, und zwar ziemlich am Anfang, Takt 77–80, wenn Oboen, Klarinetten und Fagotte es vortragen. Hit ist auch die Idee, Violoncelli und Kontrabässe rezitativ spielen zu lassen (am Beginn des Satzes), und die Idee, dass sich die Themen der vorangegangenen Sätze ihnen quasi vorstellen müssen.

FLOP

Eindeutig ein Flop ist die Zirkusmusik im letzten Satz, und zwar ab Takt 855 im »Prestissimo«, also was sich »uns Ludwig« dabei gedacht hat, kurz vor dem »Maestoso« am Ende nochmal kurz Triangel und Tschinellen zu bemühen – man weiß es nicht.

Ansonsten ist höchstens ein Flop, dass die ganze Symphonie so lange dauert – wenn sie nicht im Konzertsaal erklingt, sondern zu irgendwelchen Staatsakten.

Und ein weiterer Flop ist, die Sopranistinnen im Chor so lange das a'' singen zu lassen: Das ist bei manchen Chören nahe an der Folter angesiedelt!

OBACHT

In jedem Instrument jede Menge! Für die Solisten ebenfalls, vom Chor ganz zu schweigen.

Für den Dirigenten gibt es zwei Klippen, die es zu umschiffen gilt: Die Gefahr, die Neunte musikwissenschaftlich korrekt auszuleuchten, dergestalt, dass man Sonatenformen, Fuge, Kantatenform etc. etc. korrekt erkennen kann – worunter die Gesamtgestaltung erheblich litte –, und die Gefahr, im Tongewühle unterzugehen und nur noch Walt Disney zu pinseln. Tückisch, tückisch!

ES MEINEN

Gustav Mahler antwortete auf die Frage, ob die »Leute« die Neunte verstünden: »Du fragst, ob sie Beethoven heute verstehen? Was fällt dir ein! Weil sie mit seinen Werken aufgewachsen sind, weil er ›anerkannt‹ ist, hören, spielen und lieben sie ihn vielleicht, aber nicht, weil sie seinem Fluge zu folgen vermöchten. Die können mit ihren Triefaugen *nie* in die Sonne schauen.«

Claude Debussy schrieb: »Man hat die Neunte Symphonie in einen Nebel von hohen Worten und schmückenden Beiworten gehüllt. Sie ist – neben dem berühmten ›Lächeln der Mona Lisa‹, dem mit seltsamer Beharrlichkeit das Etikett ›geheimnisvoll‹ anhaftet – das Meisterwerk, über das am meisten Unsinn verbreitet wurde. Man muss sich nur wundern, dass es unter dem Wust von Geschreibe, den es hervorgerufen hat, nicht schon längst begraben liegt. Wagner schlug instrumentale Retuschen vor; andere planten, mit Hilfe von Lichtbildern den Inhalt zu erläutern. Schließlich machte man aus diesem so mächtigen und klaren Werk einen Popanz zur öffentlichen Verehrung. Angenommen, diese Symphonie würde wirklich ein Geheimnis in sich bergen, so ließe sich dieses vielleicht ergrün-

den, aber wem nützte es? Beethoven war nicht für zwei Sous literarisch, zumindest nicht in dem Sinn, den das Wort heute hat. Er liebte die Musik mit hochgemutem Stolz; sie war für ihn jene Leidenschaft und Freude, die er in seinem persönlichen Leben so bitter entbehren musste. Vielleicht hat man in der Neunten Symphonie einfach den zur Übersteigerung getriebenen Ausdruck eines musikalischen Stolzes zu sehen – und weiter nichts. Ein kleines Heft, in dem Beethoven mehr als zweihundert verschiedene Abwandlungen der Leitidee zum Finale dieser Symphonie skizzierte, zeigt, wie hartnäckig er suchte und wie reinmusikalisch sein Denken war, das ihn leitete (die Verse von Schiller haben dabei wirklich nur eine klangliche Bedeutung). Er wollte, dass diese Idee ihre eigenen virtuellen Entwicklungskräfte besäße, und wenn sie in sich von wundersamer Schönheit ist, so ist sie wundersam durch all das, womit sie seine Erwartung erfüllte. Es gibt kein glänzenderes Beispiel für die Dehnbarkeit einer Idee innerhalb der ihr gesetzten Form; jede Abwandlung bringt neue Freude, ohne dass der Eindruck von Anstrengung oder Wiederholung entstünde; es ist wie ein Wunder, wie das Aufblühen eines Baumes, dessen Knospen alle mit einem Mal aufbrechen. Nichts ist überflüssig in diesem architektonisch so weit gespannten Werk, nicht einmal das Andante, das neuere Ästhetik übergroßer Länge zeiht; bildet es nicht den sensibel gesetzten Ruhepunkt zwischen der rhythmischen Beharrlichkeit des Scherzos und der instrumentalen Sturzflut, mit der die Stimmen unwiderstehlich zum Glanz des Finales treiben? Im Übrigen hatte dieser Beethoven bereits acht Symphonien geschrieben, und die Neun musste für ihn eine fast schicksalhafte Bedeutung annehmen; in ihm lebte der Wille, über sich selbst hinauszuwachsen. Ich verstehe nicht, wie man bezweifeln kann, dass ihm dies gelungen ist. Eine überströmende Menschlichkeit sprengt die herkömmlichen Grenzen der Symphonie; sie bricht aus seiner freiheitstrunkenen Seele hervor, die sich in ironischer Schicksalsverkettung an den goldenen Gittern wundstieß, in denen die nicht nur wohltätige Freundschaft der Großen sie gefangen hielt. Beethoven musste mit allen Fasern seines Wesens darunter leiden und glühend danach verlangen, dass ihm die Humanität zum all-einigenden Ausdruck werde: daher dieser tausendstimmige Anruf seines Genius an die niedrigsten und ärmsten seiner Brüder. Ist er von ihnen gehört worden? Beunruhigende Frage.«
(aus Claude Debussy, »Monsieur Croche«, Reclam 1974)

BEIKIRCHER RÄT

ANLASS
Unabhängig davon, »dass die ›Neunte‹ zum Feierstück verkommen ist und nicht nur zu Geburtstagen, sondern zu Einweihungen und zum Vatertag und ich weiß nicht was wozu sonst gespielt wird« (Michael Gielen), passt sie am besten zum Brunch am Sonntag – allein zu Hause. Aus dem Chaos des erwachenden Bewusstseins (erster Satz), der Hektik des Sprungs aus dem Bad, um den Eierkocher auszumachen (zweiter Satz), der kleinen Umarmung der Schönen im Bett: »Bleib ruhig liegen, ich weck dich in einer Stunde« (dritter Satz) und dem feierlichen Gefühl, dass alles schön ist und die Menschen (und wir zwei auch) einander lieben (vierter Satz), kann ein Sonntag erwachsen, der zum Größten gehört, was der jeweilige Monat zu bieten hat – dank Ludwig!

NUTZUNG
Abgesehen davon, dass die »Neunte zum Feierstück verkommen ist … (s.o.)«, und abgesehen davon, dass sie von allen Diktatoren zu Epauletten umfunktioniert wurde, die man bei entsprechenden Staatsakten schulterte, kann man die Neunte natürlich wunderbar bei großen Geschäften einsetzen: erfolgreiche Fusionen – man muss ja dabei nicht an Dresdner und Deutsche Bank denken, da hätte es die »Wut über den verlorenen Groschen« auch getan – werden würdevoll unterstrichen von ihr (und der Verlauf der Verhandlungen, das Gewusel, Gezeter etc. ist auch gleich mitgeliefert), große Immobilien-Abschlüsse desgleichen etc. pp.

AUTO
Wieder ein Klassiker mehr für den Urlaubs-Stau und den Stop-and-go-Verkehr. Vorausgesetzt, dass bei Beginn des vierten Satzes sich der Stau auflöst und die Fahrt beginnen kann!

PAUSEN-TALK
»Das habe ich auf CD besser.«
»Das müssen Sie von Furtwängler hören.«
»Ich habe bis heute immer gedacht, es heißt ›freudetrunken‹, dabei heißt es ›feuertrunken‹, komisch, finden Sie nicht auch?«
»Hatten Sie nicht bis vor kurzer Zeit statt von ›Erb-Lasser‹ von ›Er-Blasser‹ gesprochen?«
»Ah, ich sehe, Sie haben Abitur!«
»Ich glaube, die Tiefe dieses Werks können nur Deutsche verstehen.«

»Deshalb sage ich ja: Die Dichte an der Spitze muss breiter werden.«
»Genau.«
»Die Neunte ist wie die Handtasche einer Frau: Du kramst drin rum und entdeckst immer wieder was Neues.«
»Ja, ja, Helmut Kohl hatte Recht: ›Die Wirklichkeit ist oft ganz anders als die Realität!‹«

FRAUEN
»Wenn ich die Pauken im zweiten Satz höre, fällt mir immer mein Ex-Mann ein.«
»Hatte der so viel Temperament?«
»Nein, aber er fiel mir immer ins Wort!«
»Die Neunte ist für mich wie ein Haus bauen: Zuerst weißt du gar nichts, dann kloppen die Handwerker auf die Pauke, dann denkst du melancholisch, wie es alles hätte schöner werden können, und dann sind die Vorhänge dran und die Blumen, und dann ist es schön.«
»Haben Sie Kinder?«
»Nein.«
»Drum.«

MÄNNER
»In der Neunten wird es ganz klar: Beethoven ist der Kant der Wiener Klassik.«
»Aber er war doch aus Bonn.«
»Eben.«
»Das Faszinierende an der Neunten ist für mich, dass ein Kunstwerk es schafft, alle bis dahin gültigen Formen zu sprengen, und das in Anwendung der bis dahin gültigen Formen tut, dabei aber immer wieder vermittelt, dass große Inhalte nur dann große Inhalte sind, wenn sie durch die Form gebändigt sind, und sei es durch eine bis dahin noch nie gekannte Form, so, dass man ab da um diese neue, in eben diesem Kunstwerk geschaffene Form nie mehr herumkommt – und das alles in einem Gewand tut, das Kunst bleibt: Das ist Kunst.«
»Klar.«

BEWERTUNG

Technik Allein schon aus der Sicht des Chores, der 50 Minuten dumm herumstehen muss und dann plötzlich gesangliche Höchstleistungen zu erbringen hat!

Gesamt   🎺🎺🎺   Weil: gilt für immer,
in Marmor   hat aber was von Goethe.

Ludwig van Beethoven
1770–1827

*Konzert für Klavier und Orchester Nr. 5 in Es-Dur
op. 73*

Edwin Fischer (1886–1960), der großartige Schweizer Pianist und Lehrer (u. a. von Paul Badura-Skoda und Alfred Brendel), hat 1945 neun Vortragsabende gehalten, die als Buch »Ludwig van Beethovens Klaviersonaten« 1956 im Insel-Verlag erschienen sind. Was schreibt ein Pianist über den Pianisten Beethoven?
»Früher habe ich einmal den Satz aufgestellt, dass Menschen einer bestimmten Konstitution sich am besten zur Wiedergabe der Werke von Komponisten ähnlicher Konstitution eignen. Das will also heißen, dass zum Beispiel Menschen gedrungenen Körperbaues mit dicken, fleischigen Händen zur Darstellung von Werken ähnlicher, also pyknischer Naturen prädestiniert sind, während schmalen, langfingrigen, hohen, sehnigen Figuren Werke ebensolcher, also asthenischer Schöpfer besonders liegen. Beethoven gehörte nun eher dem pyknischen Typ an; und seine Kompositionen verlangen einen pastosen Ton, einen breiten, vollen Gesang. Aber er ist doch kein nur Pathos-, nur breiter Typ; das war Brahms viel mehr. Wenn man Beethovens Hand im Gipsabguss im Bonner Beethovenhaus betrachtet, erstaunt man über die vorn ziemlich spitz zulaufenden Finger; und die spätere Behauptung, dass er besonders breite Fingerspitzen hatte, will damit nicht übereinstimmen. Czerny sagt ferner über sein Spiel: ›Es zeichnete sich durch ungeheure Kraft, Charakteristik, unerhörte Bravour und Geläufigkeit aus. In der Geschwindigkeit der Skalen, Doppeltriller, Sprünge kam ihm keiner gleich. Seine Haltung beim Spiel war musterhaft ruhig, edel und schön, ohne die geringste Grimasse, seine Finger waren kräftig und an der Spitze vom vielen Spiel breit gedrückt ... Er verlangte ein Legato, das er selber in unvergleichlicher Weise meisterte.‹ Das berichten seine Zeitgenossen besonders über sein Spiel der Sexten-Akkorde im C-Dur-Konzert op. 15.
Im Manuskript von op. 109 findet man von Beethoven, wahrscheinlich für einen ihm befreundeten Interpreten, mit Rötelstift immer wieder ligato und legato eingezeichnet. Die Pianofortes seiner Zeit hielten seinen gigantischen Vortrag nicht aus. Bei der Akkordstelle

im ersten Satz von op. 31 Nr. 2 sagte er: ›Brechen muss das Klavier!‹ Jemand, der die Gräfin Malfatti in ihrem hohen Alter besuchte, hörte sie von seinem Spiel noch in heller Begeisterung reden, während das Verständnis für seine Werke in jenem Kreise nicht so groß gewesen zu sein scheint. ... Seine Sforzati haben eine ganz besondere Bedeutung. Er scheint damit ein Stück seiner Persönlichkeit in sein Spiel übertragen zu haben; oft betont er die schwachen Taktteile, sodass man auf den Gedanken kommt, er wolle damit das bei schulmäßigem Betonen des so genannten guten Taktteils entstehende übertriebene Fallenlassen des schwachen verhindern. ... Beethoven hat auch das Pedal zur Verschleierung der Stimmung, gleichsam zum Malen landschaftlicher Bilder benutzt, so etwa am Schluss des ersten Satzes der Sonate op. 81a, bei den Rezitativstellen von op. 31 Nr. 2, auch im Largo des Klavierkonzertes Nr. 3 in c-moll. Hier muss der Spieler nach dem Instrument entscheiden, wie weit er Beethovens Pedalvorschrift heute anwenden kann. Umsonst hat er nicht pedalisiert ... Seine Feinde fanden, er malträtiere das Klavier, mit dem Pedal mache er konfusen Lärm, es mangle seinem Spiel an Deutlichkeit und Reinheit.«

So weit Edwin Fischer, der sicher besser Klavier gespielt als Vorträge gehalten hat, aber was er meint, wird dennoch klar. Warum aber ein Streichholz wie Alfred Brendel, um nur ein Beispiel zu nennen, zu den herausragenden Beethoven-Interpreten gehört, das erklären uns diese Ausführungen Fischers nicht unbedingt. Sei's drum: Ludwig van Beethoven hat als Klaviervirtuose Wien erobert, hat auf diesem Gebiet alles ausgereizt, was auszureizen war, hat sich damit in die Salons des Hochadels »hoch«gespielt, um sich auf diesem »Kissen« dann zum freien, nur sich selbst verantwortlichen Künstler zu emanzipieren: Die kleine Anekdote mit Goethe in Teplitz zeigt, dass Beethoven ein Jahrhundert weiter war als Goethe!

ENTSTEHUNGSZEIT

Das Klavierkonzert Es-Dur ist im Jahre 1809 entstanden, für Wien nicht gerade das angenehmste Jahr. Vor den anrückenden napoleonischen Truppen hatte am 4. Mai die kaiserliche Familie Wien verlassen, am 10. Mai begann die Belagerung mit all ihren Folgen, Beethoven mittendrin und gar nicht gut drauf.

Und dennoch: Genau in dieser Zeit schreibt er das Klavierkonzert Es-Dur. Was hat das Kreative für eine Kraft, dass es ohne Rücksicht auf das, was in der Welt passiert, sich Durchbruch verschafft! Georg Trakl wäre so ein Beispiel, weitere können Sie im Pausengespräch finden!

URAUFFÜHRUNG
Am 28. November 1811 in Leipzig. Friedrich Schneider am Klavier und Johann Schulz am Pult.

ERFOLG
Ein riesiger, glänzender Erfolg. Leipzig war aus dem Häuschen. Dann aber 1812, mit Carl Czerny am Klavier (»Schule der Geläufigkeit«!), kam die Wiener »Uraufführung«, und sie war ein ziemlicher Flop. »Thalia« (1811) schreibt:
»Wenn dieses Musikstück ... jenen Beyfall nicht erhielt, den es verdiente, so liegt der Grund teils in der subjektiven Beschaffenheit des Compositors, teils in der objektiven Eigenschaft der Zuhörer. Beethoven, voll stolzen Selbstvertrauens, schreibt nie für die Menge; er will verstanden und gefühlt werden, und dies kann er bei seinen beabsichtigten Schwierigkeiten nur von den Kennern, auf deren Überzahl bei solchen Gelegenheiten nicht zu zählen ist. Bei seiner genialischen Kraftfülle denkt er fast nie an das ne quid nimium, er verfolgt sein Thema mit unermüdeter Hast, macht nicht selten barock scheinende Seitensprünge und erschlafft so selbst durch Anstrengung die gespannte Aufmerksamkeit des schwächeren Musikliebhabers, der seinen Ideengang nicht zu verfolgen vermag; die Nichtkenner aber werden durch die Länge in chaotische Nacht geführt und gelangweilt. Kömmt nun noch, wie heute und fast immer, der Umstand dazu, dass das Orchester nicht im reinsten Einklange mit dem Concertanten wirkt [!!!], woran der mitunter geschraubte Satz Ursache ist, so muss auch für einen großen Teil der Kenner, welche an der Einfachheit und Klarheit im Vortrage hängen, kein geringes Missvergnügen entstehen. Hr. Czerny hat brav, mit sicherer Geläufigkeit [!!!] und modulierendem Ausdrucke die Schwierigkeiten überwunden, deren es mehrere gab.«

ANEKDOTEN
Außer dass ein ungenannt bleiben wollender großer Pianist in einem Konzert in Köln mal das erste Achtel am Beginn des dritten Satzes (auf der 1 des 6/8-Taktes) als Auftakt genommen haben soll und damit alles durcheinander brachte – schon im zweiten Takt bricht eine derartige rhythmische Konzeption vollkommen zusammen –, könnte ich nichts berichten, was sich lohnte.

WERK
Sätze
Allegro – Adagio un poco mosso – Rondo: Allegro ma non troppo

Dauer
ca. 40 Minuten

Besetzung
2 Flöten
2 Oboen
2 Klarinetten
2 Fagotte
2 Hörner
2 Trompeten
Pauken
Violinen I und II
Bratschen
Violoncelli
Kontrabässe

HITS
Grandioser Anfang und ein »Spitzen«-Thema im ersten Satz.
Ein Hit auch das Pianissimo des zweiten Themas (ab Takt 41) und das immer wiederkehrende Hauptthema in der rechten Hand, kontrastiert von den chromatisch abwärts laufenden Achteltriolen der linken Hand – ein Hit-Einfall erster Sahne!
Der Einsatz des Klaviers im zweiten Satz – also wenn das einer poetisch, mit Atem und exakt hinkriegt, ist das ein Mega-Hit. Aber wenn einer so spielen kann, dann ist der ganze zweite Satz ein Himmelsflug. Und erst der Übergang in den dritten Satz: Hitissimo!
Ein unglaublich origineller Einfall und gleichzeitig ein Hit ist die Stelle kurz vor Schluss (ab Takt 484), in der Klavier und Pauken einen rhythmisch extrem gefährlichen Dialog miteinander halten.
Und ein Mega-Hit ist natürlich, dass Beethoven in diesem Konzert den Klavierpart symphonisch begreift und konsequent die Ebene »Solist spricht mit Orchester« verlässt (was, wie bei Mozart, natürlich auch wunderschön sein kann).

FLOPS
Einen richtigen Flop, bei dem ich Ihnen ein Kurznickerchen empfehlen könnte, gibt es in diesem Konzert nicht, es sei denn, Sie wären Tuba-Fan, der das Fehlen dieses wichtigsten aller Blasinstrumente in diesem Konzert so vermisst, dass ihm sowieso nicht mehr

zu helfen wäre. In diesem Fall gäbe es nur eines: Bringen Sie die Tuba mit, jeder wird es für eine interessante Neu-Interpretation halten, wenn Sie die Fortissimo-Stellen mithupen. Sie müssen es nur mit philharmonischem Ernst tun.

OBACHT

Also: Das Es-Dur-Konzert hat einen virtuosen Klavierpart. Beethoven hat sich da das in die Finger geschrieben, was er selbst meisterhaft beherrschte (s. o. Edwin Fischer!): Doppeltriller, lange Trillerketten, Terzen-Läufe, Sexten-Läufe etc.

Das heißt natürlich, dass Sie herausgefordert sind, dem Pianisten auf die Finger zu gucken: Kriegt er's hin oder nicht? Z. B. die Oktavenläufe ab Takt 310, oder kurz vor Schluss des ersten Satzes (ab Takt 560) der chromatische Lauf nach oben und dann die Doppelgriffe in der Linken und Rechten, das ist auch nicht von schlechten Eltern. Sollten da Unregelmäßigkeiten sein, Durcheinander, die Linke schneller als die Rechte, der Dirigent das Tempo bremsen, damit's der Pianist schafft: Sofort aufstehen, das Wort »Tierquälerei« in den Raum werfen und den Saal verlassen. Sollten Sie vor dem Konzert schon die Ahnung haben, dass der Pianist vielleicht Schwierigkeiten haben könnte: Immer einen Platz in der Mitte der Reihe nehmen. Wenn Sie zweimal in einer Konzertsaison diesen Auftritt haben (der natürlich von allen bemerkt wird, weil ja die halbe Reihe aufstehen muss), werden Sie ab da als *der* Experte gelten.

Technisch ganz gemein sind im zweiten Satz (der ja singen muss, was nur wenige Pianisten können) die Terzen- und Sexten-Läufe ab Takt 35 mit anschließendem Triller-»Toeloop«, das erfordert feinstes technisches Können, ebenso die Phrasierung der 16tel-Figuren Takt 57–79: Die Bögen gehen da jeweils nicht etwa vom ersten zum zweiten 16tel, sondern gemeinerweise vom zweiten zum dritten, vierten zum fünften, sechsten zum siebten 16tel etc. Spielt man das so, dann fliegt diese Passage. Kriegt es der Pianist nicht hin, dann kleben dir die Noten wie Teer an den Füßen. Im dritten Satz sind die Doppeltriller ab Takt 316 ein Prüfstein: Das muss synchron sein oder Geld zurück!

Im Orchester gibt es nur eine »Obacht«-Stelle, die ist allerdings maximal: In den Takten 484 bis 500 (also kurz vor Schluss) spielen Pauke und Klavier zusammen, der Rest schweigt. Nun steht der Pauker in der Regel ziemlich weit vom Pianisten entfernt, hört also nicht immer genau die Triolen-Läufe und das Ritardando, muss aber dennoch sich exakt nach dem Solisten richten können. Das kann klappen, tut es aber nicht immer. Extrem schwer!

ES MEINEN

Lassen wir doch zur Frage, wie denn die Beethoven'schen Klavierkonzerte zu spielen seien, den Chef selbst zu Worte kommen. Er sagte zu Václav Jan Tomásek (böhmischer Komponist und führende Persönlichkeit des Prager Musiklebens, 1774–1850): Die besten Klavierspieler seien »nicht so wie die heutigen Claviespieler, welche nur die Claviatur mit eingelernten Passagen auf- und abrennen, putsch – putsch – putsch – was heißt das? Nichts! Die wahren Claviervirtuosen, wenn sie spielten, so war es etwas Zusammenhängendes, etwas Ganzes; man konnte es geschrieben gleich als ein gut durchgeführtes Werk betrachten. Das heißt Clavier-Spielen, das Übrige heißt nichts!«
Kaiser Franz Josef II. von Österreich sagte nach der Aufführung des Klavierkonzerts Es-Dur op. 73 (Solist unbekannt):
»Es war sehr schön. Es hat mich sehr gefreut!«
Darüber wird sich im Himmel Erzherzog Rudolph, dem Beethoven dieses Konzert widmete, sicher »sehr gefreut« haben.

BEIKIRCHER RÄT

ANLASS
Passt hervorragend zu einem Picknick Anfang September. Wenn der dritte Satz dann so tänzerisch gespielt wird, wie es Alfred Brendel mit Simon Rattle und den Wiener Philharmonikern tut, dann tanzt man nicht nur deshalb, weil man sich auf einen Ameisenhügel gesetzt hat.

NUTZUNG
Man kann die Kauflust ganz erheblich steigern, wenn man beim Cabrio-Verkauf dieses Konzert im Hintergrund abspielen lässt. Allerdings müssen das schon Cabrios der gehobenen Kategorie sein, Das heißt: Das Dach darf man nicht aufrollen müssen, es muss auf Knopfdruck verschwinden.

AUTO
Paradoxerweise eignet sich dieses Konzert in ganz herausragender Weise für extreme Geländewagen, man muss es allerdings gut timen. Wenn aber der erste Satz bei der Anfahrt des Berges erklingt, der zweite, wenn man im Flussbett durch den Wald den Berg hochfährt, und der dritte, wenn man die Baumgrenze erreicht und das Es-Dur-Thema den Sprung ins Licht begleitet, dann hat es schon was Feines!

PAUSEN-TALK

»Das habe ich auf CD besser.«
»Das hätten Sie mal von Schnabel hören müssen!«
»Ist Ihnen aufgefallen, dass es in dem ganzen Konzert keine Dezimen-Läufe gibt?«
»Wieso? Gehört da Ballett bei?«
»Nein, Beethoven hatte zu kleine Hände!«
»Und was hat das mit Ballett zu tun?«

FRAUEN

»Ich werde meiner Kosmetikerin sagen, sie soll den zweiten Satz auflegen, wenn ich die Algen-Kur mache. Die Musik hat so was Pflanzenhaftes, finden Sie nicht auch?«
»Also für mich ist der Schlusssatz Tanzmusik.«
»Wie bitte?«
»Auf höchstem Niveau natürlich, aber Tanzmusik.«

MÄNNER

»Wissen Sie, wenn man selber Klavier gespielt hat, weiß man erst, wie schwer Beethoven zu spielen ist. Ich sage Ihnen: un-wahr-schein-lich schwer.«
»Wann haben Sie denn gespielt?«
»In meiner Jugend, aber bei guten Klavierlehrern.«
»Und wie weit sind Sie gekommen?«
»Na, immerhin Kuhlau, Pleyel und früher Czerny.«
»Drum.«

BEWERTUNGEN

Technik	für den Solisten	Der Solist muss technisch sehr versiert sein (speziell im zweiten und dritten Satz), das Orchester hat wesentlich weniger zu tun als in jeder durchschnittlichen Beethoven-Symphonie.
	für Orchester	

Konzert für Klavier und Orchester Nr. 5 in Es-Dur

Gesamt

♩♩
mit Pranke
und Flügel

Der Solopart fliegt nur, wenn der Solist auch die Pranke nutzen kann. Dann aber ist es eines der schönsten Klavierkonzerte, die es gibt – wenn auch von Pianisten gemieden, weil es »dankbarere« gibt.

Ludwig van Beethoven
1770–1827

Konzert für Violine und Orchester D-Dur
op. 61

Ludwig van Beethoven starb am 26. März 1827 gegen 17 Uhr 45 während eines heftigen Gewitters mit Blitz und Donner und allem, was dazugehört. Am 29. März wurde er unter großer Anteilnahme und Schaulust der Wiener auf dem Währinger Friedhof beerdigt. Der Schauspieler Heinrich Anschütz trug die Grabrede vor. Jeder weiß, dass der Dichter Franz Grillparzer diese Grabrede geschrieben hat, keiner aber kennt diese Rede wirklich. Deshalb möchte ich sie hier wörtlich wiedergeben:
»Indem wir hier an dem Grabe dieses Verblichenen stehen, sind wir gleichsam die Repräsentanten einer ganzen Nation, des deutschen gesamten Volkes, trauernd über den Fall der einen, hoch gefeierten Hälfte dessen, was uns übrig blieb von dem dahingeschwundenen Glanz heimischer Kunst, vaterländischer Geistesblüte. Noch lebt zwar – und möge er lange leben! – der Held des Sanges in deutscher Sprach und Zunge [Goethe]; aber der letzte Meister des tönenden Liedes, der Tonkunst holder Mund, der Erbe und Erweiterer von Händels und Bachs, von Haydns und Mozarts unsterblichem Ruhme hat ausgelebt, und wir stehen weinend an den zerrissenen Saiten des verklungenen Spiels.
Des verklungenen Spiels! Lasst mich ihn so nennen! Denn ein Künstler war er, und was er war, war er nur durch die Kunst. Des Lebens Stacheln hatten ihn tief verwundet, und wie der Schiffbrüchige das Ufer umklammert, so floh er in deinen Arm, o du des Guten und Wahren gleich herrliche Schwester, des Leides Trösterin, von oben stammende Kunst! Fest hielt er an dir, und selbst als die Pforte geschlossen war, durch die du eingetreten bei ihm und sprachst zu ihm, als er blind geworden war für deine Züge durch sein taubes Ohr, trug er noch immer dein Bild im Herzen, und als er starb, lag's noch auf seiner Brust.
Ein Künstler war er, und wer steht auf neben ihm?
Wie der Behemoth die Meere durchstürmt, durchflog er die Grenzen seiner Kunst. Vom Girren der Taube bis zum Rollen des Donners, von der spitzfindigsten Verwebung eigensinnigster Kunstmit-

tel, bis zu dem furchtbaren Punkte, wo das Gebildete übergeht in die regellose Willkür streitender Naturgewalten, alles hatte er durchmessen, alles erfasst. Der nach ihm kommt, wird nicht fortsetzen, er wird *anfangen* müssen, denn sein Vorgänger hörte nur auf, wo die Kunst aufhört.

Adelaide und Leonore! Feier der Helden von Vittoria und des Messopfers demütiges Lied! Kinder ihr der drei- und viergeteilten Stimmen! Brausende Symphonie! ›Freude schöner Götterfunken‹, du Schwanengesang! Muse des Liedes und des Saitenspiels: stellt euch rings um sein Grab und bestreut's mit Lorbeeren!

Ein Künstler war er, aber auch ein Mensch, im höchsten Sinn. Weil er von der Welt sich abschloss, nannten sie ihn feindselig, und weil er der Empfindung aus dem Wege ging, gefühllos. Ach, wer sich *hart* weiß, der flieht nicht! Die feinsten Spitzen sind es, die am leichtesten sich abstumpfen und biegen oder brechen. Das *Übermaß* der Empfindung weicht der Empfindung aus! – Wenn er die Welt floh, so war's, weil er in den Tiefen seines liebenden Gemütes keine Waffe fand, sich ihr zu widersetzen; wenn er sich den Menschen entzog, so geschah's, nachdem er ihnen alles gegeben und nichts zurückempfangen hatte. Er blieb einsam, weil er kein Zweites fand! Aber bis an sein Grab bewahrte er ein menschliches Herz allen Menschen, ein väterliches den Seinen, Gut und Blut der ganzen Welt.

So war er, so starb er, so wird er leben für alle Zeiten.

Ihr aber, die ihr unserm Geleite gefolgt bis hierher, gebietet eurem Schmerz!

Nicht verloren habt ihr ihn, ihr habt ihn gewonnen. Kein Lebendiger tritt in die Hallen der Unsterblichkeit ein. Der Leib muss fallen, dann erst öffnen sich ihre Pforten. Den ihr betrauert, er steht von nun an unter den Großen aller Zeiten, unantastbar für immer. Und wenn euch je im Leben, wie der kommende Sturm, die Gewalt seiner Schöpfungen übermannt, wenn euer Entzücken dahinströmt in der Mitte eines noch ungeborenen Geschlechts, so erinnert euch dieser Stunde und denkt: Wir waren dabei, als sie ihn begruben, und als er starb, haben wir geweint.«

ENTSTEHUNGSZEIT

In der zweiten Hälfte des Jahres 1806 schrieb Beethoven sein Violinkonzert – etwas Erfahrung hatte er schon: Die beiden Violinromanzen sind vorher entstanden, und Geige spielen konnte er auch –, und zwar auf Bitten des Konzertmeisters des Theaters an der Wien, Franz Clement. Tatsächlich schrieb er auf das Titelblatt: »Concerto par Clemenza pur Clement« – Konzert aus Barmherzigkeit für Clement!

In dieser Zeit ging es Beethoven ganz gut, er lebte im »Pasqualati'schen Haus« und freundete sich mit Pasqualati langsam an, der ihm finanziell auch mit Tipps und Ratschlägen zur Seite stand. Ich finde: Das hört man auch.

URAUFFÜHRUNG
Am 23. Dezember 1806.

ERFOLG
Beethoven soll das Konzert erst zwei Tage vor der Uraufführung fertig gestellt haben, sodass Franz Clement es quasi vom Blatt spielen musste. Er war allerdings ein herausragender Virtuose, der im selben Konzert seine Zuhörer auch mit Kunststückchen wie: »Sonate auf einer Saite mit umgekehrter Violine« unterhielt.
Die »Wiener Theaterzeitung« schrieb über die Uraufführung: »Der vortreffliche Violinspieler Clement spielte unter anderen vorzüglichen Stücken auch ein Violinkonzert von Beethoven, das seiner Originalität und mannigfaltigen schönen Stellen wegen mit ausnehmendem Beifall aufgenommen wurde. Man empfing besonders Clements bewährte Kunst und Anmut, seine Stärke und Sicherheit auf der Violin, die sein Sklave ist, mit lärmenden Bravo. Der gebildeten Welt fiel es auf, wie Clement sich zu manchen Schnacken und Possen herabwürdigen konnte, um etwa den Pöbel zu ergötzen, da er doch in jeder ersteren Produktion Schönheit und Erhabenheit auszudrücken vermöge. Wir sind dieser Meinung nicht entgegen. Über Beethovens Konzert ist das Urteil von Kennern ungeteilt, es gesteht demselben manche Schönheit zu, bekennt aber, dass der Zusammenhang oft ganz zerrissen scheine, und dass die unendlichen Wiederholungen einiger gemeinen Stellen leicht ermüden könnten. Es sagt, dass Beethoven seine anerkannten großen Talente gehöriger verwenden und uns Werke schenken möge, die seinen ersten Symphonien aus C und D gleichen, seinem anmutigen Septette aus Es, dem geistreichen Quintette aus C-Dur, und mehreren seiner frühern Compositionen, die ihn immer in die Reihe der ersten Componisten stellen werden. Man fürchtet aber zugleich, wenn Beethoven auf diesem Weg fortwandelt, so werde er und das Publikum übel dabei fahren.«
Also möglich ist es schon, dass sich das Violinkonzert wegen der dürftigen Aufführung nicht durchgesetzt hat, oder deshalb, weil Herr Clement es mit »umgekehrter Violine« gespielt hat, wer weiß. Tatsächlich hat es fast ein halbes Jahrhundert lang die Geiger nicht

wirklich gereizt, vielleicht auch, weil es ihnen zu wenig virtuos, zu symphonisch war. Joseph Joachim, Brahms-Freund und einer der großen Geiger in der Geschichte dieses Instruments, hat sich dann intensiv um das Violinkonzert gekümmert: und zwar als Dreizehnjähriger! Er führte es am 27. Mai 1844 auf und ab da ... Damit hat er ihm zum Durchbruch verholfen.

ANEKDOTEN

Eine schöne Geschichte ist einem nicht genannt werden wollenden Dirigenten im auslaufenden 20. Jahrhundert passiert. Er dirigierte das Violinkonzert und war gegen Ende wohl etwas zerstreut – oder dachte bereits an das herrliche Kölsch, das es gleich geben würde –, was dazu führte, dass er am Schluss, wo die Solovioline noch einmal das Thema nach oben arpeggiert, den Einsatz für die beiden Tutti-Akkorde einen Takt zu früh gab. War das ein heiteres Ende!

WERK
Sätze
Allegro, ma non troppo – Larghetto – Rondo (Allegro)

Dauer
ca. 40 Minuten

Besetzung
Flöte
2 Oboen
2 Klarinetten
2 Fagotte
2 Hörner
2 Trompeten
Pauken
Violinen I und II
Bratschen
Violoncelli
Kontrabässe
Solovioline

HITS
Natürlich die vier Paukenschläge am Beginn der Symphonie, Verzeihung! – des Konzerts. Dass Beethoven dieses Mini-Motiv einen Satz durchkonjugiert, ist ein absoluter Hit!
Wenn ein Geiger den ersten Einsatz (insbesondere die 16tel-quasi-

Skala nach oben, bevor das Thema kommt) so spielen kann, dass eine leise Frage im Raume steht: 1a!

Ein weiterer Hit ist, wenn die Violine quasi den Anfang nochmal hat, auf dem f''' bleibt, ins fis''' geht und von den Bässen begleitet das zweite Thema spielt – das ist schon so ziemlich der geigerische Himmel!

Nach der Kadenz die Wiederaufnahme des Themas ist – wenn dies feinsinnig gespielt wird – auch ein Hit.

Wenn man Fan russisch-orthodoxer Messen ist, ist der Beginn des zweiten Satzes ein Smash-Hit (in den ersten sechs Takten).

Dass Beethoven die Violine mit den Hörnern ins Gespräch treten lässt: musikgeschichtlich ein Novum, Hit-mäßig: Na ja, aber schön ist es schon! Violine, Blech und dann Holz, das ist nicht von unedlen Eltern.

Für Frauen ist natürlich der ganze zweite Satz ein einziger Hit. Vorausgesetzt der Geiger ist ein Frauenkenner und spielt den Satz auch so – aber welcher wirkliche Geiger wäre kein Frauenkenner. Hätte er doch sonst ein anderes Instrument gewählt: Feldstecher oder Spargelschäler oder so.

Der Beginn des dritten Satzes ist dann ein Hit (das Thema sowieso), wenn sich der Solist an die Vorgaben des Geigers Carl Flesch hält und das Thema paganiniesk auf der G-Seite spielt (erkennt man daran, dass die linke Hand des Geigers in die Nähe des Adamsapfels schnellt). Allerdings – und das ist dabei entscheidend wichtig – sollte er sich nicht an die Flesch-Krankheit halten: alles, was als Flageolett geht, auch als Flageolett zu spielen. Flageolett – das sind etwas hohle, flötenähnliche Töne der Geige, die man durch eine besondere Spieltechnik erreicht – hat einfach den Nachteil, dass es nicht so voll klingt. Im zweiten Satz wäre es fatal, wenn man alle die Flageolette, die Flesch vorschlägt, spielen würde: Der ganze Satz würde zu einem Zirpen verkommen – was Beethoven sicher nicht gewollt hat.

FLOPS

Keiner.

Ein Flop ist, dass Beethoven der Bitte des Klaviervirtuosen (und Klavierlehrer-Evangelisten) Muzio Clementi entsprach und das ganze Konzert für Klavier adaptiert hat. Interessant, aber: Ludwig! Wat es dir dann do en dr Kopp jekumme!

OBACHT
Eigentlich auch keines. Der Solopart ist nicht wirklich virtuos zu nennen, dergestalt, dass man als Publikum dasäße und darauf wartete, dass dem Geiger vor lauter Noten, die er zu spielen hat, der Bogen aus der Hand flitscht. Das Orchester hat brav den Part, die Themen zu entwickeln, der Solist dekoriert das alles fein, aber alle beide, Orchester und Solist, haben sich – technisch gesehen – die Arbeit angenehm aufgeteilt: Jeder macht seine Arbeit. Wenn das gelingt, ist das Konzert prima gelaufen.

ES MEINEN
Zimmermann, Frank Peter (der es in guten Stunden am schönsten gespielt hat):
»Schneiderhan hat es am schönsten gespielt.«
Schneiderhan (der es in guten Stunden am schönsten gespielt hat):
»Hubermann hat es am schönsten gespielt.«
Hubermann (der es in guten Stunden am schönsten gespielt hat):
»Fritz Kreisler hat es am schönsten gespielt.«
Kreisler (der es nicht nur in guten Stunden am schönsten gespielt hat):
»Joachim hat es am schönsten gespielt.«
Stern, Milstein, Zuckerman, Perlman, Heifetz:
»Ich habe es am schönsten gespielt.«
Menuhin, Grumiaux:
»Es ist das schönste Konzert der Welt.«

Ungenannt bleiben wollender Star-Dirigent:
»Weil heute in jedem Orchester selbst der letzte zweite Geiger es spielen könnte und deshalb einen Rochus auf jeden dahergelaufenen Solisten hat, der es spielt und dafür Solistenhonorar bekommt, egal, wie er es spielt, ist es das Konzert, das am schwierigsten aufzuführen ist. Es sei denn, man spielt die Version für Klavier und Orchester – da meckert kein Geiger mehr.«

BEIKIRCHER RÄT

ANLASS
Wenn du sie im Auto hast und du weißt, sie hat ein bisschen Gespür für Musik: zweiten Satz aufgelegt und du hast sie!

NUTZUNG
Dieses Konzert ist ideal zur Kinderberuhigung geeignet, vorausge-

setzt, die Kinder stehen auf Techno. Unser Mittlerer, als er drei Jahre alt war, forderte auf der Autobahn – mitten im Kampf um den Kindersitz mit der älteren Schwester – sofortigen Halt, als der Oktavenaufgang der Solovioline im ersten Satz erklang, weil: »Halt mal Papi, das ist so schön!«

AUTO
s. o.

PAUSEN-TALK
»Das habe ich auf CD besser.«
»Das müssen Sie von Furtwängler hören.«
»Hubermann! *Der* hat das gespielt ...!«
»Ich finde die Pianoversion ja spannender!«
»Gut. Aber kennen Sie einen Pianisten, der es so streichen kann wie Hubermann?«

FRAUEN
»Dieser zweite Satz! Dieser zweite Satz!!«
»Für mich ist das Konzert ein einziges Liebesspiel:
im ersten Satz sanfter Champagner, im zweiten Streicheln, im dritten der tänzerische Jubel danach.«
»Und dazwischen?«
»Ach, wissen Sie, in meinem Alter ...«

MÄNNER
»Haben Sie bemerkt, wie lieblos der Konzertmeister das heruntergenudelt hat?«
»Er wäre wohl lieber der Solist gewesen!«
»Ich bitte Sie: als Bratschist?«
»Wussten Sie, dass Beethoven dieses Konzert eigentlich für den schwarzen Geiger Bridgetower geschrieben hat?«
»Aber das war doch die Kreutzer-Sonate.«
»Eben. Die ist ja auch schwerer!«

BEWERTUNGEN
Technik   Das Orchester kann's und technisch kann es jeder Geigeneleve im sechsten Jahr.

Konzert für Violine und Orchester D-Dur

Bleibt die Frage der Interpretation und des Atems:		Weil es zu den schwierigsten gehört!
Gesamt	in schlichtem Kolophonium	In seiner Schlichtheit liegt die wunderbare Größe und Schönheit dieses Konzerts.

Niccolò Paganini
1782–1840

Konzert Nr. 2 für Violine und Orchester h-moll
»La campanella«
op. 7

»Wo unser Denken aufhört, da fängt Paganini an!«
(Giacomo Meyerbeer)

»Ich habe einen Engel in Paganinis Adagio singen hören.«
(Franz Schubert)

Wenn man sich – auch mit Fachleuten – über Niccolò Paganini unterhält, ist es immer noch so, als schrieben wir 1840. Gerüchte, Legenden, Lügen und Klitterungen ohne Ende. Es ist an der Zeit, den »Teufelsgeiger« dahin zu stellen, wo er hingehört – in die erste Reihe der Geiger: vielleicht in die Pole-Position, sonst aber direkt hinter Tartini – nicht weniger, aber eben auch nicht mehr.
Gucken wir uns doch mal an, was in Paganinis Leben so los war. Er kam am 26. 10. 1782 in Genua zur Welt und nicht am 18. 2. 1784. Das Datum, das ihn jünger machen sollte und das die meisten Biographen übernommen haben, geht allerdings auf ihn selber zurück – er wollte (wieder einmal) heiraten und dabei eine gute Figur machen. Also schrieb er am 22. Juni 1822 an seinen Freund und Rechtsanwalt Luigi Germi nach Genua:
»Was die Taufurkunde betrifft, so möchte ich nicht, dass daraus hervorgeht, dass ich schon in das vierzigste Lebensjahr eingetreten bin. Wenn du dich mit dem Pfarrer von S. Salvatore verständigen könntest, ob es möglich ist, mich unterhalb der vierzig zu platzieren, würde mir das große Freude machen.«
Sein Vater scheint nicht besonders musikalisch gewesen zu sein, Paganini spricht von seinem »unharmonischen Ohr«; seine Mutter beschreibt er als »Musikdilettantin«, sie brachte also eher ein bisschen Musik in die – arme – Familie. Übrigens hat der »Geizkragen« Paganini (der er sicher war) seine Familienangehörigen sein ganzes Leben lang unterstützt. Das nur mal dazu.

Mandoline hat er mit fünf Jahren gelernt und später die Geige, genaues Alter weiß man nicht, außer, dass er sich mal darüber beklagte, dass sein Vater Antonio ihn gezwungen habe, von morgens bis abends Geige zu üben, und dass seine Mutter darum gebetet habe, dass aus ihm ein großer Geiger werde. Zu welcher/m Heiligen sie aber gebetet hat, ist unklar: zur hl. Cäcilia, der Musikpatronin, zum hl. Arnold von Arnoldsweiher, ein Profi auf der Zither, zum hl. Arnulf, der gerne mit Viola abgebildet wird – dass Bratschisten einen eigenen Heiligen haben, ist allerdings jedem Musiker einsichtig –, oder zum hl. Dunstan von Canterbury, der auch was für Musiker – wenn auch nur englische – übrig gehabt haben soll? Egal – das Gebet hat den richtigen Fürsprecher erreicht – vielleicht war es auch der hl. Stradivarius oder (eher) der hl. Guarnerius – spielte Paganini doch auf einer Guarnieri del Gesù.
So viel also zur genetischen Vorbelastung und zum Draht nach oben.
Er erhielt jedenfalls Unterricht im Geigenspiel – allerdings weniger von der »Bundesliga«, mehr von soliden Genueser Musikern wie z. B. Giacomo Costa, die ihm auch entsprechend wenig beibringen konnten, denn er war ein Naturtalent. Seine Intonationssicherheit z. B. muss phänomenal gewesen sein – auch in den extremsten Lagen soll er auf Anhieb immer den richtigen Ton erwischt haben.
Ab 1794, also ab seinem 12. Lebensjahr, gab er Konzerte in Genua, auch schon mit einer eigenen Komposition, den Variationen über »La Carmagnole«, eine französische Revolutionshymne aus jakobinischem Geist (die nach Marseille ausgewanderten Piemontesen aus Carmagnola trugen eine Samtjacke mit zwei Reihen von Knöpfen, sie wurde als »la Carmagnole« zum Symbol des Proletariats). Genua wird zu eng, hier kann er nichts mehr lernen, er geht nach Parma. Zwei Jahre studiert er dort, geht wieder zurück nach Genua, wo er selber seine Kenntnisse unermüdlich vervollkommnet (möglicherweise hat er in dieser Zeit schon an den »Capricci« gearbeitet), wie das halt Virtuosen zu tun pflegen. Auch Heifetz musste üben!
1800 sehen wir ihn in Modena wieder, wo er ein großes Konzert gibt – eines seiner ersten als Violinvirtuose, bei dem er einen beispiellosen Erfolg hatte. Im Grunde ändert sich – wenn man an den Erfolg seiner Konzerte denkt – ab jetzt bis in die vierziger Jahre nicht viel. Meines Wissens ist er nie ausgepfiffen worden; ein gewisses Nachlassen des Interesses an seinen Konzerten in Frankreich 1831 hatte eher mit der Häufigkeit seiner Konzerte als mit der Wirkung seines Spiels zu tun. Wie jeder Bühnenmensch weiß, ist es gefährlich, zu oft zu spielen – man läuft Gefahr, erreichbar und damit gewöhnlich zu werden.

Bis 1828 tourte er unermüdlich in Italien. Wobei er nicht etwa ausschließlich eigene Kompositionen spielte – das ist auch eine der Legenden, die sich hartnäckig halten –, sondern Rode, Viotti und Kreutzer aufführte, was ihm öfters die Kritik eintrug, er spiele sie nicht notengetreu, er könne das vielleicht gar nicht. Bezeichnend ist aber, dass sein Erfolg wuchs, als er es aufgab, »Fremdliteratur« zu spielen.

Dabei nutzte er in diesen ersten Jahren oft das Podium zu kleinen, sarkastisch-humoristischen Protesten gegen die Bourgeoisie: Saßen zu viele Pfeffersäcke im Publikum, verzichtete der Jakobiner Paganini auf die Kadenz und imitierte stattdessen Eselsgeschrei – zum Jubel der einfachen Leute und zum Naserümpfen der Bürger. In seiner umfangreichen Biographie interpretiert Edward Neill dies als Paganinis besonderen Humor. Als bezeichnend für diesen Humor möchte ich hier stellvertretend eine »Kritik« zitieren, die Abt Chelini über das erste – legendäre – Konzert Paganinis in der Kathedrale von Lucca am 14. 9. 1801 geschrieben hat:

»Auf dem Platz San Martino war das ganze Bataillon von Lucca aufgestellt, das ziemlich klein war, da eine größere Anzahl von Soldaten desertiert war. Am Morgen des Festes begab sich die Regierung mit dem Festzug zur Singmesse. Die Musik dauerte sehr lange, denn man hatte die Indiskretion und Unhöflichkeit gegenüber dem Prälaten, dort ein Konzert abhalten zu lassen (was bis dahin unerhört war), das von einem gewissen Paganini, einem Genueser Jakobiner, gegeben wurde, der sofort nach dem Kyrieeleison anfing zu spielen – und das ganze 28 Minuten lang. Dieser »Herr« zeigte zwar Geschicklichkeit, aber weder Ernst noch musikalisches Urteilsvermögen. Er ahmte mit der Geige den Gesang der Vögel nach, Flöten, Trompeten und Hörner, dergestalt, dass sein Konzert als Opera Buffa endete, die alle zum Lachen brachte, während sie gleichzeitig seine Geschicklichkeit und Sicherheit bewunderten. Dies zeugte aber weder von Vernunft noch von Ernst, denn die Nachahmung von Vögeln und anderer Instrumente mit einer Violine ist sicher ein Beweis für die Geschicklichkeit eines Spielers, aber da sie vom eigentlichen Sinn des Spiels weit entfernt ist, ist es nichts anderes als eine Jugendtorheit, die man vielleicht in einer Musikschule machen kann, und auch da nur in Maßen, keinesfalls aber an einem geheiligten Ort. Das Konzert jedoch hatte einen sehr großen Erfolg und ebenfalls die ganze Musik, waren doch die Jakobiner die Ersten, die es hochhielten, indem sie sagten, noch nie habe es in S. Croce derartige Musik gegeben; und wenn einer schlecht darüber sprach, lief er Gefahr, ins Gefängnis geworfen zu werden.«

Nun gut, der Rezensent war Abt, aber dass er sich über Tierstim-

men in der Kirche so aufregt, wird dem hl. Franziskus von Assisi ziemlich unangenehm aufgestoßen sein. Und wer sagt denn, dass man in einer Kirche nicht lachen darf?
In Lucca traf er – und das ist gleich die erste seiner vielen Frauengeschichten – die Schwester Napoleons, Elisa (eigentlich Marianna, aber der Name hat ihr wohl nicht gefallen) Bacciocchi. Nicht besonders schön soll sie gewesen sein, aber Napoleon hat ihr und ihrem Mann das Fürstentum von Piombino und Lucca zugeschanzt, wo sie sich auch um die Kunst gekümmert hat. Wenn sie ihm Zeit ließ, gab Paganini ihrem Mann Geigenunterricht, bekam den Titel »Kammervirtuose« (vielleicht wegen seiner Leistungen auf beiden Gebieten!), wurde Opendirektor und Hauptmann der Ehrengarde. Schön. Und in dieser Zeit hat er das berühmte Spiel auf einer Saite, der G-Saite, als Effekt ausgelotet und zur höchsten Vollendung gebracht. Was Wunder, wenn einer die Finger so biegen kann, dass er sein Geld auch als »Kautschuk-Mann« auf Jahrmärkten hätte verdienen können! Matteo Niccolò de Ghetaldi, ein hoher Beamter in Venedig, beschrieb das so: »Es ist erstaunlich, was er mit seiner Hand alles machen kann; er faltet im wörtlichen Sinn seine Finger und kann den Daumen so weit nach links strecken, dass er ihn um den kleinen Finger biegen kann; er bewegt die Hand im Gelenk so, als hätte er weder Muskeln noch Knochen.« Die »Sonata a Napoleone« für Violine (G-Saite) und Orchester komponierte er in dieser Zeit und erntete für sie viel Beifall.
Wie weit die Beziehung zur Schwester Napoleons tatsächlich ging, ist nicht mehr eruierbar; tatsächlich hatte er in dieser Zeit eine Liebesbeziehung zu Mme. Frassinet, der er statt Liebesbriefe Kompositionen schrieb (z. B. »Adagio seducente« – verführerisches Adagio).
Ab hier jedenfalls begegnen wir im Leben Paganinis immer wieder den Frauen – woran man sieht: Man muss eine Geige noch nicht mal richtig halten können, um die Frauen erobern zu können (Paganini hielt die Geige zwischen Schlüsselbein und Kinn nach unten und vorne, was ihm möglicherweise mehr Griffmöglichkeiten bot als die klassische Sevčik-Haltung: Kinn und Augen links, Geige in Verlängerung der Schulter eingeklemmt und dann gucken, wie man mit dem Bogen die G-Saite erreicht – ein am Anfang chaplineskes Schauspiel!). Zugegeben: Spielen konnte er schon besser als alle anderen, aber langt das denn? Ja, es langt. Auch wenn einer »eine Stimme wie ein rostiger Wasserhahn« hat, wie sie Paganini gehabt haben soll – wenigstens laut Jacques Boucher de Perthes, Zollbeamter in Abbeville, der an der Somme Feuersteinwerkzeuge fand und damit die Erforschung der Altsteinzeit einleitete, also einer, der sich mit rostigen Wasserhähnen ausgekannt haben muss.

1809 machte sich Paganini vom Hofe in Lucca frei und lebte ab da ein unabhängiges Leben »on tour«, ein Lebensstil, der ihm, dem ohnehin Ruhelosen, sehr entgegenkam.

Von 1810 bis zum März 1828 reiste er durch Italien und gab ein Konzert nach dem anderen. Schnell war sein Ruf, der beste Geiger aller Zeiten zu sein, gefestigt. Vor allem aber hatte er sich in diesen 18 Jahren das restliche »Handwerkszeug« zurechtgelegt, dessen man bedarf, wenn man auf den großen Bühnen der Welt reüssieren will. Das heißt, dass er in dieser Zeit auch lernte, die Wirkung von Effekten zu studieren und sie souverän zu handhaben, mit einem Wort: bühnensicher zu werden. Denn abgesehen von seiner geigerischen Einmaligkeit und abgesehen vom Charisma seiner Kompositionen war er bühnenwirksam ohnegleichen, ohne dass er die Effekte unbedingt um ihrer selbst willen eingesetzt hätte. Man kann ohne Übertreibung sagen: Paganini dachte – auch auf dem Konzertpodium – in erster Linie musikalisch. Dabei spielt aber eine große Rolle, dass das Publikum auch wegen der unglaublichen Gerüchte, die sich um Paganini rankten und die er immer wieder zu entkräften versuchte, bereit war, in ihm einen Teufel oder zumindest – zur Befriedigung der eigenen, wie auch immer pervertierten Erwartungen – einen genialischen Scharlatan zu sehen. Es gibt nicht viele »Zeitzeugen«, die versuchen, ein etwas weniger dämonisches Bild von ihm zu malen. Schade. Dass er aber seine Bühnenpräsenz, das magische Auftreten, nutzte, ist natürlich auch klar. Zumal die hohen Eintrittspreise, die er verlangte (in England musste er dann verschämt einlenken), sicher auch ein bisschen Show rechtfertigten. Da langte ja ein gebieterischer Blick ins Publikum und die Damen fielen in Ohnmacht (in Wien), weil sie schon den Teufel zu schauen glaubten.

Kurz: Wenn einer Popstar ist, warum soll er es nicht nutzen? Zumal, wenn er auch noch ein exzellenter Musiker ist! Unsere Tina Turners, Mick Jaggers oder Madonnas haben nicht einen Hauch von dem zu bieten, was Paganini verschenkte, aber gegen deren Auftreten war Niccolò noch ein verschämter Tropf.

Als er im Herbst 1813 »Le Streghe« komponierte und aufführte, wurde auch die musikalische Fachwelt außerhalb Italiens aufmerksam. So schrieb die »Leipziger Musik-Gazette« 1814: »Signor Paganini ist der erste und größte Violinist der Welt. Er bedient sich gewisser Passagen, Sprünge, des Spiels auf zwei, drei und vier Saiten, die noch kein Violinist je gespielt hat. Er spielt (in seinem eigentümlichen Stil) in den schwierigsten Positionen zwei-, drei- und vierstimmig; er ahmt viele Blasinstrumente nach, er führt in den höchsten Registern die chromatische Tonleiter in der Nähe des

Stegs aus, eine Sache, die unmöglich erscheint; er führt in Vollendung die schwierigsten Läufe auf einer Saite aus, und zum Spaß zupft er gleichzeitig die Bass-Saite, sodass man manchmal den Eindruck hat, zwei verschiedene Instrumente zu hören. Er ist also, was die Technik angeht, wie Rolla und andere berühmte Musiker versichern, der größte Konzertspieler der Welt. Ich sage, ›was die Technik‹ angeht, weil, was das ›Einfache‹ angeht, das ›Gefühlvolle‹ und das ›Schöne‹ im Spiel, so wird es überall viele Ausführende geben, die ihm darin gleichen oder überlegen sind, wie Signor Rolla.«
Also ein differenziertes Echo aus Leipzig auf Paganini, das aber gleichzeitig mit den Weg für den Ruf bereitete, er sei ein Magier auf der Geige. Das erste Violinkonzert in D-Dur wird ebenso wie »Le Streghe« ein Wahnsinns-Erfolg, wie auch die anderen Variationen über feine Themen von Kollegen (gerne aus der Opernliteratur), in denen Paganini aber nicht nur geigerisch brillierte, sondern auch als Komponist überzeugte – auch heute noch hört man sie mit musikalischem Genuss an!
Geschweige denn, ich bitte Sie, die Capricci!
Wer als Geigenschüler daran gescheitert ist (ich auch!), den lassen sie nicht mehr los. Legen Sie sie doch mal auf, fast egal, wer sie spielt: Sie werden sich vom technisch Atemberaubenden bald abwenden und dann hinter aller Virtuosität die musikalischen Reize entdecken. Zwar hat Paganini die Capricci nicht so sehr für das Konzertpublikum geschrieben als vielmehr für die Kollegen, also legte er auch kompositorischen Ehrgeiz in die Sache. Dennoch: Die Capricci sind nicht nur die Vollendung der italienischen Geigenschule seit Tartini und Viotti und eröffnen technisch ungeahnte neue geigerische Möglichkeiten, sie sind auch als reine Musik ernst zu nehmen. Der schöne Ernst im 4. Capriccio c-moll, die Melancholie des 6. in g-moll, die Düsterkeit des 12. in As-Dur, das amouröse 21. in A-Dur und natürlich das furiose 24. Capriccio mit seinen atemberaubenden Variationen, das so viele Komponisten zu Weiterungen angeregt hat (Schumann, Liszt, Brahms, Rachmaninoff – um nur einige zu nennen): Das ist absolute Musik, und wer das nicht hört, sollte ganz schnell einen Termin beim HNO-Arzt machen oder sein Konzert-Abo zurückgeben.
Gut, die Capricci mögen nicht den Rang von Bachs Werken für Solo-Violine haben, aber den Vergleich mit Chopin-Etüden halten sie allemal aus.
Entschuldigung, es hat mich etwas hingerissen. Also:
Wie jeder richtige Italiener (zumindest damals) wollte Paganini immer heiraten und eine Familie, vor allem aber Kinder haben. Wie ein roter Faden zieht sich durch die Briefe an Germi, dass er wieder

einmal mit Heiratsplänen schwanger geht – aber nie ist etwas daraus geworden. 1815 kam es darob zu einer richtig tragischen Geschichte: die Cavanna-Affäre. Er hatte sich in Genua in Angelina Cavanna, eine junge Modistin, verliebt, die von ihm schwanger wurde. Am 24. Juni 1815 brachte sie ein totes Kind zur Welt. Tragisch. Es kam aber noch schlimmer: Der Vater Angelinas zeigte Paganini wegen Verführung und Entführung Minderjähriger an – Paganini war mit der schwangeren Angelina erst mal in die Berge geflüchtet –, Paganini wurde verhaftet und musste für einige Zeit ins Gefängnis. Wie lange genau, weiß man nicht mehr, es können aber nur ein paar Wochen gewesen sein. Er bot dem Vater Angelinas Geld, leugnete aber die Vaterschaft. Das Verfahren lief und lief, bis schließlich im Jahr 1820 Paganini zur Zahlung von 4.400 Lire verurteilt wurde – und das war kein Pappenstiel. Es war aber die Ursache für unsägliche Verleumdungen Paganinis, an denen vor allen Dingen Stendhal in seiner Rossini-Biographie verantwortlich ist. Der schrieb nämlich darin, dass Paganini sein Violinspiel »nicht in acht Jahren Studium am Konservatorium, sondern aufgrund einer amourösen Mesaventüre gelernt hatte, wegen der er ins Gefängnis geworfen wurde, wo er viele Jahre verbringen musste«. Und schon war die Legende geboren. Paganini hat, wo immer er hinkam, versucht, diese Lüge zurechtzurücken, aber wir wissen ja: Ist so eine Legende erst mal da, kriegst du sie nicht mehr aus der Welt. Zumal sie so schön ins Dämonen-Bild passte, ins Klischee vom ruchlosen Geiger mit einem ruchlosen Leben ... Ahh! hätte es damals die Yellow press schon gegeben: Paganini wäre ein absoluter Dauerbrenner gewesen.

Aber selbst seriöse Biographen, die sich ständig mit den kleinen Amouren unseres großen Geigers befassen müssen, verlieren irgendwann die Contenance und schreiben dann Sätze hin wie diese: »Hässlich, zahnlos und gespenstisch, wie ihn seine Zeitgenossen beschrieben, gelang es Paganini trotzdem, eine Art von Schlangenbeschwörer darzustellen. Und wie sich die harmlose Schlange auf die Musik eines bescheidenen Flötenspielers hin aus einem ebenso bescheidenen Sack aufrichtet, um sich wieder hineinfallen zu lassen, wenn die Musik endet, so verhält sich Paganini mit den Frauen: wohl wissend, dass jegliche Beziehung dazu verurteilt ist, über kurz oder lang zu scheitern.« (Edward Neill, »Niccolò Paganini – il cavaliere filarmonico« De Ferrari, Genova, 1990, S. 107) – da lachen nicht nur psychoanalytisch geschulte Menschen, oder?

1818 traf er in Bologna mit Rossini zusammen, der ihm auch in Paris ein Freund blieb und der später sagen wird, er habe nur zweimal in seinem Leben geweint: als er Paganini das erste Mal habe spielen hören – und als ein Dummkopf eine getrüffelte Ente habe ins Wasser fallen lassen ...

1819 gab Paganini übrigens in Rom im Palazzo des österreichischen Grafen Kaunitz ein Konzert, das auch Fürst Metternich hörte, der davon so begeistert war, dass er Paganini nach Wien einlud. Erst neun Jahre später wurde das realisiert.

1821 kam es zu einer superben Scharade beim Karneval in Rom: Paganini, Rossini und Massimo d'Azeglio (Schriftsteller, Schwiegersohn von Alessandro Manzoni und hochgebildeter Politiker) taten sich zusammen, um als Trio aufzutreten. Sie verfassten einen Text (»Siamo ciechi, siamo nati per campar di cortesia in giornata d'allegria non si nega carità« – wir sind blind, wir sind geboren um von Almosen zu leben, an einem Tag der Freuden verweigert man keine Almosen), Rossini vertonte ihn und dann wurde sich ins Getümmel gestürzt. Massimo d'Azeglio erzählt das so: »Es wurde entschieden, dass die Unterbekleidung von höchster Eleganz sein sollte und darüber armselige geflickte Lumpen getragen werden sollten. Eine offensichtliche und doch saubere Armut also. Rossini und Paganini sollten das Orchester darstellen, indem sie auf zwei Gitarren herumklimperten; sie überlegten, sich als Frauen zu verkleiden. Rossini vergrößerte mit sehr viel Geschmack seine bereits ausladenden Formen mit mehreren Lagen Stoff, und er sah unmenschlich aus! Paganini erst, dürr wie ein Stecken und mit diesem Gesicht, das wie der Hals einer Geige aussieht, wirkte als Frau doppelt so dürr und kreuzlahm. Ich sage es nicht nur so, wir machten wirklich Furore: zuerst in zwei oder drei Häusern, in denen wir sangen, dann auf dem Corso und später nachts auf dem Fest.«

Einige Jahre später passierte etwas, was ich als Vater von fünf Kindern einfach nur schön finde und was von allen Paganini-Biographen gerne unter den Tisch gekehrt wird: Paganini wird Vater. 1824 lernt er Antonia Bianchi kennen, eine mittelmäßig begabte Sängerin – wenn man den Kritikern der Konzerte, bei denen sie neben Paganini auftrat, glauben darf –, und am 23. 7. 1825 kommt ein Sohn auf die Welt, Achille Ciro Alessandro, den Paganini so liebt, wie ein Vater sein Kind lieben kann. Antonia – die er nicht heiratet, vielleicht auch, weil sie etwas überspannt gewesen zu sein scheint, »nervolabil«, wie Donald Duck sagen würde – und Achille begleiten Paganini nach Wien (1828), dort aber trennt er sich von Antonia und zahlt ihr dafür, dass er Achille behalten kann, eine stattliche einmalige Summe, mit der Antonia einverstanden war. Ab da ist Paganini bis zu seinem Tode als *allein erziehender Vater* unterwegs, hat sein Kind zu allen Triumphen – und in alle Niederungen der Krankheit – mitgenommen und war ihm ein guter

Vater. Das muss ihm erst mal einer nachmachen. Und so einer ist dann mit dem Teufel im Bunde, oder wie? Also bitte!

Achille hat nach dem Tode seines Vaters sich rührend um alles gekümmert: um die Odyssee der Leiche, die erst 1876 in Parma endlich richtig bestattet werden konnte, um die Geige, die heute noch in Genua zu besichtigen – und leider viel zu selten zu hören – ist etc. pp.

Am 29. März 1828 ist es dann endlich so weit: Im Großen Redoutensaal in Wien findet Paganinis erstes Konzert außerhalb Italiens statt – und alles rast. Schubert ist dabei und sagt seinen wunderbaren Satz (s. Motto), *tout Wien* ist im Taumel. Paganini verdient sich dumm und dämlich und muss nur einmal ein Konzert verlegen, weil »im Tiergarten zu Schönbrunn zum erstenmal eine Giraffe zu sehen war, was ganz Wien auf die Beine brachte. Denn eine Giraffe ging den Wienern doch noch über Paganini.« (Eduard von Bauernfeld schrieb das, der Freund Schuberts.)

Der Zenit im Leben Paganinis ist erreicht. Auch rein privat: Denn in Wien findet er in Dr. Bennati einen Arzt, der die Syphilis, die er sich 1823 in Neapel geholt hat, einigermaßen vernünftig behandelt. Bis dahin hatte die übermäßige Einnahme von quecksilberhaltigen Medikamenten schon zu Zahnausfällen und Abszessen im Mund geführt.

Von Wien aus geht es nun in einem Parforceritt sondergleichen durch Europa: Kutsche, Hotel, Konzertsaal, Kutsche, Hotel, Konzertsaal. Er erobert Dresden, Berlin – wo man auf italienische Musik gar nicht gut zu sprechen war: Carl Maria von Weber führte z. B. gerne ein Äffchen mit sich, dem er den Namen »Spontini« gegeben hatte, um den Berliner Opernchef und Komponisten zu verspotten –, Warschau, Frankfurt, München, Paris, London – ganz Europa. Er verlangt höhere Eintrittsgelder als alle vor ihm, aber keiner murrt – nur die Engländer, die wesentlich niedrigere Eintrittspreise nahmen als auf dem Kontinent üblich, was Paganini dazu brachte, sich beim Publikum, für »Managementfehler bei der Preisgestaltung« zu entschuldigen. Die Wiener hatten sich ja in allem Taumel schon darüber lustig gemacht: »Kein Wiener Fiaker sprach mehr von einem Fünfgulden-Schein, umso mehr aber von den ›Paganinerln‹, entweder weil fünf Gulden der gewöhnliche Einlass-Preis zu Paganinis Concerten waren, oder weil, wie ein anderes Gerücht behauptet, der Künstler für jede Ausfahrt, klein oder groß, durch die Bank fünf Gulden zu bezahlen pflegte.« So erzählt es Julius Max Schottky in seiner 1830 erschienenen Paganini-Biographie – der einzigen, die der Geiger autorisiert hatte (um einen »neutralen« Verteidiger gegen die umlaufenden Gerüchte zu haben).

1833 begegnete Paganini in Paris Hector Berlioz, dessen »Symphonie fantastique« er hörte. Paganini war begeistert, sagte das dem Komponisten und wollte, dass dieser ihm ein Konzert für Viola und Orchester schreibt: Er hatte eine wundervolle Stradivari-Viola, mit der er konzertieren wollte. Es kam aber nicht dazu, denn schon die ersten Skizzen gefielen Paganini nicht besonders: »So nicht! In diesem Stück schweige ich zu lange. Ich muss immer spielen«, sagte Paganini zu Berlioz.

Dass einer wie er auch angegriffen wurde: klar. Es gab Polemiken in der Presse, wenn er mal auf einem Wohltätigkeitskonzert nicht auftrat – erfreulicherweise hat er aber sehr oft für wohltätige Zwecke gespielt –, immer wieder wurden die alten Geschichten aufgetischt mit Knast und »Frauenmord«, und immer weniger konnte er sich wehren, denn ab 1834 nahm die Krankheit ihren Lauf. Chronische Quecksilbervergiftung, dazu eine Tuberkulose, die den Kehlkopf ergriff und ihn langsam verstummen ließ, der jahrelange extreme Missbrauch eines Abführmittels namens »Elixir Leroy« und eben die Syphilis selbst – dies alles und das extreme Leben, das er lebte, führte schließlich zu Verfall und Ende.

Äußere Dinge kamen dazu: Von ehemaligen Freunden wurde er über den Tisch gezogen: Man eröffnete 1837 mit ihm als Zugpferd (und Geldgeber) ein »Casino de Paris« in Paris, einen musikalischen Unterhaltungspalast, in dem er selbst zweimal pro Woche konzertieren sollte. Das ging direkt schief: Aus gesundheitlichen Gründen musste das Eröffnungskonzert verschoben werden, Paganini konnte dennoch den Einweihungsfeierlichkeiten nicht mehr beiwohnen. Er kündigte den Vertrag, was bereits im Januar zur Schließung des Casinos führte. Damit war das Kapitel erledigt, doch die Schulden liefen ihm bis zu seinem Tode nach.

Ende 1838 hörte er Berlioz' »Harold in Italien« und war so begeistert, dass er am 18. Dezember 1838 folgenden Brief an ihn schrieb:
»Mein lieber Freund,
nachdem Beethoven tot ist, konnte es niemanden als Berlioz geben, um ihn wieder zum Leben zu erwecken; und ich, der ich Eure göttlichen Kompositionen genossen habe, würdig eines Genies, wie Ihr eines seid, halte es für meine Pflicht, Euch zu bitten, als Zeichen meiner Verehrung zwanzigtausend Francs anzunehmen, die Euch vom Herrn Baron Rothschild übergeben werden, sobald Ihr sie von ihm fordert.
Vertraut mir immer als Eurem liebevollsten Freund.
Nicolò Paganini.«
Na bitte: Er ist generös und noch nicht mal böse, dass das ursprünglich geplante Konzert für Bratsche und Orchester jetzt im »Harold

in Italien« wieder zu finden ist, wenn auch mit mehr Pausen für das Soloinstrument, als er es ertragen hätte. Zudem war es eine große Summe, die Berlioz in der Zeit sehr gelegen kam und für die er Paganini zeitlebens dankbar war.

Paganinis Reiserei führt ihn schließlich mit Achille nach Nizza, wo er am 27. Mai 1840 starb. Elendiglich. Er konnte nicht mehr gehen und nicht mehr sprechen und brauchte Stunden für einen Schluck Tee – aber das können Ihnen die Ärzte besser schildern. Ein Beichtvater kam. Als der aber verlangte, Paganini solle seine Beichte auf eine Tafel schreiben, verneinte dieser. Das führte dazu, dass die Leiche ohne Totenmesse und ohne auf einem kirchlichen Friedhof beigesetzt werden zu dürfen erst mal – notdürftig einbalsamiert – zwei Monate in der Wohnung in Nizza lag, bis die Gesundheitspolizei deren Entfernung anordnete. Nun ging's abenteuerlich in Kisten und Särgen von Keller zu Keller (akribisch genau lässt sich das heute gar nicht mehr verfolgen), bis 1844 die Genehmigung erteilt wurde, die Leiche nach Genua zu bringen – aber unter Ausschluss der Öffentlichkeit. Man kämpfte, reichte Petitionen ein, Achille war unermüdlich – und endlich, 36 Jahre nach seinem Tod, durfte er 1876 in Parma bestattet werden.

Was für ein Leben – was für ein Tod!

ENTSTEHUNGSZEIT

Das Konzert Nr. 2 in h-moll »la campanella – das Glöckchen« entstand 1826 in Neapel. Paganini hatte da etwas Muße, weil er in ärztlicher Behandlung war und das Konzertieren einschränken musste. Außerdem wollte er für die nächsten Konzerte ein Stück haben, das den Erfolg des ersten Konzerts in D-Dur weiterführte. Das ist ihm mit der »campanella« geglückt.

URAUFFÜHRUNG

Unbekannt. Ab 1827 jedoch gehörte es zu seinen großen Erfolgen.

WIRKUNG

In Bezug auf die Uraufführung: unbekannt. Ansonsten: Bis heute hat insbesondere der dritte Satz nichts von seiner magischen Wirkung verloren. Ein Paradestück für jeden Virtuosen.

Franz Liszt hat das Thema des dritten Satzes zu einer Etüde geformt, die ein halsbrecherischer Ritt über den pianistischen Bodensee ist.

ANEKDOTEN

Der Name »la campanella« kommt vom Einsatz des Triangels im dritten Satz. Das ist ein hübscher Einfall, den man aber nicht überbewerten sollte – es sei denn, der Triangel-Spieler »vergeigt« die Einsätze!

WERK

Sätze
Allegro maestoso – Adagio – Rondo

Dauer
gut 30 Minuten

Besetzung
Woher soll ich das wissen? Paganini hat nach jedem Konzert die Orchesterstimmen sofort eingesammelt, damit sie nicht plagiiert werden konnten, und sein Sohn Achille hat nix herausgerückt! Die Besetzung hat alles, was man zu einer Riesen-Gitarre braucht (s. Flops).

HITS

Der Einsatz der Geige ist ein Überraschungs-Hit: Paganini lässt es erst mal melodiös losgehen, und das ist geigerisch und schön, oder? Dann aber: Dezimen in schwindelnde Höhen, Saltellati und die Doppelgriffe im Flageolett! Dafür können Sie im ersten Satz zwischen den Solo-Passagen ruhig ein bisschen Gameboy spielen. Außer wenn das Orchester zur Gitarre (s. u.) wird: Hit-Melodien! Wenn der Solist einer ist, der zeigen will, dass es auch nach Paganini noch eine technische Entwicklung im Geigenspiel gegeben hat, können Sie als Hit eine Kadenz erwarten, die sich gewaschen hat.
Der zweite Satz hat eine so schöne, geigerische Melodie, dass es gerechtfertigt ist, sie nur von einer Gitarre begleiten zu lassen.
Der dritte Satz nun – Lieblingsstück der Wunschkonzerte in den Radios der ganzen Welt – ist einfach einer der ewigen geigerischen Hits – und eine Melodie, die sich jeder merken kann. Vergnügen der feinsten Art!
Und das »Wiener«-Terzen-Thema im zweiten Drittel ist auch ein feiner Einfall!

FLOPS

Die Einleitung klingt so, als ginge gleich eine mittelmäßige italienische Oper los. Anleihen bei Rossini sind unüberhörbar. Na, das hätte der Komponist der »Capricci« vielleicht doch besser gekonnt, oder?!
Dass im zweiten Satz Paganini nix anderes eingefallen ist, als seine

Gitarre herauszuholen – das Orchester zupft und schrammelt wie eine solche –, also das ist schon ein Riesen-Flop. Aber – schön ist es doch!

Hätte Paganini in den dritten Satz noch den dritten vom ersten Violinkonzert hineingewoben – Sie wissen schon: dr-r-r-r-rom ta-ti-ti-tiiidaa! –, wäre es *der* Paganini-Satz für alle Zeiten geworden! So – na gut.

OBACHT

Keines beim Orchester. Alle »Obachts« nur beim Solisten, und zwar ständig, denn der Teufelsgeiger lässt einen niemals los.
Das bedeutet: Nur dann ins Konzert gehen, wenn ein Geiger auf dem Podium steht, der dafür bürgt, dass es klappen wird. Denn eines kann ich Ihnen sagen, weil ich es oft genug erlebt habe: Die »Campanella« von Konservatoriums-Schülern vorgetragen? Schön für die Eltern, für alle andern aber: 23. Kreis der Hölle, in dem alle Möchtegern-Virtuosen sich Konzerte von Konservatoriumsschülern anhören müssen!

ES MEINEN

Jascha Heifetz spielte als junger Geiger Paganini in New York. Mischa Elman, der große Geiger, sagte zu seinem Nebenmann: »Heiß hier, was?«, worauf der antwortet: »Nicht für Pianisten!«
Ole Bull, der große Geiger und Zeitgenosse Paganinis, schrieb über dessen letztes Konzert in Paris, bei dem Paganini das h-moll-Konzert spielte, Folgendes: Nachdem Paganini das Podium betreten hatte, um die »Campanella« zu spielen, und der Dirigent schon beginnen wollte, winkte nochmal Paganini ab und kramte in seinen Taschen herum. Er zog eine Schachtel aus der Tasche: »dann öffnete er die Schachtel und nahm eine Brille heraus, dachte dann einen Moment nach, wie um die folgende Bewegung abzuwägen. Schließlich setzte er, den Bogen mit der rechten Hand haltend und sich leicht verbeugend, die Brille auf und schaute zufrieden in die Runde. Aber wie hatte er sich verändert! Die Brillengläser waren von *dunkelblauer Farbe* und verliehen seinem abgezehrten Gesicht einen gespenstischen Ausdruck; sie sahen aus wie zwei große Löcher. Den Fuß anhebend und sofort wieder auf den Boden setzend, gab er das Signal für den Beginn ... im Publikum verbreitete sich die Ahnung, dass niemand diese eckige Gestalt und dieses Gesicht wieder sehen würde oder die wunderbaren Hexereien seiner Violine je wieder zu hören bekommen würde.«
Na, wenn das kein Popstar war ...

BEIKIRCHER RÄT

ANLASS
Glockeneinweihungen aller Art, insbesondere Totenglocken. Es ist dann einfach alles etwas leichter.

NUTZUNG
Der erste Satz: Restaurant
Der zweite Satz: Negligé
Der dritte Satz: Café, wenn man den Freunden davon erzählt.

AUTO
In allen leichten Cabrios geeignet für Zwecke wie unter »Nutzung« beschrieben.

PAUSEN-TALK
»Das habe ich auf CD besser.«
»Die CD ist auch sicher nicht in Niederkrüchten aufgenommen worden!«

FRAUEN
»Also ich wäre da nicht in Ohnmacht gefallen.«
»Ich auch nicht. Der wog doch sicher gute 120 kg!«
»Wer?«
»No, der Bonsai-Paganini heute!«

MÄNNER
»Sarens: dat Jlöcklein des Eremiten, es dat och vom Paganini?«
»Nein. Von Aimé Maillart.«
»Siehste!«
»Wie: siehste?«
»Ja, weil ich für meine Frau jesacht hab, wo sie mich nohm Libretto jefragt hat, dat dat ›Campanella‹ kei Oper es, nur: Von wemm dat jetzt nicht die Oper wor, dat wusst ich nit!«

BEWERTUNGEN

Orchester 0,0 Hörner

Solopart 🎺🎺🎺

Gesamt 🎻🎻🎻 Schon das Virtuose
auf Samtkissen würde begeistern, aber
mit Goldtroddeln dass es dann auch
noch so ansprechende
Musik sein kann, ist
einfach wunderbar!

Gioacchino Rossini
1792–1868

*Ouvertüre zur Oper »La gazza ladra« /
»Die diebische Elster« als Beispiel
für seine beispiellosen Ouvertüren*

Am 29. Februar 1792 bereicherte Gioacchino Rossini die Statistik des Standesamts in Pesaro. 29. Februar! Das heißt schon mal per se: Geburtstag? Ja – aber nur alle vier Jahre. Also: schon mal gepitscht fürs Leben. Ich kenne keinen Komponisten von Rang, der dieses Schicksal mit ihm zu teilen hätte. Und was da noch alles drum herum war: Mal war Pesaro päpstlich, mal napoleonisch, mal eigenständig. Keiner wusste Bescheid, jeder richtete sich nur nach der Tageszeit. Papa Rossini hing jedes Mal, wenn die Franzosen wieder kamen, einen Zettel an die Tür: »Wohnung des Bürgers Vivazza, eines wahren Republikaners« (Vivazza war der Spitzname des quicklebendigen Papas), dann holte man die Büste von Papst Urban VIII. vom Sockel, und wenn die Franzosen wieder weg waren, stellte man sie wieder auf. Normal. Das kennen wir ja von Don Camillo und Peppone.

Mittendrin in dem Buhei unser kleiner Gioacchino. Papi war Trompeter und Hornist, hupte mal bei der Stadt, dann in einem Polizei-Blasorchester, dann wieder im Operngraben, Mama – eine wunderschöne Frau – sang im Radius von 150 km auf diversen Opernbühnen kleine Rollen – ohne Notenkenntnis, rein »all'orecchio«, sie muss also wohl die wirklich Musikalische in der Familie gewesen sein –, und wenn das nicht reichte, ließ sie sich von Honoratioren zu gut honorierten »Körperkoloraturen« überreden, was ihre Schwester – möglicherweise nicht minder künstlerisch – zum Beruf ausgestaltete. Jedenfalls: Der kleine Gioacchino war mehr bei seiner Omi, als ihm – psychologisch gesehen – gut tat, und hatte, was ein Biograph so ausdrückte: »Non ebbe infanzia artistica e fu subito lui« – frei übersetzt: Er hatte keine Künstlerjugend, also war er sofort er selbst.

Dem Pubertierenden und Mann hat das sicher gut getan: In dieser – zumindest erotisch – eher freizügigen Jugend brauchte er durch keine dunklen Gässchen zu schleichen, um dem Rätsel Frau auf die Spur zu kommen. Er hatte etwa ab dem zwölften Lebensjahr seine regelmäßigen Alliancen, eine Gewohnheit, die er durchhielt, bis er mit 54 Jahren Olympe Pélissier heiratete – in zweiter Ehe, was aber mehr mit der zunehmenden Unfähigkeit zu solcherlei Alliancen zu tun hatte als mit irdischer Liebe.

Dann haben die Päpstlichen gewonnen, was für die Familie bedeutete, dass sie auf Tour musste. Dummerweise legte sich der Papa auch gleich noch mit den Österreichern an – und das Haus Habsburg hat noch nie Spaß verstanden, wenn es um Aufruf zur Revolution ging – und ging für fast ein Jahr ins Gefängnis. Als allerdings Napoleon die Habsburger besiegte, kam er wieder raus.

Das war übrigens in der berühmten Schlacht von Marengo, 14. Juni 1800, in der Napoleons Koch das »Huhn Marengo« kreierte. Ob vielleicht hier die Wiege für Rossinis Gaumenlust zu suchen ist? Man weiß es nicht.

Jedenfalls zogen die Rossinis nun durch die Gegend, der kleine Gioacchino spielte und sang und trug so auch zum Lebensunterhalt aller bei, machte seine ersten Kompositionen (unter anderem als Zwölfjähriger die wunderbaren Streichersonaten) und landete schließlich als 14-Jähriger in Bologna am Liceo musicale, wo er neben Gaetano Donizetti am bezifferten Bass und Kontrapunkt verzweifelte. Weil er aber so schön singen konnte, wurde er in die Accademia Filarmonica di Bologna aufgenommen, was so viel bedeutete, wie in den Festausschuss Kölner Karneval berufen zu werden. Das heißt: Plötzlich war er prominent – als Sänger. Und weil er die deutsche Musik so liebte, wurde er »il tedeschino« genannt. Von Rossini stammt übrigens der wunderbare Satz über Mozart: »Er ist die Bewunderung meiner Jugend, die Verzweiflung meiner Reifejahre und der Trost meiner alten Tage.«

Er sang auf Opernbühnen, spielte Cembalo im Orchestergraben und war überhaupt in der Oper jetzt zu Hause. Mit 16 bekam er seinen ersten Opernauftrag in Venedig und so viel Geld, wie er bis dahin auf einem Haufen noch nicht gesehen hat.

Und ab da bahnt sich das Genie seinen Weg.

Gut – er hat beste Voraussetzungen. Wenn auch nicht musiktheoretisch, so doch musikantisch. Weil er sozusagen in der Kulisse aufgewachsen ist, konnten ihm keine Sängerin und kein Sänger etwas vormachen, er wusste alles. Und weil er auf vielen Instrumenten dilettierte, kannte er wie kaum ein anderer die Möglichkeiten, aus ihnen Effekte zu zaubern. Weil er aber vor allen Dingen aus der Aufführungspraxis kam – lange bevor er Musikunterricht hatte –, wusste er, wie man ein Publikum bezaubern kann.

Rossini hat – bevor er eine Arie schrieb – sich die jeweiligen Stimmen sehr genau angehört, nach Stärken und Schwächen abgeklopft

und dann, quasi mundgerecht, komponiert. Und alle dankten es ihm, am meisten die schlechten, wie folgende Geschichte zeigt. In einer Aufführung des »Ciro di Babilonia« hatte Rossini eine schauderhafte Seconda Donna vor sich. Er schreibt:
»Sie war nicht allein über die Erlaubnis hässlich, auch ihre Stimme war unter aller Würde. Nach der sorgfältigsten Prüfung fand ich, dass sie einen einzigen Ton besaß, das B der eingestrichenen Oktave, welcher nicht übel klang. Ich schrieb ihr daher eine Arie, in welcher sie keinen anderen als diesen Ton zu singen hatte, legte alles ins Orchester, und da das Stück gefiel und applaudiert wurde, so war meine eintönige Sängerin überglücklich über ihren Triumph.« Was für ein rücksichtsvoller Komponist, was für ein galanter Mann!
Dass er das alles wusste und anwandte, hat ihm – bis heute – den Vorwurf der Effekthascherei eingetragen, der schnellen Verführung. Dabei war er – finde ich – nur einer von jenen, die sozusagen auf direktem Wege komponierten: »aus dem Ärmel fürs Publikum«, jedenfalls was die meisten Opern betrifft. Keine theoretischen Überfrachtungen, kein titanisches Ringen mit den Göttern, kein überhöhtes Sendungsbewusstsein. Für Rossini war eine Oper erst mal ein Ereignis *heute* Abend, danach kam erst der Gedanke an die Ewigkeit.
Die erste Oper »La cambiale del matrimonio« war ein Erfolg, und ab 1812 – da war er zwanzig – ging es Schlag auf Schlag. Zwei, drei, manchmal vier Opern pro Jahr schrieb er in rasender Kreativität. Die wichtigsten Opernleute seiner Zeit buhlten um ihn, Barbaja zum Beispiel, ohne den im damaligen Opernleben Italiens nichts und mit dem alles lief. Zehn Jahre lang raste Rossini quasi von Erfolg zu Erfolg. Neapel, Bologna, Mailand, Rom, Venedig. Natürlich war da auch mal ein Misserfolg dazwischen, er reagierte aber souverän auf solche Ereignisse.
39 Opern in 19 Jahren: Da musste einer schon sehr schnell schreiben können! »La Cenerentola« schrieb er in drei Wochen, den »Barbiere di Siviglia« gar in zwei Wochen. Tintenfeucht hat er oft genug am Premierenabend den Musikern die Ouvertüre auf die Pulte gelegt; oft genug haben ihn die Impresari eingesperrt, um sicherzustellen, dass er die Oper noch rechtzeitig hinkriegt.
Und das alles, weil er so faul war! Rossini ist der Klassiker des alten Paradoxons: Nur der Faule ist wirklich fleißig. Donizetti jedenfalls antwortete einem Kollegen auf die Frage, ob Rossini seinen »Barbier« wirklich in nur 14 Tagen komponiert hätte: »Das könnte sein – er war immer ein schrecklicher Faulpelz!«
Rossinis Erfolg war ungeheuer. Nachdem er Italien abgegrast hat – und dabei auch noch die sieben Jahre ältere Isabella Colbran heiratete, die Callas seiner Zeit quasi, was er allerdings ziemlich bereuen

musste –, kam Europa dran. 1822 Wien, das in einen Rossini-Taumel verfiel, dann Paris, dann London, dann wieder Paris – und da blieb er erst mal bis 1829, dem Jahr, in dem er seinen »Wilhelm Tell« schrieb, der unter ungeheurem Triumph aufgeführt wurde. Er wird als größter lebender Komponist gefeiert – und was tut er? Er nimmt seinen Hut und zieht sich von der öffentlichen Szene zurück! Was für eine Entscheidung!

Aber hörte er wirklich auf? Quatsch. Er hat das getan, was so mancher tun sollte: Er hat sich auf dem Höhepunkt des Erfolgs aus dem offiziellen Leben zurückgezogen, um von da an heiter-souverän und beobachtend zu kommentieren, was passiert, und eher mit dem Pfeil eines Bonmots einzugreifen als mit dem Donnerschlag neuer Opern. Und er hat sich Zeit dafür genommen, sein eigenes Leben zu leben. Er gehörte eben nicht zu den Krallern, die denken, Positionen »ausfüllen« zu müssen, und die nicht mehr merken, dass sie bloß noch verhindern.

Natürlich hat er weiter komponiert. Nicht nur große Werke wie das »Stabat mater« oder die »Petite messe solennelle«, sondern darüber hinaus jede Menge Piècen für Klavier mit den amüsantesten Titeln: etwa »Rizinusöl – ein kleiner Walzer«, der natürlich besondere Geläufigkeit erfordert, oder »asthmatische Etüde« oder »4 Hors d'œuvres: Radieschen – Anchovis – Cornichons – Butter« oder »Fehlgeburt einer Mazurka« – Stücke, die nicht nur veritable Vorläufer von Erik Satie sind, sondern die in ihrer oft ironischen Art eine – fast – neue Musikgattung darstellen. Vielleicht nicht unbedingt Konzertsaal-geeignet, aber deshalb beileibe nicht minderer Qualität.

Er komponierte also weiter, und das Centro Rossiniano in Pesaro wird auch heute noch lange damit zu tun haben, alle Schätze aus dem Nachlass zu heben. Kurz und gut: Es mag wohl vieles eine Rolle gespielt haben bei diesem Rückzug aus dem öffentlichen Leben – sicher aber nicht Resignation oder Ähnliches.

Vielleicht nur eine Verlagerung seiner Kreativität.

Was er nämlich tatsächlich getan hat, war: Hof halten in seiner Pariser Wohnung und in seiner Villa in Passy bei Paris, wo er legendäre Soireen veranstaltete (*samedi soir chez Rossini!*), sich um junge Komponisten kümmern, die er für talentiert hielt – und kochen. Alle drei Bereiche verlangen, will man es richtig gestalten, hohe Kreativität und Fingerspitzengefühl: Zu viel Salz im Rezept, zu viel Honig in Empfehlungsschreiben und zu viel Selbstinszenierung bei Soireen lassen alles ins Gegenteil umkippen.

Eine der wenigen wirklich authentischen Anekdoten – es gibt deren Tausende, aber die meisten sind nicht wirklich echt – zeigt, wie kompetent er als Koch war:

Ein neuer Importeur italienischer Delikatessen macht sich in Paris bekannt. Rossini sucht ihn auf.
»Haben Sie *maccaroni* aus Napoli?«
»Ma si, signore, ecco, maccaroni napolitani, meravigliosi, senta l'odore, mhmm, c'è il golfo, c'è il Vesuvio, c'è tutta Napoli.«
»Von wegen Napoli. Diese *maccaroni* sind aus Genua.«
»Napoli.«
»Genua«, sagt Rossini und geht.
»Wer war diese Signore?« fragt der Importeur Herrn Michotte, einen Freund Rossinis.
»Das war der berühmte Komponist Rossini, mein Herr«, entgegnet dieser.
»Kenne ich nicht«, sagt der Importeur, »aber wenn er so viel von Musik versteht wie von *maccaroni*, dann muss er ein großer Komponist sein!«
Rossini war nicht besessen vom Kochen, und er war auch nicht ein monothematischer Gourmet, der sich ab 40 nur noch den zehn Zentimetern Gaumen hingegeben hätte – in Kompensation erschlaffender anderer Maße. Er war einer, der zu leben verstand und der deshalb auch neidfrei fördern und helfen konnte: Bellini, Donizetti, Auber und den jungen Verdi – um nur einige zu nennen – förderte er selbstlos, half ihnen mit Geld, Empfehlungsschreiben, Tipps und einem Namen. Er blieb auf dem Laufenden, würde man sagen, weil ihn brennend interessierte, wo sich neue Talente fanden.
Und noch eine kleine Sensation gibt es zu berichten aus dem Leben dieses erfolgreichen heiteren Melancholikers: Er wäre beinahe Sopran geblieben.
Das mag um 1800 nicht ganz verwunderlich sein, waren die Kastraten in dieser Zeit doch noch in guter Erinnerung, ja, es gab sogar noch welche. Das hätten Sie jetzt nicht gedacht, dass Rossini und Haydn (s. o.) was gemeinsam hatten – oder vielmehr: beinahe nicht mehr, was?
Georg Christoph Lichtenberg schrieb über Kastraten: »Man kann sich keine Vorstellung machen von dem Reiz der Stimme und der vollendeten Virtuosität, die – mangels eines gewissen Etwas und zum wohlthätigen Ausgleich – diese braven Leute besaßen. Sie waren auch unvergleichliche Gesangslehrer. Ihnen war allgemein der Gesangsunterricht in den den Kirchen angegliederten und auf deren Kosten unterhaltenen Schulen anvertraut, von denen einige berühmt waren. Die Schüler strömten ihnen in Menge zu, und eine Anzahl von ihnen verließ den Singchor, um sich der Theaterlaufbahn zu widmen.«
Begabten Kastraten brachte der Schnitt ein Vermögen.

Dies mag auch einen Moment lang die Überlegung in der Familie Rossini gewesen sein. Bei einer seiner legendären Samstags-Soireen erzählte Rossini:
»Können Sie sich übrigens denken, dass ich *um ein Haar* dieser berühmten Korporation oder vielmehr Dekorporation angehört hätte? Als Kind hatte ich eine sehr hübsche Stimme, und meine Eltern ließen mich in Kirchen singen, um ein paar paoli zu verdienen. Ein Onkel von mir, der Bruder meiner Mutter und von Beruf Barbier, hatte meinen Vater von der Möglichkeit überzeugt, zu verhindern, dass der Stimmwechsel ein Organ zerstörte, das bei unserer Armut und meiner gewissen Veranlagung zur Musik eine sichere zukünftige Einkommensquelle für uns alle werden könnte. Tatsächlich leben die meisten castrati, besonders wenn sie sich einer Karriere im Theater widmen, im Überfluss. Meine tapfere Mutter wollte aber um keinen Preis ihre Zustimmung geben.«
Einer der Gäste fragte:
»Und Sie, Maestro, die Hauptperson?«
»Oh, ich«, antwortete Rossini, »ich kann nur sagen, dass ich sehr stolz auf meine Stimme war. Und was eventuelle Nachkommen anlangt ...«
Jetzt unterbrach Rossinis (zweite) Frau: »Es war dir ziemlich gleichgültig! Jetzt solltest du eine deiner geistreichen Bemerkungen machen.«
»Also«, antwortete Rossini, »dann will ich die Wahrheit sagen. ›Ziemlich‹ ist zu viel gesagt. Es war mir völlig gleichgültig!«
Das muss man sich vorstellen. Tragikomisch, dass ausgerechnet das Organ, das ihm erhalten blieb, zur Quelle lebenslanger Leiden und zum Grund seiner Melancholie wurde.
Sein Bologneser Leibarzt schickte dem Pariser Arzt 1842 einen Bericht, dem zu entnehmen ist: »Monsieur Rossini, der von Natur aus ein bleiches Aussehen statt eines gesund blühenden hat, huldigte der Göttin Venus seit seiner frühesten Jugend. Daher litt er oft an Gonorrhöe, die er fast immer mit adstringierenden und noch mehr mit milden Abführmitteln behandelte. Als er 44 Jahre alt war, hat er seiner Leidenschaft für Frauen Zügel angelegt und den übermäßigen Genuss von Alkohol und von gewürztem Essen eingestellt.«
Was übrigens der Grund für die Eheschließung Rossinis mit Olympe Pélissier war: eine Freundschaftsehe. Sie hatte von Männern die Nase voll und war froh, in ihm einen Mann gefunden zu haben, der das, was sie nicht mehr bieten wollte, nicht mehr verlangen konnte. Rossini litt an chronischer Urethritis – der nie erleichternde Dauertropf – und an Hämorrhoiden. Was die Ärzte alles mit ihm ange-

stellt haben, passt auf keine Kuhhaut. Diese unangenehme Kombination führte Rossini dazu, seinem Freund Mordani zu sagen: »Ich habe alle Frauenleiden; was mir fehlt, ist nur die Gebärmutter.«
Er hatte panische Angst davor, dass sich seine Harnröhre verengen könnte, und er setzte sich jahrelang freiwillig selber Katheter. Und die Ärzte schoben mit.
Ich meine: wenn man ein Leben lang immer wieder damit zu tun hat, Tag für Tag daran erinnert wird, dass das Zentrum der Männlichkeit nicht selten heikle Probleme aufweist, und wenn man darüber dann auch noch quasi impotent wird: Wer würde da nicht zum Melancholiker? Wo immer er war: Ärzte gingen bei ihm ein und aus. In den 1830er Jahren war er länger in Italien, 1850 wollte er da auch bleiben, aber politische Unruhen und vor allen Dingen seine einfühlsame Frau Olympe brachten ihn wieder zurück nach Paris und damit zu besseren Ärzten. Olympe hatte überdies erkannt: Wenn die Ärzte schon nichts ausrichten können, soll mein Mann mindestens da leben, wo er sich auch wohl fühlt. Und tatsächlich ging es ihm in Paris erheblich besser als anderswo. Gestorben ist er schließlich in hohem Alter, am 13. November 1868, mit 76 Jahren, an Mastdarmkrebs.
Erst mal wurde er mit Riesenbuhei in Paris beigesetzt. Dann aber erbat und bekam ihn das eben geeinte Italien und in einem Triumphzug ohnegleichen wurde er am 3. Mai 1887 in Santa Croce in Florenz endgültig bestattet.
Giuseppe Verdi, der ihm einiges zu verdanken hatte, schlug 1868 vor, dass die »hervorragendsten Komponisten Italiens ... eine Requiem-Messe schreiben, die am Jahrestag seines Todes aufgeführt werden soll«. Es klappte auch. Im September 1869 waren die Kompositionen zusammen, doch Verdi zog seinen Beitrag zurück und schuf daraus sein eigenes Requiem – was die ganze Aufführung verhinderte. Seine »Messa per Rossini« ist erst 1988 uraufgeführt worden.

ENTSTEHUNGSZEIT
1817. »La gazza ladra« war seine zwanzigste Oper, Rossini ein arrivierter Komponist, der genau wusste, was die Leute haben wollen. Weil die Mailänder Scala, die den Auftrag gegeben hatte, ein großes Haus ist, hat er in dieser Oper wesentlich mehr Nummern für Ensemble und für Chor geschrieben als Solo-Arien.

URAUFFÜHRUNG

31. Mai 1817 in der Mailänder Scala.
Und es funktionierte. Bei der Uraufführung der »Diebischen Elster« musste nach der Ouvertüre abgebrochen werden. Die Menschen weinten, strampelten, tobten, brüllten, lagen sich ob des Unerhörten in den Armen, schrien nur noch vor sich hin: »Ma che bello! Ma che bello!« und haben sich überhaupt nicht mehr eingekriegt. Es hat Vorstellungen gegeben, in denen die Ouvertüre fünfmal gegeben werden musste.

ERFOLG

Überwältigend. Die Oper blieb lange Zeit im Repertoire der Scala, die Ouvertüre hat sich – zusammen mit vielen anderen Rossini-Ouvertüren – in den Konzertsälen durchgesetzt.

ANEKDOTEN

Kurz vor Rossinis Tod bat ihn ein junger Komponist um Rat, wann man denn am besten das Vorspiel zu einer Oper schreiben solle. Rossini antwortete wie folgt:
»Wartet bis zum Abend vor dem Tag der Aufführung. Nichts regt die Eingebung mehr an, als die Notwendigkeit, die Gegenwart eines Kopisten, der auf Eure Arbeit wartet, und das Drängen eines geängstigten Impresarios, der sich in Büscheln die Haare ausrauft. Zu meiner Zeit hatten in Italien alle Impresari mit dreißig Jahren eine Glatze.
Das Vorspiel zum ›Othello‹ habe ich in einem kleinen Zimmer des Palastes Barbaja komponiert, wo der kahlköpfigste und wildeste aller Direktoren mich nur mit einer Schüssel Maccaroni und unter der Drohung, mich nicht eher aus dem Zimmer herauszulassen, bis ich die letzte Note geschrieben hätte, gewaltsam eingeschlossen hatte.
Das Vorspiel zur ›Diebischen Elster‹ habe ich am Tage der Uraufführung unter dem Dach der Scala geschrieben, wo mich der Direktor gefangen gesetzt hatte. Ich wurde von vier Maschinisten bewacht, die die Anweisung hatten, meinen Originaltext Blatt für Blatt den Kopisten aus dem Fenster zuzuwerfen, die ihn unten zur Abschrift erwarteten. Falls das Notenpapier ausbleiben sollte, hatten sie die Anweisung, mich selbst aus dem Fenster zu werfen.
Beim ›Barbier‹ machte ich es mir einfacher: Ich komponierte gar kein Vorspiel, sondern nahm das für die halbernste Oper ›Elisabeth‹ bestimmte. Das Publikum war höchst zufrieden.«

WERK
Sätze
Maestoso marziale – Allegro con brio

Dauer
ca. 9 Minuten

Besetzung
Piccoloflöte
Flöte
2 Oboen
2 Klarinetten
2 Fagotte
4 Hörner
2 Trompeten
Posaune
Pauken
Triangel
2 kleine Trommeln
Große Trommel
Violinen I und II
Bratschen
Violoncelli
Kontrabässe

HITS
Die beiden kleinen Trömmelchen am Beginn. Die Themen. Die Instrumentierung. Die beiden schönen Stellen, wo Fagotte, Hörner und Posaune mit lang gezogenen Akkorden Ruhe ins Spiel bringen. Die raffinierten Crescendi. Bis dahin gab es zwar auch Crescendi – das große Mannheimer Crescendo zum Beispiel –, aber das war eher: alles auf laut und ab! Rossini hat daraus in kühlster Berechnung eine Wissenschaft gemacht: Erst mal pp das Thema, dann fällt ein p weg, dann kommt bei jeder Wiederholung der Melodie (damit sie sich auch ein jeder merken kann!) ein Instrument bzw. eine Instrumentengruppe dazu – hier: zuerst die Hörner, dann Hörner mit Oboen und Klarinetten, dann Flöte und Piccoloflöte, dann eine orchestrale Steigerung, dann Kontrabässe, Celli und Posaune mit einem eigenen Thema –, und gerne schreibt gegen Ende des Crescendos Rossini den Geigen »al ponticello – am Steg« vor, was den Geigen einen extrem scharfen Klang gibt, der sich metallisch über das Crescendo legt – und das alles 70 Takte lang!

FLOPS

Höchstens Takt 53–61, das ist der Übergang vom Maestoso marziale zum Allegro con brio, wo die Geigen einen kleinen 16tel-Etüden-Einschub haben. Da ist Rossini wohl wirklich nichts eingefallen. Was selten vorkam!

OBACHT

Tja, das ist das Dilemma bei all dieser »leichten« Musik: Sie klingt nur dann leicht, wenn sie absolut perfekt dargeboten wird. Da müssen die ersten Geigen wirklich wie eine einzige klingen, egal, wie schnell die Läufe sind, sonst ist es vorbei. Deshalb sollten sich an die Rossini-Ouvertüren wirklich nur die ganz großen Orchester wagen.

ES MEINEN

Karl Böhm soll bewundernd gesagt haben: »Was der Rossini aus zwei Harmonien alles gemacht hat – phänomenal!«

Erwin Klein (Klarinettist): »Et gibt zwar wichtigere Musik, aber schön is et schon, wenn man als Orchester mal richtig reinhauen kann!«

Stendhal meinte, diese Ouvertüre sei überinstrumentiert, und Lord Mount-Edgcumbe dagegen bezeichnete sie als Rossinis lärmendstes Werk.

BEIKIRCHER RÄT

ANLASS

Begleitmusik bei Freispruch von kleineren Anklagen, zur Feier der Tatsache, dass man von seiner Ehefrau Ausgang erhalten hat, alle Anlässe in kleinerem Rahmen, die gehobene Stimmung verursachen.

NUTZUNG

Man kann diese Ouvertüre hervorragend einsetzen, um Menschen, die sich mit Entscheidungen schwer tun, mit einer gewissen Leichtigkeit zu über*reden*: beim Autokauf, wenn es doch das Modell mit dem Schiebedach sein soll; beim »Ja« vor dem Standesbeamten; wenn man sie sich gerade ungeschminkt vorgestellt hat etc.

Ouvertüre zur Oper »La gazza ladra« / »Die diebische Elster«

AUTO
Höchst autokompatibel, insbesondere: Fahrt zur Oper (wenn es nicht gerade Wagner ist, wobei man da noch Rossini zitieren könnte, der auf die Frage, welche seiner Opern er für die beste halte, antwortete: »Meine beste? ›Don Giovanni‹ von Mozart!«), Fahrt um drei Uhr früh über den Peripherique in Paris etc.

PAUSEN-TALK
»Das habe ich auf CD besser.«
»Das müssen Sie von Toscanini hören.«
»Das ist Musik wie frisch gebadet ins gebügelte Hemd schlüpfen!«
»In Menaggio am Lago di Como habe ich die Ouvertüre von einem Polizeiblasorchester gehört – sa-gen-haft!«

FRAUEN
»Wenn die Männer immer so wären wie diese Musik, das wäre wunderbar!«
»Ich finde, diese Crescendi sind die perfekte Beschreibung dessen, wie es in der Küche zugeht, wenn Gäste kommen und die Haushaltshilfe ausgefallen ist.«

MÄNNER
»Wo Sie grad sagen: Rossini – wo gehen wir denn gleich essen?«
»Wenn einer natürlich Askese für Kunst, Kinderkriegen für Schicksal und die Liebe für ein Beichtgeheimnis hält, dem wird Rossini nie gefallen können!«

BEWERTUNGEN

Technik	🎺🎺🎺	Weil die Ouvertüre höchste Anforderungen an die Präzision stellt.
Gesamt	mit drei Michelin-Sternen	Es ist ja nicht wirklich eine weltbewegende Komposition, aber eines der besten *amusegueules*, das man sich denken kann.

Franz Schubert
1797–1828

Symphonie Nr. 7 h-moll »Unvollendete«
D 759

»*Ich bin ein Künstler, Ich! Ich bin Schubert, Franz Schubert, den alle Welt kennt und nennt! Der Großes gemacht hat und Schönes, das ihr gar nicht begreift!*«
(Franz Schubert zu Orchestermitgliedern der Hofoper)

»*Mich soll der Staat erhalten, ich bin zu nichts als zum Komponieren auf die Welt gekommen.*«
(Ausspruch Schuberts, wiedergegeben in den Erinnerungen seines Freundes Eduard von Bauernfeld)

Schau, schau, jetzt sind Sie aber irritiert, gell! Der kleine, unscheinbare Schubert, »Schwammerl«, der Schüchterne, den alle übersahen, das Vaserl – und solche Sätze? Der Komponist, der quasi somnambul komponiert haben soll, träumerisch ein Leben lang den inneren Stimmen zuhörend, sich in Melodien verströmend – und so ein Selbstbewusstsein?

Was wir in Bezug auf Franz Schubert derzeit erleben, meine sehr verehrten Damen und Herren, ist eine ziemlich weit reichende Neuinterpretation, nein, Zurechtrückung des Schubert-Bildes, das uns das 19. Jahrhundert überliefert hat. Gut – er hat es den Zeitgenossen und dem 19. Jahrhundert leicht gemacht, missverstanden – oder besser: in eine Schublade eingemauert – zu werden. Das hat alles mit »Am Brunnen vor dem Tore« zu tun, also mit seinen Liedern, die schon von seinen Freunden als das Zentrum seines Schaffens angesehen wurden (auch wegen ihres Erfolges), was sie entsprechend propagierten.

Josef von Spaun warnte Anfang 1829 Eduard von Bauernfeld, der gerade einen umfangreichen Nachruf plante und dafür dessen Werkliste, die er von Ferdinand Schubert – Franzls Lieblingsbruder – erhalten hatte, mit folgenden Worten:

»Bei aller Bewunderung, die ich dem Teuren seit Jahren schenke, bin ich doch der Meinung, dass wir in Instrumental- und Kirchen-

kompositionen nie einen Mozart oder Haydn aus ihm machen werden, wogegen er im Liede unübertroffen dasteht. In dieser Art von Kompositionen hat er seinen Ruhm erreicht, den er mit niemandem teilt. Ich glaube daher, dass Schubert von seinem Biographen als Liederkompositeur aufgegriffen werden müsse.«
Damit waren Kammermusik, Orchesterwerke, Messen, Klaviermusik und Opern erst mal an die Wand geschoben, dies umso leichter, als die Lieder – insbesondere die »volksliedhaften« – dem Geschmack der Zeit entsprachen und sofort ungeheuer populär wurden. Einige jedenfalls; nicht die »Winterreise«, obwohl selbst bei der – bis hin zur Wandervogel-Bewegung – der Versuch der Vereinnahmung unternommen wurde.
Der zweite Punkt, der zur Verklärung ins Süßliche beitrug, war die Art, in der Schubert – zumindest aus der Sicht seiner Freunde – zu komponieren schien. Josef Hüttenbrenner hat diesbezüglich einen berühmten Satz losgelassen:»Beim Komponieren kam mir Schubert wie ein Somnambule vor. Seine Augen leuchteten dabei, hervorstehend wie von Glas.«
Als hätte sich Schubert verzückt hingesetzt, quasi den Schnabel aufgesperrt, und schon ist die Inspiration gekommen! Ein Vorgang, der seinem Komponieren was geradezu Göttlich-Naives gab – woran konsequent 150 Jahre lang geglaubt wurde. Dabei mag ja sein, dass es seinen Freunden tatsächlich so vorkam, das aber nur, weil Schubert die harte Arbeit, die Skizzen, das Verbessern etc. nie gezeigt hat. Wenn dann die Musik auch noch eine ist, in der die klassischen Formen aufgelöst werden – z. B. in den Symphonien, die eher Melodie über Melodie zu verströmen scheinen und in denen wesentliche Beethoven'sche Teile »fehlen« (Durchführungen, Reprisen usw.) –, dann fängt man schon an zu verstehen, dass den Zeitgenossen und in der Folge einem ganzen Jahrhundert Schubert als »natürlicher« naiver Komponist vorkommen musste, der frei von Theorie und Kopfarbeit sich einfach nur verströmte: natürlich genial, aber naiv. Spaun berichtet, der alte Ruzicka (Organist und einer der Lehrer Schuberts) habe angemerkt, »dass dem jungen Schubert dasjenige schon angeboren sei, was anderen zu erlernen so schwer dünkt, und dass er das Wesen des Generalbasses vollkommen innehabe und nur der Kenntnis der verschiedenen Benennungen bedürfe, um darin als vollkommen unterrichtet zu scheinen.« (zit. n. »Schubert Handbuch« von Walter Dürr und Andreas Krause, Bärenreiter 1997: ein *Muss* für jeden Schubert-Freund)
Nein, Herrschaften, da lassen wir uns schon lieber vom eingangs zitierten Satz Schuberts leiten: »Ich bin ein Künstler, ich!« – in dem Sinne, dass abseits aller verträumten Genialität in Franz Schubert

ein Musiker vor uns steht, der sich seines Wertes absolut bewusst war, der seine musikalischen Ziele radikal verfolgte und dem auch die Außenwirkung seiner Musik wichtig war: nicht im Sinne der Liebedienerei, sondern des Verstanden-werden-Wollens, der Musik als Dialog verstand und nicht als reine Emanation seines Ichs. Bezeichnend hierfür ist, dass er seinen Freunden, als er ihnen gegen Ende seines Lebens die »Winterreise« vortrug und Franz von Schober nur der »Lindenbaum« gefiel, sagte, dass ihm die Lieder mehr als alle seine anderen gefielen und dass sie auch den Freunden noch gefallen würden. Aus diesen Worten spricht Selbstbewusstsein und Sicherheit – und eben auch die Auffassung, dass Musik nicht Selbstzweck, sondern Dialog ist.

In den letzten Jahren also ist man dabei, das Schubert-Bild etwas realistischer zu fassen, wenn es auch dabei wunderbare Übertreibungen gibt, wie Marie-Agnes Dittrich im »Schubert Handbuch« berichtet: »Schuberts Aktualität zeigte sich auch auf dem Kongress der American Musicological Society 1991 in Chicago, bei dem er der am häufigsten diskutierte Komponist war. Dort war allerhand Merkwürdiges zu hören: Z. B. sollte die These von Schuberts Homosexualität damit begründet werden, dass er viel Musik im ungarischen oder ›Zigeuner‹-Stil komponiert habe – er wollte sich so mit Angehörigen einer anderen Minderheit identifizieren (Bellmann). [Dieser Logik zufolge wären auf den nächsten Brahms- oder Liszt-Symposien spannende Enthüllungen zu erwarten.] Da sich damals die amerikanischen Medien viel mit dem Thema des sexuellen Missbrauchs Minderjähriger befassten, ist es kaum verwunderlich, dass sich ein weiteres Referat dem gerade bei Schubert beliebten psychoanalytischen Ansatz widmete und dabei auch das berühmteste aller Schubert-Lieder in ganz neuem Licht betrachtete: Schubert sei als Kind von seinem Vater sexuell missbraucht worden. Eines der Indizien: das Seitensatz-Thema aus dem ersten Satz der ›Unvollendeten‹ und seine Ähnlichkeit mit einer Stelle aus dem ›Erlkönig‹, nämlich: ›Ich liebe Dich, mich reizt Deine schöne Gestalt‹. Zugleich, so der Referent, biete diese Entdeckung endlich eine Erklärung, warum Hüttenbrenner diese Symphonie so lange unter Verschluss hielt: um Schuberts guten Ruf zu wahren (Suydam).«

Na bitte, da ist doch einiges in Bewegung, oder?!

Der Lebensablauf von Franz Schubert ist im Grunde schnell erzählt:

Als zwölftes von insgesamt 19 Kindern – allerdings aus zwei Ehen, nur neun von den 19 haben das Erwachsenenalter erreicht – wurde er am 31. 1. 1797 in Wien (genauer: in Lichtental) geboren.

Bis zwanzig blieb er im »Dunstkreis« der elterlichen Lehrerfamilie, Ende 1817 verließ er das Elternhaus und wurde »Großstadtkind« – er lebte als Single in einem – in geistigem Sinne – reichen Freundeskreis, den er mit 31 Jahren durch seinen Tod verließ – ein Alter, in dem die anderen an die Gründung bürgerlicher Existenzen zu denken begannen.

Mit elf Jahren wurde er – dank seines schönen Soprans – Schüler des Stadtkonvikts und Chorsänger in der Hofburg.

Er erhielt bis Anfang 1817 Unterricht von Antonio Salieri – Sie wissen schon: Mozarts Konkurrent und angeblicher »Giftmörder«, ansonsten aber ein feiner Komponist! –, der seine Entwicklung aufmerksam verfolgte. Schubert gehörte dem ausgezeichneten Internats-Orchester an, das er auch dirigieren durfte, wenn »Chef« Ruzicka nicht da war, und für das er 1813, aus Anlass des Geburtstages des Internatsleiters, seine 1. Symphonie in D-Dur komponierte, und lernte da Josef von Spaun kennen (und dann dessen Brüder), der einer der treuesten Freunde Schuberts wurde. Er stieg von 1814 bis 1818 als Schulgehilfe (eine Art Hilfslehrer) in die Lehrerlaufbahn an der Schule seines Vaters ein und lebte dann – könnte man sagen – als Bohemien ein selbständiges Künstlerleben in – zumindest – zwei Freundeskreisen. Auf den Geschmack war er sicher gekommen, als er im Mai 1816 zusammen mit Spaun bei Heinrich Watteroth wohnte und 1817 im Hause Schobers, Zeiten, in denen er völlig unabhängig und frei komponieren konnte. In Schobers Haus lernte er dann auch den großen Sänger Johann Michael Vogl kennen, der den Liedern Schuberts zum Durchbruch verhalf.

Die Freunde Schuberts – der Linzer, Wiener und Grazer Kreis – sind in ihrer Bedeutung für ihn und seine Arbeit kaum zu unterschätzen. Zwar war Schubert als einziger Komponist in diesem Kreis in seiner Geltung unbestritten – Anselm Hüttenbrenner und Franz Lachner lagen eindeutig ein paar Klassen unter ihm –, er konnte sich also in einer gewissen anerkannten Einmaligkeit sonnen; das hatte aber auch zur Folge, dass ihm keiner musikalisch »dreinredete« und wirklich Konkurrenz war. Dieser Freundeskreis aus Dichtern und Schriftstellern (Franz Grillparzer, Franz von Schober, Anton Ottenwald, Eduard von Bauernfeld, Matthäus von Collin, Johann Mayrhofer, der auch Zensor war, Johann Chrisostomus Senn, der in der Kotzebue-Aufregung als Dichter eines Freiheitsliedes verhaftet wurde und Schubert gleich mit, weil er bei der Verhaftung anwesend war und die Polizei beschimpfte u. a.), Malern (Leopold Kupelwieser, Ludwig Mohn, August Rieder, Josef Teltscher und ein bisschen der u. a. Bibel-Illustrator Julius Schnorr von Carolsfeld), Juristen und Beamten (die Spauns und die Scho-

bers in allererster Reihe) sowie Sängern und Sängerinnen (Michael Vogl, Anna und Josefine Fröhlich, Karl von Schönstein) war eine ständige Anregung für Schubert, wie es Johann Chrisostomus Senn beschreibt:
»Die deutschen Befreiungskämpfe 1813–1815 hatten auch in Österreich eine bedeutende geistige Erhebung zurückgelassen. Unter andern hatte sich damals in Wien gleichsam instinktmäßig ohne alle Verabredung ein großartiger geselliger Kreis von jungen Literaten, Dichtern, Künstlern und Gebildeten überhaupt zusammengefunden, desgleichen die Kaiserstadt schwerlich bis dahin je gesehen und der nach seiner Auflösung nach allen Richtungen Samen der Zukunft streute ... In diesem Kreis dichtete Franz Schubert seine Gesänge.«
In diesem künstlerischen Kreis bestand, wenn man mal alles zusammenzieht, ein großartiger Spannungsbogen: Kunst-Avantgarde, arrivierte Staatsbeamte, politische Revolutionäre (na ja, aber Senn wenigstens ein bisschen) und aufgeschlossene Adelige, die in der erwachsenen Übergangszeit, bevor also Familien zu gründen waren etc. (was Schubert – möchte man sagen – zum Glück erspart blieb), von einer gewaltigen Klammer gemeinsamer geistiger Interessen zusammengehalten wurden. Also da war schon was los! Und Schubert mittendrin. Man diskutierte, las, guckte sich Bilder an, hörte Kompositionen, veranstaltete gemeinsame Feste (die berühmten »Schubertiaden«), war aber auch gesellig bis dorthinaus und gehörte – Schubert allen voran – zu den Stammkunden in Grinzing und in den Wiener Weinstüberln. Und man hatte mehr oder weniger ausgesprochen das Ziel – wenn auch nicht als Statut oder so, denn es war neben allen freundschaftlichen Bindungen ein eher »lockerer Haufen«: »das Gute allenthalben frey und öffentlich auszusprechen« (Anton von Spaun).
Schubert war einer der Geselligsten in dieser Runde: Zwar maß er nur 1,52 m (deshalb musste er auch nicht zum Militär), war untersetzt und eher dick, aber mit wachen Augen, in gigantische Tabakswolken gehüllt immer dabei, wenn's was zu feiern galt. Kein Wunder, dass seine Freunde das Bild bekommen mussten, ihm fiele alles in den Schoß: Ein paar Zeilen Gedicht lesen, kurz zum Himmel gucken und »Ich hab's schon fertig!« rufen und wieder war ein Meisterwerk geboren... Er zeigte ihnen einfach nie den anderen Schubert: der konzentriert – und allein – zu Hause sitzt und arbeitet, skizziert, verwirft; der darauf aus ist, seine Werke veröffentlicht zu sehen; der von Diabelli als Verleger über den Tisch gezogen wird, sich dann überlegt, alles im Selbstverlag herauszugeben, und sich dazu von Anselm Hüttenbrenner beraten lässt (quasi als

Manager); der Ferdinand Hiller sagt: »Ich schreibe jeden Vormittag einige Stunden, wenn ich ein Stück fertig habe, fange ich ein anderes an«; der ahnt, dass er sich zu beeilen hat. Schubert – möchte ich behaupten – war auch deshalb so gesellig (abgesehen von der Freundschaft) und gerne bei jedem Glas Wein dabei, weil das ein Gegengewicht zu seinem einsamen Komponieren war, bei dem er keinen zuschauen ließ. Vielleicht brauchte er diese einsame Zeit auch nicht nur, um zu arbeiten, sondern um seine Enttäuschungen zu bewältigen: der Erfolg, der eben nicht so eintraf, wie er es sich erhoffte – außer beim Lied; aber die Opern hatten nur bescheidenen Erfolg, die Orchesterwerke wurden kaum aufgeführt, Klavierwerke trug er selber vor und das – wie Ferdinand Hiller anmerkt – »weit entfernt, meisterlich zu sein«, und auch die Kammermusik genoss nicht die Aufmerksamkeit, die sie schon seitens der Zeitgenossen verdient hätte –, die Liebe, die nicht so in sein Leben trat, wie er sich wünschte, und auch nicht die Nähe zu berühmten Komponisten, deren Bekanntschaft ihn bei den Wienern vielleicht aufgewertet hätte... Wobei die Frage wäre, ob er diese überhaupt gesucht hat: zu Beethoven schon, da war er allerdings wohl wirklich etwas zu schüchtern; Carl Maria von Weber traf er in Wien und erhoffte sich von ihm Unterstützung für seine Oper »Alfonso und Estrella«, bekam sie aber nicht wirklich und urteilte über Webers »Euryanthe«, dass sie zwar »viele harmonische Schönheiten, aber keine einzige originelle Melodie« enthalte, was Weber sauer aufstieß, aber auch zeigt, dass er sich als Komponist dann doch – zu Recht – woanders ansiedelte.

Wie auch immer: Schubert machte ein paar Reisen, ansonsten blieb er in Wien. Im Jahr 1828 komponierte er wie ein Besessener, unter anderem die drei letzten Klaviersonaten, wobei der in B-Dur (D 960) absoluter »Testaments«-Charakter zukommt: Man braucht nur das Andante sostenuto zu hören und wie da gleich am Anfang die Oktaven der linken Hand den Melodiebogen in Frage stellen – das ist unerbittliche Unendlichkeit, die wahr ist und deshalb so wehtut. Er erkrankt am 31. 10. und stirbt schließlich am 19. November 1828 in der Wohnung seines Bruders Ferdinand (der war »die Gewissenhaftigkeit selbst«, wie Schubert in einem seiner letzten Briefe an Schober schrieb).

Marcel Schneider (»Franz Schubert in Selbstzeugnissen und Bilddokumenten«, rowohlt 1958) hat die ganze Diskussion darüber, ob und wenn ja inwieweit Schuberts Oeuvre »unvollendet« sei, auf den Punkt gebracht, indem er schrieb:

»Wenn ein Musiker Chorkompositionen wie den ›Gesang der Geister über den Wassern‹ und den ›Nachtgesang im Walde‹, wenn er

einen in jeder Hinsicht so vollkommenen Liederzyklus wie die ›Winterreise‹, die B-Dur-Klaviersonate, das 14. Streichquartett [Der Tod und das Mädchen], die 9. Symphonie [Die große C-Dur-Symphonie] und das C-Dur-Quintett geschrieben hat ... wer wollte angesichts dessen noch davon sprechen, dieser Musiker sei gestorben, ohne sich vollendet zu haben?«
Ich hätte dem nur hinzuzufügen, dass die Liste, die Marcel Schneider aufführt, »unvollendet« ist!

ENTSTEHUNGSZEIT
1822. Beginn der Partitur-Niederschrift: 30. Oktober 1822.
Die Frage, warum Schubert die h-moll-Symphonie nicht zu Ende komponiert hat (es gibt Skizzen zum dritten Satz für Klavier und die ersten neun Takte »auskomponiert«), wird heute so beantwortet, dass man immerhin weiß, dass er nicht vorhatte, nur zwei Sätze zu schreiben (sonst hätte er ja keine Skizzen gemacht). Warum er es aber dennoch bei nur zwei Sätzen belassen hat? Wolfram Steinbeck hat dafür eine Erklärung, die mir von allen Spekulationen am ehesten zusagt (wissen wird man es ja nie):
»Die größte Wahrscheinlichkeit hat die kompositorische Einsicht, vielleicht sogar das Erschrecken über das, was da unter der Hand entstanden war. Schubert muss erkannt haben, dass die vollendeten sinfonischen Sätze so anders und so einzigartig gegenüber allem Bisherigen waren, dass ihm das, was zum dritten Satz dastand, nicht mehr passend erscheinen und ein Finale gar nicht mal erst einfallen wollte. Ähnlich war es ihm schon 1820 mit dem berühmten Streichquartett in c-moll (D 703) gegangen, bei dem er nach Vollendung des ersten im zweiten Satz abbrach. Und da ihm das Werk als Sinfonie gescheitert erscheinen musste, mag er das Interesse daran verloren haben und gab es aus der Hand, sicherlich Joseph Hüttenbrenner, der viele Manuskripte zur Aufbewahrung erhielt, vielleicht diesmal mit der Bemerkung, er könne sie ja dem Bruder für den (vermeintlichen) Einsatz beim Musikverein weitergeben [s. unter ›Anekdoten‹]. Dass Schubert jedenfalls an der Sinfonie nicht mehr arbeiten *wollte*, scheint sicher, sonst hätte er das Manuskript aufgehoben, wie z. B. das zum E-Dur-Fragment.« (n. »Schubert Handbuch«, Bärenreiter 1997)

URAUFFÜHRUNG
Zusammen mit einer c-moll-Ouvertüre von Anselm Hüttenbrenner am 17. Dezember 1865 [!!] im Redoutensaal in Wien unter der

Leitung von Johann Herbeck, Musikdirektor der Gesellschaft der Musikfreunde.

ERFOLG
Da man sich allgemein über die Entdeckung gefreut hat, lag der Erfolg schon bei der Uraufführung auf der Hand.
Eduard Hanslick, der österreichische Kritikerpapst des 19. Jahrhunderts, beschreibt die Uraufführung so:
»Wir müssen uns mit den zwei Sätzen zufrieden geben, die, von Herbeck zu neuem Leben erweckt, auch neues Leben in unsere Concertsäle brachten. Wenn nach den paar einleitenden Tacten Clarinette und Oboe einstimmig ihren süßen Gesang über dem ruhigen Gemurmel der Geigen anstimmen, da kennt auch jedes Kind den Componisten, und der halbunterdrückte Ausruf ›Schubert!‹ summt flüsternd durch den Saal. Er ist noch kaum eingetreten, aber es ist, als kennte man ihn am Tritt, an seiner Art, die Thürklinke zu öffnen ... Wir zählen das neu aufgefundene Sinfonie-Fragment von Schubert zu seinen schönsten Instrumentalwerken.« (Eduard Hanslick, »Aus dem Konzertsaal«, Wien 1870)

ANEKDOTEN
Also da muss man die beiden Hüttenbrenners mal ganz gehörig am Schopfe packen: Warum hat *Joseph* Hüttenbrenner die »Unvollendete« so lange unter Verschluss gehalten? Und was ist das für eine Geschichte mit dem Steiermärkischen Musikverein in Graz und der Ehrenmitgliedschaft Schuberts? Hat *Anselm* Hüttenbrenner tatsächlich für Schubert bei der Gesellschaft ein Wort eingelegt und dafür von dem die »Unvollendete« bekommen? Aber warum sollte sich Schubert bei der Gesellschaft, die 1820 Beethoven die Ehrenmitgliedschaft zuerkannte, ausgerechnet mit einem Torso bedanken? Wäre das nicht ein ziemlicher Affront gewesen?
Da ist nicht viel Licht ins Dunkel zu bringen, weil zu dem Zeitpunkt, an dem die »Unvollendete« ans Licht kam, zwar die beiden Hüttenbrenners noch lebten, aber nicht wirklich bedeutend waren – Schubert dagegen schon. Da kommt es schon mal vor, dass man die Wahrheit nicht mehr so ganz im Kopf hat und selbst auch ein Stückchen vom Kuchen mit abschneiden will ...
Tatsache ist:
Schubert wurde 1823 zum »auswärtigen Ehrenmitglied« des Steiermärkischen Musikvereins in Graz ernannt. Den Antrag dazu hatte aber nicht einer der Hüttenbrenners gestellt, sondern Johann Bap-

tist Jenger, damals Sekretär des Vereins: »weil dieser zwar noch junge Kompositeur durch seine Kompositionen doch schon den Beweis geliefert hat, dass er einstens als Tonsetzer einen hohen Rang einnehmen werde.«

Tatsache ist weiter, dass es kein offizielles »Dankeschön« Schuberts an die Gesellschaft gibt (obwohl ihn auch sein eigener Vater in einem Brief dringend darum gebeten hat). Schubert hat in einem Brief an die Gesellschaft, fast ein halbes Jahr nach der Verleihung des Ehrendiploms (am 6. 4. 1823), bekundet, als Dankeschön dem Verein »ehestens eine meiner Sinfonien in Partitur zu überreichen«.

Dazu ist es aber nie gekommen. Gut: Fünf Jahre später starb Schubert, aber ist das ein Grund? Schubert war sicher kein undankbarer Mensch, aber vielleicht hatte er einfach zu viel zu tun, wer weiß.

Jedenfalls haben die Hüttenbrenners – erst Joseph, dann Anselm – die Manuskripte – darunter die »Unvollendete« – so lange gehütet, bis Johann Herbeck (Musikdirektor der Gesellschaft der Musikfreunde in Wien) davon erfuhr und nach Graz reiste, um Anselm die Partitur zu entreißen. Der aber, auch nicht faul, stimmte zu, *wenn* beim gleichen Konzert eine Komposition von ihm gespielt würde. Das war dann die Ouvertüre in c-moll von Hüttenbrenner. Das alles kommentierte unser Eduard Hanslick recht ironisch mit folgenden Sätzen:

Es gebe unter den Schubertfreunden ein paar »Hartnäckige«, die »haben zwei oder drei Perlen aus Schuberts Nachlass ins Trockene gebracht, halten sie aber vor lauter Freundschaft für den Verewigten und lauter Verachtung der Lebenden in irgendeinem Koffer verschlossen, mit dessen Schlüssel sie sich ins Bett legen«. Hüttenbrenner allerdings gehöre jetzt nicht mehr zu diesen »Hartnäckigen«, »da er ja schließlich der Beredtsamkeit und Artigkeit des Hofkapellmeisters Herbeck nicht widerstand, der eigens nach Graz abgereist war, um eine Hüttenbrenner'sche Partitur für die Gesellschafts-Concerte zu acquirieren, und bei dieser Gelegenheit – wie seltsam! – auch ein lang gesuchtes Schubert'sches Manuscript mitbrachte. Wir können nicht entscheiden, welche von beiden Compositionen die Angel und welche der Fisch war, genug, dass Schubert und Hüttenbrenner wie im Leben so auf dem Programm einträchtig nebeneinander hergingen«.

Bruder Joseph Hüttenbrenner allerdings gefiel das gar nicht, er hätte, so schreibt er seinem Bruder, die »Unvollendete« erst gegen zehn eigene Ouvertüren plus einer Symphonie herausgerückt! Schluss! Punkt! Wir haben sie ja jetzt.

WERK
Sätze
Allegro moderato – Andante con moto

Dauer
22–27 Minuten

Besetzung
2 Flöten
2 Oboen
2 Klarinetten
2 Fagotte
2 Hörner
2 Trompeten
3 Posaunen
Pauken
Violinen I und II
Bratschen
Violoncelli
Kontrabässe

HITS
Alles.

FLOPS
Absolut keiner.

OBACHT
Abgesehen davon, dass h-moll außer für die Pauken für die meisten Instrumente eine ganz, ganz heikle Tonart ist und dass das Klarinetten-Solo im zweiten Satz (Takt 66–83) einen Wahnsinns-Atem verlangt (ganz abgesehen von der Kunst der Phrasierung, aber das gilt für die anderen »Solisten« genauso), abgesehen davon, dass der Dirigent seine meiste Kraft auf das Durchhalten der Pausen zu konzentrieren hat – wer da loslässt, macht nur eine Pause, wer da festhält und gestaltet, macht eine existenzielle Aussage – und dass die ganze Symphonie nie ins Traulich-Wienerische, eben den so genannten »typischen Schubert« entgleisen darf, gibt es keine besonderen technischen Probleme. Die Anforderungen an die Musiker übersteigen an keiner Stelle (im Gegensatz zur großen C-Dur-Symphonie) das, was ein gutes Orchester auch damals schon leisten konnte.
Aber was sind das für »Obachts« gegen das Riesen-»Obacht«: dass

diese Symphonie nämlich vom Dirigenten und vom Orchester eine Gestaltungskraft verlangt, eine Ruhe und einen Atem, dass einem schon beim Gedanken »Gleich spielen wir die h-moll« der kalte Schweiß auf die Stirne tritt – und wenn der kommt, sollte man es ohnehin lassen, Schubert zu spielen. Sprechen Sie mal mit einem Orchester-Musiker vor und nach der »Unvollendeten«: Sie werden in jedem Fall zwei verschiedene Menschen vor sich haben, egal, ob sie gut gelaufen ist oder daneben war. Wenig andere Werke der großen Orchesterliteratur gehen den Ausübenden so an die Nieren wie die »Unvollendete«. Nicht, weil sie so musikantisch wäre, dass der Bogen von selber springt, nicht, weil sie so schwierig wäre, dass man stolz auf die Leistung ist, nicht, weil sie so effektvoll wäre, dass jeder glaubt, er allein hätte den Taumel beim Publikum hervorgezaubert – nein, weil sie selbst den ausgebufftesten »alten Hasen« wieder dahin führt, wo jeder Musiker einmal angefangen hat: an die Liebe zur Musik, an dieses Besondere, Wortlose, Gewaltige, was nur Musik hat. Egal, wie enttäuscht einer sein mag von seinem Orchesterleben, egal, welche Höhenflüge er begraben musste – er ist ja »nur« Orchestermusiker geworden! –, egal, welche Scherze er auch während des Spielens macht: Bei der h-moll werden sie alle ruhig und groß.

ES MEINEN

Hans Weigel: »Die Symphonie in h-moll von Franz Schubert ist seine Vollendete.« (»Apropos Musik«, Styria 1982)
Ungenannt bleiben wollender rheinischer Klarinettist: »Wat es? Hück ovend die h-moll? Spill du dat Solo, ich bin krank!«
Spielen Sie in der Pause doch mal bei den örtlichen Promis »Mäuslein« und tragen Sie das, was Sie da aufschnappen, hier ein. Ich bin sicher, es ist köstlich!

BEIKIRCHER RÄT

ANLASS
Einweihung von Brücken, die überm offenen Meer abbrechen; Einweihung von Intensivstationen, weil: Hoffnung bleibt immer; überhaupt passt die h-moll-Symphonie zu allen großen Ereignissen mit offenem Ausgang – wenn man diese Musik denn zu einem Anlass missbrauchen möchte.

NUTZUNG
Man kann sie gut nutzen, um die Unzulänglichkeit menschlichen Tuns zu kaschieren: Verkauf von Drehorgeln ohne Kurbel, Laptops ohne Schnittstellen, schlüsselfertigen Häusern ohne Schlüssel etc. Das Abspielen der h-moll-Symphonie beim Verkaufsgespräch wird Trost genug sein.

AUTO
Sie ist ideal, wenn man am Samstagnachmittag an seinem Auto selber was reparieren möchte: Die kleinen Gemeinheiten des Lebens – das Schräubchen ist unauffindbar in der Ölwanne verschwunden ... – können nicht intensiver, aber auch nicht tröstlicher kommentiert werden.

PAUSEN-TALK
»Das habe ich auf CD besser.«
»Das hätten Sie von Sandor Vegh hören müssen.«
»Sagen Sie, bei der ›Unvollendeten‹, ich meine: Da fehlt doch was, oder?«
»Natürlich: das Elfmeterschießen.«

FRAUEN
»Es ist, als wanderte man durch den Wald, den Nebel, das Feuchte. Und dann plötzlich: die Lichtung. Ist das nicht herrlich?«
»Für eine Ricke schon.«
»Diese Symphonie ist wie wir Frauen: Es ist alles da, aber alles nur angedeutet.«
»Mich erinnert sie mehr an meine Ehe.«
»Warum? Ist die auch noch unvollendet?«
»Nein, aber mein Mann ist auch 1,52 m!«

MÄNNER
»Die ›Unvollendete‹ ist für mich *das* Bild für das menschliche Leben: Du hast alle Chancen, aber nie die Wahl.«
»Wie heißen Sie?«
»Möllemann. Warum?«
»Wissen Sie, was das Gewaltige an der h-moll-Symphonie ist? Das Unsagbare, das Nicht-in-Wörter-zu-Fassende. Wenn die Celli und die Bässe gleich am Anfang diese Melodie spielen, die fragend ins Unendliche weist, wenn die Geigen mit ihren 16tel-Läufen dann eine Antwort zu geben scheinen, die aber ein Irrlicht ist, das uns weiter ins Ungewisse führt, wenn all diese Ungewissheiten sich zu

einem Gefühl verdichten, das uns atemlos in die Sterne schauen lässt ... dann ist es, als ob Heidegger, Husserl und Kant miteinander schweigen – und das sage ich, obwohl ich weiß, dass Thomas von Aquin bereits vom ›Unbegreiflichen‹ sprach oder Cusanus von der ›coincidentia oppositorum‹ oder Kiesinger damals von ›jenem Phänomen‹; das ist alles in dieser Musik drin, verstehen Sie?«
»Nein.«

BEWERTUNGEN

Technik	🎺 🎺🎺🎺 mit Heiligenschein	Weil, wie gesagt: gespielt ist bald ... ... aber gelebt fast nie.
Gesamt	🎵🎵🎵 mit 3 blutenden Herzen	Umfassender kann Musik nicht sein.

Franz Schubert
1797–1828

Symphonie Nr. 8 in C-Dur
D 944

Ja, wie war das denn nun mit Schubert und den Frauen? Dreimäderlhaus oder was? Hat er sich da die Syphilis geholt? Hatte er überhaupt Syphilis? Ist er daran gestorben oder wie war das genau? Also manchmal unterscheiden sich die Forscher nicht von der Yellow press, wenn man sieht, mit welcher Emsigkeit sie das letzte Hinterstübchen zu durchleuchten versuchen. Schubert und die Frauen: Das war wohl eher ein dürftiges Kapitel.
Dreimäderlhaus war schon mal gar nix, außerdem war das ein Viermäderlhaus, denn es gab vier Fröhlichs: Anna, Barbara, Josefine und Katharina, alles Schwestern und zwei davon, Anna und Josefine, waren begabte Sängerinnen.
Also da ist – Operetten hin oder her – nichts zu holen.
Gut, Anna Fröhlich hatte als gefragte Sopranistin und als Gesangslehrerin am Konservatorium der Gesellschaft der Musikfreunde schon Einfluss auf Schubert. Er schrieb für sie einiges, z. B. das weltberühmte »Ständchen« (»Zögernd, leise« D 920), aber muss er deshalb gleich mit allen vieren durch die Betten gesprungen sein, wie das so mancher Biograph entrüstet-gerne gesehen hätte?
Franz Schubert hatte eine große Jugendliebe: Therese Grob. Sie »gewann sein Herz«, wie sich Anselm Hüttenbrenner erinnert, indem sie im Oktober 1814 die Sopran-Soli bei der Erstaufführung der Messe in F (D 105) sang. Gut: Selber komponierte Messe wird aufgeführt, und eine junge Frau mit einer hohen und leichten Sopranstimme singt schön und fein die Soli; da kann es schon mal sein, dass man erst mit den Ohren fertig ist – und wenn man dann noch hinguckt, spielt der Rest keine Rolle mehr. Tatsache ist: Schubert war hingerissen von ihr, schrieb noch einiges für Thereschen, stellte ihr auch ein Album mit 14 Liedern zusammen – alles eher Empfindsames; das Dramatische, etwa »Gretchen am Spinnrade«, hat er nicht für sie geschrieben –, aber so richtig zum Zuge kam er nicht, obwohl da schon Pläne und Hoffnungen waren. Anselm Hüttenbrenner erzählt, was ihm Schubert anvertraute:
»Drei Jahre lang hoffte sie, dass ich sie ehelichen werde; ich konnte

jedoch keine Anstellung finden, wodurch wir beide versorgt gewesen wären. Sie heiratete dann nach dem Wunsche ihrer Eltern einen anderen, was mich sehr schmerzte. Ich liebe sie noch immer, und mir konnte seither keine andere so gut und besser gefallen wie sie. Sie war mir halt nicht bestimmt.«

Und wissen Sie, wen sie heiratete? Einen Bäckermeister. Johann Bergmann hat er geheißen und hat sicher größere Brötchen gebacken, als man dem Franzl damals zutraute.

Die nächste Station waren die vier Fröhlich-Schwestern, von denen Katharina, wie die Germanisten wissen, Grillparzers ewige Braut war. Dann aber kam die lodernde Flamme der Liebe nochmal in Schuberts Leben – wahrscheinlich um 1821 –, und zwar in Gestalt der Komtesse Karoline Esterházy, die er seit 1818 zusammen mit ihrer Schwester Marie in Gesang und im Klavierspiel unterrichtete. Dazu war er sommers 1818 und 1824 in Zseliz, ansonsten suchte man den Komponisten in Wien auf. Im Hause Esterházy gab es zwar auch ein Stubenmädchen – Josefine Pöckelhofer, was ja schon ins Mutzenbacherische klingt –, mit der Schubert was gehabt haben soll (aber Stubenmädchen sind sauber, von der kann er die Syphilis nicht bekommen haben, oder?), aber in Karoline verliebte er sich dann sterblich – und zwar so, dass er auf ihre scherzhafte Rüge, er habe ihr noch gar kein Musikstück gewidmet, geantwortet hat: »Wozu denn, es ist Ihnen ja ohnehin alles gewidmet.« So erzählt es jedenfalls Karl von Schönstein, und wer so heißt, kann nur die Wahrheit sagen.

Das war es aber auch schon mit der großen Liebe im Leben dieses unvergleichlichen Komponisten. Schade – einerseits. Andererseits: Hätten wir die Wanderer-Fantasie, die h-moll-Symphonie und anderes, wenn er geheiratet hätte? Ich glaube nicht, dass er eine Natur wie J. S. Bach war, der selbst im ärgsten Kindergeplärr noch »Buß und Reu« schreiben konnte. Sei's drum: schöner Stoff für das Pausengespräch!

Dass er sich (1823) mit der Syphilis infiziert hat, wie Paganini, Schumann, Nietzsche und andere, steht außer Frage. Wo, weiß keiner. Aber Wien war ja damals auch schon eine große Stadt, mit vielen Gässchen auf dem Wege von Grinzing nach Hause, und der Schilcher (die steirische Heurigenvariante), den Schubert so liebte, hat eben diese vermaledeite Eigenschaft, dass er einen – auch moralisch – um die Ecke schielen lässt: Wer mag da also verurteilen. Schubert wurde behandelt, musste wegen der Nebenwirkungen zwischendurch mal Perücke tragen, aber dass er daran gestorben sei, ist wohl nicht wirklich wahr. Ärzte haben sich die Finger wund geschrieben über die plötzliche Krankheit und den raschen

Tod Schuberts: Syphilis natürlich, oder Tod durch Quecksilbervergiftung – infolge Überdosierung bei der Syphilis-Behandlung – oder »Typhus abdominalis«, der inzwischen zur wirklichen Todesursache erklärt wurde, vielleicht ausgelöst durch eine Nahrungsmittelvergiftung. Und da hätte man ja vielleicht gleich auf die Quellen zurückgreifen können: Denn Ferdinand Schubert, sein Lieblingsbruder, schildert im Artikel »Aus Franz Schuberts Leben« in der »Neuen Zeitschrift für Musik« 1839 Folgendes (blöder als wir heute waren die damals ja auch nicht und außerdem ist diese Schilderung eine Erklärung, die man als unmittelbar einsichtig empfindet, und obendrein eine, welche die hohe Sensibilität von Künstlern auch trivialen Dingen gegenüber zeigt. So was gibt es!):
»Da er nun am letzten Oktober abends einen Fisch speisen wollte [Schubert war da mit zwei Brüdern auf einer Wanderung im Gasthaus eingekehrt, Ferdinand ist also obendrein noch Augenzeuge!], warf er, nachdem er das erste Stückchen gegessen, plötzlich Messer und Gabel auf den Teller und gab vor, es ekle ihm gewaltig vor dieser Speise, und es sei ihm gerade, als habe er Gift genommen. Von diesem Augenblicke an hat Schubert fast nichts mehr gegessen und getrunken und bloß Arzneien eingenommen.«
Der akute Verlauf dieser »Vergiftung« oder Infizierung mit dem »Typhus abdominalis« entspricht offensichtlich dem klassischen Krankheitsbild, wie uns die Ärzte sagen.
Also schlagen wir ein Kreuz über die Syphilisdiskussion und bedauern wir, dass uns der Typhus – an dem auch Schuberts Mutter schon gestorben war – einen der größten Komponisten aller Zeiten im 31. Lebensjahr geraubt hat – vollendet wie kaum einer.

ENTSTEHUNGSZEIT
Sommer 1825 bis Frühjahr 1826. In dieser Zeit ging es Schubert nicht besonders Gold. Zwei Opern sind schief gelaufen, er schreibt an Leopold Kupelwieser (den Maler) u. a.:
»Jede Nacht, wenn ich schlafen geh, hoff ich nicht mehr zu erwachen, u. jeder Morgen kündet mir nur den gestrigen Gram.« Aber er schreibt auch:
»Dagegen versuchte ich mich in mehreren Instrumentalsachen, denn ich komponierte 2 Quartette ... und ein Oktett und will noch ein Quartetto schreiben, *überhaupt will ich mir auf diese Art den Weg zur großen Sinfonie bahnen.*«
Zur großen Symphonie! Das ist das Thema. Zum einen war zwar die h-moll fertig, aber es ist ziemlich sicher, dass Schubert nicht direkt ihre Größe erkannnt hat bzw. den Eindruck hatte, mit ihr die-

ses Ziel noch nicht erreicht zu haben. Er legte sie einfach weg (s. o.).
Er wollte und brauchte aber eine große Symphonie aus mehreren Gründen:
Zum einen wollte er endlich etwas für die breite Öffentlichkeit schreiben, um anerkannt zu werden: was in Wien hieß, »was Dickes« aufführen zu müssen. Zum anderen musste er als freischaffender Künstler ja auch etwas schreiben, was ihm Geld brachte, zum Beispiel durch eine große Musik-Akademie. Zum Dritten wollte er zeigen, dass es nach Beethoven weitergeht bzw. dass er in der Lage war, zumindest etwas neben Beethoven stellen zu können; der führte am 7. Mai 1824 seine Neunte urauf – und Schubert war wahrscheinlich dabei! Er sagte danach, er sei gesonnen, im nächsten Jahr selbst ein ähnliches Konzert zu geben.
Und zum Vierten drängte es ihn einfach als Komponist danach.
Schubert war also klar, dass nur eine große Symphonie den Durchbruch bringen konnte, er wusste aber auch, dass er dabei aus dem Schatten Beethovens heraus musste, weniger vielleicht als kompositionstheoretische Überlegung, als aus dem Gefühl, dass das spektakulär Neue, das er schaffen wollte, nur dann gelingen konnte, wenn er die Kraft dazu in sich selber fand (... und sich nicht etwa an den Publikumsgeschmack anlehnte oder Beethoven kopierte).
Nun hat Schubert auf das Deckblatt der Symphonie geschrieben: »März 1828« und damit einige Verwirrung gestiftet, denn im Sommer 1825 war er mit Freunden auf Reisen, unter anderem in Gmunden und Gastein, und da hieß es, er schreibe an einer Symphonie. Über 150 Jahre lang hat man nun nach der »verschwundenen« Gmunden-Gasteiner Symphonie gesucht, weil man Schuberts Eintrag auf der C-Dur-Partitur für glaubhaft hielt. Tatsächlich aber gelangte die Partitur der C-Dur-Symphonie zwischen dem 28. 11. und 31. 12. 1826 ins Museum der Gesellschaft der Musikfreunde in Wien, der Schubert diese Symphonie – in der Hoffnung, sie aufgeführt zu sehen – überreicht hatte. Die »Gmunden-Gasteiner« ist also tatsächlich (so die neueste Schubert-Forschung) unsere Symphonie Nr. 8 in C-Dur D 944!

URAUFFÜHRUNG

Tja, das ist ein richtiger Krimi. Die Symphonie wurde nämlich nicht von der Gesellschaft der Musikfreunde uraufgeführt – was 1826 hätte geschehen sollen –, obwohl für die Proben schon die Stimmen kopiert worden waren: weil nämlich die Herren Musiker sie als zu lang und zu schwierig vorläufig zurücklegten. Schubert

bekam ein Trostpflaster von 100 Gulden und ab damit ins Archiv. Erst im Januar 1839 kam es zur »Entdeckung«. Als nämlich Robert Schumann in Wien war und Ferdinand Schubert einen Besuch abstattete. Der zeigte Schumann Manuskripte seines Bruders, unter anderem auch die C-Dur-Symphonie. Schumann schreibt: »Unter andern wies er mir die Partituren mehrerer Sinfonien, von denen viele noch gar nicht gehört worden sind, ja oft vorgenommen, als zu schwierig und schwülstig zurückgelegt wurden. Man muss Wien kennen, die eignen Konzertverhältnisse, die Schwierigkeiten, die Mittel zu größeren Aufführungen zusammenzufügen, um es zu verzeihen, dass man da, wo Schubert gelebt und gewirkt, außer seinen Liedern von seinen größeren Instrumentalwerken wenig oder gar nichts zu hören bekommt.«
Und von da an ging alles sehr schnell: Schumann schickte die Symphonien Nr. 6 C-Dur D 589 und die Nr. 8 C-Dur nach Leipzig zu Mendelssohn, der guckt drüber, lässt sofort von der großen die Stimmen anfertigen, und zwei Monate später, am 31. März 1839, erklingt sie zum ersten Mal – unter der Stabführung von Felix Mendelssohn Bartholdy!

ERFOLG
In Deutschland – und bei der Uraufführung in Leipzig – ungeheuer. In Wien und anderswo hat es noch zwei, drei Jahrzehnte gebraucht, bis sie sich durchsetzte ...
Am 15. Dezember 1839 kamen die beiden ersten Sätze – getrennt durch eine Donizetti-Arie [!!] – in Wien zur Aufführung; schon bei der ersten Orchesterprobe hatten sich die Musiker geweigert, die zum Einstudieren nötigen Proben zu absolvieren. Ein Kritiker schrieb dazu, es wäre besser gewesen, dieses ganze Werk ruhen zu lassen – es überzeuge nicht. Erst am 1. Dezember 1850 wurde die C-Dur-Symphonie in Wien vollständig aufgeführt!
Dazu sollte allerdings auch gesagt werden, dass in jener Zeit Leipzig mit Schumann und Mendelssohn das absolute Zentrum der europäischen Avantgarde war – und man sollte nicht vergessen, dass Schubert damals »zeitgenössische« Musik war.
Eine weitere Wirkung war, dass diese Symphonie Schumann und Mendelssohn zum eigenen kompositorischen Durchbruch verhalf, was das Schreiben von Symphonien anlangt: weil sie neue Wege aufzeigte, *nach* Beethoven Symphonien zu schreiben.

ANEKDOTEN
Nichts, was nicht oben schon erzählt worden wäre.

WERK
Sätze
Andante/Allegro ma non troppo – Andante con moto – Scherzo/Allegro vivace – Allegro vovace

Dauer
50–60 Minuten

Besetzung
2 Flöten
2 Oboen
2 Klarinetten
2 Fagotte
2 Hörner
2 Trompeten
3 Posaunen
Pauken
Violinen I und II
Bratschen
Violoncelli
Kontrabässe

HITS
In diesem Frühlingswirbel – man nennt sie ja auch »Frühlings«-Symphonie – kann man sich völlig verlieren. Dennoch gibt es einige Hits:
Dass das Ganze mit den Hörnern losgeht (unisono), ist schon mal ein Mega-Hit: bis dahin in der Musikgeschichte noch nicht da gewesen. Die Triolen bei Oboen, Klarinetten und Fagotten gleich zu Beginn des Allegro ma non troppo müssen für Mendelssohn so ein Hit gewesen sein, dass er daraus geradezu sein Markenzeichen gemacht hat (»Italienische« Symphonie z. B.!). Der atemberaubende Lauf durch 685 Takte mit der grandiosen Wiederaufnahme des Einleitungsthemas ab Takt 662 zeigt, dass Schubert sehr wohl den Atem über einen ganzen Satz halten konnte, um einen gigantischen Bau zu erstellen, der schon am Beginn den Schluss fest im Auge hatte: was man bis dahin nur Beethoven zugetraut hatte.
Der Anfang des zweiten Satzes in Celli und Bässen ist ein Hit, die Melodie in der Oboe natürlich ebenso, die Tutti-Stellen im Mittelteil. Schumann beschreibt diesen Satz so: »Hier lauscht auch alles, als ob ein himmlischer Gast im Orchester herumschliche.«

3. Satz: ab Takt 30 der Geigenjubel – das böhmische Tanzlied, sozusagen! Die Steigerung von Takt 113 bis 145 mit den gebrochenen Akkorden in den Streichern und dabei der Oberhit: die leere tiefe G-Saite bei den Violinen I und II in Takt 137: ober-mega-mäßig! Das Trio: eines der schönsten der Musikliteratur (ab Takt 239), wenn man überhaupt irgendwo in der Musik von tänzerischem Jubel sprechen kann, dann hier!
Der vierte Satz ist – wenn's die Geigen hinbekommen – der Smash-Hit. Die Stelle, wo die Hörner den Seitensatz in G-Dur ankündigen und das Holz über den »springenden« Geigen und Bratschen (!) das Thema spielen, das mir immer und immer wieder die Schuhe auszieht (ab Takt 162, dann zweieinhalb Takte Pause, und dann geht's los!): Das ist schon *schubertissimo*. Der Beginn der Durchführung (ab Takt 385) ist ein Augenzwinkerer: Die Klarinetten spielen da plötzlich ein Thema aus der Neunten von Beethoven. Die Wissenschaft fragt sich bis heute: Ironie? Zitat? »Doppelschöpfung«? Ich glaube, Schubert hat sich da einfach die Freiheit genommen, zu sagen: Meine »Große« ist vielleicht anders, aber mindestens ebenso groß wie seine. Und ab Takt 559 die ungeheure Steigerung: Posaunen und Hörner kündigen in pochenden Schritten etwas düster das Eingangsthema an (jetzt in Es-Dur) – auch eine »Hammer«-Stelle.

FLOPS
Gott, wem große Melodiebögen zu viel Atem abverlangen, der wird den zweiten Satz etwas floppig empfinden, und wer's gerne ruhig hat, dem wird der vierte Satz zu sehr dahingaloppieren: Aber richtige Flops sind das natürlich nicht. Bedaure!

OBACHT
Aber laufend! Nicht umsonst haben die Orchester Jahrzehnte gebraucht, bis sie sich an diese Symphonie gewagt haben. Technisch verlangt sie von einem Orchester das Äußerste. Richten Sie Ihren Blick doch bitte im vierten Satz mal auf die Bratschen – da ist Hölle, 3. Untergeschoss, Kessel 17 die reinste Erholung dagegen. Hier dürfen die Bratschisten endlich einmal zeigen, dass alle Bratschenwitze nicht stimmen – beziehungsweise (falls es danebengeht) wie sehr sie stimmen!
Aber, wie gesagt: Wenn Sie Todesangst und kalten Schweiß bei den Musikern wahrnehmen: sofort aufstehen und rausgehen, denn dann ist der vierte Satz kein Konzert mehr, sondern ein Autoskooter-Rennen!

ES MEINEN

»Muss es die C-Dur sein? Haydn hat doch auch schöne Sachen geschrieben, oder?« (ungenannt bleiben wollender Bratschist zum Orchester-Vorstand)

Robert Schumann schreibt über die C-Dur an Klara Schumann am 11. Dezember 1839:

»Klara, heute war ich selig. In der Probe wurde eine Sinfonie von Franz Schubert gespielt. Wärst Du dagewesen. Die ist Dir nicht zu beschreiben; das sind Menschenstimmen, alle Instrumente, und geistreich über die Maßen, und diese Instrumentation trotz Beethoven – und diese Länge wie ein Roman in vier Bänden, länger als die Neunte Symphonie. *Ich war ganz glücklich und wünschte nichts, als Du wärst meine Frau und ich könnte auch solche Symphonien schreiben!*«

Don't worry, Schumann, hat ja kurz darauf auch alles geklappt. Aber: Sind das nicht die schönsten Sätze, die einer über diese Symphonie sagen kann?

»Ich weiß nur eines, was gleich herrlich, aber noch anstrengender ist: in der Fußtruppe beim Rosenmontagszug mitlaufen!« (bekannter Kölner Bratschist)

BEIKIRCHER RÄT

ANLASS
Die C-Dur-Symphonie passt immer, wenn etwas Wunderbares endlich geklappt hat: Sie hat zum ersten Mal bei mir übernachtet; es waren doch nicht Zwillinge; sie hat tatsächlich geglaubt, dass ich eine Woche auf der Tagung war; im Brockhaus waren noch 2.000 DM etc.

NUTZUNG
Man kann sie hervorragend nutzen, um die Sonne aufgehen zu lassen, wenn sie verschwunden bleibt, z. B. an den berühmten Regentagen im Juni in der Kölner Bucht: eine Stunde früher aufstehen, C-Dur auflegen und den Schwung vom vierten Satz für den Start ins Büro nutzen. Was meinen Sie, was Sie da alles in den ersten zehn Minuten erledigen können! Gut – der Rest des Tages bleibt Bruckner. Aber immerhin war der Morgen schön, oder?!

AUTO
Ideal bei der Fahrt im offenen Cabrio durch die Provence, wenn der Lavendel blüht. Ideal bei der Fahrt durch den Wienerwald – zu jeder Jahreszeit. Ideal für Fahrten auf Landstraßen, *ausgenommen*: Bergi-

sches Land (da passt Max Bruch besser), Köln-Mülheim – Düsseldorf (über Leverkusen), Frankfurt – Offenbach (über Hanau), Como – Mailand, Vitoria – Madrid und überall in den neuen Bundesländern, wo Plattenbauten zu sehen sind (insbesondere Erfurt – Weimar).

PAUSEN-TALK
»Das habe ich auf CD besser.«
»Das hätten Sie von Karajan und den Berlinern hören sollen.«
»Toscanini soll den letzten Satz in neun Minuten heruntergefegt haben.«
»Wann?«
»Vor jeder Probe – als Weckgymnastik für die Bratschen!«

FRAUEN
»Musik wie ein Frühjahrsputz – man fühlt sich so beschwingt danach!«
»Putzen Sie etwa selbst?«
»Wieso? Ich habe doch jetzt auch nur zugehört.«
»Wissen Sie, was mir bei dieser Symphonie fehlt? Die Schwermut der ›Unvollendeten‹.«
»Tja, bekommt man je von einem Mann alles?«

MÄNNER
»Frühlingssymphonie, Alpensymphonie, La mer – alles Reisebüro-Musik. Warum hat denn nie einer was für uns geschrieben?«
»Was sind Sie denn von Beruf?«
»Fleischermeister.«
»Dann sind Sie doch bestens bedient!«
»Womit denn?«
»Rindertotenlieder von Gustav Mahler!«

»Diese Symphonie ist die charmanteste Kriegserklärung, die ich kenne.«
»Kriegserklärung? An wen?«
»An Beethoven natürlich!«
»Und wer hat gewonnen?«
»Wir.«

BEWERTUNG

Technik   🎺🎺🎺
mit je einem Schweißtropfen

Verlangt von einem Orchestermusiker alles.

Gesamt   🎻🎻🎻
mit Veilchenstrauß

Der »Frühlingsjubel« in seiner Melodienfülle ist deshalb so berauschend, weil Schubert die Schattenseiten nicht ausgespart hat.

Felix Mendelssohn Bartholdy
1809–1847

Symphonie Nr. 3 a-moll »Schottische«
op. 56

»*Der schöne Zwischenfall der deutschen Musik.*«
(Friedrich Nietzsche)

Wie schwer hat es einer, der es leicht hat? Wenn einer schon bei der Geburt weiß: Wirklich dicke Sorgen um Geld werde ich mir nie zu machen brauchen? Der vom ersten Fläschchen an weiß: Ab jetzt läuft das so weiter und ich brauche eigentlich nur den Mund aufzumachen, um satt zu werden? Gut – in Bezug auf Felix Mendelssohn-Bartholdy ist das zwar ein wenig übertrieben, aber in die Richtung ging es.
Der Enkel von »Nathan dem Weisen« hatte es wirklich nicht schwer in seinem Leben: Opa Moses Mendelssohn – Freund Lessings, Kants und Herders und das Urbild für Nathan – hat den materiellen und geistigen Grundstock für ein herausgehobenes Leben seiner Familie gelegt und gleich schon – quasi stellvertretend für alle – *den* großen Konflikt ausfechten müssen, vor den Juden gestellt wurden: sich zwischen Christentum und Judentum zu entscheiden. Lavater, Sie wissen schon: der mit der Physiognomik, hat Moses Mendelssohn das Ganze eingebrockt. Er übersetzte 1796 die »Beweise für das Christentum« von Charles Bonnet, widmete das Buch Moses Mendelssohn mit der öffentlichen Aufforderung, die Thesen in dem Buch entweder zu widerlegen oder zum Christentum überzutreten. Er tat dies allerdings nicht aus Feindschaft, sondern aus Freundschaft zu Mendelssohn: Er verehrte ihn und seine Schriften so sehr, dass er dachte, wer so schreibt, müsse insgeheim Christ sein und bedürfe nur eines kleinen Anstoßes, um sich auch öffentlich dazu zu bekennen. Da hatte er aber nicht mit »Nathan dem Weisen« gerechnet: Moses antwortete, dass er mit den Bonnet'schen Lehrsätzen jede geoffenbarte Religion zu verteidigen in der Lage sei, er aber Jude aus innerster Überzeugung bliebe. Mendelssohn schrieb dies mit Milde und warmherziger Vernunft, dergestalt, dass Lavater ziemlich blamiert dastand und öffentlich für sein Ansinnen Abbitte tat. Erst Abraham Mendelssohn, der Vater vom

Felix, trat 1822 aus geschäftlichen Gründen zum Christentum über und nahm dabei den Namen Bartholdy als Anhängsel an. Womit auch schon beantwortet wäre, wie denn Felix zu diesem Doppelnamen kam.

Am 3. Februar 1809 war es dann so weit: Felix kam in Hamburg zur Welt, konnte aber nicht lange bleiben, denn schon 1811 musste er mit seinen Eltern vor den napoleonischen Truppen nach Berlin fliehen. Papa machte dort mit seinem Bruder eine Bank auf – die Filiale von Hamburg –, und Felix bekam Musikunterricht. Zuerst von der Mama, dann von Herrn Berger und schließlich vom Feinsten: von Carl Friedrich Zelter. Der Komponist, strenge Musikpapst und Freund Goethes ist übrigens für seine witzigen Sprüche bekannt. Zwei davon möchte ich Ihnen nicht vorenthalten: Dem Genie, sagt Zelter, sei nichts unmöglich: »Ein Genie frisiert ein Schwein und macht ihm Locken!« Und bei Tisch war sein stehender Ausspruch: »Wenn ich Wasser habe, lasse ich Bier stehen und trinke Wein!« (zit. n. Sebastian Hensel, »Die Familie Mendelssohn«, Insel 1995)

Das steil nach oben führende Leben Felix Mendelssohns ist schnell erzählt: Er und seine knapp dreieinhalb Jahre ältere Schwester Fanny – von der die Mama schon bei der Geburt feststellte, sie habe »Bach'sche Fugenfinger« – sind die musikalischen Wunderkinder der Familie: Fanny spielt mit dreizehn auswendig 24 Präludien von Bach vor, Felix gibt mit zehn Jahren sein erstes Konzert – zwar zu Hause, aber doch öffentlich. Abraham Mendelssohn ging jedoch nicht den Weg, den so viele andere Eltern höchstbegabter Kinder gingen und gehen: mit Zuckerbrot und Peitsche die Begabung hochzüchten und möglichst schnell der Öffentlichkeit vorstellen, um Ruhm, Ehre und vor allem Geld einzustreichen. Er war dem humanistischen Erziehungsideal verpflichtet und achtete sehr darauf, dass die geistige Entwicklung nicht hinter der musikalischen zurückblieb. Da haben wir doch schon eine erste Antwort auf die eingangs aufgeworfenen Fragen: Diese ausgewogene Erziehung hat sicher einen wesentlichen Anteil daran, dass Felix eine stabile Persönlichkeit entwickeln konnte. Zelter stellte den Zwölfjährigen im Oktober 1821 dem alten Goethe vor, der von Felix hingerissen war. Er schrieb ihm: »Du bist mein David, sollte ich krank und traurig werden, so banne die bösen Träume durch dein Spiel«, und Goethe wusste bei jeder Zeile, dass er das auch für die Nachwelt sagte! Und an Zelter schrieb er:

»Mir war seine Gegenwart besonders wohltätig, da ich fand, mein Verhältnis zur Musik sei noch immer dasselbe; ich höre sie mit Vergnügen, Anteil und Nachdenken, liebe mir das Geschichtliche, denn wer versteht irgendeine Erscheinung, wenn er sich nicht von

dem Gang des Herankommens penetriert? Dazu war denn die Hauptsache, dass Felix auch diesen Stufengang recht löblich einsieht und, glücklicherweise, sein gutes Gedächtnis ihm Musikstücke aller Art nach Belieben vorführt. Von der Bachischen Epoche heran hat er mir wieder Haydn, Mozart und Gluck zum Leben gebracht.« Na bitte. Felix seinerseits fühlte sich auch sehr wohl beim Ersatz-Opa Goethe und schrieb nach Hause:
»Ich spiele hier viel mehr als zu Hause, unter vier Stunden selten, zuweilen sechs, ja wohl gar acht Stunden. Alle Nachmittage macht Goethe das Streicher'sche Instrument mit den Worten auf: ›Ich habe dich heute noch gar nicht gehört, mache mir ein wenig Lärm vor‹, und dann pflegt er sich neben mich zu setzen, und wenn ich fertig bin (ich phantasiere gewöhnlich), so bitte ich mir einen Kuss aus oder nehme mir einen. Von seiner Güte und Freundlichkeit macht Ihr Euch gar keinen Begriff, ebenso wenig als von dem Reichtum, den der Polarstern der Poeten an Mineralien, Büsten, Kupferstichen, kleinen Statuen, großen Handzeichnungen usw. usw. hat.« Und Adele Schopenhauer – des gleichnamigen fröhlichen Griesgrams Schwester – notiert in ihrem Tagebuch über Felix: »Das schöne, wunderbare Kind interessiert mich ungemein; er verkörpert zwei seltsam verschiedene Naturen in sich: die eines wilden, fröhlichen Knaben und die eines schon reifen Künstlers, der mit Bedacht Fugen, Opern, Quatuors schreibt und gründlich das Seine gelernt hat.«
Die Familie reiste (1822) in die Schweiz, alle waren begeistert, Felix komponierte. Und zwar nicht Fingerübungen, sondern die Streichersymphonien, das Klavierquartett f-moll op. 2 und anderes mehr. Der Fünfzehnjährige wird über den grünen Klee gelobt (Zelter, Moscheles), Abraham Mendelssohn wird bestürmt, den Sohn doch für das Musikerleben freizugeben. Der Papa zögerte aber noch. Möglicherweise wegen des etwas dubiosen Ansehens, das Musiker hatten, mehr aber, weil er wollte, dass aus dem Jungen »was Vernünftiges« wird. Er möchte zu dieser Frage noch ein kompetentes Votum einholen, und zwar das vom Altmeister Luigi Cherubini, der als Musikpapst im Konservatorium in Paris residierte. 1825 fuhr man nach Paris, Cherubini attestierte Talent, Papa war's zufrieden, und man blieb noch ein Weilchen, um sich das Pariser Musikleben genauer anzugucken. Dabei aber fällt auf, dass Felix mit seinen sechzehn Jahren schon mit sehr kritischen, wachen und intelligenten Augen sich das alles ansah. Er holt die Größen vom Podest: Rossini sei ein Windbeutel, Liszt habe viel Finger, wenig Gehirn; Felix amüsiert sich über die »Gurgeleien und Trillerchen« der Opernsänger und fühlt sich immer mehr Bach und Beethoven

zugeneigt. Er spielt auf der Orgel zwei Bach-Präludien vor und notiert: »Die Leute fanden beide ›wunderniedlich‹, und einer bemerkte, der Anfang des a-moll-Präludiums habe auffallende Ähnlichkeit mit einem beliebten Duett aus einer Oper von Monsigny. *Mir wurde grün und blau vor den Augen!*«

Wieder zurück in Berlin wird ein Haus gekauft und Felix darf sich nun ganz der Musik widmen. Und was kommt dabei heraus? Das großartige Oktett für Streicher Es-Dur op. 20! 1826 folgt die Ouvertüre zum »Sommernachtstraum« – deren Ur-Handschrift verloren ging, weil sie Mendelssohn in London in einer Kutsche hat liegen lassen! –, und ab jetzt ist kein Halten mehr. Er schreibt die Oper »Die Hochzeit des Camacho«, die Spontini so gefällt, dass er sie aufführen lässt. Felix war natürlich bei der Uraufführung anwesend – sie wurde ein Achtungserfolg –, ging aber vor dem Ende der Vorstellung nach Hause! Mit 17 Jahren! Warum? »Er war schon dem eigenen Werk entwachsen«, schreibt Tante MGG (»Musik in Geschichte und Gegenwart«) und hat wohl Recht damit. Später wollte Mendelssohn von dieser Jugendoper nichts mehr wissen. Zu Hause wurden regelmäßige öffentliche Sonntagskonzerte organisiert, die Felix in vielerlei Hinsicht das Handwerkszeug und den Schliff gaben, dessen er noch bedurfte. Ab seiner Immatrikulation an der Uni in Berlin 1827 lebte er nun das Leben eines Komponisten und Dirigenten, der aus dem Vollen schöpfen kann, weil er von seiner Familie her eine materiell gesicherte Existenz hat (ohne dass er im Luxus geschwommen wäre). Apropos »schwimmen«: Er war ein ausgezeichneter Schwimmer, Reiter und Tänzer und ein hervorragender Billard-Spieler – vielleicht nicht von so professioneller Qualität wie Immanuel Kant, der als Student ja beruflich Billard zum Gelderwerb spielte, sei's drum! Nach der grandiosen Wiederentdeckung Bachs und der Aufführung der Matthäus-Passion (s. u.) finanziert Papa die große Bildungsreise, die den jungen Musiker über England und Schottland nach Italien (Venedig, Rom, Neapel, Florenz, Mailand), die Schweiz und Frankreich (Paris) führt. Bis zum Juni 1832 ist er in Europa unterwegs, was wiederum zeigt, welch weitsichtigen und fürsorglichen Vater Felix hatte, obendrein ausgestattet mit der größten erzieherischen Fähigkeit: die Kinder loslassen zu können. Respekt und Hut ab, Abraham Mendelssohn! Unser Felix macht als Musiker und Bankierssohn überall eine feine Figur. Kunststück! ist er doch auch als vollendeter Gentleman gekleidet: lila Handschuhe, graue Strümpfe, also quasi eine Mischung aus Joop und Armani. In Italien ist er viel zu Fuß unterwegs, schätzt München sehr, ist in Österreich und in Italien vom Musikleben enttäuscht – zu wenig Bach und Beethoven, zu viel

Modisches –, wird in Paris von der Cholera befallen, gesundet, reist zum Schluss nach London (wo er einige sehr erfolgreiche Konzerte gibt) und kehrt schließlich im Juni 1832 nach Berlin zurück. Auf dieser großen Reise hat er eigentlich alle kennen gelernt, die im kulturellen und musikalischen Leben seiner Zeit eine Rolle spielten, er hat Freundschaften geknüpft und – vor allem – seine Urteilskraft geschärft. Über Berlin schreibt er ein paar Monate nach seiner Rückkehr: »Die ganze Stadt ist ja genau auf demselben Punkte, wie ich sie vor drei Jahren verlassen habe. Da liegt 1830 dazwischen, unglaubliche Zeiten, ›bejammernswerte Umwälzungen‹, wie unsere Landstände sagen; aber bis hierher ist nichts gedrungen. Wir sind nicht aufgewacht und nicht eingeschlafen – es ist, als gäbe es keine Zeit.«

Nach Zelters Tod war der Platz des Direktors der Singakademie in Berlin vakant. Mendelssohn kandidiert – bzw. wird massiv von Freunden dazu gedrängt – gegen den Vizedirektor Rungenhagen und unterliegt. Warum? Die Singakademie ist eine christliche Institution und wehrte sich dagegen, dass ein Jude die Leitung übernehmen sollte; außerdem schien Mendelssohn vielen zu jung (er war 23), während Rungenhagen um die 50 war und damit Solidität versprach. Fähigkeiten spielen dann, wie stets, nur mehr eine untergeordnete Rolle. Mendelssohn war natürlich enttäuscht, seine beiden Schwestern verließen die Singakademie, und diese selbst fristete unter Rungenhagen ein »solides« Dasein: im Mittelmaß.

Im Mai 1833 dirigierte er beim 15. Niederrheinischen Musikfest in Düsseldorf Händel (»Israel in Ägypten«) und Beethoven (3. Leonoren-Ouvertüre, 6. Symphonie), nachdem er vorher in London seine »Italienische Symphonie« mit großem Erfolg uraufgeführt hatte. Von Dezember 1833 bis Dezember 1834 war er Kapellmeister am Düsseldorfer Theater neben dem »Intendanten« Karl Leberecht Immermann. Zunächst war alles prima, dann nervten Mendelssohn aber die Theaterintrigen und das Geldgefeilsche – eben alles, was heute noch die Opernleute dazu zwingt, den größeren Teil ihrer Arbeit in der Verwaltung zu vergeuden, anstatt sie in Aufführungen investieren zu können. Kurz entschlossen haute er die Klamotten hin, fühlte sich wie ein »Hecht, der wieder ins Wasser kommt« und widmete sich ganz dem Komponieren und Musikmachen. Er hörte Berlioz (dessen Musik ihm überhaupt nicht behagte, so sehr er Berlioz als Menschen schätzte) und Chopin (mit dem er in Paris musiziert hatte und den er sehr bewunderte), fühlte sich aber Schumann oder Carl Maria von Weber wesentlich näher. Der Entschluss, Düsseldorf und die Oper zu verlassen, wurde sicher erleichtert von der Aussicht, in Leipzig, *der* damaligen

Avantgarde-Stadt, Gewandhauskapellmeister zu werden. Er komponierte in dieser Zeit die ersten »Lieder ohne Worte« – einer seiner alle Zeiten überdauernden Hits –, von denen er später schrieb, diese Musik sei eigentlich für Damen bestimmt. Und: »Ich habe nicht die Absicht, mehr der Art herauszugeben ... Wenn's gar zu viel solch Gewürm zwischen Himmel und Erde gäbe, so möchte es am Ende keinem Menschen lieb sein. Und es wird jetzt wirklich eine zu große Menge Claviermusik ähnlicher Art komponiert; man sollte wieder einmal einen anderen Ton anstimmen, meine ich!« Das schrieb er 1839 an seinen Verleger Simrock.

1835 wurde er ans Gewandhausorchester nach Leipzig berufen, mit dem er einen schönen Vertrag ausgehandelt hatte: 600 Taler jährlich in den ersten beiden Jahren, danach 1.000 Taler und: *sechs Monate Sommerurlaub!* Na, wenn das nicht erstklassige Bedingungen sind! Er brachte das Orchester und damit auch die Stadt Leipzig musikalisch zu einer solchen Blüte, dass die Stadt für lange Zeit der Vorposten der deutschen Musik wurde. In Anerkennung seiner Arbeit bekam er von der Uni Leipzig bereits 1836 den Dr. phil. h. c. verliehen. Zuvor war im November 1835 sein Vater gestorben, was der erste wirklich schwere Schlag für Felix war. Davon erholte er sich erst, als er in Frankfurt – Liebe auf den ersten Blick! – Cécile Jeanrenaud kennen lernte, seine spätere Frau (Hochzeit am 28. März 1837 in Frankfurt). Also wenn man ihre Bilder sieht: Die war schon ein absoluter Schuss – auch sonst muss sie eine sehr liebenswerte Frau gewesen sein. Jedenfalls: Mendelssohn ist – und bleibt es bis zu seinem Tode – begeistert, in Liebe entflammt und fühlt sich als Ehemann rundherum wohl. Fünf Kinder haben sie miteinander und keine Skandale – na gut, sie waren nur gut zehn Jahre miteinander verheiratet. Trotzdem: Das ist schön. Cécile starb sechs Jahre nach dem Tod ihres Mannes.

Felix Mendelssohn ist inzwischen als Komponist anerkannt, seine Werke werden aufgeführt, und als Dirigent und Gestalter des Musiklebens in Leipzig und überhaupt (Niederrheinische Musikfeste, England) ist er unumstritten einer der renommiertesten Musiker seiner Zeit. Tante MGG (»Musik in Geschichte und Gegenwart«) schreibt sogar, er sei um 1840 der »berühmteste lebende Komponist Mitteleuropas« gewesen. Schön.

Nach einigen Vorgesprächen mit Ministerialen willigte Mendelssohn in den Ruf Friedrich Wilhelms IV. ein, nach Berlin zu gehen. Dort sollte er eine Musikhochschule gründen und überhaupt intensiv tätig werden. Er hatte aber Berlin gegenüber äußerst gemischte Gefühle. An Klingemann schreibt er: »Berlin ist einer der sauersten Äpfel, in die man beißen kann, und doch muss es gebissen sein.«

Aus Bonner Sicht: Stimmt! Jedenfalls: Mit der Berliner Bürokratie kam er überhaupt nicht zurecht, die Musiker dort konnten ihm nichts recht machen – während Berlioz noch Berlin als eine sehr musikliebende Stadt preist –, und alle Versuche seitens des Königs, ihn in Berlin zu halten, liefen ins Leere. Man fand zwar noch einen Kompromiss – ein halbes Jahr Pause, dann sollte er den Domchor übernehmen –, aber wenn einer wirklich keine Lust hat, ist nichts zu machen. Mendelssohn, der politisch liberal eingestellt war, litt obendrein unter der sterilen restaurativen Atmosphäre in Berlin, die sich für ihn schon sehr unterschieden haben muss vom avantgardistischen Leipzig. Jedenfalls: Er geht nach Leipzig zurück, macht 1842 seine triumphale siebte England-Reise (Empfang bei Königin Victoria und ihrem Albert mit großen Ehrungen) und denkt außer ans Komponieren nur noch an eines: in Leipzig ein Konservatorium zu gründen. Der 1839 verstorbene Leipziger Jurist Heinrich Blümner hatte ein Legat von 20.000 Reichstalern hinterlassen, das Felix nun zum Grundstock seiner Idee machte. Mit Robert Schumann und dem Geiger Ferdinand David gewann er (neben anderen bekannten Persönlichkeiten) Musiker für diesen Plan, die allererste Sahne waren. Der sächsische König war nun auch dafür, und am 3. April 1843 eröffnete man das Konservatorium in Leipzig. Er selbst übernahm eine Kompositionsklasse, muss aber als Pädagoge manchmal recht schwierig gewesen sein, weil er ungeduldig und ironisch ohne Ende sein konnte. Sei's drum, gelernt haben seine Schüler viel bei ihm: Man habe, schreibt einer seiner Schüler, bei Mendelssohn »in einer Viertelstunde Winke und musikalische Weisheitsregeln fürs ganze Leben einheimsen« können. Schön. Ende November ging er nochmal nach Berlin, wurde diesmal etwas freundlicher aufgenommen als vorher, kümmerte sich um den Domchor, das Orgelspiel und die Kirchenmusik, verlor aber bald erneut die Lust: »Der erste Schritt aus Berlin ist der erste Schritt zum Glück«, meinte er, und: »Die großen Pläne, die winzige Aufführung; die großen Anforderungen, die winzigen Leistungen; die vollkommene Kritik, die elenden Musikanten.«
1845 geht er endgültig weg von Berlin, zurück zum Gewandhausorchester nach Leipzig. Er komponiert, macht Gastdirigate – in Frankfurt, Berlin, Aachen, Lüttich etc. –, wird immer reizbarer und ungeduldiger, will ganz mit dem Dirigieren aufhören und leitet zum letzten Mal am 18. März 1847 das Gewandhausorchester in Leipzig. In Frankfurt ereilte ihn die Nachricht vom Tode seiner Schwester Fanny – und sein Herz brach, ohnmächtig stürzt er zusammen. Er sollte sich von diesem Schlage nicht mehr erholen. Fanny war mehr als eine Schwester, sie war die kongeniale Musike-

rin, vielleicht sogar – mit aller Vorsicht – seine wirkliche große Liebe. Was ihn nicht davon abhielt – wenn man den neuesten Forschungen glauben darf –, einige ihrer Werke unter seinem Namen herauszugeben. Allerdings ist hier ein Forschungsgebiet, das noch lange nicht abgeschlossen ist. Was Fanny für Felix wirklich bedeutete, wird klar, wenn man sich das Streichquartett f-moll op. 80 anhört, sein Requiem für Fanny. Da mag – möchte ich mal sagen – an »Ausbeutung« gewesen sein, was will: Diese Musik lässt die ungeheuer innige Beziehung zwischen beiden ahnen. Am 28. Oktober 1847 erlitt er einen Gehirnschlag, der ihn teilweise lähmte und ohne Bewusstsein sein ließ. Am 3. November kam ein zweiter Hirnschlag, und am 4. November starb er. Ignaz Moscheles, der dabei war, schrieb: »Der Arzt brachte Cécile in ein anderes Zimmer und stand ihr in ihrem stummen Schmerz bei. Seine Kinder waren um neun Uhr zu Bett geschickt worden und schliefen schon sanft, als Gott ihren Vater zu sich rief. Ich kniete vor dem Bette nieder und begleitete die Seele des Hingeschiedenen mit meinen Gebeten gen Himmel und küsste die hohe Stirn, die noch nicht vom Todesschweiß erkaltet war.«

ENTSTEHUNGSZEIT
1829 besuchte Mendelssohn im Rahmen seiner England-Reise auch Schottland. Beeindruckt zeichnete er Skizzen über Skizzen und schrieb am 30. Juli 1829 nach Hause:
»In der tiefen Dämmerung gingen wir heut nach dem Palaste, wo Königin Maria [Stuart] gelebt und geliebt hat; es ist da ein kleines Zimmer zu sehen, mit einer Wendeltreppe an der Tür; da stiegen sie hinauf und fanden den Rizzio im kleinen Zimmer, zogen ihn heraus, und drei Stuben davon ist eine finstere Ecke, wo sie ihn ermordet haben. Der Kapelle daneben fehlt nun das Dach, Gras und Efeu wachsen viel darin, und am zerbrochenen Altar wurde Maria zur Königin von Schottland gekrönt. Es ist da alles zerbrochen, morsch, und der heitere Himmel scheint hinein. Ich glaube, ich habe heut da den Anfang meiner Schottischen Symphonie gefunden.« Zwar beschloss er die Arbeit an der Symphonie erst am 20. Januar 1842, blieb aber den Eindrücken, die ihm Schottland gemacht hat, verpflichtet.

URAUFFÜHRUNG
Am 3. März 1842 dirigierte Mendelssohn seine »Schottische« zum ersten Mal. In Leipzig.

ERFOLG
Schon die Uraufführung war ein Erfolg. Die Aufführung der »Schottischen« am 13. Juni 1842 in London jedoch war ein Triumph. Deshalb widmete Mendelssohn die Symphonie der Queen Victoria. Die Symphonie gehörte von ihrer Uraufführung an in Leipzig zum ständigen Repertoire des Gewandhausorchesters.

ANEKDOTEN
Keine.

WERK
Sätze
Andante con moto/Allegro un poco agitato/Assai animato/Andante come prima – Vivace non troppo – Adagio – Allegro Maestoso assai

Dauer
35–40 Minuten

Besetzung
2 Flöten
2 Oboen
2 Klarinetten in A
2 Fagotte
2 Hörner in C
2 Hörner in E
2 Trompeten in D
Pauken
Violinen I und II
Bratschen
Violoncelli
Kontrabässe

HITS
Wenn auch die »Schottische« sich nicht mit den großen Symphonien von Beethoven oder Brahms messen kann – will sie das überhaupt? Und wenn ja: Wer misst denn da eigentlich? Also: Ich plädiere schärfstens dafür, diese Vergleiche aus den seriösen Konzertführern ein für allemal zu streichen! –, trumpft sie mit einer Reihe Hits auf.
Ein Gesamt-Hit ist der erzählerische Atem, der diese Symphonie auszeichnet: Wer Schottland kennt, mag sich zurücklehnen und Stimmungen wieder erkennen, wer noch nicht da war, hat die vielleicht schönere Ahnung, wie Schottland sein könnte.

Ein weiterer durchgängiger Hit ist die Stimmführung bei den Celli, oft gekoppelt mit Fagott und Klarinette: Mendelssohn muss die Celli im Orchester sehr gemocht haben, wenn er ihnen so feine Noten aufs Pult legt! Hören Sie doch mal genauer hin – es lohnt sich.

Das Thema im ersten Satz (Allegro un poco agitato), von Klarinetten und Violinen vorgestellt – das ist schon mal ein wunderschöner, leicht melancholischer Hit.

Die schottischen Stürme vor dem Assai animato sind auch fein anzuhören – vorausgesetzt, man hat den Schirm dabei.

Ein absoluter Klarinetten-Hit ist das Thema des zweiten Satzes, Vivace non troppo, vor allen Dingen dann, wenn es Orchester und Klarinettist schaffen, diese Stelle wirklich pianissimo zu spielen. Der zweite Satz insgesamt ist zweifellos ein Hit, wobei, wer mag, beim zweiten Thema sicher auch an galoppierende Shetlandponys denken darf.

Das Thema, das im dritten Satz über dem eine Harfe imitierenden Orchester schwebt, ist ein schöner Einfall, der vielleicht auf »The Lady of the Lake« zurückgeht – aber es bleibt ein feiner Einfall, auch wenn er nicht von Mendelssohn ist.

Der Mega-Hit ist aber der letzte Teil, das Allegro maestoso assai (äußerst majestätisch also): Hörner, Klarinetten und Fagotte eröffnen diese Schlussapotheose, die sich in kürzester Zeit zu einem Rausch steigert und nochmal kurz vor Schluss einen Kick kriegt, wenn die Hörner den zwar simplen, aber äußerst wirksamen Einwurf machen, der zum Schluss führt. Yeah!

Man *kann* das Ganze aber auch programmusikalisch sehen: Im ersten Satz führen uns melancholische Melodien in die Nebel der Highlands, Maria Stuart nickt uns enthauptet zu, im zweiten stürmen Ponys übers »green green grass of home«, und eine Klarinette spielt Dudelsack, im dritten Satz sitzt eine Lady am See, ein Clan formiert einen feierlich-heftigen Trauerzug und verschwindet im Nebel, und im vierten Satz – den Mendelssohn ursprünglich als »Allegro guerriero«, als kriegerisches Allegro bezeichnet hat – hauen sich diverse Clans die Nasen blutig, bis endlich alle vereint in schottischem Stolz den Applaus entgegennehmen ...

FLOPS

Der Haupt-Flop ist, dass der Whisky fehlt. Felix! Wie konntest du das wesentlichste aller schottischen Elemente unvertont lassen? Die »Schottische« ist ja geradezu eine »undrunken symphony«, was alle Freunde der Flaschen mit den unaussprechlichen Namen unerträglich finden. Eine Prise Bruichladdich oder Bunnahabhain hätte dem Ganzen nicht geschadet. Gut – hat nicht sollen sein.

Ein Flop könnte auch die berühmte »Dvořák-Stelle« im ersten Satz sein (ab Takt 180), wenn sie denn Mendelssohn von Dvořák geklaut hätte. Tatsächlich aber war es natürlich umgekehrt, und das, obwohl Mendelssohn meines Wissens nie in Böhmen war!

Ansonsten hat diese Symphonie nicht wirkliche Flops aufzuweisen, es sei denn, einer mag Schottland überhaupt nicht – dann zieht sich das alles natürlich sehr.

OBACHT

Bei keinem Instrument geht diese Symphonie an die Grenzen des technisch Machbaren für Orchestermusiker. Von daher liegen die »Obachts« woanders:

Kennt der Dirigent Schottland nicht, wird er die Tempi zu breit nehmen. Schon klingt's böhmisch, man ist geographisch irritiert und denkt sich: Wenn schon Wald, warum nicht gleich Dvořák?

Kennt er aber Schottland, wird er die Tempi zu lebenslustig-katholisch nehmen. Schon klingt's zu wild, man ist ethnologisch irritiert, weil die Schotten ja keine Tscherkessen oder Kosaken sind, und denkt sich: Wenn schon wild, warum nicht gleich Borodin?

Das heißt: Mendelssohn hat zwar Schottland gesehen, aber später aus der Erinnerung daran komponiert. Und da ist ihm sicherlich auch einiges der romantisierenden Sichtweise seiner Zeit in die Feder geflossen, was dazu führte, dass die »Schottische« eigentlich eine Reflexion über Schottland ist und nicht eine Beschreibung! Der Dirigent muss also den Fluss in der Musik selbst spüren, dann ist es eine wunderschöne, elegische und zum Schluss triumphale Symphonie.

ES MEINEN

Robert Schumann: »Er ist der Mozart des 19. Jahrhunderts.«

Ulrich Schreiber: »Dass Mendelssohn ein Mann von Welt war und seine Musik nicht minder gewandet, haftet dem Komponisten und seinem Werk wie ein schlechter Geruch an, so als könnte auch heute noch ein Musiker nur geehrt werden, wenn er mit den Niederungen seines Daseins zu kämpfen hatte, als könnte sein Werk nur überleben, wenn es ein Ideal des ›Per aspera ad astra‹ lauthals verkündet. Dass Humor und Weltgewandtheit nicht zu den Urtugenden deutscher Musik gehören, ist offenbar so zum allgemeinen Konsensus geworden, dass die Ausnahmen von dieser Regel verachtet werden.«

Richard Wagner meinte, die schottische Symphonie habe eine »weichlich gedrückt bleibende Stimmung«.

Olzep Kuhn, Musikkritiker: »Die Schottische ist so schottisch, wie es aborigine ist, wenn man Didgeridoo auf dem Kazoo bläst!«

BEIKIRCHER RÄT

ANLASS
Die schottische Symphonie passt zu allen Anlässen, bei denen man Engländer ärgern will: Ob es nun Besuch aus London ist oder der britische Botschafter empfangen wird, schon die ersten Töne werden einen leisen Schatten der Verärgerung über die englischen Gesichter huschen lassen. Würde sie in der »Last Night of the proms« gespielt werden, es gäbe einen Volksaufstand.

NUTZUNG
Man kann sie hervorragend nutzen, um in schottischen Hotels günstigere Übernachtungspreise zu erzielen. Selbst die Mitnahme der Partitur (englischsprachige Ausgabe natürlich) hat sich in Restaurants in Glasgow oder sonstwo äußerst preisdämpfend ausgewirkt.

AUTO
Ideale Musik beim Übersetzen von Calais nach Dover. Gleich zwei Gruppen werden ihren Platz zu Ihren Gunsten räumen: die Engländer und die Iren!

PAUSEN-TALK
»Das habe ich auf CD besser.«
»Das hätten Sie mal von Klemperer hören sollen.«
»Mich erinnert diese Symphonie an gleene schottsche Vöchel.«
»Wie dies?«
»Nu, die mit ihrn ›Gleen Fiddichn‹!«

FRAUEN
»Was für ein eleganter Mann Mendelssohn doch gewesen sein muss – diese feinen Melodiebögen, diese zurückhaltenden Temperamentsausbrüche, diese noblen Orchesterfarben!«
»Möchte ich nicht mit verheiratet sein.«
»Warum?«
»Zu wenig Angriffsflächen!«

MÄNNER
»Ich nehm ja zur Schottischen immer meinen kleinen Kontrapunkt mit.«
»???«
»Hier: mein Flachmann mit feinstem Malt Whiskey!«

BEWERTUNGEN
Technik Das Werk stellt schon hohe Ansprüche an Orchester und Dirigenten.

Gesamt   🥃🥃   Wenn sie schön musiziert wird, ist die »Schottische« ein Meisterwerk zwischen Klassik und Romantik, mit Orchesterfarben allerfeinster Qualität und Wirkung.
mit Glennfiddich

Felix Mendelssohn Bartholdy
1809–1847

Konzert für Violine und Orchester e-moll
op. 64

Felix Mendelssohn Bartholdy ist in meinen Augen Vorreiter und im Grunde auch bereits Vollender eines völlig neuen Musiker-Typs, den es bis dahin so nicht gegeben hat: ein Komponist, der sich als Dirigent intensiv für die werkgetreue Aufführung anderer Komponisten – zeitgenössischer und »klassischer« – eingesetzt hat und damit Motor des musikalischen Lebens – auch für das Publikum – war. Sein unerbittlicher Einsatz für Bach, Händel, Beethoven und Schubert einerseits, Schumann, Moscheles, Ferdinand David und Niels V. Gade andererseits hat das Konzertleben seines Jahrhunderts geprägt und wirkt bis heute nach. Gut – er musste natürlich auch Mittelmaß aufführen, aber er hat sich immer bemüht, seinen Zeitgenossen, die eher auf Virtuoses und Leichtes »standen«, die Ohren für das Bleibende zu öffnen: Damit hat er die Bereitschaft, im Zeitgenössischen das Große zu erkennen, entscheidend gefördert. Ohne die Konzerttradition, die Mendelssohn in Leipzig und anderswo schuf, wäre für Brahms, Wagner und Berlioz – um nur einige zu nennen – der Weg schwerer gewesen. Dieser Gedanke, dass ein Dirigent bzw. Generalmusikdirektor nicht nur ein »Aufführer« ist, sondern Gestalter des musikalischen Geschehens in seiner Epoche zu sein hat und damit generelle Verantwortung der Musik gegenüber trägt, ist ein moderner Gedanke. Es gab natürlich auch vor Mendelssohn dirigierende Komponisten; aber er war, meines Wissens, der Erste, der aus dieser Verantwortung heraus handelte. Respekt gegenüber den Kompositionen und sicheres Gespür für große Musik waren die Voraussetzung dafür. Auch nach ihm gab es dirigierende Komponisten (Richard Strauss, Furtwängler, Strawinski, Hindemith, Britten etc.), für die dann beide Bereiche – Komponieren und Aufführen – gleichwertig nebeneinander standen.

In Bezug auf zeitgenössische Werke kann man sicher sagen, dass er nicht immer verstanden hat, worin das jeweils »Neue« genau bestand. Darin war er Robert Schumann als Analytiker hoffnungslos unterlegen: Er war ja auch stärker am klassischen Ideal orien-

tiert als dieser. Dass z. B. Hector Berlioz in seiner »Symphonie fantastique« die Klangfarbe – neben Melodik, Rhythmik und Harmonik – zu einer eigenständigen musikalischen Kategorie erhob und mit dieser »Erfindung« etwas bahnbrechend Neues schuf, hat Mendelssohn nicht erkannt. Er urteilte über Berlioz: »Seine Instrumentierung ist so entsetzlich schmutzig und durcheinander geschmiert, dass man sich die Finger waschen muss, wenn man mal eine Partitur von ihm in der Hand gehabt hat.« Robert Schumann hingegen hörte die Musik eines »feurigen Jünglings«, den man nicht mit der »Krämerelle messen« dürfe. Die nicht gerade avantgardistische Ästhetik, der sich Mendelssohn verbunden fühlte, führte dann ja auch dazu, dass er oft klassizierendes Mittelmaß dirigierte (Hiller, Kaliwoda, Reisser, Lachner etc.). Umso höher ist es ihm anzurechnen, dass er dennoch immer wieder zeitgenössische Avantgarde aufführte, sogar Berlioz, was mit seiner Verantwortung dem Musikgeschehen generell gegenüber zu tun hat. Das heißt, er konnte offensichtlich immer wieder eigene Vorbehalte zugunsten eines quasi konzertpädagogischen Gedankens hintanstellen.
Sein größtes Verdienst als Dirigent allerdings liegt im »Wiederentdecken« der Werke von Bach und Händel und in seinem konsequenten Einsatz für die Musik Franz Schuberts.
Weihnachten 1823 bekam er von Omi die Matthäus-Passion geschenkt – natürlich nicht auf CD, sondern als Partiturabschrift –, und ab da formte sich der Gedanke, sie aufzuführen. Seine Freunde Eduard Devrient, Schauspieler, und A. B. Marx, Komponist, standen ihm zur Seite; und so kam es schließlich dazu, dass Mendelssohn die Aufführung plante, und zwar mit dem Chor der Singakademie Berlin, deren Chef Zelter war. Zelter war aber – wie alle anderen auch – sehr dagegen. Bach, hieß es, überfordere Publikum und Musiker gleichermaßen, man könne diese strenge, »gelehrte« Musik dem »modernen« Publikum nur in homöopathischer Dosierung zumuten. Hier mal eine Arie, da mal eine Arie, das sei genug. Mendelssohn aber ließ nicht locker, und so kam es zu einer heftigen Aussprache mit Zelter. Der blieb erst mal beim »Nein«, nannte die beiden – Devrient und Mendelssohn – »Rotznasen« – na gut, sie waren noch keine 20 Jahre alt! – und tobte herum, gab schließlich jedoch der Hartnäckigkeit insbesondere Devrients nach und stimmte der Aufführung zu. Mendelssohn ließ sich zwar noch zu dem Ausruf: »Dass es ein Komödiant und ein Judenjunge sein müssen, die den Leuten die größte christliche Musik wiederbringen!« hinreißen, war aber überglücklich. Schon bei den Proben war das bevorstehende Konzert Stadtgespräch, das Konzert selbst am 11. März 1829 ein Ereignis. Es wäre aber vielleicht eine Eintagsfliege

geblieben, wenn Mendelssohn sich nicht weiterhin hartnäckigst für Bach eingesetzt hätte.

Musikhistorisch ist dabei anzumerken: Mendelssohn hat sich – gegen alle damalige Aufführungspraxis – für eine werkgetreue Aufführung entschieden, das heißt, er hat die für die damalige Zeit völlig neue Idee gehabt, Bach und Händel so aufzuführen, wie es der Komponist vorgeschrieben hat. Es gab zwar einige Konzessionen, beispielsweise hat er die Rezitativ-Stelle »Und siehe da, der Vorhang im Tempel zerriss« instrumentiert – klingt einfach beeindruckender, oder?! – und hier und da Änderungen getätigt, im Großen und Ganzen aber hielt er sich offensichtlich an das Autograph: was für damals eine Sensation war. Wie bei Harnoncourt, als der die historischen Instrumente auspackte: Darüber hat zu Beginn auch so mancher gelächelt. Bei Händels Oratorien hat Mendelssohn sich ebenfalls an die Devise gehalten, die er in einem Brief an seine Mutter so formulierte: »Die Orgel begleitet die Arien, als täte es Händel selbst, und man wird zum ersten Male wieder den echten Händel hören.«

Die Uraufführung von Schuberts C-Dur-Symphonie (s. o.) war ebenfalls ein Meilenstein in der Konzertgeschichte des 19. Jahrhunderts. Der »romantische Klassizist« (Schumann) Mendelssohn hat also nicht nur Bach und Händel »wieder entdeckt«, er hat die Tür zu dieser Welt definitiv geöffnet – und zwar für alle Zeiten. Das allein reichte schon hin, vor Felix Mendelssohn Bartholdy den Hut zu ziehen und ihm ein Denkmal zu setzen (sein Denkmal in Leipzig fiel den Nazis zum Opfer).

ENTSTEHUNGSZEIT

Das Violinkonzert e-moll ist ohne die Freundschaft Mendelssohns mit Ferdinand David kaum denkbar. David, ein Jahr jünger als Mendelssohn und ebenso wie dieser in Hamburg geboren, lernte anlässlich einer Konzerttournee, die er mit 15 Jahren machte (noch ein Wunderkind!), Mendelssohn kennen und blieb ihm ein Leben lang in enger Freundschaft verbunden. Als Mendelssohn 1836 zum Generalmusikdirektor des Gewandhausorchesters ernannt wurde, holte er Ferdinand David als Konzertmeister nach Leipzig. Ab 1838 dachte Mendelssohn daran, ein Konzert für Violine und Orchester in e-moll – die Tonart war also schon mal klar! – für seinen Freund zu komponieren. Es zog sich allerdings noch was hin. Im September 1844 wurde es fertig, und am 16. 9. 1844 schickte er David die Noten. Der hatte bis dahin Mendelssohn geigerisch intensiv beraten, dennoch behielt Felix die kompositorische »Oberhoheit«. Das

Konzert ist also weniger ein genialer Spontaneinfall als das Ergebnis intensiver Arbeit über mehrere Jahre hin. Einer der klassischen Fälle übrigens, wo sich das gelohnt hat.

URAUFFÜHRUNG
Am 13. März 1845 wurde das Konzert in Leipzig uraufgeführt. Weil Mendelssohn unterwegs war, dirigierte Niels V. Gade das Gewandhausorchester. Solist: Ferdinand David.

ERFOLG
Es war ein Bombenerfolg. Das Konzert wurde direkt zu Beginn der darauf folgenden Konzertsaison – diesmal unter der Stabführung des Komponisten – wiederholt.

ANEKDOTEN
Am 10. November 1845 wurde das Konzert – nach seiner zweiten Aufführung in Leipzig – in Dresden aufgeführt, und zwar unter interessanten Umständen. Robert Schumann hatte mit dem Dirigenten Ferdinand Hiller eine Konzertreihe konzipiert, die am 10. November 1845 losgehen sollte. Klara Schumann sollte dabei das soeben fertig gestellte Konzert für Klavier und Orchester a-moll ihres Mannes aufführen. Klärchen wurde jedoch zwei Tage vor dem Konzert krank. Schumann fragte daraufhin bei Mendelssohn an, ob er das Violinkonzert haben könne, Ferdinand David war aber verhindert. Die Lösung war: Man spielte das Violinkonzert, Solist war aber ein 14 Jahre alter Schüler Davids: Joseph Joachim (wieder ein Wunderkind), der mit seinem brillanten Spiel an diesem Konzertabend einen der Grundsteine für seine beispiellose Karriere legte!

WERK
Sätze
Allegro molte appassionato – Andante –
Allegretto non troppo/Allegro molto vivace

Dauer
28–30 Minuten

Besetzung
2 Flöten
2 Oboen
2 Klarinetten in A

2 Fagotte
2 Hörner in E
2 Trompeten in E
Pauken
Violinen I und II
Bratschen
Violoncelli
Kontrabässe
Violino principale

HITS

Ein Hit – für damals – ist, dass die Solo-Violine schon im zweiten Takt einsetzt. Kein roter Teppich für den Solisten, kein Crescendo, kein spannendes »Wann ist er denn endlich dran?« – man sitzt noch nicht richtig, da geht es schon los. Prima!
Das Thema, mit dem die Geige loslegt, ist einer dieser ewigen Hits – zu Recht!
Ab Takt 72 kommt in Solo-Violine und Oboe das Seitenthema über den typischen (sozusagen gestoßenen) Bläser-Achteln in Flöte, Klarinette und Fagott – ein wirklich feiner Einfall, dessen Bewegung sich keiner entziehen kann.
Für Geiger ist die Stelle vor dem Orgelpunkt auf der leeren G-Saite ein absoluter Hit: das lieben wir, wenn uns der Komponist so schön zwingend rauf- und runtersteigen lässt. Es gibt Geiger, die diese Stelle so was von zelebrieren: klettern hoch, oben, wo die beiden gebundenen Achtel sind, verharren sie einen Augenblick wie auf dem 10-m-Brett, um sich dann genüsslich wieder das Griffbrett runterfallen zu lassen – ein Hochgenuss. Das ist so eine Stelle wie Dagobert Duck, wenn er in Gold badet!
Das Herz schmilzt einem dann beim zweiten Thema – Flöten und Klarinetten über dem Orgelpunkt der Sologeige, dem tiefen G –, weil's sooooo schön ist.
Unmittelbar vor der Kadenz ist – für mich – die »Smorzando«-Stelle – wenn da der Solist (die Solistin) Atem und Bogen hat: drei Sterne (und sonst was) für dieses »calando«, diese elegische Abwärtsbewegung!
Hit ist auch die Kadenz: Sie kommt früher als in anderen Konzerten, ist sehr konzertant und enthält eine kleine Hommage an Johann Sebastian Bach: Das Arpeggio nämlich, bevor das Orchester wieder einsetzt, ist stellenweise ein Beinahe-Zitat aus dessen Chaconne für Violine solo.
Dass das Fagott – und zwar allein – vom ersten Satz in den zweiten leitet: Überraschung und deshalb: Bingo!

Der zweite Satz selbst: Vielleicht nicht gerade der Straßenfeger, aber als »Lied ohne Worte« eines seiner schönsten. Wenn aber ein Solist die Oktavenläufe so traumhaft geigt wie Viktoria Mullova: bitte mehr davon ...
Der vierte Satz ist insgesamt einer der schönsten Geigen-Hits, die es gibt.

FLOPS
Der dritte Satz natürlich ist der Loser in diesem Konzert: Er zählt gerade mal 15 Takte, ist extrem leicht – also selbst von jemand wie mir vortragbar – und doch ein richtiger Satz aus einem richtigen Violinkonzert. Er war immer schon mein Favorit; aber bei Allegretto non troppo muss einem Komponisten vom Schlage Mendelssohns schon ein bisschen mehr einfallen als nur 15 Takte. Oder sollte das nur eine ironische Reverenz Mendelssohns vor der Forderung sein, dass zu jedem anständigen Orchesterwerk vier Sätze zu gehören haben? Aber dann hätte es schon ein Scherzo sein müssen. Oder hat die Zeit nicht mehr gereicht? Möglicherweise haben die Bläser auf einer Pause bestanden? Man weiß es nicht, wird dieses Rätsel nie lösen können und sollte sich einfach keine Gedanken darüber machen. Bei diesem Satz kann man mal ins Programmheft gucken oder verschämt das Handy ausmachen: Falls bis jetzt noch keiner angerufen hat, ist der Abend sowieso bestens gelaufen.

OBACHT
Nun, das sieht so aus: Wenn der Solist es nicht können würde, hätte er sich nicht aufs Podium getraut. Jedenfalls nicht in den Konzert-Palast, in dem Sie Ihr teures Abo haben. Obachts beim Orchester sind in diesem Konzert auch rar. Vielleicht die Stelle im vierten Satz kurz vor Schluss (ab Takt 838), wo die Geige die Triller im E-Dur-Arpeggio hat und die Klarinette die wunderbare 16tel-Figur einstreuen muss: Das erfordert sattelfeste Klarinettisten, denn die Stelle ist nur schön, wenn sie auch rhythmisch exakt geblasen wird.

ES MEINEN
Alle schwärmen von diesem Konzert:
Dirigenten, weil es so schön alleine läuft.
Geiger, weil es so dankbar ist.
Klarinettisten, weil sie auch mal eine feine Stelle haben.

Nur die Bratschen, die knatschen: Wenig zu tun, und wenn es mal schön ist, müssen sie mit den Celli zusammengehen (ohnehin *das* Bratschentrauma).
Gegenstimmen? Keine.
Enthaltungen? Auch nicht.
Nur Reclams Konzertführer meint etwas hochnäsig zum zweiten Satz: »... hält die Höhe des vorigen nicht« – kein Wunder: Er ist in C-Dur, der erste in e-moll, was eine große Terz höher ist, oder!?

BEIKIRCHER RÄT

ANLASS
Es passt haargenau in die dritte Woche einer neuen Beziehung. Man ist einander schon so vertraut, dass man mal Klassik auflegen kann, man sieht einander noch so verklärt, dass man den Schmelz der Geige auf den Partner übertragen kann, man hat noch genug Atem, um beim zweiten Satz ..., man getraut sich schon, nachher zu rauchen, und holt im dritten Satz die Packung Zigaretten, und man findet einander noch so spritzig, dass der vierte zu allerlei Neckereien anregen kann.

NUTZUNG
Man kann das gesamte Konzert nutzen, um zu suggerieren, die Beziehung sei doch noch lebendiger, als beide ahnen (ohne es einander zu sagen): Während des ersten Satzes schaut man dreimal in die Küche und lächelt sie an, beim zweiten Satz stellt man sich daneben, trocknet ab und riskiert ein Küsschen, der dritte Satz hat jetzt die ideale Länge für das Unvermeidliche, und der vierte Satz zeigt, dass es toll war. Pech nur, wenn sie danach den Boléro auflegt! Aber vielleicht fällt einem dann doch noch der Termin ein, den man beinahe vergessen hätte.

AUTO
Die ideale Musik, wenn man auf Landstraßen fährt, die durch sonnendurchflutete Laubwälder führen (Birken werden immer wieder gerne genommen). Das Gold und Grün passt 1a zu Geige, vorausgesetzt, das Auto selbst trägt vornehmes Konzertschwarz.

PAUSEN-TALK
»Das habe ich auf CD besser.«
»Das hätten Sie mal von Ysaye hören sollen.«

»War das nicht herrlich? Viktoria Mullova – diese Oktaven!«
»Und du musst da natürlich hingucken! Ph!!«

FRAUEN
»Ich sehe dieses Konzert immer als Choreographie. Diese weiten Bewegungen im ersten Satz, diese Sehnsucht im zweiten – so was *muss* man einfach tanzen, finden Sie nicht?«
»Na ja, die ersten beiden Sätze kann ich mir schon klassisch vorstellen. Aber der vierte? Bei dem Tempo, das er hat?«
»Der muss natürlich gesteppt werden!«
»Dann versteh ich auch, warum der dritte Satz so kurz ist: Mehr Zeit braucht man nicht, um die Stepp-Schuhe anzuziehen.«

MÄNNER
»Ich frage mich immer: Wie kann ein Solist ein ganzes Konzert auswendig spielen? Kann ein Mensch sich so viele Noten merken?«
»Natürlich nicht.«
»Und wie geht das dann?«
»Ist Ihnen aufgefallen, dass der Dirigent auf einem Podest steht?«
»Natürlich.«
»Wissen Sie, wozu das Podest da ist?«
»Damit man den Dirigenten sieht.«
»Nein. Damit darunter der Souffleur für den Solisten Platz hat!«

BEWERTUNGEN

Technik

fürs Orchester

für die Klarinette

für die Solo-Violine

Damit's schön wird, muss der Geiger wesentlich mehr können als dieses Konzert – und das Orchester ebenso. Nur dann haben beide die Souveränität, sich nicht vorzudrängeln und miteinander zu spielen.

Felix Mendelssohn Bartholdy

Gesamt   ♪♪♪   Weil es einfach nur
mit Engelshaar   schön ist, absolut geigerisch und glücklich macht.

Robert Schumann
1810–1856

Symphonie Nr. 4 d-moll
op. 120

Kennen Sie dieses Gefühl: Ein Mensch, der uns nahe steht, den wir mögen oder sogar lieben, lebt einen solchen Stiefel vor sich hin, dass man ihn immer wieder einfach nur schütteln möchte und ihm zurufen: »Halt! Nein! Doch nicht so! Da hinten ist vorne, siehst du das denn nicht?!« Aber nix da, unbeeindruckt läuft so einer immer wieder in die kleinen oder großen Katastrophen hinein, die man schon hat kommen sehen. Die Größe von Freundschaft zeigt sich darin, so einen sein Leben leben zu lassen und ihm dennoch ein Leben lang zur Seite zu stehen. Schwer genug, deshalb ist es ja auch so selten.
Bei Robert Schumann geht es mir genauso. Was hat dieser Mann für wunderschöne Musik komponiert – aber sein Leben? Ich kann Ihnen sagen: immer wieder so was von haarscharf daneben, immer wieder im richtigen Moment genau das Falsche tun, sehnsüchtig hingucken, wenn das Klärchen weg ist, und beinhart weggucken, wenn es da ist ... Also dazu gehört schon beinahe wieder Talent.
Ich möchte mal so sagen: problematische Beziehungskiste ohne Ende, dabei wäre es – natürlich nur von außen gesehen – so einfach gewesen, glücklich zu sein.
Das gespaltene Leben Robert Schumanns – hohe Kunst einerseits, was er wusste, mehr oder weniger unfähig für den Alltag andererseits, was er auch wusste – fing ja schon mal damit an, dass er in Zwickau (am 8. Juni 1810) geboren wurde. Gut, kann er nix für. Wäre er im selben Jahr in München geboren, hätte er das erste Oktoberfest der Weltgeschichte miterleben dürfen. (Was allerdings dann aus ihm geworden wäre, wollen wir mal dahingestellt sein lassen.)
Dann ist er in die gefährlichste Zeit der deutschen Kulturgeschichte hineingeboren: die männermordende Romantik. Wen sie gepackt hat, der tat es nicht mehr lang: Novalis starb mit 28 Jahren, Kleist mit 34, Lord Byron wurde 36, Nikolaus Lenau tauchte mit 42 in geistige Umnachtung, Franz Schubert wurde gerade mal 31 Jahre alt, Felix Mendelssohn Bartholdy 38 und Carl Maria von Weber starb mit 39 Jahren. Robert Schumann hat es immerhin auf 46

Jahre gebracht, gut, is aber auch nicht das pralle Alter. Dagegen die Frauen! Bettina von Arnim wird 74, Klara Wieck verwitwete Schumann gar 77!
Mehr muss ich wohl nicht sagen.
Mit den Eltern hat Schumann Glück und Pech gehabt, wie fast jeder von uns. Der Vater hat als Buchhändler, Verleger und Gelegenheitsautor beim Sohn die künstlerische Seite sehr gefördert, die Mutter duldete als eher praktischer Mensch zwar ein bisschen Klavierunterricht, versuchte aber ansonsten, das Augenmerk Roberts auf die wichtigen Themen zu lenken, als da wären: solider Beruf, wenn möglich Beamtenlaufbahn und Kohle bis zum Abwinken. Konsequenterweise verfiel sie im Alter in Depressionen.
Und da geht das mit dem Hin- und Hergerissensein auch schon los: Er war, wie ein Freund berichtet, von der absoluten Gewissheit beherrscht, künftig ein berühmter Mann zu werden – worin berühmt, das war noch sehr unentschieden, aber berühmt unter allen Umständen. Andererseits wusste er auch das nicht so genau und sagte: »Es überläuft mich eiskalt, wenn ich denke, was aus mir werden soll«, gleichzeitig aber auch: »Wenn der Mensch nur will – er kann ja alles!«
Das wäre ja in Ordnung, soweit es sich um den jungen Robert in der Pickelpubertät handelt, um den, der gesagt hat: »Die Welt ist ein ungeheurer Friedhof gestorbener Träume« – was ja so falsch nicht ist. Aber bei ihm zog sich das Hin und Her durch lange Jahre.
Erst will er Dichter werden und schreibt auch viel und gar nicht mal so schlecht. Schließlich hat er das Textbuch zu seiner Oper »Genoveva« auch selbst in die Hand genommen.
Dann will er Klaviervirtuose werden, überflügelt aber bald seinen Lehrer, der ihm sagt: »Nu, mein Gudster, ich gann dir nicht mehr helfn. Am bestn isses wohl, du guggst alleene weidr.« Was dazu führte, dass er praktisch Dilettant blieb, wenn auch ein sehr begabter. Der alte Wieck, Vater von Klara, hat ihn dann schließlich ein halbes Jahr an die Hand genommen und ihn erst mal Tonleitern üben lassen, was bei Robert zu derartigen Begeisterungsstürmen führte, dass er sich einen Fingerspreizer baute, um den Anforderungen dieses berühmten Lehrers nachkommen zu können – und vielleicht auch, um Klärchen besser umspannen zu können, wer weiß –, das ging aber auch schief. Er verletzte sich einen Finger der rechten Hand, bleibend (chronische Sehnenscheidenentzündung oder so), überlegte, ob er auf Cello umsatteln sollte, und ließ das Virtuosentum dann bleiben. Klärchen war sowieso besser als er, klar. War also auch wieder nix.
Dann fing er nebenbei an zu komponieren. Erst mal hat er nur so

vor sich hingewurstelt, sodass später der Kompositionslehrer Heinrich Dorn über den 21-Jährigen stöhnte, dem er das ABC des Kontrapunktes beibringen müsse, obwohl Robert schon als Komponist anerkannt sein wolle. Nach einem halben Jahr hat er den Schüler zum Teufel gejagt. Da hatte Schumann dann doch einen gewissen »Hals« auf die, die es von Anfang an besser hatten, Mendelssohn zum Beispiel.

1838 schrieb der 28-Jährige: »In ähnlichen Verhältnissen wie Mendelssohn aufgewachsen, von Kindheit zur Musik bestimmt, würde ich Euch samt und sonders überflügeln – das fühle ich an der Energie meiner Erfindungen.«

Was Schumann da übersah: dass Mendelssohn obendrein eine Schwester hatte, Fanny Cäcilie, die mehr als eine Gelegenheitskomponistin war. Ihr fürsorglicher Bruder Felix hat offenbar einige ihrer guten Sachen unter seinem Namen veröffentlicht. Das war dem armen Robert nicht vergönnt. Besser so.

Dann sollte Schumann Jurist werden. Hat auch brav ein paar Semester studiert, in Leipzig und in Heidelberg, schließlich ging es nicht mehr. Und da war justament ein Jurist nicht ganz unschuldig dran, ein gewisser Herr Thibaut, weltbekannt und Schumanns Jus-Professor. Thibaut war der klassische Fall des Quartals-Kreativen: vier Wochen schön steif in Frack und Zylinder Paragraphen wälzen, dann einmal im Monat am Cembalo bei Palestrina die Sau rauslassen! Sprich: Hauskonzerte hat er gemacht, denen Schumann beiwohnte. Und Thibaut heulte, tobte, warf die Mütze und strampelte, wenn der Hausfrauenchor dann doch mal das hohe Fis traf. Aber: Er muss wohl die wichtigste Fähigkeit, die ein Jurist haben muss, nämlich Durchsetzungsfähigkeit, bei Schumann richtig eingeschätzt haben, als er ihm empfahl, es sein zu lassen und Musiker zu werden. So schrieb also Schumann an seine Mutter den legendären Brief vom 21. August 1830, in dem er sie bat, das Jus-Studium sein lassen zu dürfen. Da kann man nur sagen: Robert, uneingeschränkter Beifall! Nicht jeder von uns hat sich getraut, so einen Brief abzuschicken. Darin sagt er: »Ist mein zukünftiger Wirkungskreis nicht ein ewiger, fataler Schlendrian von Raufereien und Viergroschenprozessen? – Und hab ich's mit anderen Menschen zu tun als mit Züchtlingen und anderem Gesindel? – Und was hab ich nun davon? Wenn ich's weit bringe: einen Oberaktuarius in einer Landstadt mit 3.000 Einwohnern und 600 Talern Gehalt!«

Nicht falsch, möchte ich sagen, nur mit den Ziffern hat er sich vertan, aus heutiger Sicht jedenfalls. Und er schließt mit dem legendären Satz: »Lieber arm und glücklich in der Kunst, als arm und unglücklich im Jus!«

Schließlich wollte er Musikkritiker werden und ist es auch geworden. Tatsächlich schrieb er mit 21 den ersten Artikel und gab mit 24 eine eigene Zeitschrift heraus, die »Neue Zeitschrift für Musik«, *das* Organ der Avantgarde. Damit wurde er quasi weltberühmt.
Was man sich heute gar nicht mehr vorstellen kann: Robert Schumann war *der* Sprecher der Avantgarde. Seine Artikel ebneten Mendelssohn, Chopin und Liszt den Weg in die Konzertsäle, seine Artikel waren Maßstab, und sein Lob bedeutete das Prädikat »sehr gut« von der Stiftung Musiktest in Leipzig, sozusagen.
Zwanzig Jahre lang hat er als Kritiker das europäische Musikleben an erster Stelle mit beeinflusst, gegen die Salonlöwen, gegen die Wichtigtuer, gegen die Nur-Virtuosen, die damals die Konzertszene beherrschten. Er war gnadenloser, als es Reich-Ranicki jemals wagte zu sein, aber er war neidlos. Als 1853 der zwanzigjährige Johannes Brahms wie ein junger Gott in das erstickte Eheleben der Schumanns einbrach und in Klara eine reife Frucht zum Pflücken vorfand, erkannte Schumann auf Anhieb das Genie des jungen Mannes und schrieb einen hymnischen Artikel über ihn – sein letzter überhaupt –, mit dem fast alttestamentarischen Satz: »Das ist der, der kommen musste!«
Dass aber einer der größten Komponisten des letzten Jahrhunderts seinen Bekanntheitsgrad zeitlebens fast ausschließlich seinen Kritiken verdankte, ist schon kurios. Stellen Sie sich doch mal vor, in ein paar Jahrzehnten käme raus, dass Theodor W. Adornos wahre Größe in seinen Streichquartetten liegt. Obwohl: Eins davon hab ich gehört, also ich weiß et nicht!
Privat war es auch nicht einfach. Dauernd sterben Menschen um ihn herum. Gut, ich sagte bereits: Die Romantik war eine gefährliche Zeit. Dennoch. Er ist fünfzehn, da ertränkt sich seine Schwester, noch nicht zwanzig Jahre alt. Er ist sechzehn, da stirbt sein Vater. Er ist 23, da sterben gleich zwei: sein Bruder Julius und seine heißgeliebte Schwägerin Rosalie. Und ausgerechnet der, der ihn in dieser Zeit tröstete, Ludwig Schuncke, Freund, Schriftsteller und Geistesverwandter, stirbt dann auch noch, ein knappes Jahr später. Alles in allem ein bisschen viel Tod für einen jungen Menschen mit sensiblem Gemüt. Was Wunder, wenn der 19-Jährige schreibt: »Mir träumte, ich wäre im Rhein ertrunken« – eine Angst, die er immer wieder hatte, aber dazu kommen wir noch. Ohnehin gehörte er zu denen, die kaum ein Wort herausbringen. Auf Zehenspitzen ist er meistens gegangen, den Mund wie zum Pfeifen gespitzt, sein Leben lang: Wenn er was sagte, musste man sich vorbeugen, um etwas zu verstehen, so leise hat er gesprochen. Das hat den 43-Jährigen in Düsseldorf die Karriere gekostet, weil der Chor, den er leiten

sollte, einfach nicht hörte, was Schumann sagte. Und in so einer Situation redet der Rheinländer natürlich weiter ... Was Schumann so zur Verzweiflung trieb, dass er die Proben einfach verließ. Gut, das ist aber ein eigenes Thema: die Inkompatibilität von Sachsen und Rheinländern!

Sie sehen schon, was ich sagen will: Da ist einer vor uns, der sich mit dem Entscheiden schwer tut, geschweige denn mit dem Durchsetzen dessen, was endlich entschieden ist, und der für die äußere Welt denkbar ungeeignet ist. Umso mehr hat er sich auf seine innere Welt verlassen, so lange, bis er sogar von ihr verlassen wurde. Aber glücklicherweise war es bis dahin ein langer Weg.

Nun aber zur Geschichte von Robert und Klärchen:

Das Jahrhundertpaar, die Jahrhundertliebe! Der romantischste aller Komponisten und sie, der Engel mit den himmlischen Augen!

Gut, man könnte auch sagen: die Tasten-Callas und der Schnulzen-Robbie! Jedenfalls: Wäre dieses Paar in unserem Jahrhundert angesiedelt, sie hätten hohe Pop-Qualität gehabt. Alle Welt hielt die beiden für ein Traumpaar, nachdem sich der Ruf des Komponisten Schumann etwas gefestigt hatte.

Er hatte als Musiker zwar nichts so richtig eindeutig, aber von allem etwas, und das war die besondere Mischung: Er war nicht so polnisch frauenschmachtend wie Chopin, nicht so italodämonisch wie Paganini, nicht so ungarisch aufpeitschend wie Liszt, nicht so weihevoll deutschtümelnd wie Wagner, nicht so wienerisch lyrisch wie Schubert, aber doch von alledem in deutsch-romantischer Form ein bisschen was und damit so was ganz Eigenes, dass es heute noch vielen schwer fällt, das Besondere in Schumann zu sehen und nicht nur das, was hinter den Größeren zurückgeblieben ist.

Und an seiner Seite die größte Virtuosin ihrer Zeit: Klara Schumann. Mit neun gab sie ihr erstes Konzert, Leipzig lag dem Wunderkind zu Füßen. Auf dem Höhepunkt ihrer Karriere huldigte ihr ganz Europa. Da verklärt sich natürlich so manches und verschleiert den Blick hinter die Kulissen. Umso mehr, als alle Welt wusste, gegen welche Widerstände Robert zu seinem Klärchen kam. Wie romantisch! Aber wie war das nun wirklich?

Also zunächst mal könnte man nicht sagen, dass Schumann ein Asket gewesen wäre, bevor er zu Klärchen kam. Mit 17 hat er im großbürgerlichen Haushalt der Familie Carus über die Dame des Hauses die Liebe zur Musik vertieft. Insbesondere pflegten die beiden das vierhändige Spiel. Am Klavier und überhaupt. Schön. Dann hat es mal eine Verlobung gegeben, da war er 24, dann hat er sie wieder gelöst, dann gab es eine Pianistin aus Schottland, dann hat er sich zwischendurch wahrscheinlich – man weiß es nicht genau – die Syphilis geholt, aber wer hatte das damals nicht (vgl. Register), und immer wieder gab es musikbegeisterte Ehefrauen, die ihm Herz und Boudoir öffneten. Also wie gesagt: kein Kind von Traurigkeit und dennoch immer auf der Suche nach der großen Liebe. Klar, das war damals die Zeit. Und immer hat er darunter gelitten, wenn er wieder mal der ganz irdischen Liebe huldigte, und hat sich geekelt vor dem »Schmutz des Gemeinen«, wie er es nannte. Gut, man weiß heute nicht mehr, wie die Frauen alle aussahen, vielleicht hatte er Recht mit dem Schmutz des Gemeinen, aber andererseits: Man muss sich doch nicht schämen, wenn es schön war, oder?!

Genau diese Schere aber hat der gute Robert sein Leben lang nicht in den Griff bekommen: die Schere zwischen dem, was sein sollte, und dem, was ist. Aber schön der Reihe nach.

Erst mal war der junge Robert Klavierschüler vom alten Wieck (wegen dem, was der unserem Schumann angetan hat, möcht ich ihn nicht anders nennen), da war er 20 und das Klärchen elf. Sie hatte schon seit zwei Jahren Konzerte gegeben und damit ihrem späteren Robert gezeigt, wo pianistisch der Hammer hängt. Was Wunder also, dass er sich auf die Dinge besann, die er beherrschte, zumal er im Hause Wieck wohnte:

Geschichten und Märchen hat er dem Klärchen und ihren Geschwistern erzählt, Geschichten von Doppelgängern, schauerlich-romantische Gespenstergeschichten, und er verkleidete sich gar selbst dazu.

Also, wenn er damals schon das Ziel gehabt hätte: Klara wird dereinst die meine, besser hätte er es nicht einfädeln können. Und ein Freund von ihm, Emil Flechsig, schrieb später, dass er damals schon geahnt hätte, dass zwischen den beiden mal was wird. Gut, im Nachhinein ist so mancher gern Prophet.

Klärchen führte damals schon Tagebuch, das heißt: Der alte Wieck hat ihr Tagebuch geführt, in der Ich-Form, so als wäre er Klärchen. Deshalb steht da von Roberts Gespensterspielen auch nichts drin. Aber das muss man sich mal reintun: Ein Vater schreibt für seine Tochter Tagebuch! Tz tz tz! Da hätte Robert schon ahnen können, dass so einer seine Tochter niemals einem anderen Mann kampflos überlassen wird.

Doch ich greife vor.

Erst mal war Robert schon auch einer wie alle anderen. Im »Kaffeebaum« in Leipzig saß er in der Zeit mit seinen Davidsbündlern herum, hat sich zwar mit Burschenschaftlern und dergleichen nicht abgegeben, pflegte aber schon den Eindruck, dass hier ein Genie herumsitzt, das im Grunde nur noch auf den letzten Kick

wartet, um abzuheben. Schach gespielt bis zum Ermatten, geraucht wie ein Schlot – eine Leidenschaft, in der er Brahms sehr verbunden war – und »geistigen Anregungen« durchaus zugewandt, das heißt: Der »Kaffeebaum« in Leipzig war quasi das »Ballermann 6« der damaligen Avantgarde. Zeitlebens hat er damit zu kämpfen gehabt: mit Alkohol und Zigarren. Flechsig schreibt:
»Beim Komponieren seh ich ihn noch in einer närrischen Haltung sitzen: Da er immer Zigarren schmauchte, biss ihn der Rauch in die Augen, weshalb er Mund und Glimmstängel möglichst aufwärts presste und mit dem Auge abwärts schielte, wunderliche Grimassen schneidend. Auch genierte ihn noch sonst die Zigarre, da er die Melodie zum Liede gerne pfiff, und Pfeifen mit der Zigarre im Mund doch fast unmöglich angeht.«
Man sieht: auch hier wieder der Hang zum Unpraktischen. Aber egal.
Und was hat er so gegessen?
Das wissen wir von ihm selber:
»Nichts Fettes, nichts Süßes. Höchste Lieblingsspeisen: Rindfleisch mit Reis, Nudeln, Gräupchen und dergleichen. Kalbfleisch, Schöpsenfleisch. Schweinefleisch seltener, wenn es nicht fett ist. Braten, alle, wenn nicht fett. Mehlspeisen keine, durchaus keine. Eierspeisen gerne. Suppen, Bouillon sehr gerne. Früchte, Eingemachtes nicht. Salate, saure, alle. Fische alle, ausgenommen Aal. Gemüse gerne, außer die süßen wie Möhren etc.«
Klingt fast wie das Inhaltsverzeichnis eines Diät-Buches. Also schon was eigen für die damalige Zeit. Sehr eigen.
Aber weiter mit Robert und Klärchen.
So ab 1834, da war er 24 und sie 15, hat es ihn dann gepackt. Schon mit 21 – da war sie 12 – hielt er in seinen Tagebüchern fest, dass sie hübscher und gewandter geworden sei, mit französischem Akzent spreche und spiele wie ein Husar. Was immer das heißen mag. Dann, mit 23 – da war sie 14 – ging es mit den Briefchen los.
Er an sie, sie an »Herrn Schumann«, und weil er so eine Kralle hatte, musste sich Klärchen seine Briefe von der Stiefmama entziffern lassen. Na ja, die entscheidenden Sätze wird sie wohl selber entziffert haben.
Dann kam ein gewisses Ernestinchen von Fricken ins Spiel, 18 Jahre alt, die dem 24-Jährigen altersmäßig denn doch was näher stand. Prompt verlobte er sich heimlich mit ihr. Blöderweise ist Schumann dann dahinter gekommen, dass da nicht viel dahinter war, sprich: Mitgift und so, und er musste die klammheimliche Verlobung quasi genauso klammheimlich wieder lösen. Und weil das Ernestinchen aus Asch war und er schon ziemlich verliebt, hat er

das A-S-C-H denn auch weidlich musikalisch umgesetzt, z. B. im Carnaval op. 9 – aber das nur für die Experten.
Jetzt aber ging's mit der Liebe zwischen Klara und Robert erst richtig los. Klar, die Verlobung mit Ernestinchen war in diesem Sinne ein kluger Schachzug vom Robert. Klärchen entbrennt natürlich ab jetzt völlig in Liebe zu Robert, der alte Wieck merkt's auch langsam, klar, der schreibt ja immer noch ihre Tagebücher, und fängt an, dagegen zu sein. Es wird langsam richtig heiß. Erst erteilt er Kontaktverbot und geht mit ihr auf Konzerttournee, dann spielt sie auch ihr Spielchen und schäkert mit einem Gesangslehrer, um Robert bei der Stange zu halten, was den alten Wieck erst richtig auf die Palme bringt, so nach dem Motto: Du sollst keinen anderen Mann haben neben mir – die Sorte Väter, wie gesagt, kennt man ja –, was wiederum unseren Robert auf die Idee bringt, eine andere Klara zu heiraten, wie: egal, Hauptsache Klara muss sie heißen (notiert er sich), dann tröstet er sich mit der schottischen Pianistin, mit der er sogar öffentlich auftritt ...
Jedenfalls: Das Ende vom Lied ist, dass er doch merkt, Wieckens Klärchen muss es sein, und ihr die Klaviersonate op. 11 zueignet und schickt. In Liebe natürlich.
Das war beinah der Schritt zu viel, weil sie jetzt stinksauer ihm alle Briefe zurückschickt und die ihren haben will. Kann man verstehen. Sie will einen Mann und kriegt eine Sonate. Ich mein: Das ist zwar romantisch, aber doch irgendwie neben der Mütze!
Dann ist erst mal Pause angesagt.
Im Spätsommer 1837 – da war er 27 und sie 18 – will sie erneut die Briefe, er aber, mannhaft, kontert mit »Ich liebe Dich«. Gut so, Robert. Und er bittet auch gleich den alten Wieck um die Hand seiner Tochter. Der gibt erst mal eine ausweichende Antwort und macht mit Klärchen eine Konzerttournee nach Wien. Ihr allerdings hat das so imponiert, dass sie jetzt auch die Ehe will. Seine Suizidgedanken kontert sie damit, dass sie sagt: Ehe ja, aber nur, wenn da mindestens zweitausend Gulden im Jahr herüberwachsen, was seine Ideen vom romantischen Suizid zum trivialen Gelderwerb lenkt. Gut so, Klärchen, hast du fein gemacht! Und er rödelt wie die Hölle: Sogar eine Sonate in C für das Beethovendenkmal in Bonn schreibt er, was man sich ohne finanzielle Not gar nicht erklären kann!
Dann verloben sie sich heimlich im August 1837, sie muss aber direkt weiter nach Dresden für einen Monat, was ihn wieder in die Depression treibt, klar, es gab ja noch keine Autobahn.
Weil sein Klärchen in Wien ungeheuer erfolgreich war, weil sie vor ihrer Abreise ihm »alles gegeben hat« und ihm gegenüber obendrein durchblicken ließ, was sie hinter seiner Schwärmerei für

»Sonnenjünglinge« und »attische Nächte« vermute, und ihm vorwarf, dass er immer wieder »das Eine« tue, das zu schrecklich sei, um es beim Namen zu nennen, hatte sie ihn nun vollends im Griff. Er musste das Gefühl haben, dass sie mehr über ihn wusste als er selber ahnte: Das Kapitel der homophilen schwärmerischen Neigungen Schumanns z. B. für Walther von Goethe, den Enkel des Alten, ist ja überhaupt noch nie richtig aufgeschlagen worden – und das hat ihm wohl den ersten Stich versetzt. Zumal sie diesen Stich noch unterstrich mit den Worten, dass sie ihn nie heiraten werde, falls er nicht »männliche Kraft genug« besitze, diese »Leidenschaft« zu bezähmen. Das muss Schumann ungeheuer auf die Spur gebracht haben. Sie oder keine war jetzt klar – und endlich ging er den wahren Gegner, den alten Wieck, an.
Er hatte ja mal Jus studiert. Angestachelt durch die Not, seinem Klärchen beweisen zu müssen, dass er wohl »mannhaft genug« sei, kam er auf die Idee, die Richter klären zu lassen, ob er nicht auch ohne die Einwilligung vom alten Wieck sein Klärchen – die immerhin bereits »großjährig« war – heiraten könne. Da war natürlich einiges los! Das Gericht sagt erst mal: Nee, dazu braucht es keine Richter, das kann ein Schiedsverfahren klären. Gut. Schumann ab nach Berlin, um die Hilfe von Klaras Mutter zu erbitten, die dort verheiratet war, weil sie es mit dem alten Wieck auch nicht mehr ausgehalten hatte. Nach einigem Geplänkel kam es dann zu einem Gerichtstermin, bei dem der alte Wieck sich so lautstark aufführte, dass der Richter ihm mehrere Male das Wort entziehen musste.
Und was er alles verlangte! Dass die beiden, wenn er denn schon einwilligen müsse, solange er lebe, nicht in Sachsen leben dürften; dass er Klärchens Vermögen erst mal behalten wolle und frühestens fünf Jahre nach Eheschließung auszahlen wolle; dass Schumann seine Einkommensverhältnisse gerichtlich beglaubigen lassen solle und dass Klara auf alles, was nach Erbschaft auch nur riecht, zu verzichten habe. Und dann ging's erst richtig los: »Und überhaupt, hoches Gericht, wissen Sie eichentlich, was das fürn Mensch is, der Schumann? N sittnloser Drunkenbold isser, n Algoholiger, wie er im Buche steht, der erste im Gaffeebaum, wenn's aufmacht, und dr Letzte, wenn die Stühle hochgestellt werdn, verlobt war er schon und überhaupt ein vollgommen unmoralisches Subjeggt, dem kein liebender Vater seine Tochter anverdraun gann ...« (quasi wörtliches Zitat) und so weiter und so weiter.
Jetzt wurde unser Robert aber richtig pfiffig. Zum einen hat er über Freunde bei der Universität Jena um den Dr. phil. angesucht, mit dem Argument: Er wäre natürlich bereit, eine Dissertation zu schreiben, und zwar über Shakespeare und seinen Umgang mit

Musik, er fände aber andererseits, dass ihm dieser Doktorhut auch wegen seiner bisherigen Verdienste verliehen werden könne, was ihm auch zeitlich angenehmer wäre, weil er im Moment ziemlich im Stress wäre wegen Komponieren und so. Und das hat geklappt! Am 24. 2. 1840 wurde dem 30-Jährigen der Jenenser Imponier-Titel verliehen.

Zum anderen hat er natürlich Zeugen und Zeug herbeigeschafft, um den Vorwurf des Trunkenboldes zu entkräften, hat aber das entscheidende Argument erst ganz zum Schluss in die Diskussion geworfen: dass nämlich der alte Wieck derjenige war, der täglich im Kaffeebaum herumhing und meist als Letzter ging! Das hat das Gericht dazu gebracht, dem alten Wieck aufzuerlegen, zu beweisen, dass Schumann ein Liederjan sei. Das konnte er nun beim besten Willen nicht, und so ging es aus, wie es musste: Der alte Wieck klemmte den Schwanz ein, das Gericht gab im August 1840 die Einwilligung zur Heirat, und am 12. September 1840 war die Hochzeit. Glück prall und schön, und ein Jahr später war das erste Töchterchen da, Maria.

Ein überglücklicher Vater schreibt an ihrem ersten Geburtstag das Folgende:

»Leipzig, am 1. September 1842

Du bist geboren am 1. September 1841, früh zwischen 10–11 Uhr gerade während eines Gewitters.

Getauft wurdest Du am 13., dem Geburtstage Deiner Mutter, die an diesem Tage 22 Jahre alt wurde.

Du warst im ersten Jahre Deines Lebens, das mit dem heutigen Tage vollendet ist, immer ein liebes kleines Wesen, das seinen Eltern viel Freude machte. Von schwerer Krankheit hat Dich der Himmel in diesem Jahre immer beschützt gehabt. Du zeigtest Dich immer fast heiter und aufgeweckt. Die schwarzen Wimpern über den blauen Augen stehen Dir recht hübsch. Jetzt kriechst Du schon ziemlich geschwind und mit vielem Geschick in der Stube herum und kannst auch allein aufstehen. Aber mit dem ordentlichen Gehen ist es natürlich noch nichts. Auch nicht mit dem Sprechen. Desto weiter bist Du schon im Singen und singst schon ganz bestimmte Intervalle und Tonfolgen. Am Schlusse dieses Buchs, wo die Notenlinien stehen, wirst Du kleine Melodien finden, die ich Dir öfters am Klavier vorsang. Wir wollen sie fleißig fortsetzen.

Dies ist das Wichtigste aus Deinem ersten Lebensjahre,
mein liebes Kind. Gott nehme Dich ferner in seinen Schutz!«

ENTSTEHUNGSZEIT

Ende Mai bis Anfang September 1841, im berühmten »Symphonien-Jahr« Schumanns, in dem er die B-Dur-Symphonie op. 38 (seine erste), »Ouvertüre, Scherzo und Finale« op. 52 und die »Phantasie für Klavier und Orchester« – den späteren ersten Satz des Klavierkonzerts op. 54 – schrieb, entstand die »neue Symphonie in einem Satz«. Es scheint schön geflossen zu sein, denn Schumann notiert im Tagebuch im Mai 1841: »Componirt schön an Symphonie.« Schumann ging es da ja auch exzellent: seit knapp einem Jahr verheiratet, Klara schwanger mit Marie, die – pünktlich mit der Beendigung der Symphonie – am 1. September 1841 zur Welt kommt. Robert Schumann hält es am 17. September 1841 im Tagebuch so fest: »Die Feste hörten überhaupt nicht auf; am 12ten war der Jahrestag unserer Hochzeit; am 13ten Geburtstag und Kindtaufe. Eine kleine Freude konnte ich meiner Klara machen mit der ersten gedruckten Stimme meiner Symphonie [B-Dur], mit der zweiten [Symphonie], die ich im Stillen fertig gemacht, und dann mit zwei Heften gedruckter Lieder v. Rückert von uns beiden. Was könnte ich ihr auch sonst bieten außer meinem Streben in der Kunst, und wie nimmt sie so liebevoll Theilnahme daran. Eines beglückt mich, das Bewusstsein (immer) noch lange nicht am Ziel zu sein, und immer noch Besseres leisten zu müssen, und dann das Gefühl der Kraft, dass ich es erreichen kann. So denn mit Muth, meine Klara, an meiner Seite, immer vorwärts.«
10 Jahre später überarbeitet Schumann – hauptsächlich in Bezug auf die Instrumentation – die Symphonie, und 1853 erscheint sie im Druck. Insofern ist die Opuszahl 120 etwas irreführend, denn tatsächlich ist die d-moll-Symphonie seine zweite und nicht seine vierte; zählt man aber die g-moll-Symphonie von 1832/33 auch noch als veritable dazu, dann wäre sie die dritte. Sie sehen: Lass dich aufs Zählen ein, schon bist du verloren!

URAUFFÜHRUNG

Am 6. Dezember 1841 in Leipzig (erste Fassung), am 3. März 1853 in Düsseldorf (endgültige Fassung).

ERFOLG

Die eigentliche Uraufführung in Leipzig stand, was die d-moll-Symphonie anbetrifft, unter keinem guten Stern. Ein übervolles Programm, erst an dessen Ende die Symphonie, und am Pult stand nicht Felix Mendelssohn Bartholdy, sondern Ferdinand David (oh-

ne Geige, vermute ich mal!). Das alles Überschattende – wenn man das von der d-moll-Symphonie her sieht – war, dass Franz Liszt zusammen mit Klara Schumann sein »Hexameron« spielte, ein virtuoser Knüller allererster Sahne, und das auf dem Höhepunkt der Liszt-Manie. Man gab (die Reihenfolge ist nicht eruierbar):
Schumann: Ouvertüre, Scherzo und Finale op. 52 (ebenfalls als Uraufführung)
Mendelssohn: Capriccio für Klavier und Orchester
Mozart: »Dalla sua pace« aus »Don Giovanni«
Thalberg: Fantasie über Themen aus Donizettis »Lucia di Lammermoor«
Bach: eine Fuge
Bennett: Allegretto aus den »Diversions« für vier Hände
Chopin: Etüde in c-moll
Schumann: »Die beiden Grenadiere«
Liszt: »Rheinweinlied« nach Herwegh für Männerchor
Liszt: Duo »Hexameron« für zwei Klaviere
Schumann: Symphonie d-moll
Bisschen üppig, was?!
Das »Hexameron« hat übrigens eine kuriose Entstehungsgeschichte: Es wurde auf Anregung der Gräfin Belgiojoso anlässlich eines Wohltätigkeitsbasars in Paris 1835 als Variationen-Zyklus komponiert. Und zwar von: Thalberg, Herz, Pixis, Czerny, Chopin und Liszt! Na, wenn die da keinen Spaß gehabt haben! Liszt bearbeitete den Zyklus (Stichwort: Mehrfachverwertung) unter anderem auch für zwei Klaviere.
Der Erfolg der Symphonie war, gelinde gesagt, »mau«. Alles war so vom »Hexameron« begeistert, dass sie einfach unterging.
Klara Schumann nannte die Komposition Liszts »ein furchtbar brillantes Stück, es mag wohl keines darüber gehen« und schildert das Konzert im gemeinsamen Tagebuch »vom 1ten bis 31ten December« folgendermaßen:
»Sonntag d. 5ten kam Liszt wieder, um Montag d. 6ten das Duo mit mir zu spielen. Wie das Publikum seine Gefälligkeit gegen uns aufnahm, lässt sich denken. Es machte Furore, und wir mussten einen Theil davon wiederholen. Ich war nicht zufrieden, sogar sehr unglücklich diesen Abend, und die folgenden Tage, weil Robert von meinem Spiel nicht befriedigt war, auch ärgerte ich mich, dass Roberts Symphonien nicht besonders ausgeführt wurden, und hatten sich diesen Abend überhaupt manche kleine Fatalitäten ereignet, mit Wagen, vergessenen Noten, wacklichen Stuhl beim Spielen, Unruhe vor Liszt etc. etc.: ... Nach dem Concerte gab Liszt ein ausgesucht feines Abendessen – Austern und Forellen machten

den Anfang. Wir waren beide müde und entfernten uns bald; die anderen mögen wohl noch lange geschwärmt haben. Wir fanden Liszt am andern Morgen im Bette liegend, worin er den ganzen Tag blieb, bis Mittwoch d. 8, wo er wieder nach Dresden reiste.«
Die Uraufführung der zweiten Fassung am 3. März 1853 in Düsseldorf dagegen wurde zu einem großartigen Erfolg.

ANEKDOTEN
s. o.

WERK
Sätze
Die Sätze gehen ineinander über, bilden also im Grunde einen einzigen Satz, womit Schumann den Rahmen der Symphonie entscheidend sprengte. Die Überschriften lauten:
Ziemlich langsam – Lebhaft – Romanze. Ziemlich langsam – Scherzo. Lebhaft – Langsam – Lebhaft. Schneller. Presto

Dauer
ca. 30 Minuten

Besetzung
Flöten
Oboen
Klarinetten
Fagotte
Hörner in F
Hörner in D
Trompeten in F
Posaunen (Alt, Tenor, Bass)
Pauken
Violinen I und II
Bratschen
Violoncelli
Kontrabässe

HITS
Die Vorbereitung des Themas von »Lebhaft« im »Ziemlich langsam« finde ich einen feinen Hit: spannend, kurz und durch das gis-a in den Bässen raffiniert untermalt.
Das Thema selbst ist ebenfalls ein Hit, der zum Mega-Hit an den Stellen wird, wo es von den Bässen aufsteigend und von Bratschen und Klarinetten, dann II. Geigen und Oboen und schließlich von I. Geigen und Flöten nach oben gepeitscht und moduliert wird – da rauscht's mächtig im Orchesterwald!

Ein Hit in der »Romanze« ist die Idee (gleich zu Beginn), Oboe und Cello als Solisten das Thema vortragen zu lassen, das gibt der Melodie eine brennende Sehnsucht, die ihresgleichen sucht – vorausgesetzt, die Operateure wissen, was Sehnsucht ist! –, ein zweiter Hit das Ratespiel im Anschluss (»Was die Streicher da spielen, das hab ich doch schon mal gehört?!« – Ja, in der Einleitung zu Beginn der Symphonie!), und ein dritter Hit ist das Violin-Solo im Anschluss daran.
Der wuchtige Beginn des »Scherzo« ist ebenfalls ein Hit – wenn es präzise und machtvoll gespielt wird. Dass ein Melodiebogen seinem eigenen Fluss widerstrebt und gerade dadurch fliegt, das hat schon Originalität!
Die Wiederholung des vorangegangenen Violin-Solos in den ersten Geigen im Trio – aber leicht verändert! Schönes Quiz in der Pause: Was ist verändert? Anfang: Aus der ersten 16tel beim Solo sind jetzt ein Viertel und ein Achtel geworden: Das Thema des Beginns wird in der Rhythmik variiert. Eine feinsinnige Idee und raffiniert, also schon auch ein Hit, ist die Modulation beim Übergang ins »Langsam«: Dieser kleine »Satz« mit seiner Steigerung zum »Lebhaft« ist ein schöner Höhepunkt dieser Symphonie. In diesem letzten »Satz« ist das – die Orchesterbewegung anhaltende – mächtige g in Posaunen und Streichern und der anschließende Fis7-Akkord mit dem g ein dramatischer Akzent mit Hit-Qualität – und enormer Weckwirkung!

FLOPS

Es ist nicht zu überhören, dass Schuberts C-Dur-Symphonie (s. o.), die Schumann »entdeckte« und die 1839 in Leipzig unter Mendelssohn uraufgeführt wurde, Schumann zum kompositorischen Durchbruch verhalf in dem Sinne, dass sie ihm Wege aufzeigte, wie es auch nach Beethoven weitergehen kann. Schumann hat zwar nicht aus der C-Dur abgeschrieben, aber er hat einige »Kniffe« benutzt, um Spannung zu erzeugen oder der Melodie Schwung zu geben:
Im ersten »Lebhaft«, so ab Takt 100, klingt die Steigerung – 16tel Triolen in den Celli, Horn-Fanfaren-Stöße und Motiv in den Posaunen – schon sehr nach Schubert, desgleichen in der Durchführung die federnde Begleitung der Melodie in Flöten, Klarinetten und Fagotten. Gut – es ist nicht kopiert, aber ...!

OBACHT

Es gibt eine Stelle im ersten »Lebhaft«, bei der immer wieder Freude aufkommt: Da läuft der Satz mit seinem dynamischen Thema schön dahin, Durchführung alles schön, dann kommen wir so in die Gegend von Takt 260, wo das Thema aus den Kontrabässen, über die Bratschen zu den Geigen hochsteigt, und da merkt der Dirigent plötzlich: »Och, das können wir auch schneller machen« und gibt plötzlich Gas, obwohl kein Gaspedalzeichen in der Partitur steht! Darauf sollten Sie achten, denn wenn ein Dirigent das tut, heißt das, dass er sich in der Garderobe vorher keine allzu großen Gedanken über die d-moll-Symphonie gemacht hat oder dass er erst jetzt das Glas Wein aus der Pause überwunden hat.

Ein absolutes »Obacht« ist die Stelle vor dem letzten »Lebhaft«: Die Geigen bereiten schon das Thema vor, die Bläser müssen da 16tel Triolen draufsetzen. Wie oft das schief geht, kann Ihnen jeder Bläser erzählen. Das ist eine der Stellen, wo man merkt, ob sich die Damen und Herren vorbereitet haben – bzw. ob der Dirigent vernünftige Probenarbeit geleistet hat – oder nicht. Einmal mehr: Wenn das nicht klappt – Geld zurück und fertig!

ES MEINEN

»Schumann d-moll? Geh mir weg damit! Du geigst dir die halbe Schulter weg und es klingt doch immer so, als hätten die ersten Geigen allein die ganze Arbeit gemacht!« (ungenannt bleiben wollender 2. Violinist, hintere Pulte)

»Ich freu mich immer auf die Romanze – was für eine wunderbare Melodie! Nur die Oboe – was hat die in meinem Solo verloren?« (ungenannt bleiben wollender 1. Cellist)

»Wenn mich beim Solo in der Romanze das Cello oktaviert, das klingt so, als hätte ich Wasser in meinem Instrument.« (ungenannt bleiben wollender Solo-Oboist)

BEIKIRCHER RÄT

ANLASS

Die d-moll-Phantasie passt hervorragend zu der Phase in einer Ehe oder Wohngemeinschaft, in der man noch Hoffnung hat, zusammenbleiben zu können, aber auch schon die »anderen Gedanken« denkt. Wenn die »Szenen einer Ehe« von Bergman »gut« ausgegangen wären, wäre diese Symphonie die ideale Filmmusik gewesen – wegen des hoffnungsfrohen Endes.

NUTZUNG

Man kann sie – s. o. – hervorragend nutzen, um den Szenen in einer Ehe eine positive Wendung zu geben. Der bedeutungsvolle Blick

von ihm zu ihr, wenn die Melodie der Romanze erklingt – obendrein in situationsgerechter Instrumentierung: Oboe und Cello –, kann ihr ohne Worte erklären, wie es ihm geht, und diesen Blick wird einer wohl noch hinkriegen, wenn es ums Ganze geht, oder?
Mit ihrem assoziativen Melodienfluss und ihrer spezifischen Bewegung kann man sie auch hervorragend beim »Simeliere«, der speziell rheinischen Art des Grübelns (s. Beikircher: »Himmel un Ääd«, MC Bouvier-Verlag Bonn), nutzen – das leichtfüßig-schwermütige Simeliere findet hier seinen adäquaten Ausdruck.

AUTO
Im Rheinland kann man die d-moll-Symphonie ideal im Winter einsetzen, wenn man aus Köln oder Düsseldorf aufs linksrheinische Land fährt. Hektik des Großstadtverkehrs (»Lebhaft«) und Melancholie des Hinterlandes passen perfekt.

PAUSEN-TALK
»Das habe ich auf CD besser.«
»Also ich weiß nicht: Wenn ich diese Schumann-Symphonie höre, gehen mir ständig so Gedanken im Kopf herum.«
»Was für Gedanken denn?«
»Ich weiß es nicht.«
»Das ist Schumann auch so gegangen.«
»Und?«
»Tja – Ende, nich?«

FRAUEN
»Ich finde, man hört hier die schöne Zeit des ersten Ehejahres heraus.«
»Wie denn?«
»Och, das ungestüm Drängende, dann das sanft Sich-Hingebende in der Romanze, dann die Steigerung, dann das plötzliche Halten mit den Posaunen und die Raserei zum Schluss ...«
»Meinen Sie, Schumann wäre so erotisch gewesen?«
»Gucken Sie doch mal in seine Tagebücher!«

MÄNNER
»Ich finde, das ist eine Symphonie wie eine Zigarre: edelstes Gewächs, aber man darf sie nicht rauchen.«
»Warum das denn nicht?«
»No – im Konzertsaal?«

BEWERTUNG

Technik

Insbesondere 2. Geigen, Bratschen, Kontrabässe und Bläser haben sehr anspruchsvolle Stellen.

Gesamt

mit Quiz-Stempel

Weil diese Symphonie – abgesehen davon, dass sie den Weg für die Symphoniker der zweiten Hälfte des 19. Jahrhunderts geebnet hat – herausragende Quiz-Qualitäten hat (»Hast du das erkannt? Das war das Thema am Anfang!« »Nein.« »Komm, wir gehen nach Hause!«).

Robert Schumann
1810–1856

Konzert für Klavier und Orchester a-moll op. 54

Wie in jedem Leben, wenn es dem Ende zugeht, laufen die Fäden langsam zusammen, den Betroffenen unentwirrbar, den Außenstehenden so klar, dass es nicht zum Sagen ist.

»Die Liebe ist abgewischt«, würde Ernst Jandl sagen, sähe er das Ehepaar Schumann 1853 in Düsseldorf. In konzentrischen Kreisen bewegen sie sich nur noch um sich selbst, ohne Ruhe dabei zu finden. Robert als gescheiterter städtischer Kapellmeister und Klara als verhinderte Konzertdomina. Beide leiden aneinander, ohne es einander eingestehen zu können.

Er möchte nur noch komponieren, möchte nicht Chöre und Orchester dirigieren müssen, etwas, was er ohnehin nur sehr durchschnittlich konnte, möchte in Ruhe gelassen werden von allen, auch von Frau und von Kindern, um sich ganz dem hingeben zu können, was er zu schaffen hoffte: dem Großen musikalisch ewig gültigen Ausdruck zu verleihen; sie möchte sich nicht mehr um ihn kümmern müssen, möchte keine Angst mehr haben müssen, dass er sich im Schaffensdrang erschöpft, möchte nicht mehr hinter den Straßenmusikern herlaufen, sie sollten doch woanders spielen, weil ihr Geplärre ihren Robert beim Komponieren stört, möchte nicht mehr sich um Köchinnen und Kindermädchen kümmern müssen, die ohnehin alles anders machen, als sie es wünscht, möchte am liebsten alle ihre Kinder in guten Internaten versorgt sehen, was ihr Robert nur mit einem »Nein. Niemals« kommentiert, um an den Flügel zu entschwinden, möchte wieder heiter und unbeschwert Klavier spielen können und Konzertreisen unternehmen und nicht mehr einer Ehe ausgeliefert sein, in der der Mann peinlich genau jeden Beischlaf notiert – in so einem Künstlerleben ist alles für die Nachwelt, Lieferantenquittungen, Opuszahlen und Ejakulationen –, möchte einfach wieder wahrgenommen werden: als Frau von ihrem Robert und als Künstlerin von der Welt.

So trivial wie tragisch. So überflüssig wie unentrinnbar.

Sechs Kinder lang hatten sie einander in Leipzig und Dresden ihre Liebe bewiesen. Irgendwie hatten sie es geschafft, auch noch –

jeder in seinem Bereich – kreativ zu sein, indem sie miteinander Tourneen machten, sich mehr oder weniger feiern ließen und der Welt bewiesen, dass sie trotz häuslicher Verpflichtungen das künstlerische Leben Europas zu prägen imstande waren. Und wurden doch mehr und mehr eine Notgemeinschaft zweier Menschen, die sich aneinander gekettet fühlten durch Ideale, die sie nicht imstande waren, einzulösen, die aber aufzulösen sie gleichfalls außerstande waren. So hoch, wie sie die Liebe schraubten, kann sie beim Wickeln und beim Frühstücksei nicht mehr hängen. Dazu gehört mehr als eine romantische Verklärung, dazu gehört die Kraft, sie nicht im Trivialen ersticken zu lassen. Zigarrenqualm und Altbierdunst einerseits, Nörgelei und Unzufriedenheit andererseits lassen auch den schönsten cis-moll-Akkord auf die Dauer schal erscheinen, jedenfalls bei Schumanns. Und wenn dann noch ein junger Gott erscheint, wie in diesem Fall Johannes Brahms ...
Also das war so:
Die Schumanns waren in Dresden. Nicht so das pralle Leben. Man schielte nach Leipzig. Direktor der Gewandhauskonzerte war die Latte, die sich Robert legte. Klappte nicht. Da tat sich in Düsseldorf wat auf. Ferdinand Hiller, bis dahin städtischer Kapellmeister, ging nach Köln. Er schlug Schumann als seinen Nachfolger vor. Der pokert mit Leipzig, den Trumpf Düsseldorf in der Hinterhand, fällt hinten runter und steht nun mit Sack und Pack am Rhein, von dem er schon mit sechzehn Jahren schrieb: »Mir träumte, ich wäre im Rhein ertrunken.«
Eine Vorstellung, die ihn immer wieder verfolgte.
Großer Bahnhof, klar, man kennt ja die Düsseldorfer, dann eine Wohnung irgendwo, Leierkastenmänner im Hinterhof, Krach und Buhei ohne Ende. Umzug auf die Kö, jot, war erst mal Ruhe.
Aber die Arbeit! Hiller hatte Schumann ein 1a Orchester und einen disziplinierten Chor hinterlassen. Der musste aber jede Menge Konzerte und Hochämter musikalisch gestalten. Das hieß: Proben, Proben, Proben. Wie soll aber einer um das hohe Fis der Laien-Soprane bei Palestrina kämpfen, wenn er nur im Kopf hat, dass er noch ein Violinkonzert schreiben möchte, oder Lieder oder ein Klavierquintett? Und der ohnehin so leise spricht, dass ihn keiner hört? Und der vor mehr als zwei Menschen auf einem Haufen nichts als sich fürchtet? Das Ergebnis liegt auf der Hand.
Der Chor ist da, es soll geprobt werden, aber die sin sich natürlich am Unterhalten: Dat Finchen hätt ewwer noch jet ze verzälle, dä Jupp wor jestern in Opladen op dä Kirmes, un wat die Bratsche sich do jestern zesammejefiddelt han, dat pass jo op kei Kohhaut ... Und vorne steht der leise, depressive Schumann auf dem Kutscherbock, sprich:

am Dirigentenpult, flüstert irgendwas von Fis vor sich hin, wat kei Minsch hüüre kann, schmeißt plötzlich alles hin und knallt sich en dr Kantin erst mal eine Deckel voll Alt en dr Kopp. Es klar: Dä Sachse es suwiesu nit ze verstonn un kann och nit richtig em Kopp sin.

Die Kritiken wurden frecher, man fordert Schumanns Rücktritt, man intrigiert: Er solle nur noch dann dirigieren, wenn er seine eigenen Werke aufführe und so weiter. Man kennt das ja aus der Kulturpolitik rheinischer Metropolen bis heute.

Was ein Glück, dass da seine Krankheiten waren! Ein Glück für Düsseldorf und – wie mir scheint – auch ein kleines Glück für Klara.

Und das ist der Moment, wo ich Herrn Schmitz, Hilfspfleger in der psychiatrischen Privatklinik des Herrn Dr. Richarz in Endenich bei Bonn, im Interview zu Wort kommen lassen möchte. Er hat – was keiner weiß – zwei Jahre lang Schumann gepflegt und umsorgt wie kein anderer. Weil aber niemand die Memoiren kleiner Leute schreibt, ging er in den ganzen wissenschaftlichen Abhandlungen über Klara und Robert Schumann unter. (An dieser Stelle darf ich bitte bemerken, dass ich den fiktiven Pfleger nachweislich schon 1995 in der Philharmonie in Köln im Rahmen eines Konzerts über Robert Schumann »auftreten« ließ: das nur, um die Verehrer von Peter Härtlings Roman »Schumanns Schatten«, Kiepenheuer & Witsch 1996, zu denen auch ich gehöre, zu beruhigen. Ich habe die Figur des Tobias Klingelfeld nicht »geklaut«.)

BEIKIRCHER: Herr Schmitz, Sie waren in den letzten Jahren Robert Schumanns abseits von den Ärzten sein eigentlicher Begleiter. Immer so im Hintergrund, dass bis heute außer mir keiner von Ihrer Existenz weiß, aber doch näher dran als so mancher Arzt. Was war denn nun eigentlich der Anlass, dass Robert Schumann aus Düsseldorf in die idyllische Privatklinik von Herrn Dr. Richarz nach Endenich bei Bonn kam?

SCHMITZ: Dat war der Rosenmontag 1854, wo der Schumann in Düsseldorf in der Rhein jesprungen es. Die waren den ja schon die janzen Tage davor rund um die Uhr am Bewachen jewesen, damit nix passiert. Der hatte ja die janze Zeit schon jesagt, er will in die Anstalt und von zu Haus eraus, und dauernd ein Anfall nam andern, und da waren die den am Bewachen. Am Rosenmontag es dann der Arzt jekommen, die Frau Schumann hat sich mit dem paar Minuten unterhalten und in der Zeit dat Mariechen zum Schumann ereinjesetzt, da war die jrad mal 12 1/2.

Un do es der Schumann aus dem Schlafzimmer in der Vorraum jekommen, wo dat Mariechen saß, sieht et, schlägt die Hände vorm Jesicht zesamme und ab durch die Mitte. Quer durch die Stadt

nahm Rhein, op die Brück und in et Wasser jesprunge. Zum Jlöck waren da paar Mann im Bötchen, die dat jesehen haben, und die haben dann der Schumann jerettet, an't Ufer jezogen und quer durch die Altstadt voller kostümierter Jecker nach Haus jebracht. Furchtbar. Und deshalb is der dann noh Endenich jekommen.
BEIKIRCHER: Also praktisch wegen akuter Suizidgefahr, wie man heute sagen würde?
SCHMITZ: Ja nicht nur, ne. Also dat war ja bei dem fast schon Manie mit dem int Wasser springen. Immer wieder hat der die Vorstellung jehabt, dat er eines Tages in der Rhein springt. Schon bevor der wusst, wie der Rhein övverhaupts aussieht! Ewwer da kam ja auch noch anderes dabei: immer wieder diese furchtbaren Gehörstörungen, quasi sein janzes Leben lang. Do bisse am Klavierspielen oder Komponieren oder wat, und plötzlich geht nix mehr, weil tagelang ein hohes a em Kopp es, nix als wies ein hohes a, oder Musik, einfach Musik laut em Kopp, dat man nix anderes mehr tun kann. Manchmal schöne, als wies wenns ihm Engel wat vorsingen täten, hat er selbst jesagt, dann wieder tagelang teuflisches Gesäge und Geplärr, dat er nur noch schreien konnt. Dat muss für einen Komponisten furchtbar sein.
BEIKIRCHER: Also da gibt es ja ganze Bibliotheken darüber. Die Ärzte, die ja oft auch Hobbymusiker sind, haben sich zuhauf auf Schumann gestürzt, um Licht in die Endenicher Legende zu bringen, und haben dabei nur neue geschaffen. Von frühester Kindheit an immer wieder Depressionen und Suizidgedanken, Angstzustände, Schlaflosigkeit und Mattigkeit. In seinem »Rechnungsbuch«, in dem er übrigens auch jeden Beischlaf mit Klara festhielt, schreibt er immer wieder von »Schwindelzuständen, anfallsweiser Atemnot, Ohnmacht, Kopfschmerzen und Herzensangst«. Bluthochdruck hat er gehabt und rheumatische Beschwerden. Was Wunder, wenn die Ärzte da ein fruchtbares Feld eigener Phantasie sahen. Da wogen die Diagnosen! Eine ganze Reihe Ärzte schiebt Schumann in die Schizophrenie: Stimmenhören, Halluzinationen etc. pp. sind da die Leitfäden. Schumann *war* aber zeitlebens Florestan, der Schäumend-aufstrebende, und Eusebius, der Nachdenklich-abwägende, er hat diese Gestalten schon als Jugendlicher Jean Paul entlehnt und sie als literarische und persönliche Figuren kultiviert. Das war ein wesentlicher Teil der Romantik, diese Zweiteilung von Irdischem und Himmlischem, quasi ein künstlerisches Konzept, das kann man doch nicht mit der Elle der Psychopathologie vermessen. Andererseits: Die romantische Literatur hat die moderne Psychologie auch ein Stück weit vorweggenommen. Andere Ärzte fahren jedenfalls auf die Stimmungsschwankungen ab, mal zu Tode

betrübt, mal himmelhoch jauchzend, und schwupp! haben sie die Diagnose: manisch-depressiv. Als ob extreme Seelen wie Schumann nur dann verstehbar wären, wenn man sie als Kranke begreift. Da zeigt sich wieder mal die Kleingeistigkeit der klassischen Psychiatrie: Wer gesund ist, ist normal, wer nicht normal ist, muss demgemäß krank sein. Ach du lieber Himmel! Wieder andere Ärzte »stießen« auf Tumoren, Arteriosklerosen etc. pp.
SCHMITZ: Jo un die Syphilis, ne. Hatte man ja schon damals im Verdacht. Dat dä Schumann sich do früher mal irjendswie infiziert, also quasi die Lustseuche einjefangen hat. Ich mein: Damals hatte dat ja jeder Zweite, normal. Dä Schubert, dä Donizetti, dä Smetana, dä Hugo Wolf. Ich mein: Wat hatte man damals schon für Mittel? Einmal sich vergessen, schwupp! War man zwanzig Jahre später Paralytiker.
BEIKIRCHER: Gut, Herr Schmitz, das wird man heute nicht mehr klären können. Aber sagen Sie, wie sehen Sie eigentlich das alles?
SCHMITZ: Also da muss ich sagen, wie dat Bettina von Arnim dä Schumann besucht hat, dat hat mich schon beeindruckt
BEIKIRCHER: Bettina von Arnim hat Mitte Mai 1855 Schumann besucht und an Klara Schumann einen sehr beunruhigenden Brief geschrieben:
»Liebe Freundin! Durch Ihre Vermittlung habe ich Herrn Schumann zu sehen bekommen. Durch einen öden Hof und ein ödes Haus kamen wir in ein leeres Zimmer. Hier harrten wir des Arztes. Ich drang darauf, Ihren lieben Mann zu sehen, so führte er uns wieder durch öde Gänge in ein zweites Haus, worin es so stille war, dass man eine Maus hätte laufen hören können ... ich eilte ihm entgegen, die Freude glänzte auf seinem Antlitz, uns zu sehen. Er sagte mir mit Worten, die er nur mit Mühe aussprechen konnte, das Sprechen sei ihm immer schwer geworden, und nun er seit länger als einem Jahr mit niemandem rede, habe dieses Übel noch zugenommen. Er unterhielt sich über alles, was ihm Interessantes im Leben begegnete ... er ist einzig angestrengt, sich selbst zu beherrschen, allein wie schwer wird ihm dies, wo er von allem, was ihm heilsam und ermunternd sein könnte, geschieden bleibt? Man erkennt deutlich, dass sein überraschendes Übel nur ein nervöser Anfall war, der sich schneller hätte beenden lassen, hätte man ihn besser verstanden oder auch nur geahnt, was sein Inneres berührt ... Ich höre mit Freuden, dass Sie ihn recht bald wieder im Kreis seiner Familie erwarten, und diese Rückkehr zu den Seinen erfüllt seine ganze Sehnsucht ...«
SCHMITZ: Ja von wegen »Rückkehr zu den Seinen«. Die hatte ihn ja nie besucht. Erst ganz am Ende. Aber vorher? Wenn er ihr jeschrie-

ben hat, er tät dat und dat brauchen, hat sie ihm ab und an wat jeschickt oder der Brahms antworten lassen. Und da muss ich sagen, dat die Idee vom Bettina, dat der Schumann überhaupt nicht wirklich krank is, mir jot jefallen hat. Ich hatte immer dat Jeföhl, dat der Mann einfach nur jebrochen es. Als Mann, wenn Sie wissen, wat ich meine. Un wenn man bösartig wär, könnt man sagen: dat die Frau Schumann in dem ewijen Jezänk und Hin un Her in der Ehe richtig froh war, wie ihr Mann bei uns kohm, weil sie dann endlich wieder machen konnte, wat sie wollte: Konzerte und Brahms un dat all.
BEIKIRCHER: Ein böser Verdacht, der sich vielleicht genauso wenig halten lässt wie so manche ärztliche Diagnose. Aber apropos Brahms. Falls da wirklich was war – man kann das ganz gut verstehen. Da ist eine großartige Frau, die ihre Künstlerqualitäten kennt, die aber vor lauter Kinder- und Ehemannpflege zu keinem vernünftigen Gedanken mehr kommt. Er kümmert sich seit Jahren nicht mehr um sie, zieht sich zurück, sitzt am Flügel, geht jeden Abend um sechs Uhr in die Kneipe, kommt dann um acht »gut dabei« zum Abendessen zurück, ist dick, aufgedunsen und stinkt nach Zigarrenqualm und will dann jede dritte Nacht auch noch seine Eintragung ins Rechenbuch machen, damit die Nachwelt sieht, was für ein Kerl er trotz allem war. Ich meine: Da hat Frau Schumann schon einiges aushalten müssen.
SCHMITZ: Dofür wor sie nur noch am kühmen und nörjele – auch nicht schön, ne.
BEIKIRCHER: Na gut, der Ehealltag von zwei Leuten, die vor lauter Nachwelt und Mythenbildung einander nicht die Wahrheit sagen können: dass es vorbei ist.
SCHMITZ: Und jenau in dem Moment taucht dä Brahms auf. Ich mein: Ich kann amfürsich nichts Schlechtes über ihn sagen, der hat ja der Schumann öfter besucht als sie.
BEIKIRCHER: Wie ein junger Apoll rauscht der zwanzigjährige Brahms ins Leben der Schumanns. Unterm Arm einen Packen Noten, setzt sich ans Klavier und beide sind hingerissen: sie vom Mann, er vom Komponisten. Paar Tage später wohnt Brahms bei den Schumanns und ab da ...
SCHMITZ: ...jing et los, klar. Ich sage immer: Dat dat passiert, es normal. Entscheidend is, wat man daraus macht. Dat die Frau Schumann nach Jahren der Entbehrungen im Brahms quasi einen jungen, kräftigeren und attraktiveren Schumann sieht und dem janz verfällt, willse machen. Ewwer dä Schumann hätt do entweder sage müsse: So nicht, Liebelein, oder die Koffer packen müssen oder mindstens sich hinsetzen müsse mit singem Klärchen und

sage: Un wat jetzt? Konnt der aber nicht. Da war der zu zart jebaut für. Hier, beim Sprung von der Brück in Düsseldorf, da war dat ja schon klar. Da hatte dä Schumann zuerst ein Zettelchen jeschrieben: »Liebe Klara, ich werfe meinen Trauring in den Rhein, tue Du dasselbe, beide Ringe werden alsdann sich vereinigen«, jeht dann op die Brück, wirft singe Ehering in der Rhein und springt in et Wasser. Dat schreibt nur einer, der weiß, wat los is, und nicht weiß, wat er machen soll. Aber die Ehe hat er in dem Moment aufjejeben.

BEIKIRCHER: Er hat schon die Tage vorher alle seine Papiere geordnet, als schiede er aus dem Leben. Johannes Brahms hat sich dann ja auch nach Schumanns Einlieferung nach Endenich um Haushalt, Kindererziehung und Klara gekümmert. Sogar Schumanns Rechnungsbuch hat er fortgesetzt, wenn auch ohne die üblichen Beischlafseintragungen. Aber fast sein ganzes Leben lang blieb er den Kindern und Klara verbunden.

Drei Tage vor Schumanns Tod besuchte ihn Klara. Er hatte monatelang fast nichts mehr gegessen, hatte Hungerödeme und sich überhaupt der Welt verweigert. Zwangsernährt wurde er in quälendster Weise. Am 27. Juli 1856 besuchte sie ihn. Er scheint sie wohl erkannt zu haben, denn er ließ sich von ihr Gelee und Wein geben, versuchte sie auch zu umarmen, konnte aber nicht mehr. Am 29. Juli soupierte Frau Schumann in Bonn mit Johannes Brahms, so starb er allein am 29.7.1856 gegen 16 Uhr. Als man vom Essen nach Endenich kam, war er tot. Am 31. Juli war in Bonn die Beerdigung. Der Dichter Klaus Groth schildert sie so:

»An einem wundervollen Sommerabend am 31. Juli, in lauer, stiller Luft, nahte er [der Leichenzug] uns. Bloßen Hauptes gingen Brahms, Joachim und Dietrich mit Lorbeerkränzen nahe beim Sarg. Brahms und Joachim habe ich noch deutlich vor Augen: beide im schönsten Haarschmuck junger Männer, Joachim dunkelbraun, Brahms hellblond, beiden Gesichtern in ebenso entschiedener Art die Genialität aufgeprägt. ... Auch wir anderen entblößten das Haupt. Feierlich und still wanderte das kleine Gefolge, bis die Straße sich erweitert und vom Markt her, dem wir uns näherten, allmählich das Glockengeläut lauter wurde.

Aber siehe, da strömte es aus den Gassen herbei, als gälte es, einen Fürstenzug zu sehen! – Was vom Magistrat, Bürgermeister, Stadtverordneten, Vereinen usw. sich anschloss, vermag ich nicht zu sagen; aber das Volk, das hochsinnige rheinische war erschienen, einen letzten Blick zu werfen auf den Sarg, der unter Blumen, Kränzen, Palmen die irdische Hülle eines großen Mannes barg, dessen Name wenigstens, dessen Klänge und Sänge vielen ins Herz

gedrungen waren, dessen furchtbares Schicksal alle Gemüter bewegt hatte.
Die ganze Bevölkerung Bonns schien vollzählig versammelt zu sein, plötzlich, wie auf die Nachricht von einem großen Unglück, Brand oder Erdbeben. Leute aus allen Ständen liefen herbei in Hast und Eile, offenbar unvorbereitet, in Werktagskleidern, Hemdsärmeln, bloßen Kopfes. – Und dabei war feierliche Totenstille, soweit das bei einer solchen Menschenmenge möglich ist. –
In Minuten war der Marktplatz Kopf an Kopf gedrängt voll, in den nächsten Straßen Fenster an Fenster, und der Zug kaum imstande, in gemessenem Schritt die teilnehmende Menge zu passieren.
Beim Verlassen des Ortes wogte es um uns her, als sei die halbe Stadt ausgewandert. Der schön gelegene Kirchhof war schwarz bedeckt von Menschen. Die wenigsten haben wohl die Worte vernehmen können, mit denen Pastor Wiesmann den Sarg begleitete, als wir ihn hinabließen zur Ruhe, und den tief empfundenen Nachruf, den Ferdinand Hiller seinem hingeschiedenen Freunde widmete. – Wir anderen streuten schweigend eine Hand voll Erde auf den Sarg – als letzten Gruß zum Abschiede.«

ENTSTEHUNGSZEIT

Nachdem Schumann bis 1840 überwiegend für Klavier komponierte, liegt es nahe, dass er schon in dieser Zeit daran gedacht haben muss, ein Klavierkonzert zu schreiben. Da gab es schon mal die Idee, dem Pianisten Johann Nepomuk Hummel ein Konzert in F-Dur zu widmen, oder einen Entwurf für ein Konzert in B-Dur (Skizzenbuch V) oder einen Konzertsatz für Pianoforte. Das wurde aber alles nichts. Vielleicht lag das Problem woanders: im Gedanken, dass in einem Konzert auch virtuose Aspekte berücksichtigt werden müssen – jedenfalls sahen das alle Virtuosen so –, was ihm nicht lag. Er schrieb z. B. 1839 an Klara: »Ich kann kein Konzert schreiben für den Virtuosen; ich muss auf etwas anderes sinnen.«
Er wolle, wie er Klara schrieb, die Grenzen »zwischen Symphonie, Concert und großer Sonate« überschreiten, was ihm – um es vorwegzunehmen – im Klavierkonzert exzellent gelungen ist.
Im Mai 1841 komponierte er innerhalb von zwei Wochen eine Fantasie in a-moll für Klavier und Orchester, über die Klara in den gemeinsamen Tagebüchern im August 1841 schrieb: »Das Clavier ist auf das feinste mit dem Orchester verwebt – man kann sich das Eine nicht denken ohne das Andere.«
Schumann fand keinen Verleger für die Fantasie, ärgerte sich schwarz und legte sie erst mal »auf Wiedervorlage«. Immer wieder

einmal arbeitete er daran, im Juni/Juli 1845 brachte er das Klavierkonzert unter Verwendung der Fantasie in seine endgültige Form.

URAUFFÜHRUNG
Am 4. 12. 1845 wurde das Klavierkonzert im Hôtel de Saxe in Dresden unter der Leitung von Ferdinand Hiller uraufgeführt. Solistin: Klara Schumann. Neujahr 1846 dirigierte Felix Mendelssohn-Bartholdy das Konzert (wieder mit Klara als Solistin) zum Welterfolg.

ERFOLG
Beim Publikum: ja. In der Kritik: na ja. Die »Neue Zeitschrift für Musik« – die Schumann gegründet hatte – rügt den »häufigen Wechsel der Soli und Tutti« und das schwierige Dirigieren (»Taktieren«) der Hemiolen im Finale. Aber schon 1847 bemerkt Alfred Dörffel in derselben Zeitschrift, das Konzert leite eine zweite Epoche im Schaffen Robert Schumanns ein.

Spätestens nach der zweiten Aufführung Neujahr 1846 trat das Klavierkonzert seinen Siegeszug an, nur noch von einigen übereifrigen Wagnerianern bekrittelt. Schumann selbst verfolgte eifrig, wo und durch wen sein Konzert aufgeführt wurde, fand aber, Klara sei die beste Interpretin. Sogar in der Anstalt in Endenich erinnerte er sich an das Konzert, das »so herrlich von Dir gespielt« war.

Seitdem ist das Konzert für jeden Pianisten, der was sein will, ein Muss.

ANEKDOTEN
s. o.

WERK
Sätze
Allegro affettuoso – Intermezzo. Andantino grazioso – Allegro vivace

Dauer
ca. 30 Minuten

Besetzung
2 Flöten
2 Oboen
2 Klarinetten
2 Fagotte

2 Hörner
2 Trompeten
Pauken
Violinen I und II
Bratschen
Violoncelli
Kontrabässe
Klavier

HITS

Der erste Hit ist die Klaviereröffnung. Pianistischer und grandioser kann ein Klavierkonzert nicht anfangen.

Der zweite Hit kommt gleich danach: Die Oboe spielt das Thema: c – h – a-a und das ist eine kleine Hommage Schumanns an den Freundes-Namen seiner Klara: Chiara, also: C H (i) A (r) A! No, ist das ein Blumenstrauß?

Dann aber gleich der nächste Hit: Nachdem das Klavier das Thema aufgenommen hat, kommt ab Takt 19 die Stelle (und später nochmal), wo die Geigen auf der G-Saite schmachten dürfen und das Klavier mit 16tel-Quintolen begleitet – *der* Rausch!

Im Andante espressivo (ab Takt 156) ist der Dialog der Klarinette mit dem Klavier für mich ein weiterer Hit – überhaupt: wie Schumann in diesem Konzert die Klarinette einsetzt: phantastisch! –, auch das wiederholt sich ab Takt 320, auf den man sich schon mal freuen kann.

Der sanft-spritzige Dialog im zweiten Satz zwischen Klavier und Orchester: Mega-Hit!

Das Thema, das dann (ab Takt 29) die Celli aufgreifen, vom Klavier untermalt, das ist von einer anderen Welt. Wie das Klavier da den Schwung aufnimmt, plötzlich stoppt, um dann in Legato-Bögen nach unten zu fallen und mit 16tel-Triolen wieder aufzutauchen, das ist atemberaubend schön.

Ein Riesen-Hit ist die Atempause kurz vor Beginn des dritten Satzes: Klarinetten und Fagotte erinnern an den ersten Satz, das Klavier antwortet mit sphärischen Akkorden, die von Ligeti sein könnten – keine Fragen mehr!

Das Allegro vivace – wenn das kein Hit ist, ist die Erde eine Scheibe und Klara Schumann der Stiefzwilling von Alice Schwarzer.

FLOPS

Wüsst ich jetzt nicht ...!

OBACHT
Uiiiiiii!
Erstens: der Solist.
Zweitens: der Dirigent.
Drittens: das Orchester.
Was bei diesem Konzert alles schief gehen kann, ist sagenhaft.
Ist der *Solist* ein Tastenlöwe, verkümmert das Konzert zu einer Czerny-Etüde mit ein paar neckischen Klarinetten-, Oboen- und Celli-Einfällen, bei denen man das Gefühl hat, dass sie stören. Ist er ein Clayderman-Zückerchen, bräst sich das Konzert zu einer Romantik-Sülze aus, gegen die selbst Julio Iglesias wie ein Heavy-Metal-Sänger erscheint.
Ist der *Dirigent* einer, der vom Atem, den ein Pianist braucht, keine Ahnung hat (solche gibt es!), kommt einem die Einlieferung Schumanns in die Klinik in Endenich völlig einsichtig vor. Ist er aber einer, der die Romantik straff rhythmisch gegen den Strich bürstet, weil er Angst davor hat, sich in der Musik zu verlieren, hecheln Schumanns Melodien einem asthmatischen Ende entgegen.
Ist das *Orchester* eines, das denkt: »Das Geld für den Solisten hätten wir uns sparen können«, trötet es das Klavier vom Podest, und wir stehen plötzlich vor einem Concerto grosso mit obligatem Continuo, einer Zeitreise mit falschen Vorzeichen: Ich habe erlebt, wie die ... er Philharmoniker Arturo Benedetto Michelangeli so was von weggepustet haben, dass ich glaubte, ich wäre im falschen Film!
Will sagen: Das größte Obacht bei diesem Klavierkonzert ist die Dialog-Fähigkeit zwischen Orchester und Solist. Nur wenn das gegeben ist, fliegt dieses Konzert zu den Sternen. Und da muss auch die Klarinette, egal wo sie sitzt, das Klavier hören können, um »antworten« zu können.
Speziellere »Obachts«:
Gleich am Beginn ist meistens folgender Fehler zu verzeichnen: Orchester-»Tusch« und das Klavier legt los: meistens relativ schnell, weil's so schön ist, sodass der Dirigent das Tempo, das der Solist vorlegt, beim Thema in den Bläsern erst mal zurücknehmen muss. Das heißt: Der Anfang bläst dir die Haare zurück, und dann kommt – nichts! Schumann hat aber da keine Tempo-Änderung vorgeschrieben. Also muss man es so machen wie Simon Rattle und Lars Vogt: Der Solist trägt die emphatischen Akkorde zu Beginn etwas langsamer vor als gewohnt, um insgesamt im Tempo (Allegro affettuoso) bleiben zu können, und schon stimmt der Laden.
Ansonsten: Gucken Sie doch mal auf die Geigen, ob die ab Takt 19 wirklich auf der G-Saite, wie vorgeschrieben, spielen (das merkt

man daran, dass der rechte Arm fast in Ohr-Höhe liegt). Wenn nicht: Geld zurück. Wenn ja: Schmelzen Sie in der Klangfarbe, die dann entsteht, dahin, es ist was fürs Leben!
Die enormen technischen Schwierigkeiten, die der dritte Satz vom Pianisten fordert, sind auch ein spezielles »Obacht«: Gucken Sie doch mal auf die Füße des Pianisten. Wenn der »Bleifuß« fährt, also den Fuß ständig auf dem Pedal hält, dann wissen Sie: Er ist entweder betrunken oder hat den dritten Satz nie einstudiert, was er durch den Bleifuß kaschieren will. Ich sage Ihnen nur eines: Es geht, wenn das Publikum nicht genau hinguckt. Also: echtes Geld nur gegen echte Leistung!
Und ein »Obacht« auf die Klarinette: Ein Meister kann einem die Dialog-Passagen mit dem Klavier im ersten Satz im hohen b oder im hohen c zu einer Welt schwellen lassen – der Stümper wird da leise und verkrümelt sich. Wenn Sie die Klarinette also an diesen Stellen nicht deutlich hören: Beschweren Sie sich beim Orchestervorstand!
Und das größte »Obacht«: Wer die Musik in diesem Konzert nicht nachfühlen, erleben kann, wird gnadenlos scheitern. Weil es nicht wirklich ein »konzipiertes« Stück ist, sondern erst in dem Moment als Kunstwerk entsteht, wenn es empfunden wird. So ist das halt mit der Romantik und ihren – nur dann – großen Werken.

ES MEINEN

»Ich habe gerade Ärger mit dem Umzugsunternehmen für meine Wohnung – sollen wir nicht doch lieber das Tschaikowsky-Konzert spielen?« (ungenannt bleiben wollender berühmter Pianist)
»Mein Vater hat das so gespielt – da sind dir die Tränen gekommen.«
»Aber er war doch Klarinettist.«
»Eben.«
(Klarinettist E. K. aus B. bei K.)

BEIKIRCHER RÄT

ANLASS
Hervorragend geeignet für alle Anlässe, in denen die »musikalische Umrahmung« kontrapunktisch eingesetzt werden soll. Als da wären:
Verabschiedung des Generalinspekteurs der Bundeswehr – um zu zeigen, dass er vielleicht doch auch Gefühle hatte; erzwungener

Rücktritt eines Papstes, um ihn als Freiwilligen der Öffentlichkeit zu verkaufen;
Inthronisierung eines ehemaligen Bank-Managers als neuer Chef einer regionalen Lotto-Gesellschaft – um zu zeigen, dass man in der Zerrissenheit der Emotionen mit ihm fühlt etc. pp.
Es passt übrigens hervorragend zum beginnenden großen Abend bei einem guten Burgunder – unter *Nuits St. George* täte ich es da allerdings nicht, und auch zu *La Tache* ließe ich es gelten!

NUTZUNG

Man kann dieses Konzert nutzen, um z. B. einem gesellschaftlichen Fauxpas einen großen menschlichen Anstrich zu geben. Wenn der Untersuchungsausschuss des Bundestages Helmut Kohl in den Zeugenstand ruft, wäre es klug, das mit diesem Konzert zu tun. Obwohl ...!
Man kann es auch hervorragend in der Therapie hyperaktiver Kinder benutzen – vorausgesetzt, der Pianist setzt die Eingangsakkorde so hektisch, dass der Dirigent erst mal auf die Bremse treten muss. Jedes hyperaktive Kind wird die Botschaft verstehen!

AUTO

Bestens geeignet für Autos mit höchster PS-Zahl. Sollte Schumi auf dem zweiten Startplatz stehen, wäre er gut beraten, dem Kollegen Häkkinen – in der Pole-Position – den ersten Satz in den Kopfhörer zu jagen:
Mikka würde fulminant starten, um dann vor der ersten Kurve nachdenklich vom Gas zu gehen!

PAUSEN-TALK

»Das habe ich auf CD besser.«
»Auf Plattenspieler klingt es aber schöner!«
»Wenn ich das Konzert höre, weiß ich, warum Schumann in Düsseldorf nicht Fuß fassen konnte.«
»Warum dat denn?«
»No – bei so viel Gefühl?«

FRAUEN

»Jetzt verstehe ich, wie Klara in Düsseldorf unter Robert gelitten haben muss.«
»Warum das denn?«
»Weil man es hört, schon am Beginn des Konzerts: der erste Schlag des Orchesters: Robert kommt um acht Uhr nach Haus, riecht nach

Altbier und Zigarre und knallt die Tür zu. Sie erschrickt so, dass sie auf die Tasten fällt, und dann wird er auch noch säuselig. Furchtbar.«
»Aber es kommt doch zu einem furiosen Ende!«
»Ja, was hätte sie denn machen sollen?«

MÄNNER
»Ob Klara jemals verstanden hat, wie sich Robert da als Mann öffnet?«
»Warum das denn?«
»Dieser triumphal-männliche Anfang – der ganze Stolz des gewonnenen Kampfes gegen ihren Vater liegt da drin. Und dann die intime Zärtlichkeit im zweiten Satz, diese wundervoll-liebesinnige Umarmung der frisch gewonnenen Braut. Und im dritten Satz erst – der Stolz danach!«
»Meinen Sie, daran hat Schumann gedacht?«
»Aber ich bitte Sie – das hört man doch!«
»Ich zieh mir eine Packung Zigaretten.«

BEWERTUNG

Technik	🎺🎺🎺 für den Klavierpart	
	🎺🎺 für Orchester	Weil: Schwer ist es schon!
Gesamt	🎵🎵🎵 mit blauer Blume	Weil es *das* Klavierkonzert ist.

Franz Liszt
1811–1886

Konzert für Klavier und Orchester Nr. 1 Es-Dur

»Nach Liszt muss man das Instrument schließen.«
(Ignaz Moscheles)

Ahhh! Franz Liszt! Tastenlöwe, Bösendorfer-Paganini, Pedal-Rastelli, Abbé Clayderman, Frauenheld und -sklave, Musik-Cagliostro, Bonsai-Magyar, Kitsch-Priester und Weihrauch-Orchestrierer, Melodramatiker, Rampensau, Narzist, Egomane, Spendierhosen-Schneider, Kotau-Fetischist, Säulen-Heiliger, Sentimental-König, Finger-Verliebter, Tragikomiker, Herzblut-Spender, Grandseigneur, Nothelfer für darbende Musiker, Avantgarde-Hohepriester, Musik-Erneuerer – und überhaupt: einer der Rätselhaftesten. Man könnte beinahe sagen: Er hat das gelebt, worüber Camus hundert Jahre später geschrieben hat, aber weil Liszt kein existenzialistisches Bewusstsein haben konnte, musste er scheitern. Scheitern, indem er zu lange lebte, ohne wirklich zu begreifen. Die Tragik ging über Camus hinaus: dass sich einer selbst überleben kann, ohne sich begriffen zu haben, hat Camus nicht gedacht. Da war kein Baum, gegen den Liszt hätte fahren müssen, weil er plötzlich das existenzielle Scheitern in seinem Leben begriffen hätte. Da war noch nicht mal ein Auto! Aber welche *Chance* hätte Camus gehabt: Seine Geisteswelt war zu nahe dran und zu weit weg, als dass er Liszt für ein tragisches Paradigma seiner Philosophie hätte halten können. In Wirklichkeit – vermute ich – wusste Camus nicht mal, wie man Liszt richtig schreibt.
Also: Liszt lebte seinen Erfolg und überlebte ihn, schob das Störende beiseite und war trotzdem ein Menschenfreund und einer der unterschätztesten Komponisten aller Zeiten. Maurice Ravel bringt das auf den Punkt, wenn er sagt:
»Welche Mängel in Liszts ganzem Werk sind uns denn so wichtig? Sind nicht genügend Stärken in dem tumultuösen, ungeheuren und großartigen Chaos musikalischer Materie, aus dem mehrere Generationen berühmter Komponisten schöpften? Um aufrichtig zu sein: Gerade diesen Mängeln verdankt Wagner in hohem Grad seine deklamatorische Vehemenz, Strauss seinen Über-Enthusias-

mus, Franck seine weitschweifige Erhabenheit, die russische Schule das bisweilen Grell-Pittoreske und die zeitgenössische französische Schule die ungemeine Koketterie ihrer harmonischen Anmut. Aber verdanken diese sich so unähnlichen Autoren nicht gerade das Beste ihrer Qualitäten der wahrhaft überreichen musikalischen Freigebigkeit ihres großen Vorläufers?« (zit. n. Everett Helm, »Liszt«, rowohlt 1972)
Liszt ist immer noch – und daran ist er auch ein bisschen selber schuld – einer derjenigen Komponisten, bei denen eine übergreifende Würdigung aussteht. Wie gesagt: zu nahe dran und doch zu weit weg. Er und sein Leben, das er immer wieder krümmte, als hätte er die Gravitationslinse erfunden, stehen immer noch einer vorurteilsfreien Einschätzung im Weg.
Das geht ja schon damit los, dass er immer behauptete, Ungar zu sein! Das war damals schick und »in«, dennoch: Er hat erst als Erwachsener mühselig ein paar Brocken Ungarisch gelernt, mehr nicht. Zwar wurde er in Raiding im Komitat Sopron geboren, und das war damals in Ungarn, und sein Papa war im Dienste des Fürsten – no?! – Esterházy: Aber das macht aus Franz List noch keinen Ungarn. Möglicherweise hat er das »z« in seinen Namen nur eingeführt, damit ihn die Ungarn nicht »Lischt« aussprechen. Esterházy also. Haydn ist im Geburtsjahr Liszts gerade mal seit 21 Jahren aus Esterházys Diensten nach Wien entlassen worden, ist also quasi noch präsent. Dann aber knallt es richtig: In der Nacht vom 21. auf den 22. Oktober 1811 kam der große Komet über die Erde und Franz Liszt auf die Welt. Als er drei Jahre alt war, musste schon ein Sarg für ihn gezimmert werden. In Papa Liszts Tagebuch steht: »Nach der Impfung begann eine Periode, worin der Knabe abwechselnd mit Nervenleiden und Fieber zu kämpfen hatte, die ihn mehrmals in Lebensgefahr brachten. Einmal, in seinem zweiten oder dritten Jahre, hielten wir ihn für tot und ließen seinen Sarg machen. Der beunruhigende Zustand dauerte bis in sein sechstes Jahr fort. In seinem sechsten Jahr hörte er mich ein Konzert von Ries in cis-moll spielen. Er lehnte sich ans Klavier, war ganz Ohr. Am Abend kam er aus dem Garten zurück und sang das Thema. Wir ließen's ihn wiederholen, er wusste nicht, was er sang: Das war das erste Anzeichen seines Genies. Er bat unaufhörlich, mit ihm das Klavierspiel zu beginnen.«
Papa hatte ursprünglich vorgehabt, Berufsmusiker zu werden, wofür aber das Geld nicht reichte. Also wurde er Beamter bei Esterházy. Sein Sohn erfüllte seine Träume. Er lernte begierig und gab 1820 als 9-jähriger Knabe sein erstes Konzert. Ab da wurde Papa sein Manager, wie das eben bei Wunderkindern so üblich ist. Franzls Leben dreht sich ab da nur noch unerbittlich um Musik,

und die Kindheit ist vorbei. Nach ein paar Konzerten im Hause Esterházy geben der Fürst und vier ungarische Magnaten dem Papa Liszt ein Stipendium von 600 Gulden jährlich (befristet auf sechs Jahre); man möchte nach Weimar zu Hummel, weil der aber einen Gulden pro Unterrichtsstunde verlangt, geht man nach Wien zu Carl Czerny, der besseren Unterricht und obendrein umsonst gibt. Jetzt geht's kometenhaft nach oben – was Wunder, wo der Komet sich doch in der Geburtsnacht schon gezeigt hatte. Am 1. Dezember 1822 gibt der Elfjährige ein eigenes Konzert und am 13. April 1823 eines im Redoutensaal, zu dem dank der Vermittlung Schindlers auch Beethoven erscheint! Tief gerührt soll Beethoven auf die Bühne gegangen sein und unter tosendem Applaus den Knaben auf die Stirn geküsst haben. Dabei soll er gesagt haben: »Geh, du bist ein glücklicher Mensch, denn du wirst viele andere erfreuen. Und es gibt nichts Besseres und Schöneres.« Falls es stimmt, ist das ja schon mal keine Kleinigkeit. Auf dem Weg von Wien nach Paris gibt Liszt eine Reihe grandioser Konzerte – »ein neuer Mozart ist uns erschienen«, schreibt die lokale Presse –, und am 11. Dezember 1823 treffen Papa Liszt und sein Franzl in Paris ein, das schon auf das Wunderkind wartet. Man will eigentlich in Paris aufs Konservatorium, Cherubini aber, der konservative Chef dieser Institution, mag keine Wunderkinder und verweigert die Aufnahme. Na gut, man hat ja Empfehlungsbriefe noch und nöcher unterm Arm und lässt den Kleinen erst mal in den vornehmen Salons spielen. Das führt dazu, dass *tout Paris* über »le petit Liszt« spricht, sodass sein erstes öffentliches Konzert im März 1824 ein Riesenerfolg wird. Bis zu seinem 25. Lebensjahr bleibt Paris der erste Wohnsitz von Franz Liszt, hier wird er, der kein richtiger Ungar und kein richtiger Österreicher ist, zum Franzosen bis an sein Lebensende.
1824 schreibt er eine einaktige Oper, »Don Sancho«, sie wird aufgeführt, bleibt aber seine einzige. Nun kommt er in die Pubertät, den Sechzehnjährigen überfallen Sinnfragen, wie das halt so ist in der Pubertät; normalerweise haut einen das nicht wirklich vom Schlitten: eine Clique von Gleichaltrigen, die ersten Küsse und eine Dose Cola in der Hand können da sehr hilfreich sein, das alles aber hatte Franz Liszt nicht. Er suchte Antworten in der Religion, was er später in Krisen auch immer wieder tun wird. Das wird so intensiv, dass er keine Konzerte mehr geben will, sondern sich vor seinen Papa hinstellt und sagt, er wolle Priester werden, und zwar sofort. Papa macht, was Väter häufig tun: das Falsche. Entzug von geistlicher Lektüre und Verbote und »Gedöns«. Der Sohn knurrt, gibt aber nach. Im Mai 1827 fahren die beiden nach Boulogne-sur-Mer um sich zu erholen, woselbst Papa stirbt. Auf dem Totenbett sagt

der seinem Sohn noch, dass der ein gutes Herz und Verstand besäße, dass er, Papa, aber fürchte, die Frauen würden sein Leben beherrschen und verwirren. »Diese Vermutung war sonderbar, denn ich hatte mit 16 Jahren noch keine Ahnung, was ein Weib ist, und bat treuherzig meinen Beichtvater, mir das 6. und 9. Gebot zu erklären, da ich fürchtete, sie vielleicht unbewusst übertreten zu haben«, schreibt Liszt später darüber. Woran man sieht, wie fern von der Welt Papa Liszt seinen Sohn hielt – und welch klaren Blick er andererseits für die Wirkung Liszts auf Frauen hatte.

Jetzt, in der Zeit von 1827 bis 1830, erwischte es ihn schwer, was man gut verstehen kann, wenn man sich das praktisch vorstellt: Papa hat alles, was der Alltag erfordert, gemanagt: Mit Wäsche waschen, Müll runterbringen, Brötchen holen, Briefe schreiben, Geld zählen, sauber machen etc. pp. hatte Franz bis dahin absolut nichts am Hut. Er hatte vorzuspielen und mit Königen und Adeligen Konversation zu treiben – fertig. Plötzlich musste er sich um das alles kümmern. Nachdem er für die Beerdigung gesorgt hatte, ging er nach Paris zurück und gab Klavierunterricht. Mama kam zu ihm, was sicher vieles erleichterte, er aber hatte ja immer noch die Sinnkrise, nicht eben gemildert durch den Tod Papas. »Ich hätte alles in der Welt lieber sein mögen als Musiker im Solde großer Herren, patronisiert und bezahlt von ihnen wie ein Jongleur«, lässt er Marie d'Agoult in einem Artikel für die »Gazette Musicale de Paris« schreiben: was ja nichts anderes bedeuten kann, als dass er scharf die Rahmenbedingungen seines bisherigen Lebens beurteilt und versucht, sein Leben und seine künstlerischen Vorstellungen auf neue Beine zu stellen. Die Krise und der damit wieder aufflammende Wunsch, Priester zu werden, verschärfen sich aber, weil noch ein weiteres Moment dazu kommt: Er verliebt sich in eine seiner Schülerinnen, in Caroline de Saint-Cricq, die Tochter des Handelsministers. Deren Mama ist durchaus für die Beziehung zwischen dem siebzehnjährigen Künstler und ihrer Tochter, ihr Papa aber weist kühl auf die Standesunterschiede hin und die Tür, die Liszt hinter sich zu schließen habe. Doch er kriegt die Kurve und tut etwas sehr Vernünftiges: Er fängt an, seine Bildungslücken nachzuholen. Wahllos liest er alles in sich hinein, um nicht mehr als dummer August aus der ungarischen Pampa dazustehen, dem man die Hand seiner Tochter verweigern muss: Kant, Voltaire, Rousseau, Pascal, Montaigne, Victor Hugo, kurz: was er kriegen kann. Und alles ohne Hand, die ihn da durchführt. Schwierig. Dann kommt auch noch die Juli-Revolution 1830. Sie begeistert ihn so, dass er eine »Revolutions-Symphonie« entwirft, die er aber nicht fertig stellt.

Dann aber kam das Erlebnis, das ihn wirklich umkrempeln sollte: Im März 1831 war er in Paganinis erstem Pariser Konzert und begriff plötzlich, worin seine eigene Berufung als Künstler lag. Natürlich faszinierte ihn Paganinis Geigenspiel, natürlich war er hingerissen von dessen Virtuosität, aber er begriff nicht nur, wie sehr Paganini die Möglichkeiten der Geige auf vollkommen neue Weise weiterentwickelt hatte, er begriff auch, dass das »Phänomen Paganini« ein ganzheitliches Phänomen ist: nie gehörte Technik, perfekte Auftritts-Inszenierung, unglaubliche Übereinstimmung zwischen Musik und äußerem Erscheinungsbild des Interpreten und absolut perfekte Beherrschung des Spiels mit dem Publikum, gekoppelt mit musikalischen Inhalten, die, ohne anrüchig zu sein, dem »Zeitgeist« entsprachen: Das waren die Ingredienzien, die den Konzerten Paganinis diese geradezu magische Wirkung verliehen. Das »Dämonische« in Paganini, in dem ja auch psychologisch gesehen eine Portion Rache an der Gesellschaft steckt – beide kamen ja aus Schichten, die man nicht gerade als arriviert bezeichnen kann, beide mussten immer wieder schmerzlich die scheinbare Überlegenheit der »feineren Kreise« erfahren, beide fühlten sich auch in Hinsicht auf ihre Bildung ihrem Publikum unterlegen, zumindest den maßgebenden Leuten darunter –, mag eine weitere Faszination für Liszt dargestellt haben. Wie auch immer: Das Erlebnis Paganini wies dem jungen Künstler Liszt die Richtung, der er sich nun verpflichtet fühlte. Vielleicht auch, weil er in sich eine gewisse Ähnlichkeit zu Paganini entdeckte, zum Beispiel die ungeheure Bühnenpräsenz, wie man heute sagen würde, die er genauso wie Paganini hatte.

Tatsächlich setzt er sich nun hin und will der Paganini des Klaviers werden. Das heißt: Er muss gespürt haben, dass das, was er bei Czerny gelernt hatte, noch lange nicht die Grenzen dessen waren, was seine extrem beweglichen Hände – er soll ja mindestens fünfzehn Finger gehabt haben – leisten konnten. Also fing er an zu experimentieren, technisch und musikalisch. Er erforschte die Möglichkeiten des Klaviers und die seiner Hände und probte unermüdlich. Er schrieb: »Im Übrigen übe ich vier, fünf Stunden (Triolen, Sechstolen, Oktaven, Tremolos, Tonwiederholungen, Kadenzen usw.) Ach! Wenn ich nicht verrückt werde, wirst Du einen Künstler in mir wiederfinden! Ja, einen Künstler, so wie Du ihn verlangst, so wie er heute sein muss!« Und er weiß, dass ihn ein gewisses Etwas von Paganini unterscheidet: der musikalische *Ernst*. Die pianistische Technik über die bisherigen Grenzen hinauszutreiben, sie dann aber in den Dienst *großer* Musik zu stellen, das war Liszts Anliegen. 1830 bis 1833 lebt er nur diesem Ziel. Hilfreich in Bezug auf den musikalischen Ernst war sicherlich die Begegnung und

Freundschaft nicht nur mit Chopin – kühlte bald wieder ab; welche Rolle George Sand dabei gespielt hat, sei dahingestellt, zumal nicht wirklich geklärt ist, ob da nicht doch auch was mit Liszt ... –, sondern vor allem mit Hector Berlioz, wie überhaupt der freundschaftliche Umgang mit allen Kultur-Cracks des damaligen Paris.
Ich meine: Da ist ein Zwanzigjähriger, der um seine außergewöhnlichen Fähigkeiten weiß, in freundschaftlichen Gesprächen mit Balzac, Hugo, Dumas, Heine, Delacroix, Meyerbeer, Rossini, Bellini, Chopin, Berlioz, Sand und anderen – das prallt doch nicht von der Weste ab! Da herrscht ein Atem, der die Ideen und Gedanken so eines jungen Mannes weitet und auf die richtigen Geleise lenkt. Klar. Die »Symphonie fantastique« von Berlioz, die er 1830 hörte, bewegt ihn tief. Er schreibt eine Reihe Klavierbearbeitungen Berlioz'scher Werke und war vielleicht einer der Ersten, die Berlioz wirklich verstanden. Er spürte sicherlich auch, dass dessen Entdeckung und Etablierung der Klangfarbe als eigenständigem musikalischen Element neben Melodik, Rhythmik und Harmonik das wirklich Neue war, und setzte dies auf dem Klavier um. Das gelang Liszt so gut, dass Berlioz ihm schrieb: »Du kannst frei nach Ludwig XIV. sagen: Das Orchester bin ich! Der Chor bin ich! Der Dirigent bin wiederum ich!« Nun also prescht er als junger Erwachsener ins Pariser Leben, aber gleich im fünften Gang. Er hat ja alles, was ein Pop-Star haben muss: Er sieht unverschämt gut aus, spielt wie keiner und ist obendrein charmant und umgänglich. Da ist die Damenwelt völlig durcheinander und es kommt, was kommen muss: Eine der ersten Damen der Pariser Gesellschaft, Marie Gräfin d'Agoult, verheiratet mit einem Langweiler, stürzt sich auf Franz Liszt, lässt Ehe Ehe sein und lebt vor aller Augen in »wilder Ehe« mit ihm zusammen. Elf Jahre und drei Kinder lang dauert diese extrem heftige Beziehung, an der praktisch ganz Europa beteiligt ist, so öffentlich spielt sie sich ab. Die beiden verlassen Paris und ziehen durch Europa. Blandine, das erste Kind, wird 1835 in Genf geboren, Cosima – Sie wissen schon: *die* Cosima Wagners! – 1837 in Bellagio, Daniel 1839 in Rom. Egal, wer sich nun wie die Finger über die beiden wund geschrieben hat (das füllt Bibliotheken!) und wer wem warum die Schuld am Scheitern gibt: Tatsache bleibt, dass sich die beiden geliebt haben, dass es aber dann doch beim »›Guten Morgen!‹ ›Wie meinst Du das?‹« landete. Also von 1833 bis 1839 war es wohl schön, dann zog es sich, um 1844 schließlich zu enden. Nicht schön war, dass die Gräfin unter dem Namen Daniel Stern 1846 den Roman »Nélida« veröffentlichte, in dem sie diese Geschichte erzählte und dabei Franz Liszt gar nicht gut aussehen ließ.

Nun konnte sich Liszt auch nicht *en detail* darum kümmern, hatte er sich doch mit seinen Transkriptionen und Phantasien so schwierige Dinge in die Finger geschrieben, dass er ohne stumme Tastatur (die er immer mit hatte) gar nicht mehr auskam – außerdem hatte er Europa zu bereisen. Bis 1848 ist Europa in einem Liszt-Taumel. Ein Triumph jagt den anderen, er spielt überall, von Cadiz bis Petersburg, von Schottland bis Konstantinopel. Sogar Detmold und Hechingen verschmähte er nicht. Gut, man kann sich nicht immer aussuchen, wo man arbeitet! Zum Beethoven-Denkmal in Bonn, das am 12. August 1845 eingeweiht wurde, hat er eine beträchtliche Summe beigetragen – er hatte sich empört dazu entschlossen, als er hörte, dass die Mittel nicht reichten – und wurde dafür mit der Leitung der Feierlichkeiten und dem Dirigieren eines Konzerts bestraft. Allerdings gab cs Spannungen zwischen ihm und dem Bonner »Festkomitee«, möglicherweise wegen der leicht skandalösen Geschichte mit Lola Montez, die in Bonn ihren Abschluss fand. »Die Legende erzählt, der Meister habe die Schöne in ihrem Hotelzimmer eingesperrt und die Schlüssel dem Portier übergeben, mit der Weisung, die Tobende erst zwölf Stunden nach seiner Abfahrt freizulassen. In weiser Voraussicht habe Liszt sogar einen Betrag für das zertrümmerte Mobiliar hinterlegt.« (Everett Helm, »Franz Liszt«, rowohlts monographien 1972) Hätte sich Ludwig I., König von Bayern, auch so verhalten, wer weiß, wie viel Ärger den Münchnern erspart geblieben wäre!

Nun aber tut er etwas, womit keiner gerechnet hat: Er dankt ab. Er spielt nach 1847 zwar schon noch hie und da öffentlich, aber das, was er erfunden hat, das »piano recital« nämlich, bei dem ein Künstler allein einen ganzen Abend lang spielt – bis dahin wechselten sich mehrere Musiker ab –, lässt er ein für allemal hinter sich. Er geht als ordentlicher Kapellmeister nach Weimar (und dirigiert als erste Oper dort Flotows »Martha«!), um sich neben dem Komponieren der Aufgabe zu widmen, der er sich immer schon verpflichtet fühlt: dem Aufführen von Werken anderer Komponisten, vor allem zeitgenössischer. Er hatte sich ja schon als Pianist stark für Schubert, Beethoven, Berlioz etc. eingesetzt; jetzt aber wirft er sich auf Wagner (»Tannhäuser«), Schumann (»Faust II«), Cornelius (»Der Barbier von Bagdad«) – um nur einige zu nennen. Daneben aber schuf er mit seinen »Symphonischen Dichtungen« eine neue Stilrichtung, die so genannte Weimarer oder neuromantische Schule, die heftige Freunde und noch heftigere Feinde fand. Wie man auch immer zu Liszts Musik und seinen »symphonischen Dichtungen« stehen mag, eines ist gewiss: Es ist ein neuer Beitrag zur Musik, der bis heute nachwirkt, wobei nicht zu übersehen ist, dass

auch die Programm-Musik bis hin zu den populären Melodramen – sogar Nietzsche hat welche komponiert! – von ihm beeinflusst sind. Weimar jedenfalls wurde dank der überaus regen musikalischen Tätigkeit Liszts zu einem Zentrum der Avantgarde, was dem Weimarer Publikum – das von Liszt gerne als »große Null« bezeichnet wurde – sicher nicht immer recht war. Joseph Joachim, der 1850 bis 1852 Konzertmeister bei Liszt war, gehörte auch zu der eher konservativ-bewahrenden Richtung – was ihn ins Liszt-feindliche Lager trieb, in dem sich auch Hanslick und Brahms befanden –, worüber Joachims Freundschaft mit Liszt in die Brüche ging.
Aber, Herrschaften, mal abgesehen von Glanz und Elend des Liszt'schen Lebens: Ist das nicht einfach großartig, dass da einer der ganz Großen mit 40 Jahren aufhört, Virtuose zu sein, und sich so unerbittlich als Dirigent und Programmgestalter eines Opernhauses für die Avantgarde einsetzt? Dass den Feinden Liszts das Leben leicht gemacht wurde, wenn dieser in »wilder Ehe« – jetzt mit einer Fürstin – zusammenlebt, ist eines, dass sich Liszt musikalisch nicht hat beirren lassen, was anderes. Bei der Uraufführung der Oper »Der Barbier von Bagdad« von Peter Cornelius 1858 kam es dann aber zum Eklat: Als das Publikum die Oper auszischte, war das für Liszt das Signal, den Bettel in Weimar hinzuschmeißen und abzudanken. Weimar war er damit los, nicht aber die Fürstin. Fürstin Carolyne von Sayn-Wittgenstein hatte Liszt in Kiew 1847 kennen gelernt, 1848 verließ sie ihren Mann, um mit ihrer Tochter nach Weimar zum Meister zu ziehen – und damit nahm einmal mehr ein Unglück seinen Lauf. Die frömmlerische Fürstin gehörte zu den Frauen, die ihre Männer gestalten wollen. Als Erstes übergab sie die Kinder Liszts einer von ihr ausgesuchten Gouvernante in Paris, um diese Bindung zur gehassten Marie d'Agoult zu kappen. Außerdem sorgte sie für ein reges gesellschaftliches Leben zu Hause, da ihr der Weg zum Hofe versperrt war (war sie ja noch mit einem Adeligen verheiratet). Insgesamt muss es wohl ein ziemlich exaltiertes Verhältnis zwischen den beiden gewesen sein: Sie wich nicht von seiner Seite. Wenn er komponierte, strickte sie daneben oder schrieb unerträgliche Artikel, sie redete ohne Unterlass mit jedem über alles – und das anscheinend gleichzeitig; und sie strickte jeden Tag eifrig an der Liszt-Legende, um damit Marie d'Agoult fertig zu machen. 1860 verließ sie Weimar und fuhr nach Rom (wo sie blieb), um beim Papst die ordentliche Scheidung ihrer Ehe durchzukriegen, damit sie Liszt heiraten konnte. Als 1864 endlich ihr Ehemann, Prinz Wittgenstein, starb und der Ehe mit Liszt nichts mehr im Wege steht, heiraten sie trotzdem nicht, weil sich eh schon alles auseinander gelebt hat.

Und was war mit Richard Wagner? Die beiden hatten sich schon 1841 in Paris kennen gelernt, so richtig ging es aber erst 1849 los, als Liszt in Weimar den »Tannhäuser« aufführte. Wagner war hin und weg, und als ihm Liszt auch noch finanziell und persönlich half – 1849 wurde Wagner als Revolutionär steckbrieflich gesucht, Liszt musste ihn verstecken und ihm zur Flucht verhelfen –, ging es richtig los. Die Freundschaft hatte aber ein gewaltiges Ungleichgewicht: Liszt hielt Wagner tatsächlich für ein Genie, ein »schädelspaltendes, wie es für dieses Land passt«, wie er in einem Empfehlungsschreiben formulierte, er setzte sich für Wagners Werk ein, ohne etwas dafür bekommen zu wollen – und obwohl Wagner als Mensch so war, wie er war. Wagner dagegen sah in Liszt eine Möglichkeit, weiterzukommen, aufgeführt zu werden, Türen geöffnet zu bekommen, und er schleimte deshalb in geradezu grotesker Weise. Daneben bat er ständig um finanzielle Unterstützung, was dazu führte, dass Liszts Briefe deutlich knapper wurden, was Wagner als mangelnde Anteilnahme empfand, kurz: Von 1861 bis 1872 schwieg die Post, man hatte sich etwas entfremdet. Dennoch: Seit der Aufführung vom »Tannhäuser« 1849 und noch mehr vom »Lohengrin« 1850 blieb Liszt dem Wagner'schen Werk verpflichtet und verbunden, auch in der Zeit der Kontaktlosigkeit. Zu der übrigens sicher auch beigetragen hat, dass Liszts Tochter Cosima ihren Gatten Hans von Bülow – der seit 1851 Sekretär und Schüler Liszts war, bis er 1853 seine ersten Konzertreisen unternahm – verließ, um mit Wagner zusammenzuleben (ab ca. 1864; zu diesem Thema mehr im nächsten Band, in dem auch Richard Wagner auftauchen wird!). Liszt wird da sicher auch ein bisschen an Marie d'Agoult gedacht haben und an sein eigenes Leben. Kurzum: Nach der Abreise der Fürstin nach Rom atmete Liszt erst mal auf: Cognac – bis zu einem Liter pro Tag! –, Gesellschaften, Frauen ...

17 Monate später fuhr auch er – über Paris – nach Rom, wobei Wagner, den Liszt in Paris besuchte, meckerte: »Liszt, der bereits in Paris in seine alte Strömung geraten war, und von seiner eigenen Tochter Blandine nur im Wagen, in welchem er von Besuch zu Besuch fuhr, gesprochen werden konnte, fand, durch sein gutes Herz geleitet, auch die Zeit, sich einmal bei mir zum ›Beefsteak‹ einzuladen« – diesen Satz muss man sich bis zum Wort »einzuladen« auf der Zunge zergehen lassen. Ein Gusto-Stückerl an später Häme (Wagner schrieb diesen Satz in seiner Autobiographie »Mein Leben«). Liszt widmete sich in Rom intensiv der geistlichen Musik, komponierte »Die Legende der Heiligen Elisabeth« und vieles mehr, spielte dem Papst vor und verkehrte in der »hohen« römischen Gesellschaft. Er war jetzt im fünften Lebensjahrzehnt, und

wenn ich das richtig sehe, begann er zu begreifen, dass er dabei war, sich zu überleben. Vielleicht ist das einer der Gründe – psychologisch wäre das durchaus einfühlbar –, die ihn dazu führten, sich von neuem dem geistlichen Leben zuzuwenden und dahin zu drängen, Kleriker zu werden. Die Fürstin spann sich immer mehr in abgehobene religiöse Schreibereien ein – sie schrieb unter anderem ein 24-bändiges religiöses Werk, nämlich: »Des causes intérieurs de la faiblesse extérieur de l'Église«, hatte aber 1872 nochmal einen extrem hellen Augenblick, als sie Liszt zur Nicht-Heirat schrieb: »Die Vorsehung hat es nicht gewollt. Widrige Leidenschaften sind so mächtig gewesen, dass sie die festesten Entschlüsse vereiteln konnten ... Und nun will ich alle irdische Betrachtungsweise verlassen – Sie würden dafür in zweifacher Weise unempfindlich sein. Sie können nämlich nicht abwarten, und Sie verachten, was nicht sofort eintritt. Dass es damals missglückt ist, war – abstrakt gesprochen – gut, denn – konkret gesprochen: Der Augenblick, an dem es Ihnen Freude gemacht hätte, war vorbei.«

Ab 1865 durfte er die Tonsur tragen, eine Soutane und war nun Mitglied des Klerikerstandes. Wer das genauer wissen will: Fragen Sie Ihren örtlichen Bischof oder lesen Sie gleich die Can. 1008–1054 des »Codex Iuris Canonici«, dann wissen Sie Bescheid. Es war allerdings keine Priesterweihe! Also Messen komponieren: ja, Messen lesen: nein. Beichte ablegen: ja, Beichte hören: nein. Also: Liszt war quasi drin, aber doch nicht richtig. Die große Frage, die sich die Zeitgenossen und die Biographen stellen, ist nun: Warum hat dieser Mann das getan? Ich meine: Wenn einer sein Leben lang schon religiösen Dingen zugetan war – seine unerbittliche Reiselektüre war über Jahrzehnte: die Bibel, Goethes »Faust« und Dantes »Divina Comedia« –, immer nach Halt suchte und immer wieder unglaublich danebengriff (nicht in der Musik, im Leben), der denkt irgendwann vielleicht, dass ihm diese Weihen Halt bieten. Er hatte schon als Jugendlicher bei Krisen immer mit dem Gesicht am Boden auf den Kirchentreppen in Paris gelegen und »vanitas, vanitas« vor sich hingeflüstert – in der Hoffnung, das, was er nicht verstand, von der Kirche oder von Gott erklärt zu bekommen. So unverständlich finde ich das alles nicht, zumal wir uns im 19. Jahrhundert befinden, jener unerklärlich Big-Brother- und Gameboylosen Zeit!

Was wirklich tragisch ist – und da sind wir wieder bei Camus –, ist, dass jetzt die letzten Jahre anbrechen – obwohl er noch ein Drittel der ihm zugemessenen Strecke zu leben hat. Liszt scheint gespürt zu haben, dass er sich überlebt hat, ohne es begreifen zu können. Ab jetzt ist er der liebenswürdige alte Abbé, der unterrichtet, unentgeltlich

natürlich, der repräsentiert, der quasi überall segnend die Hände drüberhält und immer wieder für die eine oder andere Frauengeschichte die Soutane lüftet. Er ist mehr oder weniger nur noch Form, kaum Inhalt, wenn man von menschlichen Begegnungen absieht, wo er immer noch eine gewisse Wärme auszustrahlen in der Lage gewesen zu sein scheint. Allerdings muss man, was Liszt und die Frauen angeht, schon sagen, dass er immer ritterlich war und eher Opfer als Täter. Adelheid von Schorn schreibt: »Liszt gab sich jedem weiblichen Wesen gegenüber, wie es von ihm verlangte. Dass so viele Frauen von ihm Liebe haben wollten, ihm leidenschaftlich entgegenkamen, gereicht unserem Geschlecht nicht gerade zum Ruhm. Die Männer räsonierten natürlich furchtbar auf ihn – aber ich fürchte, der Grund war meistens der pure, blanke Neid. Liszt respektierte jede anständige Frau und hat mir einmal – in späteren Jahren – in einer sehr ernsten Stunde gesagt: ›Ich habe nie ein junges Mädchen verführt.‹ Ich weiß, dass dieser Ausspruch wahr ist. Leider habe ich nur zu oft gesehen, wie sich ihm die Weiber aufdrängten, dass man hätte denken können, die Rollen wären vertauscht.«
Groupies halt, kennt man doch! Ich vermute: Es waren seine Augen. Wer solche Augen hat, eine warme Stimme und Klavier spielen kann, der hat gewonnen. Und wenn er 90 wäre! (Lebte Thomas Mann heute noch, es würde ihm ähnlich ergehen.) Liszt bleibt Wagner und Bayreuth verbunden, seit 1872 geht es langsam wieder mit Richard und Cosima, und in seinem Todesjahr macht er nochmal eine ziemlich große Reise: Florenz, Venedig, Budapest, Lüttich, Paris, England, Antwerpen, wieder Paris, dann Weimar. Wir schreiben 1886. Wagner ist seit drei Jahren tot, die Bayreuther Festspiele kränkeln. Cosima bittet ihren Vater, durch seine Anwesenheit auf dem Hügel für PR zu sorgen: Also fährt Liszt hin. Er tut allen jeden Gefallen, er klatscht aus der Loge als Erster nach Aktschluss und hört als Letzter auf, am 23. Juli beim »Parsifal«, am 25. Juli beim »Tristan« (und das zieht sich ja alles so ziemlich!), erscheint abends im Hause Wahnfried und schüttet Unmengen von Champagner in sich hinein, so auch nach dem »Tristan«. Dann legt er sich hin und stirbt in aller Stille am 31. Juli 1886. Peinlicherweise – aus der Sicht Cosimas – bäumte sich sein Körper in der Nacht vorher nochmal auf, er brüllte »Tristan, Tristan!«, dass es durch ganz Bayreuth hallte – dann legte er sich hin und starb. Hier war sein Timing völlig daneben, denn am 1. August kam der deutsche Kronprinz, später Kaiser Friedrich III., nach Bayreuth, das Volk war auf Fête aus, also konnte man da nicht mit der Nachricht vom Tode Liszts hineinplatzen. Das konnte man auch die ganzen Tage danach nicht. Am 11. August feierte Cosima noch in der Kneipe »Zum Frohsinn«, dann

war Schluss mit dem Hügel und Liszt »in aller Stille« verscharrt. Nix Besonderes für Bayreuth – nur den Liszt-Freunden hat das damals schon wehgetan, dass ausgerechnet er, der Wagner so gefördert hat, in den toten Winkel gedrängt wurde.

Sei's drum: Den Tristan-Akkord hat nicht Richard Wagner erfunden, den hat Franz Liszt erfunden, und zwar schon 1845 im Lied »Ich möchte hingehen«. So, das hat gut getan. Seine Verdienste um das Klavierspiel, um das Konzertgeschehen, um die Symphonik und um die Lebensbedingungen von Musikern, für die er sich immer eingesetzt hat, genauso wie für eine vernünftige musikalische Infrastruktur – die werden immer bleiben. Und zur Musik: siehe Ravel!

ENSTEHUNGSZEIT

In den 1830er Jahren hat Liszt mit der Arbeit an diesem Konzert begonnen, dann blieb es liegen, um schließlich 1849 in Weimar fertig gestellt zu werden. Liszt hat allerdings bis zur Uraufführung immer wieder Korrekturen eingeführt, was zum Teil daran lag, dass er in Weimar überhaupt erst richtig orchestrieren lernte, zum anderen aber, dass er von der extremen Virtuosität, die er sich in den dreißiger Jahren »draufgeschafft« hatte, und damit von der Unspielbarkeit für andere Pianisten wegkommen wollte, um seine Werke aufführbar zu machen. Dazu allerdings kommt, dass er lernte, mit weniger komplizierten Mitteln dieselben Effekte erzielen zu können. Das Schöne an dieser Entwicklung ist, dass so seine Werke erst spielbar wurden. Hätte er – was die Klaviertechnik angeht – im Stil der »Clochettenfantasie nach Paganini« weiterkomponiert, käme Liszt auch heute noch extrem selten nur zu Ohren.

URAUFFÜHRUNG

17. Februar 1855 in Weimar. Solist: Franz Liszt. Dirigent: Hector Berlioz.

ERFOLG

Weil sich die Idee, musikalische Formen zu finden, die einer poetischen Idee entspringen und sich ihr unterordnen, noch nicht wirklich durchgesetzt hatte, war die Aufnahme unterschiedlich. Die Liszt-Jünger jubelten, die Gegner der »neudeutschen Schule« hielten sich die Nase zu. Die Klavierfetischisten aller Lager jedoch bekamen den Mund nicht mehr zu!

ANEKDOTEN

Zu diesem Werk speziell sind mir keine Anekdoten bekannt, ich möchte aber zu Liszts virtuosem Klavierstil Alexander Moszkowski zitieren. Von Hause aus Mathematiker und Philosoph, war er lange Jahre lang Redakteur der »Lustigen Blätter« in Berlin und Musikreferent beim »Deutschen Montagsblatt«. Er ist insbesondere als Humorist bekannt geworden (Richard Wagner war ein Fan von ihm) und hat in dieser Eigenschaft in Paraphrasierung von Schillers »Glocke« über Liszt Folgendes geschrieben:

»Wohltätig sind die Hände dann,
So lang' der Mensch nicht spielen kann;
Lässt er sie still im Schoße ruhn,
Nie werden sie was Böses tun.
Doch furchtbar uns bedrängt,
Wenn Technik sich dazwischenmengt,
Einhertritt auf der eignen Spur,
Die Tochter der Klaviatur!
Wehe, wenn sie losgelassen
Sich aufs Donnernde verlegt
Und mit wucht'ger Schläge Massen
Ein Klavier zum Krüppel schlägt!
Denn vernünft'ge Menschen hassen
Den, der so zu pauken pflegt. –
Von dem Flügel
Strömen Töne,
Wunderschöne;
Von dem Flügel manches Mal
Kommt Skandal.
Hört ihr's wettern dort, so wisst,
Das ist Liszt!
Rot wie Blut
Ist seine Backe,
Jetzt gerät er schon in Wut,
Welch Geknacke!
Jetzt hinauf
Kommt ein Lauf,
Abwärts im Moment im nächsten,
Im Fortissimo in Sexten,
Von den Fingern, den behexten.
Kochend, wie aus Ofens Rachen,
Glüh'n die Tasten, Hämmer krachen,
Pfoten stürzen, Saiten klirren,

Späne fliegen, Noten schwirren;
Zwischen Trümmern,
Ohn' Bekümmern,
Fuchteln hin und her die Patschen,
Meist in Skalen, in chromat'schen;
Durch der Hände lange Kette
Um die Wette
Flieget aufwärts eine Horde
Falsch gegriffener Akkorde
Bis hinauf in den Diskant;
Prasselnd fällt die dürre Hand
Jetzt zugleich in alle Ecken,
Grad' als sollt' sie Tote wecken;
Und als wollten sie im Rasen
Mitten durch das Instrument
Reißen, die gewalt'gen Händ.
Wird die Schlusspassag' vollführt,
Riesengroß!
Hoffnungslos
Sieht der Hörer seine Ohnmacht
Gegenüber solcher Tonmacht
Und bewundert resigniert.
Ganz kaputt
Ist der Flügel
Nur ein wüster Trümmerhügel;
Mit den einstmals prächt'gen Klängen
Ist es aus,
Und zerriss'ne Saiten hängen
Weit hinaus.
Einen Blick
Dem schonungslosen
Virtuosen
Sendet noch der Mensch zurück.
Greift fröhlich dann zu seiner Watte,
Falls er die im Ohre hatte;
Wie sehr es auch um ihn getobt,
Den süßen Trost hat sein Gewissen,
Das Trommelfell ist nicht zerrissen,
Gott sei gepriesen und gelobt!«
(n. Karl Storck, »Musik und Musiker in Karikatur und Satire«, Oldenburg 1910)

WERK
Sätze
Allegro maestoso – Quasi Adagio – Allegretto vivace / Allegro Animato – Allegro marziale animato

Dauer
18–20 Minuten (je nach Fähigkeit des Solisten)

Besetzung
Piccoloflöte
2 Flöten
2 Oboen
2 Klarinetten in B
2 Hörner in Es
2 Trompeten in Es (pistons)
2 Fagotte
3 Posaunen
Pauken
Violinen I und II
Bratschen
Violoncelli
Kontrabässe
Pianoforte

HITS
Natürlich der Anfang! Und zwar sowohl das Thema, das jeder kennt, als auch natürlich die martialischen Oktaven im Pianoforte. Sehr schön auch kurz nach dem Beginn der Dialog zwischen Klarinette und Solist, abgelöst von der ersten Geige und danach vom Cello: fein, Herr Liszt, fein! Im Quasi-Adagio ist das Nocturne-ähnliche Thema ein Hit, vor allem wenn der Solist »singen« kann (Glenn Gould hätte da allerdings auch real dazu gesungen, was dann sicher nicht ganz der Hit ist!). Das neckische Triangelgeklingel im Allegretto vivace – und damit eine kleine Erinnerung an das Violinkonzert »La campanella« von Paganini – ist ein Augenzwinkerer, das daran anschließende Thema ein Hit. Der letzte Satz ist dann weniger ein Hit als vielmehr ein Hammer: Da kann der Solist die Pranken fliegen lassen und wenn er trifft: *wunderbar*!

FLOPS
Eindeutig ein Flop, und zwar in der Größenordnung »Mega«, ist der Übergang vom Quasi-Adagio zum Allegretto vivace, und zwar die Stelle (ab Takt 56), wo das Klavier die endlose Trillerkette hat und Flöten und Oboen dazu eine Kaffeehausmusik trällern, dass es einem die Schuhe auszieht. Nein, Abbé, und nochmals nein! Der

Übergang übrigens vom ersten zum zweiten Satz ist auch eine Art Flop: diese ganze Piano-Gewalt einfach in einen Lauf nach oben sterben lassen – also das geht doch nicht, nicht wahr!

OBACHT
Im Orchester eigentlich keines. Aber beim Solisten! Das geht ja schon bei den Oktavsprüngen gleich am Anfang los. Andererseits: Direkt am Beginn eines Konzerts die Stelle zu haben, bei der jeder beurteilen kann: »Packt er's oder packt er's nicht?«, ist schon angenehm. Man spart sich eine Menge Zeit, falls der Solist hier schon versagt – und kann direkt essen gehen.

ES MEINEN
Robert Schumann:
»Spielte Liszt im Dunkeln, würde er viel von seinem Zauber verlieren.«
Frederic Chopin:
»... denn wenn Sie auch Ihr Publikum nicht gewinnen, so sind Sie doch imstande, es halb tot zu schlagen.«
Olzep Kuhn, Tanzpädagoge:
»Wenn man an jedem Bein fünf Füße hätte – man könnte dieses Konzert tanzen!«

BEIKIRCHER RÄT

ANLASS
Das Konzert eignet sich in außergewöhnlicher Weise zum Nachbarn-Ärgern, wenn man die CD-Anlage mit zusätzlichen Sub-Woofern ausstattet – allerdings gekürzt um das Quasi-Adagio.

NUTZUNG
Man kann es als Antwort auf die tiefergelegten Techno-Freaks und deren viertaktiges bumm-bumm-bumm-bumm verwenden (s. o.), wozu man allerdings den eigenen Wagen mit einer »Boa-die-haut-dir-glatt-die-Ohren-weg«-Anlage voll packen muss. Der Effekt auf dem Gesicht des Techno-Freaks, wenn Sviatoslav Richter dann in die Tasten haut, macht die Mühe, einen Satz Autobatterien im Anhänger mitführen zu müssen, glatt wett.

AUTO
s.o.

PAUSEN-TALK
»Das habe ich auf CD besser.«
»Das müssen Sie mal mit elektrostatischen Lautsprechern hören.«
»Was ist das denn?«
»Der Liszt unter den Audio-Anlagen!«

FRAUEN
»Man hört schon, dass Liszt wunderbar mit Frauen umgehen konnte, finden Sie nicht auch?«
»Na ja, zwanzig Finger an jeder Hand ...«

MÄNNER
»Ist das nicht toll, wie stabil heutzutage Konzertflügel sind?«

BEWERTUNGEN
Technik 🎺🎺🎺
          mit Notarzt, falls die
          Finger brechen

Gesamt   🧹
          mit Stahltastatur   Es ist ein schönes Konzert, das sich streckenweise leider im Virtuosen erschöpft, dafür aber alle Klavier-Freaks vollauf befriedigt.

Max Bruch
1838–1920

Violinkonzert g-moll
op. 26

Dem Lebenslauf von Max Bruch will ich hier größeren Raum lassen, da er für mich das klassische Beispiel für einen Komponisten ist, der »untergegangen« ist, weil die Musikgeschichte gnadenlos nur die Vollender, die Großen feiert. Dass z. B. Haydn heute noch »nur« als Wegbereiter der Wiener Klassik gilt, als »kleiner« Mozart und Noch-Nicht-Beethoven, ist eine richtige Tragödie.

Neben all den Großen hat es aber immer die »Kleinen« gegeben: Sie hatten vielleicht nicht so viel Talent wie die Genies, aber viele von ihnen waren sehr solide Handwerker, begabte Komponisten, die auch immer wieder große Einfälle hatten, die sie mit Fleiß und Könnerschaft ausfeilten und polierten; deren Werk aber dennoch nicht überdauerte, weil uns die Mitte nicht interessiert, wenn wir die Spitze haben können. Dabei ist oft genug ihr Werk aussagekräftiger für die Epoche, in der sie lebten, als das ihrer berühmteren Kollegen. Sagt uns »Pariser Leben« von Jacques Offenbach nicht wesentlich mehr über das Paris unter Napoleon III. als alle historischen Abhandlungen zusammen? Und obendrein vergnüglicher als jene und in ihrer Lebendigkeit spürbarer, »näher dran«, um es mal in Journalistendeutsch auszudrücken. Oder Spohr über die letzten Zuckungen der Geigentechnik vor Paganini, oder ... oder ... Endlos wäre die Liste auf allen Gebieten der Kunst, wollte man vollständig sein. Man könnte sagen: Selbst wenn sie nur als schlechtes Beispiel dienten, hören (oder sehen oder was weiß ich) möchte man sie schon ab und zu. Oft genug haben sich die Genies von diesen »Fleißigen«, Unermüdlichen und Braven einiges abgeguckt – und wenn es nur dazu diente, sich von diesem Boden abzuheben (ich sage nur: Beethovens Diabelli-Variationen). Gleichviel: Max Bruch war so einer, und es ist schade, ihn so selten im Konzertsaal zu hören. Abgesehen davon, dass es nie wirklich schlechte Musik ist, die er komponiert hat: Man verstünde die zweite Hälfte des 19. Jahrhunderts – im Deutschland Bismarcks, dessen glühender Verehrer Bruch war – wirklich besser, weil man sich durch seine Musik zumindest in diese Epoche einfühlen kann. Und das auf eine musikalisch seriöse Art und Weise. Ich möchte mal so sagen: Eine imponierende Berliner Mietskaserne mit drei, vier Hinterhöfen aus dem wilhelminischen Berlin ist vielleicht nicht so schön wie der Schürmann-Bau in Bonn (ähem ...), aber da leben doch auch Menschen drin, oder?!

Köln, 1838. Robert Schumann schreibt gerade die Kinderszenen, Georges Bizet erblickt im Oktober ebenfalls das Licht der Welt, und Edward Ritter von Steinle malt die Fresken im Kölner Domchor.

In diesem Jahr am Dreikönigstag, also am 6. Januar 1838, kommt in Köln Max Bruch zur Welt. Allerdings nicht irgendwo. Der einzige veritable Kölner Komponist neben Jacques Offenbach – ich spreche jetzt vom eigentlichen, also linksrheinischen Köln – hat sich eine besondere Adresse ausgesucht, sozusagen janz wat Feines: dat Richmodis-Haus, das mit den Pferdeköpfen. Ich muss sagen: Respekt, dat hätt dä Mäx fein jemaat.

Über seinen Kölner »Kollegen« hat Bruch später übrigens erzählt: »Eines Tages erschien auch ein kleiner beweglicher Geschäftsmann mit einem lang aufgeschossenen Knaben in der Amtsstube des Vaters und sagte: ›Erlauben Sie mir, verehrtester Herr Rat, Ihnen meinen Sohn vorzustellen, er spielt sehr schön Cello, ein großes Talent, jetzt soll er nach Paris!‹ Dieser Junge war Jacques Offenbach, der später durch einige niedliche und verschiedene weniger schöne Operetten eine Berühmtheit besonderer Art errungen hatte.«

Von der Mutter bekommt er Musikunterricht, zeigt aber – mit neun Jahren – erst mal Talent auf einem ganz anderen Gebiet. Er fängt an zu malen – und zwar Aufsehen erregend gut. Man machte sich schon Hoffnungen, einen Kunstmaler in der Familie zu haben. Er kopierte (mit neun) Bilder wie »Die Himmelfahrt des Elias« oder »Der heilige Bonifatius, die heilige Eiche von Hessen fällend« – jot, wat will man von einem 9-Jährigen schon viel an Geschmack erwarten. Den seiner Verwandten allerdings traf er voll, denn es hieß: »Dä Mäx – dat es ene zweite Raffael, es dat!«

Dann aber fing »uns Mäx« an zu komponieren, mit neun Jahren, und gleich volles Rohr. Erst mal ein Liedchen zum Geburtstag von seiner Mama, dann aber: Motetten, Psalmen, Klavierstücke, Violinsonaten, Streichquartette, Fantasien, Klaviertrio und ein Klavierquintett und die 1. Sinfonie f-moll, leider verschollen.

Diese Sinfonie wurde 1852 in Köln uraufgeführt, da war »uns Mäx« mal eben 14 Jahre alt. Natürlich war das ein Hammer für die Stadt am Rhein. »Dat es uns Mozart«, hat es geheißen, und: »Bonn? Beethoven? Kennen mr nit!« – kurzum die Kölner hatten ihr Wunderkind und feierten es dementsprechend. Jetzt kam auch

noch dazu, dass er für ein Streichquartett den Preis der Frankfurter Mozartstiftung erhielt, das hieß vier Jahre lang 400 Gulden für Musikunterricht. Die »Rheinische Musikzeitung« verglich den Knaben mit Mendelssohn und Mozart und schrieb:
»Dabei ist er ein lieber, offener, munterer, kindlich unbefangener Knabe, der, obwohl er nur in Tönen lebt und webt, nichtsdestoweniger auch für andere Gegenstände Geschick und Befähigung zeigt.«
Und für die 400 Gulden nimmt er Unterricht, und zwar gleich vom Feinsten: bei Ferdinand Hiller. Hiller war eine *der* musikalischen Persönlichkeiten seiner Zeit, er holte Schumann nach Düsseldorf und war als Dirigent und Kompositionslehrer prägend für eine Ära. Ein Mensch, mit dem alle wichtigen Komponisten und Solisten des 19. Jahrhunderts in bestem Kontakt standen. Seine Schriften sind heute noch aufschlussreich und lesenswert.
Hiller also unterrichtete »uns Mäxchen«, und der war ein fleißiger Schüler. Da ist aber schon das erste kleine Schlaglicht, das unser Mäxchen von den Genies unterscheidet: Fleißig war er immer, enorm fleißig.
Er gehörte nicht zu den chaotisch Genialen, zerrissen vom Leben und intuitiv zu Leistungen fähig, die uns mit offenem Munde dastehen lassen. Nein, er hat sich seine Erfolge – bei aller Begabung – wirklich ehrlich erarbeitet. Und Erfolge hatte er reichlich.
Das Quasi-Wunderkind startet durch. Er vertonte Goethes »Scherz, List und Rache« als komische Oper in einem Akt, und Hiller sah hier nicht nur das Talent, sondern roch schon den Morgenduft des lang ersehnten Mozart-Nachfolgers im Genre heitere komische Oper, nach dem Motto: endlich ein deutscher Rossini und endlich ein solider Gegenpol zu diesem unerträglichen Wagner ... Hiller lief vier Tage lang durch Köln, um Subskriptionen für die Aufführung zusammenzubekommen.
Natürlich hat es geklappt, wir kennen ja »et kölsche Hätz«. Riesenerfolg, Berechtigung zu kühnsten Hoffnungen und was man dann alles sagt, wenn es darum geht, nicht nur jemanden, sondern in ihm auch sich selbst zu feiern.
Und als 1857 das Ganze auch noch bei Senff in Leipzig als op. 1 gedruckt wird, war »uns Mäx« mit einem Schlag in ganz Deutschland bekannt.
Er geht nach Leipzig – damals, wie gesagt, die Metropole des Neuen in der Musik – und hört sich auch vieles an, aber: nee!!! Weil er vom Neuen verwirrt ist, lehnt er es ab. Er hört Wagners »Lohengrin« und sein einziger Kommentar ist: »Mein lieber Schwan!«
Nicht, dass er keinen Sinn für Qualität gehabt hätte, oh nein, er hatte ein exzellent ausgeprägtes kritisches Bewusstsein, was andere

betraf, und ein sicheres Gefühl für das, was gut ist. Es waren eher die allgemeinen Maßstäbe, die schon beim jungen Bruch so starr waren und von denen er sich nur selten lösen konnte. Ein bisschen so wie ein Ruderer: Der kommt zwar rasch voran, aber mit dem Rücken zur Zukunft; wenn er die Kneipe sieht, ist sie schon vorbei.
Er lernt in Leipzig Ferdinand David kennen, einen der größten Geiger aller Zeiten, der voller Begeisterung Bruchs erstes Streichquartett uraufführt und zu einem solchen Erfolg führt, dass sogar die »Neue Zeitschrift für Musik« (von Schumann gegründet und *das* Blatt der damaligen Avantgarde) ihm eine äußerst positive Kritik widmet. Darüber freute er sich so, dass er ganz vergaß, dass das ja eigentlich seine Feinde waren, weil sie ja auch den verhassten Wagner lobten.
Wie auch immer: Er guckt sich um und wird gesehen.
1859 ist er in Bonn und studiert ein Semester lang hauptsächlich rheinische Kunstgeschichte, was gar nicht so leicht war, denn er hatte kein offizielles Abi, weil er nur Privatlehrer gehabt hatte: Aber mit Empfehlung, sozusagen der »rheinischen Immatrikulation«, ging es doch.
1861 stirbt sein Vater. Einen Moment lang schien es, als wär es jetzt mit allem vorbei, weil Max ja nun seine Mutter und seine Schwester, et Mathildchen, hätte ernähren müssen. Nur: wovon?
Zum Glück half auch hier der rheinische Weg. Eine Cousine heiratete just in diesem Moment äußerst günstig: nämlich Alfred Krupp in Essen. Und wie das so geht, wenn man eine gute Partie macht, aber arme, wenn auch hoffnungsvolle Verwandtschaft hat: Der Alfred war reif. Der hatte den Ring noch nicht richtig am Finger, da zahlte er auch schon eine großzügige Unterstützung für die Bruchs in Köln, und »uns Mäx« durfte weiter reisen und sich bilden. Schön. Eigentum verpflichtet, stand ja damals im Grundgesetz. Normal.
Er geht nach Mannheim, wo er bei Lachner dirigieren lernt, und zwar sehr solide, sammelt Erfahrungen mit Orchestern, reist nach Brüssel und Paris, komponiert einen Erfolg nach dem anderen und lernt darüber u. a. Brahms und Klara Schumann kennen und schätzen. Kurz: Er geht einen sehr fleißigen, erfolgreichen, vor allem aber soliden Ausbildungsweg. Allmählich denkt er an eine feste Anstellung, die er 1865, also mit 27 Jahren, auch findet: als Kapellmeister in – Koblenz. Lachen Sie nicht, in der Zeit war Koblenz durchaus nicht nur Bundeswehr-Krankenhaus und Einkaufspassage für den Westerwald, damals war da kulturell richtig was los. Bruch komponiert und dirigiert. Unter anderem das Requiem von Brahms, das ihn sehr beeindruckt hat – was er Brahms auch schrieb. Von da an hatte Bruch zu Brahms eine ganz eigentümliche

Verbindung: Er stellte sich selbstbewusst gleichrangig an seine Seite, wachte aber übereifersüchtig darüber, wer wohl erfolgreicher sei. Lobte ihn Brahms, war Brahms für Bruch der Größte. Kritisierte ihn Brahms, dann schimpfte »uns Mäx« wie ein Rohrspatz und ließ kein gutes Haar an ihm.

Unglücklicherweise hatten die beiden fast zeitlebens denselben Verleger: Simrock. Bruch spürte die Qualität und das Neue bei Brahms und wusste, dass er selber das nicht hatte. Andererseits war Bruch lange Zeit erfolgreicher als Brahms, was er – engstirnig – für ein Kriterium der eigenen Qualität hielt. Brahms seinerseits nahm ebenfalls kein Blatt vor den Mund, führte aber oft genug Werke von Bruch auf: wenn auch gekürzt, was Bruch wiederum bis zur Weißglut fuchste.

Die Konkurrenz – die sicher eher von Bruch als von Brahms ausging – führte so weit, dass Bruch einmal schrieb: »Treffe ich mit Brahms im Himmel zusammen, lasse ich mich in die Hölle versetzen.«

Das alles hatte im Grunde nur damit zu tun, dass Bruch als Künstler ganz dem klassischen Ideal verschworen war. Er glaubte nicht an Weiterführung, sondern nur an Vollendung: Sein Blick war konsequent rückwärts gerichtet. Auf die Antike, auf die Weimarer Klassik, auf Mendelssohn, den er vergötterte, auf Mozart und auf Schumann als romantischen Nachfahren der Klassik. In diesem Sinne war er weniger nationalistisch als Wagner, aber gerade dadurch perfekter Ausdruck der Restauration: Die Neugotik galt als Vollendung der Gotik, die Nazarener als Verbesserer Raffaels. Bruch verstand Brahms sehr genau: Aber weil er nicht genau wusste, wohin das darin liegende Neue führt, das ihm Angst machte, blieb sein Verhältnis zu Brahms sehr zwiespältig.

Gut. Jedenfalls blieb Bruch zwei Jahre in Koblenz, dann aber war ihm das doch ein bisschen zu viel Westerwald, und er nahm eine neue Stelle an: Hofkapellmeister am Hofe Schwarzburg-Sondershausen in Sondershausen in Thüringen. Also: Profinz wör jestrunz (Provinz wäre Angabe), könnte man sagen – aber ganz so war es auch wieder nicht. Vom 29. bis zu seinem 32. Lebensjahr war er dort und lernte viel. Er hatte ein ausgezeichnetes Orchester zur Verfügung, mit dem er z. B. seine erste Sinfonie in Es-Dur aufführte. In Sondershausen vollendete er auch das Violinkonzert in g-moll, Sie wissen schon, Mäxens Smash-Hit.

Alles in allem eine schöne Zeit, aber dann war es gut, und 1870 ging er nach Berlin, um dort als freier Komponist endlich nur seinen Ideen leben zu können.

EXKURS

Was hat er nun eigentlich alles so geschrieben, weil es ja immer heißt: Bruch? Ach ja, das Violinkonzert. Womit man ihm recht und auch unrecht tut.

Der erste Riesenerfolg war eine Oper, die »Loreley«. Text von Emanuel Geibel, Uraufführung 1863 in Mannheim, da war uns Mäx 25 Jahre alt. Geibel hatte den Text ursprünglich für Mendelssohn gedichtet, der aber hatte es nicht fertig komponiert. Insgesamt 13 Komponisten wollten nun in der Nachfolge Mendelssohns dieses Libretto vertonen, Geibel gestattete es aber keinem. Auch Bruch zunächst nicht. Davon ließ sich Bruch aber nicht weiter beeindrucken, er komponierte munter drauflos, fuhr zu Geibel nach München und spielte ihm einiges daraus vor. Der war begeistert und erlaubte Bruch, das Werk zu vollenden. Es ist eine große romantische Oper. Das war schon ein Paukenschlag, mit dem sich »uns Mäx« nun als erwachsener, ernst zu nehmender Komponist den Deutschen präsentierte!

Alles schwärmte davon, und die Oper wurde viel gespielt. Dann, zu Beginn unseres Jahrhunderts, geriet sie allmählich in Vergessenheit und erlebte nochmal ein »Remake« durch Hans Pfitzner, der die Oper in der ursprünglichen Fassung 1916 in Straßburg aufführte.

Dass sie schon zu Lebzeiten Bruchs in Vergessenheit geraten war, mag wohl auch mit dem Libretto zusammenhängen, das schwärmerische Höhepunkte aber auch massive dramatische Schwächen haben soll.

Kurz darauf, 1864, wurde in Aachen »Frithjof« uraufgeführt, ein gewaltiges weltliches Oratorium für Sopran, Bariton, Soloquartett, Männerchor und Orchester, alles zusammen Klara Schumann gewidmet. Eine Island-Saga des schwedischen Dichters Esajas Tergner.

Ein Riesenerfolg. Hier war neue Chormusik, Bruch eröffnete – abseits von Wagner – der deutschen Chormusik neue Wege: was begierig aufgenommen und bejubelt wurde.

Der Erfolg gerade dieses Oratoriums zementierte in der Öffentlichkeit den Ruf Bruchs als Meister gewaltiger weltlicher Oratorien. Überall wird »Frithjof« aufgeführt, was Bruch zu weiten Reisen führt, um sein Werk zu dirigieren. Und natürlich denkt uns Mäx jetzt: »Aha, das ist also mein Weg« und empfindet sich – übrigens zeitlebens – als der große Vollender des weltlichen Oratoriums. Da hat er auch noch einiges zu bieten. Immer auf der Suche nach großen Stoffen, kommt er, nach einer Oper »Hermione« und weiteren Oratorien, schließlich zur Odyssee von Homer und komponiert

»Odysseus«, ebenfalls ein außerordentlicher Erfolg. Dann folgen »Arminius«, nicht ganz so durchschlagend, »Achilleus«, wo er an den Erfolg des Odysseus anknüpfen wollte und konnte, »Das Lied von der Glocke« von Schiller, was bis heute geschätzt, nicht aber aufgeführt wird, und »Gustav Adolf«, sozusagen eine protestantische Abrechnung mit dem Katholizismus, ebenfalls ein guter Erfolg. Und das sind nur die Wichtigsten.

Alle diese Werke sind großes Format, ein bisschen, wie soll ich sagen: Brandenburger Tor oder Schinkel in Dur und Moll, oft – wie die Kritiker heute noch sagen – sehr originell, und immer handwerklich meisterhaft, alle Kräfte der Ausführenden herausfordernd: aber nie die Erwartungen und Hörgewohnheiten in Frage stellend.

Diese Oratorien, von denen er das jeweils neueste für sein jeweils bestes hielt, waren natürlich auch nicht mal so eben aufführbar, so was musste auch damals schon durchkalkuliert werden. Damit z. B. »Achilleus« 1885 in Bonn uraufgeführt werden konnte, gründete er ein Komitee zur Durchführung der Uraufführung. Nicht unclever, vor allem weil er es verstand, die Honoratioren mit einzubinden: Ärzte, Rechtsanwälte und so weiter. Als dann aber die »Bonner Zeitung« seiner Meinung nach nicht so recht mitzog, schrieb er: »Die Bonner sind miserable Kleinstädter und haben keine Ahnung davon, wie solche großen Unternehmungen geleitet werden müssen.«

Ich meine: Jot, auch was das Hin und Her der heutigen Bonner Beethovenfeste anbelangt: Recht hat er!

Zum »Achilleus« schrieb er an seinen Verleger Simrock: »Es muss der größte Schlag meines Lebens werden, und verlassen Sie sich drauf, dass ich ihn mit aller Kraft führen werde. Über das neue Werk sprechen Sie bitte mit niemand, auch nicht mit Brahms, der immer sehr neugierig ist und wissen will, was man macht – obgleich er selbst einem nie auch nur das Geringste sagt.«

Als in Hamburg »Achilleus« aufgeführt wurde, unter dem Dirigat des Herrn v. Bernuth, war Bruch wieder einmal zu Tode beleidigt und schrieb:

»v. Bernuth hat den Taktstock immer an Brahms abgetreten – warum also nicht auch an mich? Da haben wir wieder einen Beweis von wahrhaft niederträchtiger parteilicher Exklusivität! Ich kann nicht zugeben, dass Brahms ein größeres Recht hat, in Hamburg seine Sachen zu leiten, als ich. Und übrigens bin ich seit 20 Jahren Kapellmeister, während Brahms nur gelegentlich dirigiert.«

So ging das übrigens in 50 Jahren Briefwechsel mit Verleger und Freunden ständig. Wurde irgendwo was von ihm aufgeführt, schon

mengte er sich ein: schlug Solisten vor, überwachte die Proben, wollte unbedingt selber dirigieren, weil alle andern sowieso alles falsch machen – und weil ihm dadurch auch Geld durch die Lappen ging, »Tantiemen« war ja damals fast noch ein Fremdwort.
»Schulen« und »Lager« befehdeten sich damals heftig: Wagnerianer, Brucknerianer usw. Und wurde man einem Lager zugerechnet, war es aus. Humperdinck z. B. galt als Wagnerianer, nun gut, er hat ja einiges dafür getan; deshalb war aber Bruch lange Zeit nicht bereit, auch nur eine einzige Note von ihm anzuhören. Von Hanslick, der bei einer Bruckner-Aufführung aufstand, sich die Nase zuhielt und mit den Worten: »Es gibt Musik, die stinkt« gegangen sein soll, ganz zu schweigen. Typisch für dieses Denken, bei dem Bruch kräftig mitmischte, ist folgende Episode:
Eugene d'Albert gefiel die 3. Sinfonie von Bruch außerordentlich gut, und er bat ihn, ihm doch ein Klavierkonzert zu komponieren. Bruch lehnte ab, weil d'Albert – wie er Simrock schrieb – »aus der Liszt'schen Schule hervorgegangen, von Hans Richter in Deutschland eingeführt, Protegé der Schleinitz und jugendlicher Freund von Klindworth ist ...«. Kein Wort davon, dass d'Albert einer der besten Pianisten seiner Zeit war und ein Komponist, der musikalisch Bruch eher nahe stand!
Sosehr sich Bruch also über die ganzen Reibereien beklagte – er selbst war da intensivst tätig!
Aber abgesehen von alledem hat er nun ja auch konzertante Musik geschrieben, viel und vieles davon schön, sodass es eine Schande ist, dass er so wenig aufgeführt wird. Brahms, und nicht nur er, schätzte eine ganze Menge der Bruch'schen Konzerte und Orchesterwerke – und der war ja musikalisch auch nicht gerade auf den Kopf gefallen, oder?!
Offensichtlich konnte Bruch selbst das Schicksal nichts recht machen.

Wie ging es weiter in seinem Leben?
1870 also ging er von Sondershausen nach Berlin, um als freier Komponist zu leben. Aber so ganz hat es ihm da nicht gefallen. Ich zitiere: »Berlin ist das nord-östliche Zentrum allen Hasses, allen Neides und aller Gemeinheit. Brahms hat es dort besser: Er hat dort eine starke Partei. An manchen anderen Orten in Deutschland sowie in der Schweiz und in England bin ich in derselben Lage – in Berlin nicht ... Denn die Wagnerianer hassen mich und für die hochklassische Gesellschaft existiert nur Brahms.«
Er lebt ein paar Jahre in Bonn, war aber kaum da, weil er viel dirigierte. 1880 bis 1883 war er Musikdirektor in Liverpool, die ihn

geholt hatten, um zu London eine hübsche Konkurrenz aufzubauen, was ihnen auch gelang, denn mit Bruch hatten sie eine europäische Nr. 1 engagiert. Er hat da sehr viel kluge Aufbauarbeit geleistet, was Orchester und Chöre anbelangt, und überhaupt ein feines Leben gehabt, weil er 1881 auch sein Klärchen Tuczek heiraten konnte, die große Liebe seines Lebens – und zwar bis zum Ende.
Übrigens ist auch in diesem Punkt über »uns Mäx« nur Solides zu berichten. Natürlich schon mal hie und da Äugelchen geworfen, klar, einmal auch verlobt, dann wieder aufgelöst, aber alles in allem immer mit Anstand und fein, also da könnte man ihm nichts nachsagen. Schade! Vielleicht hat er so geliebt, wie er komponiert hat: solide, zuverlässig, fleißig und ohne Überraschungen.
Mit ihr hatte er auch vier Kinder, an denen er sehr hing.
Während seiner Liverpooler Zeit hat er eine triumphale Konzerttournee durch die USA gemacht – sozusagen als Liverpooler Vorchecker für die 80 Jahre später stattfindende USA-Tournee anderer Liverpooler: der Beatles – und ging dann 1883 bis 1891 als Kapellmeister nach Breslau. Er kannte inzwischen alle führenden Solisten und Komponisten und holte sie gerne zu Konzerten nach Breslau. Da war Bruch übrigens sehr kooperativ: Neben den Klassikern führte er alte Meister auf wie Händel, Gluck, Bach und auch zeitgenössische Werke, zu denen er in Gegensatz oder sogar Feindschaft stand: von Berlioz über Goldmark bis Wagner war ihm alles recht, wenn es nur den Konzertplan belebte und dem Breslauer Publikum einen Überblick über zeitgenössisches Schaffen vermittelte.
Ist doch schön, oder?
Er lud seine Kollegen immer ein, bei ihm ihre Werke zu dirigieren, weil er selbst es so hasste, wenn andere seine Werke dirigierten. Zu diesem Thema schrieb er in seiner typischen Art:
»Ich lehne prinzipiell alle Einladungen zum Zuhören meiner eigenen Sachen seit Jahren ab. Für mich gab und gibt es in solchen Fällen nur das Entweder-oder: selbst dirigieren oder zu Hause bleiben. Es erscheint mir eigentlich stets als die größte Anmaßung, wenn andere sich hinstellen und mir meine eigenen Werke vordirigieren wollen; denn ich (mit meiner 35-jährigen Direktionspraxis) weiß doch sehr viel besser als alle anderen, wie es sein muss ... Auch am Rhein haben gut meinende, aber schlechte Dirigenten meine Werke oft sicher und schnell vom Leben zum Tode gebracht; kam ich dann schließlich selbst und stellte dieselben so hin, wie sie gedacht waren, so fand man stets, dass die Werke gar nicht wieder zu erkennen waren.«
Anfang 1890 übersiedelte er mit seiner Familie nach Berlin-Friedenau, wo er bis zu seinem Tode im Jahre 1920 blieb. Da traf es sich

gut, dass ihm der preußische Staat 1891 die Stelle des Direktors der Meisterschule für Komposition bei der Königlichen Akademie der Künste anbot, was mit der Mitgliedschaft beim Senat der Akademie und dem Professorentitel verbunden war. Jetzt war uns Mäx endlich unter Dach und Fach – und zwar vom Feinsten.

Weil er da viele Schüler hatte, seine Ideen also jahrzehntelang fortwirkten, muss ich hier mal was über sein Verhältnis zur Melodie sagen. Für Bruch war die Melodie *das* Existenzielle überhaupt in der Musik. Er selbst formulierte es 1884 in einem Brief an Simrock so: »Ich freue mich, dass auch andere jetzt denselben Weg gehen [gemeint ist eine Volksliedersammlung von Prochaska], den ich schon vor zwanzig Jahren mit der Herausgabe meiner schottischen Volkslieder eingeschlagen habe. In der Regel ist eine gute Volksmelodie mehr wert als 200 Kunstmelodien. Ich hätte es nie in der Welt zu etwas gebracht, wenn ich nicht seit meinem 24sten Jahr mit Ernst und Ausdauer und nie endendem Interesse die Volksmusik aller Nationen studiert hätte: Denn an Innigkeit, Kraft, Originalität, Schönheit ist nichts dem Volksliede zu vergleichen. Es lässt sich auch im Einzelnen nachweisen, dass alle Melodien unserer wahren Meister, welche die Welt erobert haben, von fast volksliedartiger Einfachheit sind. Auf diesem Wege sollte man weitergehen – hier ist Rettung in dieser melodielosen Zeit! – Alles andere geht zu Grunde – nur wahre Melodie überdauert jeden Wechsel und Wandel der Zeiten! Aber die wenigsten Autoren erkennen das; sie tappen im Finstern und sehen nicht die ewig sprudelnde Quelle ›neben dem Dürstenden in der Wüste‹!«

Konsequenterweise konnte er deshalb auch sagen: »Ein Takt von Mozart ist mir lieber als das ganze Wohltemperierte Klavier« und: »Der Ärger über die christliche Jammer- und Tränenpoesie der Bach'schen Kirchenkantaten, die ich kürzlich durchsah, über diese ganze Sphäre borniertier und unpoetischer Empfindung führte mich kürzlich mit Naturnotwendigkeit zur griechischen Poesie!«

Brahms und Max Reger waren schon mal wegen ihrer Bach-Begeisterung bei uns Mäx unten durch!

Diesen Primat der Melodie vor allen anderen musikalischen Elementen gab er als Kompositionslehrer natürlich weiter und fand bei vielen Schülern offene Ohren.

Zu dieser Einstellung zu Bach fällt mir nur Gounod ein, der auch dachte, den Thomaskantor verbessern zu können, indem er über das Präludium sein Ave Maria zuckerte. Ich sagte ja bereits: Die Gotik verbessern und die Klassik vollenden, das war letztlich die geistige Haltung, der auch Bruch zuzugesellen ist.

Nun gibt es aber ganz bestimmte Musikgattungen, die immer schon

– und in unserem Jahrhundert dann ganz besonders – nur der Melodie verschrieben waren: das Volkslied, klar, der Gassenhauer und in seiner Weiterentwicklung der Schlager und natürlich die Operette. Weil Max Bruch in dieser Zeit wirklich eine Autorität war und obendrein *der* Exponent der konservierenden, ich bin versucht zu sagen: staatstragenden Kunstauffassung, hatte seine Melodieverliebtheit als kompositorisches Konzept weit reichende Wirkungen. Die deutsche Operette, in ihrer Folge das deutsche Chanson der zwanziger und dreißiger Jahre und – darauf fußend – der deutsche Schlager bis heute gehen auf dieses vereinfachende Musikkonzept zurück. Bruch selbst hatte zu viel schöpferische Potenz in sich, um allzu sehr zu simplifizieren, aber seine Schüler gaben in die von Bruch vorgegebene Richtung richtig Vollgas. Die Operettenkomponisten Eduard Künneke und Oscar Straus waren Bruch-Schüler. Künneke – gebürtig aus Emmerich und damit zu wirklichen Höhenflügen vielleicht schon deshalb nicht fähig – hatte mit seinem »Vetter aus Dingsda« und dem Lied »Ich bin nur ein armer Wandergesell« einen Welthit gelandet, dem von unzähligen anderen Komponisten nachgeeifert wurde. Oscar Straus war mit dem »Walzerkönig« ebenso erfolgreich und machte sich mit seinen virtuos-gekonnten eleganten Einfällen einen bleibenden Namen. Dass beide auch anders gekonnt hätten, beweisen die wundervolle »Tänzerische Suite« von Künneke aus den 20er Jahren und die Serenade für Streicher op. 35 von Oscar Straus. Amüsiert darüber, dass er dann doch einen anderen Weg eingeschlagen hatte, sagte Oscar Straus einmal: »Ich schreibe Gassenhauer – aber nur für die allerfeinsten Gassen!« Und Künneke setzte sich, nachdem er erfolgreich war, zusammen mit Richard Strauß vehement für die Errichtung der GEMA ein: vielleicht weil er Mitleid hatte mit den armen Teufeln von Kollegen, die der E-Musik treu geblieben waren ...
Jedenfalls wären beide Komponisten – dessen bin ich sicher – lange nicht so erfolgreich gewesen, hätten sie nicht bei Max Bruch einerseits solides Handwerk, andererseits aber auch die Ideologie der Melodie mitbekommen.
Dass man aus Bruchs Unterricht auch andere Schlüsse hätte ziehen können, zeigt Ottorino Respighi, auch er Bruch-Schüler!
1911 zog Bruch sich ins Privatleben zurück, musste den bitteren Verlust seines ältesten Sohnes verkraften, den Ersten Weltkrieg, 1919 den Tod seiner geliebten Frau und starb dann am 20. Oktober 1920 etwas verbittert und resigniert. Kein Wunder: über Jahrzehnte hin mit Ehrungen überschüttet – Bayerischer Maximiliansorden, Ehrenmitglied im Verein Beethovenhaus Bonn, Ehrenmitglied der Akademie der Künste Berlin, Dr. h. c. der Theologie und Philoso-

phie in Berlin, korrespondierendes Mitglied der französischen Akademie der Künste, Ritter des preußischen Ordens pour le mérite und Dr. Mus. h. c. der Universität Cambridge –, um dann erleben zu müssen, dass man sich selber überlebt hat.
Abschließend aber noch ein Thema, worüber bisher überhaupt noch nichts gesagt wurde: die Liebe von Max Bruch zu seiner rheinischen Heimat. Zu Köln, klar, aber insbesondere zum Igeler Hof in Bergisch-Gladbach-Sand. Da gab's freundschaftliche Beziehungen zur prominenten Papierfabrikanten-Familie Zanders, denen Bruch sein ganzes Leben lang treu blieb. Einerseits sicher der Freundschaft wegen, andererseits natürlich wegen des rheinischen Lebensgefühls, das ihn nie losließ – so konnte er z. B. unter nichts mehr leiden, als wenn er in Köln geschnitten wurde, und sich über nichts mehr freuen, als in Köln gefeiert zu werden. Aber das machen die Kölschen ja immer so: Wen sie lieben, den stoßen sie auch gerne mal von sich, um ihm zu zeigen, »dat et och ohne ihn jeiht«, und das hat dem Mäx oft wehjetan – er hing aber auch zeitlebens am Igeler Hof, wegen der Ruhe in der Bergischen Landschaft. Uns Mäx war ein Naturmensch, ausgedehnte Spaziergänge waren immer sein Lebenselixier. So sagte er mal seinem Sohn Ewald: »Der schönste Augenblick meiner italienischen Reise war das Wiedersehen mit dem deutschen Wald in Baden-Baden.«
Und die Bergische Landschaft gab ihm mehr als nur Ruhe. Ewald berichtet: »Als ich erwachsen war, fragte ich meinen Vater, weshalb er denn seine Werke nicht am Flügel komponierte. Das täten doch viele Tonschöpfer. Da sagte er zu mir: ›Mein Sohn! Ich empfange die Ideen zu meinen Werken meist in der Natur. Leider aber bin ich den größten Teil des Jahres an die Stadt [Berlin] gefesselt, denn Ihr, meine Lieben, müsst leben, und für Euch muss der Papa zur Hochschule gehen und den Unterhalt verdienen. Aber meine Zeit kommt im Frühling. Wenn das erste Grün da ist, dann singt und klingt es in mir. Und wenn ich zu meiner Freude in meiner geliebten Heimat durch die Bergischen Wälder wandere, dann ist alles in mir erfüllt von Melodien. Ich habe es nicht nötig, meine Gedanken zu notieren. Dafür habe ich sie im Kopf und behalte sie, bis ich wieder zu Hause am Schreibtisch sitze und sie zu einem Werk gestalte. Erst wenn diese Arbeit beendet ist, gehe ich an den Flügel und spiele die Komposition durch. Dann erst verbessere ich meine Arbeit so lange, bis ich zufrieden bin.‹«
Die Heimat, Köln und Sand, hat Bruch in seinen späten Jahren furchtbar vermisst. 1908 war er das letzte Mal da gewesen; bis 1920 träumte er jedes Jahr davon, dass es wieder klappen könnte. Noch auf dem Sterbebett, das er – vor sich hin dämmernd – einige Mona-

te lang hüten musste, sagte er in einem wachen Augenblick: »Kann ich nicht im Zeppelinluftschiff in meine geliebte Heimat fliegen?«
Max Bruch starb am 2. Oktober 1920 – in Berlin.
Abschließend aber, aus einem Gespräch, das Max Bruch mit einem amerikanischen Musikjournalisten 1907 führte, ein Beleg für die moralische Größe des Rheinländers:
»Brahms ist zehn Jahre tot, doch noch immer wird über ihn gelästert ... Ich sage jedoch voraus, dass er im Laufe der Zeit immer mehr geschätzt werden wird, während die meisten meiner Werke nach und nach in Vergessenheit geraten. In 50 Jahren wird sein Glanz als der des überragendsten Komponisten aller Zeiten hell erstrahlen, während man sich meiner hauptsächlich nur wegen meines g-moll-Violinkonzertes erinnern wird. ... Er war von stärkerer Originalität. Er ging stets seinen eigenen Weg. Er kümmerte sich überhaupt nicht um die Reaktion des Publikums oder die Meinung der Kritiker ... Ich hatte eine Familie zu ernähren und für die Ausbildung der Kinder zu sorgen. Ich musste mit meinen Kompositionen Geld verdienen. Ich war deshalb gezwungen, gefällige und leicht verständliche Werke zu schreiben. Ich schrieb wohl nie für den Publikumsgeschmack, mein künstlerisches Gewissen ließ dies nicht zu. Ich schrieb immer gute Musik, aber solche, die leicht abzusetzen war. Ich beleidige das Ohr der Kritiker nie durch jene wunderbaren, widerstreitenden Rhythmen, die so bezeichnend für Brahms sind. Auch hätte ich es nicht gewagt, beim Übergang von einer Tonart in eine andere Stufensequenzen auszulassen, was die Modulationen Brahms' so kühn und aufregend macht. ... Ich halte Brahms für eine der bedeutendsten Persönlichkeiten in den Annalen der Musik.«
Wer das nach fast 50 Jahren Polemik sagen kann, kann nicht wirklich klein sein.

ENTSTEHUNGSZEIT

Bruch war ein Freund von Kantabilität und Klang. Streicher, Chöre, Orchester: Das konnte ihn berauschen. Das Klavier dagegen war ihm ein »öder Klapperkasten«, wie er sich ausdrückte.
Dazu kam eine enorme Vorliebe für die Melodie, es lag also nahe, sich einem Instrument zuzuneigen, das dafür geeignet ist wie kaum ein anderes: der Violine.
Nur: Er hatte zunächst nicht viel Ahnung von den Eigenheiten dieses Instrumentes und überhaupt des ganzen Orchesterapparates, sodass er einen Riesenbammel davor hatte, Konzerte und Sinfonien zu schreiben, aus Angst, sich vor Kollegen zu blamieren. Nun

hätte er ja einfach kölsch sagen können: Es ejal, ich han en jot Idee un jö!

Aber nein: Bruch war ehrgeizig und fleißig, also half er sich, indem er sich beraten ließ. Von allen, die er für kompetent hielt, glücklicherweise auch von tatsächlich Kompetenten.

Sieben Jahre lang hat er die Idee zum ersten Violinkonzert mit sich herumgetragen, dann schrieb er an Hiller:

»Mein Violin-Concert avanciert langsam, ich fühle mich auf dem Terrain nicht sicher. Finden Sie nicht, dass es eigentlich sehr verwegen ist, ein Violin-Concert zu schreiben?« Nein, nein, sagt Hiller, wär schon in Ordnung und mach mal. Also macht uns Mäx, das Konzert wird aufgeführt, und Bruch merkt: Nee, so geht das nicht. Also arbeitet er alles um. Er schickt diese neue Fassung an Joseph Joachim, den führenden Geiger dieser Zeit, und da geht es los: Fast Note für Note kommen Änderungsvorschläge von Joachim, Bruch macht und tut, streicht da, ändert dort und schreibt das alles dem Joachim inklusive Widmung etc. pp. Später allerdings wollte er davon nichts mehr wissen.

1912 veröffentlichte Joachims Sohn den Briefwechsel seines Vaters und wollte da auch Bruchs Briefe an Joachim bezüglich des Konzerts veröffentlichen, was unserm Mäx allerdings gar nicht passte. Er schrieb: »Dass eine so ausführliche Antwort von mir auf den Harzburger Brief existiert, wusste ich nicht, und jetzt, da ich sie kenne, ist sie mir nicht erfreulich; denn ich erscheine in dieser Antwort ungeheuer unselbständig (um nicht zu sagen: schülerhaft) Joachim gegenüber ... Das Publikum muss ja beinahe glauben ..., Joachim habe das Concert gemacht, nicht ich. Die Wahrheit ist, dass ich einige von seinen Ratschlägen mit Dank benutzt habe, andere nicht.«

Und gleich darauf:

»Jeder würde bei dem Lesen dieses Briefes sagen: Ei, wie schwer und mühsam ist doch dies Werk zustande gekommen ... wahrscheinlich hat er in seinem ganzen Leben allein nichts zustande gebracht (während gerade das Gegenteil der Fall ist). Diese Auffassung würde allgemein sein und man würde sie mit grinsender Befriedigung kolportieren, um mir zu schaden.«

Er verbot, dass dieses Dokument veröffentlicht wird.

Tatsächlich aber hat gerade die Korrespondenz mit vielen Geigern dem Werk die Form gegeben, die es zum Welterfolg führte.

Der Erfolg, den dieses Violinkonzert hatte und hat, verfolgte Bruch zeitlebens. Natürlich genoss er es, dadurch die Freundschaft Sarasates und manch anderer gewonnen zu haben, gegen Ende aber nervte es ihn kolossal, dass jeden Tag Geiger bei ihm vorbeikamen, die seine Protektion suchten und ihm natürlich das Tjamtadadaaa, tjamtadadaaa, tjamdadadadaradadadaaa vorspielten. Er schrieb z. B. aus Italien seiner Familie, wie ihm in Neapel überall Geiger auflauerten: »An der Ecke der Toledostraße, bei Castellamare, am Posilipp stehen sie schon, bereit hervorzubrechen, sobald ich mich sehen lasse, und mir mein erstes Concert vorzuspielen. Hol sie alle der Teufel. Als wenn ich nicht andere, ebenso gute Concerte geschrieben hätte.«

Und er schrieb an den Dichter und Bach-Forscher Philip Spitta in komischer Verzweiflung eine Xenie:

»Polizeiliches Verbot
betreffend Max Bruchs erstes Concert
Da sich in neuester Zeit das erstaunliche Factum ereignet,
dass die Geigen von selbst spielten das erste Concert,
machen wir schleunigst bekannt zur Beruhigung ängstlicher
                                                          Seelen,
dass wir besagtes Concert hierdurch verbieten mit Ernst.«

URAUFFÜHRUNG
Die Uraufführung war 1866 in Koblenz. Otto von Königslow war der Solist, Max Bruch der Dirigent. Der Komponist unterzog anschließend das Konzert einer nochmaligen Revision. Die endgültige Fassung wurde am 7. Januar 1868 uraufgeführt: Solist war Joseph Joachim, Dirigent wiederum der Komponist.

ERFOLG
Triumphal.

ANEKDOTEN
s. o.

WERK
Sätze
Vorspiel. Allegro moderato – Adagio – Finale. Allegro energico

Dauer
22–25 Minuten

Besetzung
2 Flöten
2 Oboen
2 Klarinetten in B

2 Fagotte
2 Hörner in Es
2 Hörner in B
2 Trompeten in D
Pauken
Violinen I und II
Bratschen
Violoncelli
Kontrabässe
Solo-Violine

HITS

Vom Geigerischen abgesehen sind Hits die Stellen, wo das Orchester mal bisschen was tun darf – selten genug in diesem Konzert: also im ersten Satz zum Beispiel ab Takt 106 (falls ich richtig gezählt habe; jedenfalls beim *un poco più vivo*), der gewichtige Horn-Einwurf im Adagio ist ebenfalls eine Hit-Idee und im dritten Satz da, wo das Orchester das schmissige Thema »volle Kanne« spielen darf.
Geigerisch allerdings sind viele Hits zu hören, was sicherlich daran liegt, dass Joseph Joachim den Solopart zumindest mitgestaltet hat. Es gibt kein »großes« Violinkonzert, das so schön in den Fingern liegt wie dieses. Effektvolle Arpeggi, Läufe und Doppelgriffe mit Kräfte sparender Miteinbeziehung der leeren Saiten schaffen eine Atmosphäre, die jeder als »zwingend geigerisch« empfindet. Wenn dann noch ein Geiger die mittelschweren Passagen so zelebriert, als wären sie enorm anspruchsvoll, sich auf den höchsten Ton des Arpeggios setzt, um nach einer Mikropause genüsslich wieder herunterzufallen – wozu sich insbesondere der zweite Satz anbietet –, dann geht die Sonne auf – vorausgesetzt, der Geiger ist einer, der einen großen Ton hat. Sonst klingt es wie Konservatorium.

FLOPS

Ein Flop ist insgesamt, dass »uns Mäx« den Orchesterpart nicht wirklich gleichberechtigt zur Solo-Violine komponiert hat. Eigentlich hat da Beethoven schon solide Vorarbeit geleistet, vielleicht hatte aber Joseph Joachim da ein bisschen Angst, er könnte untergehen. Die paar Stellen, wo das Orchester mal selbständig aufgreifen oder antworten kann, sind zu rar gesät – das ist übrigens beim weniger bekannten d-moll-Konzert für Violine und Orchester op. 44 anders! Ein Riesen-Flop ist natürlich die Stelle im zweiten Satz, wo Max Bruch bei den Beatles geklaut hat (Takt 35–38, wo das Orchester über den Harmonien Ges – Ges major – Ges 7 – Es – As die Schlagerpassage ges – f – e zu nudeln hat), und zwar den Song »Something in the way ...«. Das nur als Anmerkung zu dem, was oben über die Auswirkungen seines Melodie-Primats auf den Schlager gesagt wurde. Denn dass die Beatles bzw. George Harrison, der Komponist des Liedes, das Bruch-Konzert so genau kannten, dass man sagen könnte, sie bzw. er hätten geklaut – also ich weiß es nicht!

OBACHTS
Das Violinkonzert ist ein klassischer Fall von »Gesamt-Obacht«. Denn: Schön ist es nur, wenn es von wirklichen Könnern zelebriert wird. Weil es zum technischen Standard der Geiger-Ausbildung gehört (Konservatorium 6. oder 7. Jahr), wird es häufig bei den berühmten Jahresabschluss-Konzerten gespielt, und »unten« sitzen die ganzen Kollegen und warten nur darauf, dass »der da oben« anfängt zu eiern. So klingt es dann auch. Ist aber ein Könner an der Geige – oder eine Könnerin – und haben Dirigent und Orchester den Ehrgeiz und das Vermögen, dieses Konzert zum Klingen zu bringen, dann können dankbare 25 Minuten entstehen.

ES MEINEN
»Das g-moll? Dafür komm ich erst gar nicht vorbei – das fax ich euch!« (A. B., bekannter Violinist, aus Z. bei M.)
»Die Deutschen haben vier Violinkonzerte. Das größte, konzessionsloseste stammt von Beethoven. Das von Brahms, in seinem Ernst, eifert Beethoven nach. Das reichste, das bezauberndste schrieb Max Bruch. Das innigste aber, das Herzensjuwel, stammt von Mendelssohn.« (Joseph Joachim)
»Bruch ist wie Bergische Kaffeetafel – angenehm üppig, aber man muss ja nicht alles essen!« (Konrad Beikircher zu sich selbst, 9. August 2000, 16 Uhr 49, nach dem Anhören von sieben Violinkonzert-Interpretationen)

BEIKIRCHER RÄT

ANLASS
Alle Bergischen Firmen sind gut beraten, wenn sie bei Eröffnungen oder Firmenjubiläen zum Bruch-Konzert greifen: Es stimmt fröhlich, hat extrem regionalen Bezug (s. o.) und ist doch keine Gebrauchsmusik.

NUTZUNG
Man kann die kulinarischen Qualitäten dieses 2-Sterne-Konzerts wunderbar gastronomisch nutzen: Überall da, wo anspruchsvolle deutsche Küche auf den Tisch gebracht wird – gibt es das überhaupt? –, ist es der ideale Begleiter. Es passt zum Walporzheimer Roten genauso wie zum Wildschweinrücken mit Preiselbeeren, und der dritte Satz sollte anstelle eines deutschen Desserts genossen werden!

AUTO
Das Konzert für alle Audis (außer TT) – der Idealfall wäre der Audi 100, gäbe es ihn noch.

PAUSEN-TALK
»Das habe ich auf CD besser.«
»Heifetz hat es am schnellsten gespielt: gut 21 Minuten!«
»Und?«
»Ich habe tatsächlich den Bus noch bekommen!«

FRAUEN
»Haben Sie die Augen gesehen?«
»Was für Augen?«
»Vom Solisten.«
»Nein, ich hab zugehört.«
»Da haben Sie aber was versäumt!«

MÄNNER
»Ich finde, dieses Konzert ist das ausgewogenste überhaupt: nicht zu pagagipiesk, aber auch nicht abweisend sibelianisch, leichter als das von Berg, aber mit mehr Tiefgang als alles von Vieuxtemps, festlicher als Lalo und doch tänzerischer als Bach und auch nicht so extrem wie das Ligeti-Konzert, und trotz alledem ist es auch noch richtig schön.«
»Wollt ich jrad sagen.«

BEWERTUNG
Technik für Orchester

für den Solisten		Es ist nicht wirklich extrem schwer, aber wenn einer Schwereres nicht spielen kann, sollte er von Bruch die Finger lassen.
Gesamt	mit Fleißkärtchen	Es gehört zu den feinsten seiner Gattung.

Georges Bizet
1838–1875

L'Arlésienne Suite Nr. 1 für Orchester

> »Was ich über Bizet sage, dürfen Sie nicht ernst nehmen; so, wie ich bin, kommt Bizet tausendmal für mich nicht in Betracht. Aber als ironische Antithese gegen Wagner wirkt er sehr stark.«
> (Friedrich Nietzsche am 27. 12. 1888 in einem Brief an Carl Fuchs)

> »Für mich gibt es nur zwei Arten von Musik: gute und schlechte.«
> (Georges Bizet 1867)

Carmen – von Georges Bizet ...
Bizet, der Komponist von Carmen ...
Georges Bizet, der die Oper Carmen komponiert hat ...
Der Komponist der Carmen, Georges Bizet ...
Georges, armer Hund, dein kurzes Leben lang hast du komponiert, verschwiegen, was du komponiert hast (z. B. die Symphonie in C-Dur), bist wenig aufgeführt worden, von den Kritikern fast ausnahmslos und immer als »Wagnerianer« diffamiert und fertig gemacht worden und hast den Erfolg der »Carmen« auch nicht mehr erleben dürfen, bist quasi an gebrochenem Herzen ob der Nichtbeachtung gestorben, und heute noch denken viele: »Na ja, der hat halt als einmaligen Genieblitz in seinem Leben diese Oper zu Papier gebracht, aber sonst ist ›ferner liefen‹ angesagt.« Das soll – so habe ich es dir auf dem Père-Lachaise versprochen – zumindest in diesem Buch anders sein, weil es eine Schande ist, dass nur die Profis deine anderen Werke kennen und die brillantesten Ideen aus der »Carmen« zu einem ruchlosen Virtuosenstücklein für Extrem-Geiger, den Doppelgriff-Climbern, degeneriert ist, das heutzutage auch nur noch dann Wirkung zeigt, wenn es ein Kind ist, das die Brutal-Terzen runterfiedelt. Nein, Georges, das hast du nicht verdient! Deshalb werde ich in diesem kleinen Artikel hier ein Werkverzeichnis mit aufführen, damit der eine oder andere Orchestervorstand, Intendant, Dirigent oder Aufsichtsratsvorsit-

zende sagen möge: »Ach, guck mal da, so was gibt's auch von Bizet, schön, das schauen wir uns mal an.«

Am 25. Oktober 1838 wurde Alexandre César Léopold Bizet in Paris geboren. Warum ihn sein Vater Adolphe unter diesem Namen beim Standesamt eintragen ließ, ihn aber dann Georges nannte, weiß kein Mensch. Ein musikalisches Elternhaus empfing ihn: Papa war zwar vormals Perückenmacher und Friseur in Rouen gewesen, nach seinem Umzug nach Paris aber Gesangslehrer, wozu ihn sicher sein Schwager animiert hatte. Der nämlich, Francois-Alexandre Nicolas Chéri Delsarte, war als Tenor und Gesangspädagoge in Paris ein Begriff. Insbesondere seine Konzerte mit historischer Musik erfreuten sich großer Beliebtheit in den Salons der Gebildeten, ebenso seine Sammlung »Les archives du chant«. Der kleine Georges bekam sehr früh Musik- und Klavierunterricht und zeigte sich so begabt, dass er schon mit neun Jahren inoffiziell am Unterricht im ehrwürdigen Pariser Konservatorium teilnehmen durfte, mit zehn war er dann offiziell aufgenommen und gewann bereits im ersten Jahr den ersten Preis im Fach »solfèges«, der Noten-Lese-Plackerei, die noch keinem Konservatoriumsschüler wirklich Spaß gemacht hat. Also mal wieder: ein Wunderkind.

Im Fach Komposition hatte er Unterricht bei Zimmermann, der sich aber oft von seinem späteren Schwiegersohn Gounod vertreten ließ, den wiederum Bizet sein Leben lang als Musiker verehrte. Der zwölfjährige Bizet schon wurde gerne zu Proben in der Oper als Begleiter geholt, bekam also da schon einen guten Überblick über das gängige Opernrepertoire. Ab 1853 kam er dann als Kompositionsschüler zu Jacques Fromental Halévy, dessen kreative Phase als Opernkomponist schon vorbei war, der aber ein hervorragender Lehrer gewesen sein muss. Außerdem war er der Vater von Bizets späterer Frau – was der junge Georges da aber natürlich noch nicht wissen konnte. Zwei Jahre später hatte Bizet schon eine fertige Symphonie in der Schublade, die Symphonie in C-Dur, die, wie Tante MGG schreibt, »ein natürliches Talent zeigt, das dem Mozarts, Schuberts und Mendelssohns im gleichen Alter nicht nachsteht«. Er hatte sie in einem Monat komponiert (Oktober/November 1855) – zeigte sie aber weder Gounod noch Halévy, sie wurde erst achtzig Jahre später von C. D. Parker entdeckt und von Felix von Weingartner 1935 in Basel uraufgeführt. Diese Symphonie hat übrigens starkes Interesse bei den Choreographen gefunden: Es gibt zahlreiche Ballettversionen von ihr. Im selben Jahr 1855 machte Bizet einen Klavier-Auszug von Gounods Oper »La Nonne Sanglante« und eine Bearbeitung von Gounods D-Dur-Symphonie für Klavier zu vier Händen. Das alles fiel in eine Zeit, in der in Paris sozusagen die

Bagger angesagt waren: Napoleon III. und sein Präfekt Georges-Eugène Haussmann schlugen mit der Abrissbirne zu, um aus Paris die Prestige-Metropole zu bauen. Was heute wunderbar ist, die Boulevards, die Avenues etc. pp., muss in der Bauphase für die Anrainer die schiere Hölle gewesen sein. 1860 hatte Paris 1,7 Millionen Einwohner, dreimal so viel wie Berlin. Georges Bizet ist also genau in der Zeit aufgewachsen, in der Paris das Gefühl lebte, das zivilisatorische und kulturelle Zentrum der Welt zu sein, und das auch mit seinen gigantischen Straßenzügen und Bauten zeigte.

1856 bewarb sich der achtzehnjährige Georges um den Prix de Rome, den die Académie des Beaux-Arts Jahr für Jahr ausschrieb. Dieser Preis bestand in einem fünfjährigen Staatsstipendium mit obligatem Aufenthalt für zwei Jahre in der Villa Medici in Rom und dem »Haken«, dass man Pflichtkompositionen abzuliefern hatte. 1856 hatte man einen Kantatentext zu vertonen, »David« von Mademoiselle de Montréal, eine viel zu betuliche Vorlage, um einen Komponisten wirklich zu inspirieren. Georges komponierte brav, bekam aber nur den zweiten Platz, was ihm immerhin Freikarten für die Pariser Bühnen eintrug. Dafür passierte im selben Jahr aber etwas sehr Hübsches: Jacques Offenbach, der geniale kölsche Satiriker, hatte einen Wettbewerb ausgeschrieben, zu dem sich ca. achtzig Komponisten meldeten. Der Aufruf am 17. Juli 1856 im »Le Figaro« lautete wie folgt: »Das Theater der Bouffes-Parisiens will versuchen, das einfache heitere Genre wiederherzustellen ... In einer Oper von etwa dreiviertel Stunden Dauer, die nur drei Personen auf die Bühne bringt und nur ein Orchester von höchstens dreißig Musikern zur Verfügung hat, muss man Ideen und vollwertige Melodien haben ... Um der französischen Bühne würdige Künstler zuzuführen, lade ich die jungen Komponisten zu einem kleinen Wettstreit ein. Das Theater, das ich ihnen öffne, verlangt nur drei Dinge von ihnen: Geschicklichkeit, Kenntnisse und Einfälle.« (zit. n. Christoph Schwandt, »Georges Bizet«, rowohlt 1991) In der Jury saßen lauter Promis: Auber, Halévy, Scribe und andere, als erster Preis winkten 1.200 Francs und eine Goldmedaille im Werte von 300 Francs. Als sechs Komponisten in die engere Wahl gekommen waren, rückte Offenbach mit der eigentlichen Aufgabe heraus: Ein Libretto – »Le Docteur Miracle« von Ludovic Halévy und Léon Battu – war zu vertonen (immerhin: Halévy war Offenbachs begnadetster Librettist), zwei Komponisten gewannen den ersten Preis: Charles Lecocq und Georges Bizet. Beide Vertonungen wurden aufgeführt, leider ohne nennenswerten Erfolg. Dass Bizets »Le Docteur Miracle« bis heute kaum aufgeführt wird, ist sehr schade, wo sie doch – wenn man den Fachleuten glauben darf – eine köstliche

Parodie der traditionellen komischen Oper ist: mit einem absoluten Highlight, dem Quartett »Voici l'omelette«, mit dem ein angeblich vergiftetes Omelett serviert wird, eine Idee übrigens, die Offenbach nochmal in seiner »Genoveva von Brabant« verwendete – im »Pastetenlied«.

Wenn das auch kein Erfolg war, das Jahr 1857 war einer, denn da gewann Bizet den Prix de Rome. Am 27. Januar 1858 traf er in Rom ein, es muss sehr kalt gewesen sein, denn kaum da, erwischte ihn schon seine Leib- und Magenkrankheit: Halsschmerzen. Angina, wie sich später herausstellen wird, und zwar – wie wir heute wissen – so hartnäckig, dass er schließlich an ihr und den Folgekrankheiten im Mozart-Alter von 36 1/2 Jahren sterben sollte. Den Preis hatte er sich übrigens mit der Vertonung »Clovis et Clotilde« verdient, nicht gerade ein Werk für die Ewigkeit. Bizet hat da wohl ein bisschen nach dem geschaut, was die Jury so haben wollte. Gut, ist in Ordnung, es ging ja um den Prix de Rome! Von Italien selbst war Bizet allerdings nicht sonderlich begeistert: »Es ist ein für die Kunst vollkommen verlorenes Land, Rossini, Mozart, Weber, Paer, Cimarosa sind hier unbekannt, verachtet oder vergessen ... die lächerlichen Madonnen unter jeder Laterne, die Wäsche zum Trocknen aus dem Fenster gehängt, der Mist in der Mitte der Piazza«, schrieb er seiner Mami enttäuscht. Na ja, wenn einer aus dem zivilisierten Paris mit den entstehenden Boulevards kommt ...! Der Reisende war also frustriert, der Komponist dagegen schrieb in Rom ein »Te deum«, eine Opera buffa »Don Procopio« und eine sinfonische Ode »Vasco da Gama«. In Bezug auf »Don Procopio« erreichte ihn aus Paris ein ermunternder positiver Bescheid, das Werk schien zu gefallen. Von dem, was sich aber in der Zwischenzeit in der Oper in Paris tat, erfuhr er nur aus Briefen. »Faust« von Gounod oder »Orphée aux Enfers« von Offenbach setzten neue Akzente und zeigten neue Wege auf, die zunächst an Bizet vorbeigingen. Allerdings studierte er die Partitur von Gounods Oper sehr intensiv, was sicherlich auf die Arbeit an »Carmen« nicht ohne Einfluss geblieben ist: war doch in dieser Oper mit dem »drame lyrique« ein neuer Operntypus geschaffen, der Bizet fasziniert haben muss. Zu Verdi hatte der nunmehr 22-jährige Bizet ein gespaltenes Verhältnis: von »Krankhaft! Die Sänger, das Orchester, die Ausstattung – Erbarmen!!!« (in Bezug auf »Un ballo in maschera«) bis zu »Ich bin an einem Punkt angelangt anzuerkennen, dass Verdi ein engagiertes Genie ist, das sich auf dem bejammernswertesten Weg befindet, der je begangen wurde« reichte die Spannbreite.

Im März 1860 kam dann ein gewaltiger Dämpfer aus Paris. Man rügte Bizet offiziell dafür, eine Opera buffa geschrieben zu haben, wo man doch eine Messe erwartet hatte. Auber, der Direktor der Akademie, vergaß daraufhin die Partitur und überließ sie seinem Nachlass. Bizet konnte so eine Aufführung dieser feinen Oper erst 1908 in Rom erleben – aber da war er schon tot. Er skizzierte an einer Symphonie, der er den Titel »Rom, Venedig, Florenz und Neapel« geben wollte, die er später auch fertig stellte und die Gustav Mahler so gut gefiel, dass er sie 1901 in Wien aufführte. Bizet selber aber erkannte immer mehr, dass er weniger für die Symphonie als für die Oper prädestiniert war. 1860 reiste er mit seinem inzwischen in Rom eingetroffenen Freund Ernest Guiraud (Prix-de-Rome-Gewinner von 1859) durch Italien, als er aber in Venedig von der Krankheit seiner Mutter erfuhr, kehrte er Ende September 1860 nach Paris zurück. Im Elternhaus gab es ein Hausmädchen, Marie Reiter, die offensichtlich zu der klassischen Sorte gehörte: sauber machen und Bizets kranke Mami pflegen – nachts aber war sie für Georges da. Tatsächlich kam genau neun Monate nach Mamis Tod (8. September 1861) der kleine Jean zur Welt, der sich ein halbes Leben lang für den Halbbruder Bizets hielt, weil man die Version gestreut hatte, er sei ein Abkömmling von Bizets Vater. Erst am Sterbebett seiner Mutter erfuhr Jean 60 Jahre später, dass in Wirklichkeit Georges Bizet sein Vater war. Da war dieser aber bereits lange verstorben. Gut: Man ist ja froh, wenn man es überhaupt erfährt, oder?! In Paris jedenfalls komponierte Bizet im Winter 1861 eine einaktige komische Oper »La Guzla de l'Emir« – als letzte Pflichtarbeit für den Prix de Rome –, zur Aufführung aber kam es nicht, weil Bizet noch während der Proben zur »Guzla« vom Chef des Théâtre Lyrique die Chance geboten bekommen hatte, mit dem Libretto »Les pêcheurs des perles« (ursprünglich hieß es »Leila«) endlich einen Stoff in die Hände zu bekommen, der eine gewisse Aufmerksamkeit beim Publikum schon vom behandelten Stoff her versprach. Das Scherzo aus der »Roma«-Symphonie war zwar am 11. Januar 1873 uraufgeführt worden und dabei obendrein vollkommen durchgefallen – Konzertabonnenten drohten sogar mit der Rückgabe ihrer Abos! –, das scheint aber Bizets Elan beim Vertonen der »Perlenfischer« nicht wirklich behindert zu haben. Er komponierte die dreiaktige Oper, die am 30. September 1863 zur Uraufführung kam, allerdings mit äußerst bescheidenem Erfolg. Lediglich Hector Berlioz schrieb im »Journal des Débats«: »Die Partitur der ›Perlenfischer‹ macht Bizet die größte Ehre, und man wird sich genötigt sehen, ihn als Komponisten anzuerkennen.« Bizet war da noch keine 25 Jahre alt, da ist es schon schön, wenn ein ernst zu nehmender Kollege solche Sätze über einen schreibt. 1863 wurde die Oper 18-mal aufgeführt, 1866 nochmal in den Spielplan aufgenommen, dann war sie verschwunden. Und zwar so vollständig, dass bis heute Partitur und Orchestermaterial verschollen sind! Was wir heute als »Die Perlenfischer« hören können, ist eine Rekonstruktion nach dem Klavierauszug von 1863 – mit allen Mängeln, die so einem Versuch anhaften –, die 1973 an der Nationaloper in Wales aufgeführt wurde und seitdem in dieser Fassung schon mal auf den Spielplänen steht. Schade.

Und erneut ließ sich Bizet von einem ziemlich unsäglichen Libretto-Angebot, das ihm Carvalho, Chef des Théâtre Lyrique, unterbreitete, zum Komponieren verführen: weil er halt unbedingt Opern komponieren wollte, jung war und aufgeführt werden wollte. Da hat er offensichtlich den Blick für die Qualität eines Librettos völlig verloren. Die Geschichte um den Zaren Ivan IV. und die tscherkessische Königstochter Marie ist so haarsträubend, dass sich jedem anderen Komponisten auch der Kiel gesträubt hätte. Was zeigt: Angesichts der Librettisten-Misere durch die Opern-Jahrhunderte hindurch ist es fast ein Wunder, dass es überhaupt so viele passable Opern gibt. Talente wie Da Ponte sind offensichtlich rarer gesät als Komponisten. Bizet gab sich zwar alle Mühe, musste aber unter hohem Zeitdruck komponieren, was dazu führte, dass er sich schon mal hier und da nach Wagner etc. umgeguckt hat – er war ja obendrein ein humorvoller und genialer Parodist von Kollegen: Es gab Privat-Soireen, an denen er die ganze Gesellschaft mit feinen Parodien unterhielt! Das Aufführungsmaterial wurde zwar 1865 noch kopiert, dann aber ging Carvalho das Geld aus, man sprach von »später«, und das Ende vom Lied war, dass Bizet diese Oper zurückzog. Nach vielen Wirren, die der Spezialist in der entsprechenden Literatur nachlesen mag, kam es jedenfalls am 3. Oktober 1975 in Manchester zu einer Aufführung dieser Oper, die dem Original nahe gekommen zu sein scheint. Aber gerade da zeigte sich auch, dass das Libretto – und damit zwangsläufig auch die Musik – sich mit den Vertonungen großer russischer Stoffe durch Mussorgsky und andere nicht hätte messen können. Sei's drum, wieder mal ein Misserfolg in Bizets Leben, woran er sich nun langsam zu gewöhnen hatte.

Um leben zu können, stürzte er sich nun nicht etwa auf eine pianistische Karriere, für die er vollkommen geeignet gewesen wäre – das wollte er nicht, um seine Karriere als Opernkomponist nicht zu gefährden –, sondern auf das Herstellen von Klavierauszügen. Durchaus erfolgreich übrigens. Sein »Le pianiste chanteur« zum Beispiel und seine Opernbearbeitungen liefen hervorragend! Er konnte auch eigene Klavierkompositionen drucken lassen, die sich wie z. B. die »Chants du Rhin« gut verkauften. Er komponierte Lieder und wartete im Prinzip auf neue Opernaufträge. Carvalho hatte sich inzwischen wieder erholt und bot 1866 Bizet erneut ein Libretto an: »La jolie fille de Perth«: wieder einmal eine völlig verquaste Geschichte, durch die keiner durchblickt. Bizet komponierte brav die Oper, übergab die Partitur 1866 Carvalho, am 10. September 1867 gab es eine schöne Generalprobe, dann aber zögerte Carvalho wieder rum, verschob und jammerte, sodass die Oper erst im Dezember 1867 uraufgeführt wurde. Guter Erfolg, aber mehr als zwanzig Aufführungen gab es nicht. Also einmal mehr: warten auf den Durchbruch.

In der Zwischenzeit hatte sich Bizet in Geneviève Halévy verliebt, die Tochter seines Kompositionslehrers, musste aber mit der Hochzeit noch bis zum 3. Juni 1869 warten, weil die Familie der Braut zögerte. Also auch da nicht das, was man als rauschenden Erfolg bezeichnen könnte! Das erste Ehejahr war dann sehr glücklich, die verrückte Schwiegermutter auch zufrieden, weil Bizet die unvollendete Oper ihres Mannes Halévy »Noé« zu Ende komponierte und veröffentlichte, allerdings hielt dieser Frieden nicht lang: Das ohnehin zerrüttete Verhältnis von Bizets Frau zu ihrer Mutter fand ihr Ende, als die beiden sie in Bordeaux besuchten (1870/71). Die Mutter muss so heftig auf Geneviève losgegangen sein, dass diese danach Gesichtskrämpfe bekam, die sie ihr Leben lang nicht mehr loswurde. 1870 trat Bizet angesichts des preußisch-französischen Krieges der Nationalgarde in Paris bei, schrieb aber: »Ich bin Franzose, daran erinnere ich mich, aber wie könnte ich denn vergessen, dass ich Mensch bin.« Als alles vorbei war, ernährte er sich und seine Frau weiter von Gelegenheitsarbeiten, schrieb aber zwischendurch etwas ganz Zauberhaftes für vierhändiges Klavier: die »Jeux d'enfants«. Einen Teil daraus (fünf von zwölf Stücken) orchestrierte er: Das gelangte am 2. März 1873 zu einer außerordentlich erfolgreichen Uraufführung. Warum wird diese witzige und wunderschöne Komposition nicht öfter aufgeführt? Schreiben Sie Ihren Orchesterintendanten, Ihren Konzerthallen-Chefs, organisieren Sie den Widerstand, verlangen Sie Bizets »Jeux d'enfants« – Ihre Kinder werden es Ihnen danken! Egon Voss schreibt im Csampai-Konzertführer dazu: »Das kleine Werk, in dem nicht eine Note zu viel steht (wann lässt sich das schon einmal sagen!), wird in Deutschland nicht ganz ernst genommen; es sollte bekannter sein.« 1872 war die Uraufführung der »Arlésienne«-Suite ein großer Erfolg (s. u.), im Gegensatz zur Oper »Dschamileh«, die einige Wochen vorher durchgefallen war. Nach diesem Erfolg – Bizet war da noch nicht 34 Jahre alt und hatte außerdem einen noch schöneren »Erfolg« zu feiern: die Geburt seines ehelichen Sohnes Jacques –

war er plötzlich *der* junge französische Komponist. Er stieß auf den Stoff zu »Carmen« – die Details mögen die Opernspezialisten, sofern sie ihnen nicht eh schon bekannt sind, in der einschlägigen Literatur nachgucken, mir geht es hier mehr um den »anderen« Bizet – und fertigte eine ausführliche Skizze zu einer Oper »Don Rodrigo« (gemeint war El Cid), zu deren Ausarbeitung es nicht kam, weil das Opernhaus abbrannte und man vorerst keine Uraufführungen riskieren wollte. Er arbeitete nun bis November 1874 an der »Carmen«, musste ständig ändern, um die Eitelkeiten von Primadonnen zu befriedigen, hielt die »Habanera« für ein Volkslied, das man zitieren dürfe, bis er erfuhr, dass es eine Melodie von Jradier war, was er dann im Klavierauszug ausführlich anmerkte, verkaufte die Partitur für sagenhafte 25.000 Francs an seinen Verleger, wurde zwischendurch (am 3. März 1875) Ritter der Ehrenlegion und konnte dann – am selben Abend – endlich die Uraufführung der »Carmen« erleben: Ratlosigkeit und Zurückhaltung war das Ergebnis. Zu fremd war es dem Publikum, dass da plötzlich ganz »gewöhnliche« Menschen auf der Bühne standen, obendrein aus »unteren« Schichten, die schmuggeln, fahnenflüchtig sind, in Kneipen tanzen und von ehemaligen Liebhabern erstochen werden – und das alles mit einer Musik, die auch so neu war, dass einem erst mal der Kiefer runtersackte. Bizet zog nach diesem erneuten Nicht-Erfolg die ganze Nacht durch Paris und widmete sich dann – das Thema »Carmen« vor der Haustüre lassend – den Vorarbeiten zu einem Oratorium über die heilige Genoveva. Es ging ihm aber gar nicht gut. Angina und in deren Folge die rheumatischen Beschwerden setzten ihm so zu, dass er aufs Land, in das kleine Häuschen in Bougival, flüchtete. Ein Leben lang litt er unter Angina tonsillaris, immer wieder flammten die Infektionen auf, schon seit seiner Kindheit. Kein Arzt hat es jemals in den Griff bekommen, was zu Weiterungen führte: Die Streptokokken breiteten sich aus, es kam zu Halsphlegmonen und zur Ausbildung einer Mundbodenphlegmone. Das klingt schöner als es ist. Die Komplikationen gingen aber dank der Nichtbehandlung weiter: Es kam zur Ausbildung von akutem rheumatischem Fieber mit kardialer Beteiligung, und das war es dann.

Am 27. Mai 1875 fuhr man nach Bougival: Bizet, Geneviève, ihr Sohn Jacques, Marie Reiter mit Jean, dem anderen Sohn Bizets, das Dienstmädchen Eliza und deren Töchterchen. Bizet ging es in der Landluft plötzlich prima, am 29. Mai machten alle einen Ausflug an die Seine, es war heiß, Bizet badete. Folge: Fieber am 30. Mai. Und es wurde nicht mehr besser. Am 2. Juni war er tagsüber delirant, abends küsste er seine beiden Kinder mit den Worten: »Ins

Bett mit euch kleinen Kerlchen«, um 23 Uhr hatte er eine Herzattacke, schickte nach dem gegenüber wohnenden Arzt und sagte zu Marie Reiter: »Meine arme Marie, ich habe einen kalten Schweiß, das ist der Schweiß des Todes. Wie werden Sie es meinem Vater mitteilen?« Das waren seine letzten Worte, danach verlor er das Bewusstsein. Um zwei Uhr morgens (oder um drei Uhr, das ist etwas unklar) starb Georges Bizet an seinem sechsten Hochzeitstag. Am 5. Juni wurde er auf dem Père-Lachaise beigesetzt, sein Vater Adolphe überlebte ihn um sechs Jahre, und Charles Gounod, der eine Grabrede halten sollte, versagte nach den ersten Worten die Stimme. Endlich begriffen Frankreich und die Welt, wen sie da verloren hatten!

Weil aber vielen von uns heute noch nicht klar ist, dass Georges Bizet mehr war als nur der Komponist der »Carmen«, hier – als Hausaufgabe quasi – in knapper Form ein nicht ganz vollständiges Werkverzeichnis (ich habe nicht jeden Liedertitel aufgenommen und die vielen Bearbeitungen für Klavier auch weggelassen):

BÜHNENWERKE
La maison du docteur – Opéra comique in einem Akt
Le docteur Miracle – Operette in einem Akt
Don Procopio – Opera buffa in zwei Akten
Ivan IV. – Oper in fünf Akten
Les pêcheurs des perles – Oper in drei Akten
La jolie fille de Perth – Oper in vier Akten
Malborough s'en va-t-en guerre – Operette, erster Akt
La coupe du Roi de Thulé – Oper in drei Akten
Djamileh – Opéra comique in einem Akt
Don Rodrigue – Oper in fünf Akten
Carmen – Opéra comique in vier Akten

MUSIK ZU BÜHNENWERKEN
L'Arlésienne

ORCHESTERWERKE
Erste Ouvertüre
Symphonie in C-Dur
Scherzo und Trauermarsch f-moll
La chasse d'Ossian – Ouvertüre
Roma, Symphonie in C-Dur
Petite suite (»Jeux d'enfants«)
Suite in vier Sätzen aus »L'Arlésienne«
Patrie! Ouvertüre

WERKE FÜR TASTENINSTRUMENTE
Quatre préludes
Walzer in C-Dur
Thème brillant C-Dur
Deux caprices
Romance sans paroles C-Dur
Grand Valse de concert Es-Dur
Drei Stücke: Romance sans paroles, Casilda,
              Méditation religieuse
Chasse fantastique
Six chants du Rhin
Variations chromatiques
Marine
Nocturne Nr. 2 D-Dur
Jeux d'enfants
Causerie sentimentale
Jede Menge Bearbeitungen

INSTRUMENTALWERKE
Vierstimmige Fugen nach Themen von Auber, Halévy und Thomas
Duo für Violoncello und Fagott c-moll

VOKALWERKE
25 Lieder
Vocalise für Tenorstimme C-Dur
Vocalise für zwei Sopranstimmen F-Dur (Barcarolle)
Choeur d'étudiants für Männerstimmen und Orchester
Walzer G-Dur für gemischten Chor und Orchester
David – Kantate (verloren)
Fünf Kantatenskizzen (für Prix de Rome)
Le Golf de Bahia für Sopran oder Tenor, Chöre und Klavier
La chanson du rouet für Solostimme, Chor und Klavier
Clovis et Clotilde – Kantate
Te Deum für Solisten, Chor und Orchester
Vasco da Gama – symphonische Ode
Saint-Jean de Pathmos für vierstimmigen Männerchor
Les noces de Prométhéé – Kantate (verloren)
La mort s'avance für gemischten Chor und Orchester
La fuite – Duo

ENTSTEHUNGSZEIT
Carvalho, der umtriebige Theaterimpresario, hatte nach seinem Flop am Théâtre Lyrique 1872 im Théâtre du Vaudeville Fuß gefasst, einem Theater, das man mit »Volksbühne« sicher noch euphemistisch umschreiben würde. Hier wurden populistische Stücke aufgeführt, die näher am Komödienstadel als am Thalia-

Theater anzusiedeln sind. Man legte aber dennoch Wert auf vernünftig gebaute Stücke, die obendrein durch illustrative Szenenmusik aufgepeppt wurden. Carvalho hatte nun mit Alphonse Daudet einen viel gelesenen Autor verpflichten können, der ohnehin die geschäftlich superbe Idee hatte, eine seiner viel gelesenen Erzählungen aus »Briefe aus meiner Mühle« – die Vier-Seiten-Erzählung »L'Arlésienne« – für das Theater zu dramatisieren. Da schien doch der Erfolg programmiert und Carvalho wusste auch schon, wer die Bühnenmusik schreiben sollte: Georges Bizet. Spielte doch die Erzählung in der Provence und war doch Bizet im Dezember 1857 auf der Reise nach Rom begeistert durch die Provence gestiefelt. Provence war im damaligen Paris ohnehin ein so exotisches, also beliebtes Thema wie Spanien oder Orient, also ging man schnurstracks an die Realisierung. Bizet komponierte zu der reichlich aufgemotzten Handlung eine Bühnenmusik, die sich gewaschen hat, und verwendete dafür auch noch ein extrem exotisches Instrumentarium: Da das Orchester aus finanziellen Gründen auf 26 Mann reduziert war, machte Bizet aus der Not eine Tugend, indem er vier erste und zwei zweite Geigen spielen ließ, *eine* Bratsche vor fünf Celli setzte, zwei Kontrabässe, ein Klavier und ein Harmonium neben die üblichen Bläser setzte, sie alle aber vom dreißig Jahre zuvor erfundenen Saxophon (Altsaxophon in Es) überstrahlen ließ, ohne doch auf Pauken und ein Tamburin zu verzichten. Das muss schon ein sehr ungewöhnlicher »Sound« gewesen sein. Dazu verwendete er noch volksliedhafte Melodien, was dem Publikum des Théâtre du Vaudeville sehr entgegenkommen musste. Dachte Carvalho. Tatsächlich war aber die Uraufführung ein Desaster, was sicherlich nicht an der Musik von Bizet gelegen hat. Der Dirigent Pasdeloup war so überzeugt von der Musik, dass er sie als absolute Musik, als Suite, am 10. November 1872 im Cirque d'Hiver aufführte und damit Bizet zum ersten wirklich großen Erfolg verhalf. Dem war allerdings vorausgegangen, dass Johannès Weber im »Le Temps« am 8. Oktober 1872 vorgeschlagen hatte, Bizet möge doch einzelne Stücke aus seiner Bühnenmusik herausnehmen und für die »Concerts populaires« von Pasdeloup uminstrumentieren, weil dort die Musik sicherlich eher gewürdigt würde als im Vaudeville-Theater, ein Rat, den Bizet flugs befolgte, indem er mit minimalen Änderungen die Musik in großes Orchestergewand steckte. Ohne die verquaste Bühnenhandlung verstand nun das Publikum diese Musik als eine Hommage an die Provence – und damit an das von den Preußen gedemütigte Frankreich – und applaudierte frenetisch.

L'Arlésienne Suite Nr. I für Orchester

URAUFFÜHRUNG
Die Uraufführung war schon ein Missverständnis. Pasdeloup führte die Bühnenmusik in normaler symphonischer Besetzung auf, was dazu führen musste, dass der Charakter der ursprünglichen Musik verloren ging. Vielleicht war aber gerade das der Schlüssel zum Erfolg: Im gewohnten Hörschema konnte das Publikum Bizets Ideen offensichtlich eher akzeptieren als in der Originalbesetzung. Der 10. November 1872 war jedenfalls Bizets Durchbruch zum Erfolg – wenn auch nur kurzzeitig.

ERFOLG
Enorm, wie gesagt.

ANEKDOTEN
Na ja, kurios ist es schon, dass die Bizet'sche Bühnenmusik in der etwas veränderten Form der orchestralen Uraufführung ein Erfolg wurde und als Suite Nr. 1 bezeichnet werden musste, weil Ernest Guiraud 1879 eine zweite Suite auf den Markt brachte, in der er die restlichen Teile der Bühnenmusik orchestral zusammenfasste. Authentisch jedenfalls ist nur die erste. Aber auch der – so erfolgreich und schön sie auch sein mag – haftet ein bisschen das an, was John Elliot Gardiner beanstandet, wenn er sagt: »Die beiden Arlésienne-Orchestersuiten sind mir stets verdächtig vorgekommen. Selbst von den besten Orchestern der Welt aufgeführt, ... haftet ihnen etwas Befremdendes an, irgendetwas, was nicht die authentische Handschrift des Komponisten der Carmen trägt.« Inzwischen gibt es auch Einspielungen in der Original-Besetzung. Hören Sie sie an und urteilen Sie selbst.

WERK
Sätze
Prélude – Minuet – Adagietto – Carillon

Dauer
17–20 Minuten

Besetzung
Nach dem, was Sie oben gelesen haben, können Sie sich die Besetzung selber aussuchen!

HITS
Tut mir Leid, Herrschaften, bei dieser Suite von einzelnen Hits zu sprechen ist fast unmöglich. Wer jemals in der Provence war und entweder durch die blühenden Lavendelfelder gegangen ist oder in der Camargue einen Sonnenuntergang gesehen hat, ach was, wer jemals ein van-Gogh-Bild *wirklich* angeschaut hat, für den wird diese Suite so sein, dass er die Augen schließt, und es ist einfach alles nur noch leicht, Sonne, van Gogh und wunderbar. Wenn dann ein Orchester das Adagietto – es sind nur 34 Takte, aber was für welche! – so spielt wie das Royal Phiharmonic Orchestra unter Sir Thomas Beecham im September 1959 in den Abbey Road Studios [!!!] in London, dann: Lasst mich hier liegen, es wird schon einer meine Kinder versorgen, ich bin im Himmel.

FLOPS
Na gut, die Wagner-Stellen im Prélude ab Takt 113 – wenn einer böswillig sein will!

OBACHTS
Was? Obacht? Nein, bitte, spielt weiter, ich sagte schon: Lasst mich hier liegen!

ES MEINEN
Nein, lasst mich, ich bitte euch, was wollt ihr von mir, ich liege gut, und ich will jetzt nochmal das Adagietto ...
Na gut, aber nur eine Stimme. Die »Revue et Gazette musicale« schrieb am 17. November 1872: »Bis jetzt hatte er eine ausgesprochene Vorliebe für Wagner, und Gounod hätte seinen Namen unter Bizets Musik setzen können: ein Widerspruch, der seit L'Arlésienne nicht mehr besteht, dem Werk, mit dem Bizet beginnt, nur noch auf seine eigenen Möglichkeiten zurückzugreifen.« Darf ich jetzt nochmal das Adagietto ...?

BEIKIRCHER RÄT

ANLASS
Ich habe ja meinen privaten Mont Ventoux immer im Kopf: Petrarca im Rücken, van Gogh im Blick, Manitas de Plata am Tisch und Lavendel in der Nase, und dann sollen sie alle ruhig sein und dem

zuhören, der die Provence nur kurz gesehen hat, aber wie keiner den Atem dieser Landschaft zu Musik hat werden lassen: der kleine Choleriker Georges Bizet. Dazu brauche ich keinen Anlass außer den, *jetzt* glücklich sein zu wollen, immediatamente, subito, tout suite: Venez, ma belle, leg dich in meinen Arm, dammi un bacio, Beatrice, mehr muss nicht mehr sein als du, ich und die Arlésienne.

NUTZUNG
No, wenn Sie das noch nicht begriffen haben?!

AUTO
Dies ist ein Stück Musik, das zum Auto so passt wie Teppichverkauf zur Buchpreisbindung – um ein Wort von Barbara Sichtermann etwas abzuwandeln (»Deutsche verstehen vom Flirten so viel wie Teppichhändler von der Buchpreisbindung«). Es ist der schnellste Weg, aus dem Auto auszusteigen, weil: Fahren kann man diese Musik nicht.

PAUSEN-TALK
»Das habe ich auf CD besser.«
»Das hätten Sie mal von Sir Thomas Beecham hören sollen.«

FRAUEN
»Sagen Sie, stimmt es, dass die Frau Bizets ihm mit seinem Schüler fremdgegangen ist?«
»Also das verflixte siebte Jahr hatten die doch gar nicht erreicht.«
»Na ja, aber wie er die Carmen komponiert hat, da waren die ja quasi getrennt.«
»Solange ich weiß, dass mein Mann am Schreibtisch sitzt, bin ich um nichts bange.«
»Das stimmt. Und außerdem: Wenn er mir so eine Musik geschrieben hätte, wäre ich aus jedem Arm in seinen zurückgekehrt!«
»Auch wenn es Till Schwaiger gewesen wäre?«
»Na gut, auf einen Flieger später wäre es mir da nicht angekommen!«

MÄNNER
»Es ist zwar nur – hicks – Trollinger und kein Ab – hicks – sinth, aber wenn man statt enem Achtele derer drei trinkt, hat's – hick – dieselbe Wirkung!«
»Und was sagen Sie zur Musik?«

»Su – hicks – per!«
»Wissen Sie, was der Leibarzt von van Gogh nach dessen Beerdigung gesagt hat?«
»Nö. Sie?«
»Ja sicher! Er hat gesagt, dass man aufs Grab nichts zu pflanzen brauche, der Wermut für den Absinth würde da ganz von selber rauswachsen.«
»Und was hat das mit Bizet zu tun?«
»Nix. Aber es bleibt eine schöne Vorstellung!«

BEWERTUNG

Technik Die Suite ist wirklich nicht schwer zu spielen, aber wenn sie lebendig werden soll, erfordert sie die höchstmögliche Konzentration von allen, weil es reine Lyrik ist. Ein Penner dazwischen – und schon bist du im provenzalischen Supermarkt und die Partitur ist Tetra-Pak.

Gesamt 🎵🎵🎵 Diese Suite ist die feinsinnigste Liebeserklärung an eine Landschaft, die ich kenne, und sie ist es so, dass auch ein Innuit das Fell auszieht, weil er versteht, worum es geht. Nur Deutschen muss man es erklären.

mit nebelfeuchtem Lavendel

Antonin Dvořák
1841–1904

Symphonie Nr. 9 e-moll
op. 95

»Seine Intelligenz war von ganz besonderer Art – er dachte ausschließlich in Tönen, anderes war für ihn nicht vorhanden.«
(Leoš Janáček)

Ich möchte das Leben Antonin Dvořáks im Stile meines tschechischen Lieblingsschriftstellers Bohumil Hrabal erzählen – und zwar so, wie er in seinen legendären »Tanzstunden für Erwachsene und Fortgeschrittene« die Hauptfigur sprechen lässt: praktisch ohne Punkt und Atemholen, wie man eben im Böhmischen redet, weil zum einen Dvořák selber so geredet hat – wenn er deutsch sprach – und weil es zum anderen – aus deutscher Sicht – einfach das »Markenzeichen« des »Böhmakeln« ist.

Also: Es ist immer erhebend, wenn man sehen kann, dass in einer Familie die Tradition gepflegt wird, wie bei den Dvořáks in Nelahozeves, was man in der Kaiserzeit noch Mühlhausen genannt hat, aber wie diese Zeiten vorbei sind, ist auch der Namen Mühlhausen verflogen, und das ist gut so, weil es sonst nur wilde Verwechslungen geben möcht, wenn auf den Briefen zwar der richtige Ort, aber die falsche Adresse steht, weil es in Böhmisch-Mühlhausen vielleicht keinen Einzigen gibt, der Betancourt heißt, in Französisch-Mühlhausen aber vielleicht ein paar Dutzend davon, während es hinwiederum in Französisch-Mühlhausen vielleicht keinen einzigen Dvořák gibt, in Böhmisch-Mühlhausen aber jeder die Familie Dvořák kennt, wo sie doch schon in der ich-weiß-nicht-wievielten Generation eine Metzgerei mit Gasthaus hat. Was dann besonders praktisch ist, wenn man etwas zu feiern hat wie der Frantisek Dvořák am 8. September 1841, der nicht extra warten muss, bis diesbezüglich ein Gasthaus geöffnet hat, weil er sagen kann: »Ich bin unten im Geschäft« und sich da, egal ob er geöffnet hat oder nicht, ein gepflegtes Pilsner Bier aus Freude über den soeben geborenen kleinen Antonin einschenken kann, was dem Frantisek vielleicht nicht mehr so geschmeckt hätte, wenn er gewusst hätte, dass danach noch acht Kinder kommen möchten. Andererseits war es immer schon in ärmeren Gegenden die größte Freude der Menschen, viele Kinder zu haben, weil man vielleicht jede Hand im Stall oder überhaupt im Geschäft brauchen kann, sobald sie stark genug sein möcht, selbst falls sich zeigen sollte, dass das Kind höhere geistige Neigungen hat und sich mehr zur Musik als zum Ausbeinen von Kalbsschultern hingezogen fühlen möcht wie der kleine Antonin. Was den Frantisek aber nicht gewundert hat, weil er selber gut die Zither spielen konnte wie überhaupt die Dvořáks als tüchtige Geiger und Trompeter in der ganzen Gegend bekannt gewesen sind, sodass man immer, wenn es was zu feiern gegeben hat, seinen Kindern gesagt hat: »Jetzt lauft hinüber und holt den Dvořák, und er soll die Zither mitbringen, weil die Großmama goldene Hochzeit hat und immer noch so lebendig in den Beinen ist, dass sie tanzen möcht, und der kleine Antonin soll gleich mit seiner Geige mitkommen, damit es eine ordentliche Musik wird.« Was sicher ein schönes Bild gewesen ist, wenn der kleine Antonin mit seinem Papa und anderen Musikern zum Tanz aufgespielt hat, wie ja überhaupt in der alten Zeit viel mehr Musik gemacht worden ist, hör ich, wie heute, aber wenn es dann so schöne Musik ist wie die alten böhmischen Weisen, lässt sie einen ein Leben lang nicht mehr los. Wie den Antonin, der noch viel später, als er schon ganz berühmt gewesen ist, einem schmeichlerischen tschechischen Chordirigenten geschrieben hat: »Ich bin ein ganz einfacher, tschechischer Musiker ... und obwohl ich mich in der großen Welt der Musik zur Genüge bewegt habe, bleibe ich doch, was ich war – ein einfacher tschechischer Musikant« – was eine Freude ist, wenn so einer so bescheiden bleibt, was er vielleicht nicht geblieben sein möcht, wenn er den Beruf, den er gelernt hat, ausgeübt haben möcht, nämlich Fleischer, was der junge Antonin ordentlich mit Gesellenbrief nachweisen kann, was ihm in Zlonice ausgestellt worden ist, weil er ein fleißiger Lehrling gewesen ist, und es muss ihm sogar gefallen haben, weil er später dem Örtchen Zlonice mit seiner ersten Symphonie, was auch die »Zlonitzer Glocken« genannt wird, ein Denkmal gesetzt hat, was die Zlonitzer heute noch freut, aber wenn es dann so geht, dass so ein Geselle gleich die Ärmel hochkrempeln und dem Herrn Papa beim Ausbeinen helfen soll, kann es sein, dass einer wie der Antonin sagt: »Nein, Herr Papa, das will ich nicht, mein Leben ist Musik und will ich verhärtete Herzen aufbrechen und nicht Kälberbäuche mein Leben lang« – wogegen sich der Herr Papa sicher wehren möcht, weil er an den Betrieb und die Gastwirtschaft denkt, aber wenn er ein gutes Herz hat, wie, hör ich, der Frantisek Dvořák, geht es dann so aus, dass es heißt »Gut, dann gehst du nach Prag zum Studieren, aber es muss etwas Ordentliches sein, also wirst du Organist, weil beten tun die Leute immer und mit Orgel geht das besser, also wirst du immer dein Auskommen haben«, und der Antonin schwingt sich auf den Leiterwagen und rattert nach Prag und auch gleich in eine Unterkunft, weil die Verwandtschaft von den Dvořáks überall sitzt, auch in Prag, was gut ist, wenn man sich in einer Stadt noch nicht auskennt, was aber dann schlecht ist, wenn die Verwandtschaft bettelarm ist wie der Schneidermeister Jan Plíva, weil sich da der junge Dvořák die Bratsche unter den Arm klemmen muss, um sich sein Essen zu erfiedeln, was dann aber wieder schön ist, wenn ein Orchester wie der deutsche Cäcilienverein genauso einen jungen Bratschisten sucht, weil der weniger Geld kosten möcht wie ein älterer, was drei Kinder zu viel hat und trotzdem seine drei Krügel Bier jeden Abend braucht, und wenn dann noch ein Frantisek Liszt als Dirigent auf dem Podium steht, geht im Herzen eines siebzehnjährigen Musikers so die Sonne auf, dass er dabeibleibt, auch wenn er Tanzmusik machen muss wie der Antonin in der Kapelle von dem berühmten Karel Komzàk dem Älteren, was eine Berühmtheit gewesen ist, weil er genauso wie sein Sohn später einen Militärmarsch nach dem anderen so komponiert hat, dass jedes k. k. Regiment einen Marsch von ihm haben wollte, und der schönste ist der 84. Regimentsmarsch, wo schon bei den ersten Tönen die Truppe ganz von alleine marschiert, so schmissig geht das dahin, und weil das Tanzorchester vom alten Komzàk im Orchester vom Nationaltheater aufgegangen ist, ist der Antonin bis 1871 dabeigeblieben und erst mit dreißig Jahren vom Bratschenstuhl aufgestanden, was gut gewesen ist, weil er jetzt schon die ersten Kompositionen der Welt hat vorlegen können, aber die Welt hat nicht hingeschaut, wie ja überhaupt es nichts Ungerechteres gibt wie die Welt, die immer wegschaut, wenn sie hinschauen soll, und hinschaut, wenn es nichts zu sehen gibt, aber zwei Jahre später hat sie gejubelt, als 1873 der »Hymnus« aufgeführt wurde, was den schönen Titel »Die Erben des weißen Berges« trägt und was ein Riesenerfolg schon gleich beim ersten Mal gewesen ist, sodass der Herr Bratschist Antonin Dvořák sich ein Herz gefasst hat und die schöne Anna Čermáková um ihre Hand gebeten hat, die was sie ihm auch gleich gegeben hat, und am 17. November 1873 ist Hochzeit gefeiert worden, obwohl sich der eine oder andere gewundert haben möcht, weil der Antonin nicht lange her dem Schwesterchen von der Anna hinterhergelaufen ist, der Josefina, was einen schönen Sopran gehabt hat, aber lieber den Grafen Kaunitz als einen dahergelaufenen tschechischen Musikanten zu ihrem Mann gewählt hat, was den Antonin so gefuchst hat, dass er von Sopran auf Alt umgestiegen ist, und das gleich im Bett von der Anna, was ihm fünf Monate nach der Eheschließung schon das erste Kind geschenkt hat, so schnell entschlossen kann ein tschechischer Musikant sein, und weil er gleich danach eine Stelle als Organist an der St.-Adalberts-Kirche bekommen konnte, möcht das Leben jetzt in schöner Bahn ruhig dahinlaufen, abends zwei, drei Krügel Bier im Kelch, noch ein paar Kinder gezeugt und jeden Sonntag in die Kirche ein bisschen die Orgel geschlagen. Aber wenn einer wie der Antonin ein Spätentwickler ist, möcht er damit nicht zufrieden sein, sondern legt jetzt noch ein Scheit drauf und komponiert weiter, beflügelt von den ersten Erfolgen, und damit die Familie zu essen hat, gibt er Klavierstunden, sitzt mit Bedrich Smetana im »Wiener Kaffeehaus« am Wenzelsplatz Ecke Graben und macht sich Gedanken darüber, wie man wohl die schöne tschechische Musik in die Konzertsäle bringen kann, und mit dem Leoš Janáček macht er 1877 eine Fußwanderung durch Mittel- und Südböhmen, was auch sicher ein großer Spaß gewesen sein muss, daneben aber reicht er die Es-Dur-Symphonie in Wien ein, weil er ein Stipendium vom Wiener Kultusminister bekommen will, was er auch kriegt, weil der Hanslick und der Brahms gesehen haben, dass da ein großes Talent ist, was man fördern muss mit 400 Gulden, und im Jahr darauf wieder und dann noch ein paar Mal. Daneben schreibt er ein paar Opern in Tschechisch, weil in der Zeit sich so etwas wie ein tschechisches Nationalgefühl aufgebaut hat, was von den Künstlern gefördert worden ist nach allen Kräften, wo das alles ja so lange vom k. k. Österreich an den Rand gedrängt worden ist, dass keiner mehr, hör ich, sich getraut hat zu sagen: »Jawoll und bin ich Tscheche und rede ich auch so«, wo sich wieder zeigt, dass man keinem Volk auf Dauer seine Heimat und seine Kultur nehmen kann, das kommt immer wieder heraus, und das ist gut so, wobei es natürlich hilfreich ist für so ein Gefühl, wenn gleich Künstler wie der Smetana, der Dvořák oder der Janáček da sind, wo alle sagen können »Das ist zwar modern, aber doch unsere Musik«. Und da schießt der Antonin glatt den Vogel ab, weil er mit den Slawischen Tänzen und böhmischen Duetten, was der große deutsche Musikverleger Simrock unter dem Titel »Klänge aus Mähren« gedruckt hat, eine Musik hingelegt hat, was von heute auf morgen ein Welterfolg geworden ist, und plötzlich spricht man in ganz Europa vom kleinen tschechischen Bratschisten Antonin Dvořák wie von Brahms oder Beethoven, was eine große Freude nicht nur für das Portemonnaie der Familie Dvořák gewesen ist und dazu geführt hat, dass nach dem Schmerz über den Tod der ersten drei kleinen Kinder von Anna und Antonin noch sechse, hör ich, gekommen sind, was am Leben geblieben sind, was der Antonin nicht riskiert haben möcht, wenn er nicht gedacht haben möcht, dass er eine Verantwortung dafür hat, dass alle zu essen und zu leben haben, weil er ein feiner Mann und überzeugter Katholik gewesen ist, der mehr in einer Ehe gesehen hat als nur am Samstag abend sich für die Frau schön zu machen. So einer kriegt auch die Unterstützung, was er verdient, zum Beispiel aus dem Ausland in Person vom Komponisten Johannes Brahms, der dem Simrock geschrieben hat, der Antonin ist »ein sehr talentvoller Mensch. Nebenbei arm! Und bitte ich das zu bedenken!«, woraus eine tiefe Freundschaft wurde, die ein ganzes Leben lang gehalten hat, weil zu einer Freundschaft gegenseitiger Respekt gehört, was die zwei füreinander immer gehabt haben, und wie der Antonin dann auch noch das »Stabat Mater« komponiert hat, was ein Werk ist, das eineinhalb Stunden geht, wenn man es ganz spielt, ist er plötzlich ein großer Stern am Himmel gewesen, sogar in London ist das »Stabat Mater« 1883 gespielt worden, und zwar mit einem so sensationellen Erfolg, dass der Antonin von dem, was er in England verdient hat, sich, hör ich, ein Häuschen auf dem Land in Südböhmen, in Vysoká hat kaufen können, no, was heißt Häuschen, ein alter Schafstall war das, den er von seinem Schwager Graf Kaunitz, was der Mann von der Josefina gewesen ist, abgekauft und zu einem schönen einstöckigen Landhaus ausgebaut hat und wo es ihm zeitlebens eine Freude gewesen ist, seine geliebten Tauben zu züchten oder nach den Kürbissen zu schauen oder was sonst alles des Gärtners Herz erfreuen möcht. Und weil er inzwischen auch ein bisschen geschäftstüchtiger geworden ist und sich vom Simrock nicht mehr mit 3.000 Mark für eine Symphonie, die siebte in d-moll, abspeisen lässt, sondern 6.000 dafür haben will und die auch kriegt, weil der Simrock den Antonin ungern bei der Konkurrenz sieht, geht es ihm und der Familie inzwischen richtig blendend, was ihm jeder gönnt, weil er trotzdem immer ein bescheidener Mensch geblieben ist, obwohl er in London 1884 Ehrenmitglied der Londoner Philharmonischen Gesellschaft geworden ist und 1890 gar Ehrendoktor der Universität von Prag und der von Cambridge, worüber manch anderer vielleicht die Nase bis in den Himmel gehoben haben möcht und vielleicht kein einziges tschechisches Wort mehr gesprochen haben möcht vor lauter Internationalität, auch wenn das Foto, was ihn mit dem Ehrendoktorhut und dem Ehrendoktorumhang zeigt, eines ist, wo man lieber lachen möcht als den Hut ziehen, weil er ausschaut wie ein böhmischer Bierkutscher im Faschingskostüm für den Feuerwehrball. Aber wenn er auf dem Podest steht und seine Werke dirigiert, lacht keiner, weil es sehr erhebend ist, wenn ein Komponist so schöne Musik schreibt und selber dirigiert und man ihn dabei bewundern kann, deshalb wird er auch bis nach St. Petersburg eingeladen, seine Werke aufzuführen, und 1890 wird er Kompositionslehrer am Prager Konservatorium, wo er als armer Dorfbub orgeln gelernt hat, und weil er inzwischen so berühmt ist, wird er nach Amerika eingeladen von einer sehr schönen und reichen Frau, der Jeanette M. Thurber, die was das Konservatorium in New York gegründet hat, und ist das davor noch keinem Tschechen angeboten worden, und damit er wirklich kommt, hat sie gleich geschrieben, dass es sein Schaden nicht sein soll und er 30.000 Gulden für acht Monate Unterricht erhalten soll, wo er in Prag für dieselbe Arbeit nur 1.200 gekriegt hat. Und trotzdem hat der Antonin lange gezögert, weil er zu denen gehört hat, die schätzen, was sie haben, aber bei was Neuem weiß man nicht, aber weil sie so lange gedrängelt hat und der Antonin immer ein liebenswürdiger Mensch war und, wie jeder richtige Tscheche, den Frauen immer freundlich gesonnen, hat er nachgegeben und ist 1892 nach New York und da auch gleich in die East 17. Avenue, was mitten drin ist in dieser großen Stadt, damit er es nicht weit zum Konservatorium haben möcht, und morgens in der Frühe ist er mit seinem Begleiter, dem Jan Kovarík, gleich losgezogen, um seine Leidenschaft zu befriedigen: nämlich Lokomotiven besichtigen, von allen Seiten, von außen und am liebsten auch von innen, was aber in New York unmöglich gewesen ist, weil man den Bahnhof nur mit Billet betreten durfte, und da hat der Kovarík gesagt: »No, Antonin, wenn wir Lokomotiven nicht sehen können, macht nix, schauen wir uns Schiffe an« und hat ihn zum Hafen gezerrt, wo der Antonin ab da jeden Ozeandampfer angeschaut hat und hat sich die Seriennummern gemerkt und aufgeschrieben und mit den Kapitänen gesprochen und den Offizieren. Und weil er sich alle Namen gemerkt hat, hat er bald auf jedes Schiff gedurft: »Ah, da kommt der Herr Dvořák aus Prag, Erster Offizier, das ist ein Komponist und Künstler und vielleicht nicht ganz richtig im Kopf, aber weil er freundlich ist, darf er gerne das Schiff angucken und am liebsten den Raum mit den Maschinen, hier sind die Schlüssel, dann gehen Sie mal mit ihm nach unten.« Das hat den Antonin gefreut wie ein Kind und war die Erholung für ihn von der ganzen Komponiererei und dem Stress mit den Noten, und wenn er von der New Yorker Gesellschaft eingeladen worden ist, hat er lieber gleich abgesagt, weil er es angenehmer gefunden hat, zu Hause auf Tschechisch Karten zu spielen, was ihm aber gefallen hat, sind die amerikanischen Cocktails gewesen, wo er einmal dem Musikkritiker James Huneker gezeigt hat, was ein richtiger Tscheche alles wegstecken kann, weil er mit ihm Cocktails getrunken hat, und wie er beim neunzehnten angekommen ist, hat ihn der Huneker, der nur Bier getrunken hat, gefragt: »Master Borax, meinen Sie nicht, dass es Zeit wäre, etwas zu essen?« Die New Yorker haben unseren Antonin nämlich Master Borax genannt, weil sie sich mit dem Tschechischen so schwer getan haben und weil die Amerikaner immer das, was sie nicht verstehen, gleich auf eine einfache Formel bringen, damit man es besser behalten kann, jedenfalls hat Antonin nur geantwortet: »Essen? Nein. Ich nicht essen. Wir gehen in Restaurant in Houston Street. Sie gehen mit? Wir trinken Slibovitz. Er wärmt Sie, nach so viel Bier.« Worauf der Huneker aufgegeben hat und nie mehr mit Antonin ausgegangen ist, was nicht so schade gewesen sein kann, weil es eine echte Freundschaft zwischen einem Komponisten und einem Musikkritiker kaum geben kann. Aber Antonin ist nicht nur dem amerikanischen Cocktail-Wesen sehr zugetan gewesen, er hat sich auch für indianische Musik und die Musik der Schwarzen interessiert, was man auch in der 9. Symphonie stellenweise hören kann, und hat sogar eine Nationalhymne für die Vereinigten Staaten komponiert, was aber nicht angenommen worden ist, weil die im Dreivierteltakt ist, was für die Amerikaner, hör ich, ein Viertel zu wenig ist, um es verstehen zu können, no, hat sich Antonin nicht lange geärgert und es gleich in sein Es-Dur-Streichquartett eingebaut und einen Variationensatz daraus gemacht, was die Amerikaner auch nicht hätten singen können. Aber Heimweh hat er, hör ich, die ganze Zeit über gehabt, sodass er dann im April 1895 früher als vorgesehen auf einen Dampfer gestiegen ist, um sich nach Prag einzuschiffen, worüber die Amerikaner sehr traurig gewesen sind, obwohl das Blödsinn ist, weil die Symphonie »Aus der Neuen Welt« und das Cello-Konzert, was er in und ein bisschen für Amerika geschrieben hat, obwohl er vom Cello als Konzertinstrument gar nicht viel gehalten hat – »oben näselt, unten brummt es« hat er darüber gesagt –, schon so ziemlich die großartigsten Abschiedsgeschenke sind, die einer machen kann. Außerdem hat er mit seinem Interesse für die ethnische Musik den Amerikanern gezeigt, wo ihre Wurzeln liegen, und dafür sollten sie heute noch dankbar sein, weil sie vielleicht ohne Dvořák einen Satchmo Armstrong oder Charlie Parker in der Gosse hätten verhungern lassen, wer weiß, und in Prag hat er sich erst gar nicht groß feiern lassen, sondern ist direkt nach Vysoká weitergefahren, wo er ein paar Monate die Beine hochgelegt hat, weil es dort so schön ist. Aber im November ist er schon wieder in Prag am Konservatorium und arbeitet und komponiert und dirigiert und schreibt Opern, eine schöner als die andere, was einen immer wieder traurig macht, weil sie auf deutschen Bühnen so selten zu hören sind, die »Rusalka« vielleicht ab und zu, aber mit der »Armida« schaut es schon ganz anders aus, und das ist ein Jammer, und wenn der Antonin das wissen möcht, möcht ihm der Blutdruck wieder steigen, wo er ja auch so schon immer viel zu hohen Blutdruck gehabt hat, was man aber nur wissen kann, wenn man ein Gerät hat, was den Druck anzeigen möcht, gerade das hat es aber damals nicht gegeben, sodass man gesagt hat: »No, ein bisschen verbraucht sieht er aus, der Antonin, was sicher die Amerikaner und ihre Cocktails schuld sind, weil unser Pilsner Bier gesund ist, und je mehr man davon trinkt, desto gesunder ist es.« Womit man ihm unrecht getan haben möcht, weil es eben der Bluthochdruck gewesen ist, was seinem Leben mit einem Gehirnschlag ein Ende gesetzt hat, nicht ohne Ehrungen allerdings, die er 1901 hat erleben dürfen, als er und alle mit ihm seinen sechzigsten Geburtstag gefeiert haben, sogar der Kaiser Franz Josef hat ihn ausgezeichnet und als ersten Komponisten überhaupt zum Mitglied des Oberhauses des k. k. Parlaments, des so genannten »Herrenhauses«, gemacht, und das Konservatorium in Prag hat ihn zum Direktor gewählt und die Leute haben so oft »Hoch!« gerufen, dass er ganz ungeduldig gesagt hat: »Sagen Sie ihnen doch, dass sie schon aufhören sollen mit dem Schreien!« Weil er ein leiser Mensch gewesen ist, der nur laut geworden ist, wenn ein Schüler wieder einmal einen kapitalen Bock geschossen hat, sodass sein Schwiegersohn und Schüler, der große Geiger Josef Suk, gesagt hat: »Manchmal ist mir dabei zum Weinen, aber wir lernen viel« – was ein Kompliment ist, wenn es einer sagt, der was davon versteht. Aber geholfen hat das unserem Antonin am Ende auch nichts mehr, obwohl ihm lieber gewesen sein möcht, länger zu leben, damit er noch eine Oper schreiben kann wie der Smetana seine »Verkaufte Braut«, und wenn er endlich einmal einen vernünftigen Librettisten gefunden haben möcht, möcht ihm das auch sicher gelungen sein, weil ihm immer noch der Kopf voller Melodien gewesen ist. So aber, meine verehrten Damen und Herren, hat er sich am ersten Mai 1904 mittags hingesetzt, mit großem Appetit einen Teller Suppe gegessen und gesagt: »Mir dreht sich der Kopf, ich werde mich lieber niederlegen«, was seine letzten Worte gewesen sind, dann ist er bleich und gleich darauf rot geworden und vom Stuhl gefallen, und wie am frühen Nachmittag der Doktor Hnátek vom Haus gegenüber herübergelaufen ist, hat er nur noch den Tod feststellen können. Seine Anna aber hat noch bis 1931 gelebt und keinen Tag bereut, Frau Dvořák gewesen zu sein, weil es eine große Liebe war, auch wenn er zuerst ihre ältere Schwester hatte haben wollen.

ENTSTEHUNGSZEIT

Die »Berufung« Antonin Dvořáks nach New York hatte einen Hintergrund: Man war auf der Suche nach einer »nationalen« Musik und sah in Dvořák einen Komponisten, der schon einmal aus nationalen Musiktraditionen heraus Großes geschaffen hat. Die Erwartungen waren ziemlich deutlich formuliert, sodass Dvořák in einem Brief an Josef Hlávka schrieb: »Die Amerikaner erwarten große Dinge von mir, vor allem soll ich ihnen den Weg ins gelobte Land und in das Reich der neuen, selbständigen Kunst weisen, kurz, eine nationale Musik schaffen! Wenn das kleine tschechische Volk solche Musiker habe, warum sollten sie sie nicht auch haben, wenn ihr Land und Volk so riesig groß ist! Entschuldigen Sie, wenn ich etwas unbescheiden bin, aber ich sage Ihnen nur das, was die amerikanischen Zeitungen unablässig schreiben! – Es ist gewiss eine große und hehre Aufgabe für mich, und ich hoffe, dass sie mir mit Gottes Hilfe gelingen wird.« Das schrieb er am 27. November 1892, und schon am 10. Januar 1893 begann er mit der Skizzierung, Ende Januar sind die ersten drei Sätze praktisch fertig, beim vierten Satz jedoch »zieht« es sich etwas. Er skizziert, dann legt er es auf »Wiedervorlage« und arbeitet die ersten drei Sätze aus. Am 10. 4. 93 liegen diese in der Partiturfassung vor. Mitte Mai ist die skizzierte Fassung des vierten Satzes fertig, am 24. Mai mit den Worten: »Fine – Gott sei Dank!« die ganze Symphonie. An Antonin Rus schrieb er am 14. April 1893: »Jetzt beendige ich soeben die neue Sinfonie e-moll und freue mich sehr, dass sie wieder anders wird als die früheren. Sie wird vielleicht ein wenig amerikanisch!!!« Den Titel »Aus der Neuen Welt« erfand Dvořák allerdings erst später, Mitte November 1893. Kovarík, Dvořáks tschechisch-amerikanischer Reisebegleiter, erinnert sich so: »Seidl begann damit, er habe gehört, der Meister habe eine neue Sinfonie, und er ersuchte ihn, die neue Sinfonie bei einem der nächsten Konzerte der New Yorker Philharmonie zu spielen. Der Meister überlegte – aber beim Abschied versprach er Seidl, ihm die Sinfonie zur Aufführung zu überlassen. Das war Mitte November. Am nächsten Tag teilte Seidl dem Meister mit, die Sinfonie werde beim nächsten Konzert der NY Philharmonie aufgeführt werden, etwa am 15. Dezember, und da es nötig sei, die Stimmen auszuschreiben und auch um Zeit zum Studieren der Partitur zu haben, ersuchte er den Meister, ihm die Partitur so bald wie möglich zu senden. Der Meister versprach es. Am selben Abend, bevor ich mich mit der Partitur auf den Weg machte, schrieb der Meister im letzten Augenblick auf das Titelblatt hinzu: ›Aus der neuen Welt‹. Vorher stand dort nur: ›Sinfonie e-moll, No 8‹.« Seidl war der Dirigent der Uraufführung.

URAUFFÜHRUNG
15. und 16. Dezember 1893 in der Carnegie Hall, New York.

ERFOLG
Die Uraufführung war ein triumphaler Erfolg. Der »New York Herald Tribune« titelte: »Dr. Dvořák's Great Symphony – First Movement the Most Tragic, Second the Most Beautiful, Third the Most Sprightly – Inspired by Indian Music« und danach folgt eine einzige Lobeshymne bis hin zum Satz, diese Symphonie sei der Beginn »einer neuen Musikepoche«. Dvořák selbst schreibt am 20. Dezember 1893 an Fritz Simrock: »Der Erfolg der Symphonie am 15. und 16. Dezember war ein großartiger, die Zeitungen sagen, noch nie hätte ein Componist einen solchen Triumph gehabt. Ich war in der Loge, die Halle war mit dem besten Publikum von N. York besetzt, die Leute applaudierten so viel, dass ich aus der Loge wie ein König!!? à la Mascagni in Wien (lachen Sie nicht!) mich bedanken musste.«
Und das ist auch heute noch so.

ANEKDOTEN
s.o.

WERK
Sätze
Adagio/Allegro molto – Largo – Scherzo. Molto vivace – Allegro con fuoco

Dauer
45–50 Minuten

Besetzung
2 Flöten
2 Oboen (bzw. 1 Englisch-Horn)
2 Klarinetten in A
2 Fagotte
2 Hörner in E
1 Horn in C
2 Trompeten in E
3 Posaunen
Pauken
Violinen I und II
Bratschen
Violoncelli
Kontrabässe

HITS

Die langsame Einleitung mit den 64steln in der Pauke, da kommt schon mal jede Menge Vorfreude auf, und wenn Flöten und Oboen mit den tänzerischen Sexten klarstellen, dass, egal wo wir zu sein glauben, wir immer noch in Böhmen sind: wunderbar. Im Allegro molto wird das große Thema – da bin ich fast geneigt von Cinemascope zu reden – böhmisch gebremst, in der zweiten Hälfte durch das »da-daa-di-di-da-daa-di-di-da-daa-di-di-da-da« in Klarinette und Fagott. Wie bei Dvořák nicht anders zu erwarten, sind auch die Seitenthemen feine Melodien, bei denen man sich genießerisch zurücklehnen kann. Ein Mega-Hit im Largo sind die vier Takte Bläsersatz gleich zu Beginn und das Thema im Englisch-Horn. Das ist mutig und einfach schön. Die sehnsüchtige Melodie in cis-moll von Flöte und Oboe vorgetragen (ab Takt 46) ist ebenfalls ein sanfter, melancholischer Hit, dem sich kaum einer entziehen kann. Ganz grandios ist der Schluss dieses meisterhaften Satzes: Die letzten beiden Takte gehören pianissimo den Kontrabässen, die einen schönen Des-Dur-Akkord spielen dürfen. Das ohnehin hinreißende Scherzo mit seinen Anlehnungen an die Neunte von Beethoven hat im Trio eine großartige »Hommage« an Franz Schubert: Das ist Musik, die abgeht wie Zäpfchen, möchte man sagen, großartig, leicht und böhmisch wie sonst was. Das Allegro con fuoco schließlich hat zwar diesen Hammer von Hauptthema, der aber das Ganze zu sehr ins Pathetische drängen würde, wäre da nicht das zweite Thema in der Klarinette, das einen etwas traurigen Gegenpol setzt, genau das Richtige, um diesen Satz im Gefühlsgleichgewicht zu halten.

FLOPS

Na ja, so ein- oder zweimal, möcht ich sagen, hat es den Antonin da schon gepackt, und zwar im Scherzo: Da lässt er Flöten und Oboen eine terzenselige Schlagermelodie herunternudeln (ab Takt 84), dass es einen schier aus dem Sessel haut, und gleich anschließend der Versuch, Mendelssohn hochleben zu lassen, indem er Fagotte und Violoncelli über achtelndem Holz das »Walzer«-Thema unisono singen lässt – also ich weiß es nicht! Und im Allegro con fuoco finde ich (ab Takt 66) die Stelle, wo die Klarinette das wunderschöne Seitenthema vorträgt, etwas allzu opernhaft in Szene gesetzt. Das sind aber die einzigen musikalischen Flops. Ein Mega-Flop ist aber die Interpretation dieser Symphonie durch viele Musikinterpreten als eine, in der Dvořák native indianische Themen und »Negergesang«, wie Reclam schreibt, verarbeitet habe. Diese Interpretation ist nur möglich, wenn man originale ethnische Musik indianischen oder afrikanischen Ursprungs noch nie gehört hat – und wenn man die Absicht, die zur Berufung Dvořáks nach New York führte, nämlich bei der Initiierung einer nationalen amerikanischen Musik zu helfen, als bereits in Töne umgesetzt annimmt. Werch ein Illtum, um mit Ernst Jandl zu sprechen!

OBACHT
Die Neunte Symphonie enthält keine besonderen Obachts außer den generellen: Die falsche Tempowahl kann natürlich auch diese Symphonie völlig in den Teich setzen. Die Schwierigkeiten, die sie enthält, übersteigen keinesfalls das Niveau, das man von einem soliden Orchester verlangen kann.

ES MEINEN
Johannes Brahms: »Der Kerl hat mehr Ideen als wir alle. Aus seinen Abfällen könnte sich jeder andere die Hauptthemen zusammenklauben.«
Bohuslav Martinu: »Wenn jemand ein gesundes und freudiges Verhältnis zum Leben ausdrückte, dann er.«
Ungenannt bleiben wollender Bratschist aus Herford: »Eine erstaunliche Karriere für einen Bratschisten: Direktor des Prager Konservatoriums zu werden!«
Olzep Kuhn, bedeutender Tanzpädagoge: »Wenn schon tschechisch tanzen, dann lieber gleich die ungarischen Tänze von Brahms, oder?«

BEIKIRCHER RÄT

ANLASS
Die Neunte eignet sich hervorragend, wenn endlich das lang ersehnte amerikanische Auto eingetroffen ist – es muss natürlich schon ein entsprechend dickes Modell sein –, und sie eignet sich noch besser zur Eröffnung einer Skoda-Niederlassung in Chicago: der erste Satz als triumphale Eröffnung, der zweite Satz als melodischer Trost bei auftretendem Heimweh der tschecho-amerikanischen Verkäufer, der dritte Satz als tschechische Antwort auf Mängelrügen und der vierte als selbstbewusste Herausforderung an GM und die amerikanische Autoindustrie.

NUTZUNG
Die Nutzung insbesondere im kochtechnischen Bereich steckt noch in den Kinderschuhen: Buchteln gehen besser auf, wenn man den Herd mit dem Scherzo beschallt, Prager Schinken im Brotteig verdaut sich besser, wenn man das Largo hinterherschiebt – es beruhigt z. B. die Atmung und öffnet damit den Raum für die Darmperistaltik ... Phantasievollen böhmischen Köchen fallen da sicher noch mehr Möglichkeiten ein.

AUTO
Ob Skoda schon so üppige Autos baut, dass sie zur Neunten kompatibel wären, glaube ich nicht. Für mich ist diese Symphonie nur historisch ideal, was ihre Affinität zu Autos angeht: Sie wäre die ideale Musik im Tatraplan, falls es diese Luxuslimousine noch gäbe. Leider ist mit ihr ein Stück bester tschechischer Autotradition gestorben – eines der schönsten Autos, das je gebaut wurde.

PAUSEN-TALK
»Das habe ich auf CD besser.«
»Das hätten Sie mal von Karel Ancerl hören sollen!«
»Ich habe den zweiten Satz mal in einem Arrangement für Blechbläser gehört.«
»Ausgerechnet den zweiten?«
»Ja, von Ernst Mosch! Ich sage Ihnen: phä – no – me – nal!«
»No, wenn das der Antonin selig hören möcht, der möcht, her ich, dem Mosch die Lyra ins Kreuz schlagen!«

FRAUEN
»Es sind wundervolle Melodien, es ist Musik, die ins Herz geht, es ist ein Rhythmus, dass man tanzen möchte, und doch erinnert's mich an böhmische Köchinnen.«
»Wie das, Verehrteste?«
»No ja, es ist halt alles mit einem Stich Butter zu viel.«

MÄNNER
»Hätte Schubert jemals einen US-Trip machen können – es wäre Dvořáks Neunte herausgekommen.«
»Wäre Dvořák länger in Amerika geblieben, der hätte glatt aus Satchmo einen amerikanischen Karel Gott gemacht.«
»Dvořák hat den Amerikanern das schönste Geschenk gemacht, was sie jemals bekommen haben, und sie wissen es noch nicht mal: den Böhmerwald!«

Antonin Dvořák

»Smetana ist der Verdi Dvořáks.«
»Dann ist Dvořák der Puccini Janáčeks.«

BEWERTUNGEN

Technik   🥟🥟   Die Symphonie ist nicht sehr schwer
               mit Buchteln   zu spielen, aber wirklich schön ist sie erst, wenn man sie mit sinnenfreudigem Genuss spielt.

Gesamt   🎨🎨🎨   So wunderschön und konsequent sind
            in tschechischen Farben   nationale Farben nie mehr in eine große Symphonie eingeflossen.

Maurice Ravel
1875–1937

La valse
Poème choréographique pour orchestre

Die Biographen Ravels beklagen alle seine Rätselhaftigkeit, seine Verschlossenheit. Sein Leben liegt nicht öffentlich herum wie das eines Goethe oder Helmut Kohl. Ravel gehörte nicht zu den Selbst-Verewigern, denen ihr Leben, noch während sie es hätten genießen können, zur Nachwelt wurde.
Er sagte zu diesem Thema einem Bekannten:
»Es gibt Leute, die behaupten, ich sei gefühlskalt. Sie wissen, dass das nicht stimmt. Aber ich bin Baske. Die Basken empfinden ungeheuer tief, vertrauen sich aber nur selten und nur einigen wenigen Menschen an.«
Verschlossen war Ravel in allen seinen Lebensphasen: Der Dandy (bis 1912) war es, der gefeierte Komponist und der Kranke waren es auch.
Joseph-Maurice Ravel kam am 7. März 1875 in Ciboure bei Saint-Jean-de-Luz zur Welt, als der Kleine aber drei Monate alt war, übersiedelte die Familie nach Paris. Schon vorher war sein Vater Ingenieur und Erfinder gewesen, und zwar nicht so einer von den Spinnern, die 1997 die Glühbirne nochmal erfinden, nein, er erfand u. a. einen mineralölgetriebenen Dampfmotor, dessen Prototyp immerhin 6 km/h hinlegte, was ihn ermutigte, sein ganzes Geld in diese Erfindung zu investieren. Unglückseligerweise aber kam ihm der 1870/71er Krieg dazwischen, und der alte Ravel – übrigens ein Kind der Alpen, er stammte aus Savoyen – stand vor dem Ruin. Er ging nach Spanien, um beim Bau der dortigen Eisenbahn zu helfen, und lernte dort Marie Delouart kennen, eine Baskin, die, wie Ravel schreibt, »aus einer Seefahrer-Familie stammte, wie fast alle Basken von der Küste. Darunter muss es so ziemlich alles gegeben haben: vom Übersee-Kapitän bis zum einfachen Fischer. Die meisten dieser Vorfahren sind nach Nord- oder Südamerika aufgebrochen und nie von dort zurückgekehrt«.
Maurice war Mamas Liebling. Was sich zunächst eher harmlos-rührend anhört, führte bis zum Tod der Mama 1917 zu einer derart intensiven und ausschließlichen Bindung, dass neben ihr im Leben

Ravels kein Mensch mehr Platz hatte – weder Frau noch Mann, was natürlich Spekulationen Tür und Tor öffnet. Wie öde. Als wäre es wichtig, zu wissen, wie herum einer gestrickt ist, um seine Musik genießen zu können. Obendrein würde sich bei Ravel eher die Frage stellen, ob er überhaupt gestrickt war. Soweit ich als ehemaliger psychoanalytisch orientierter Psychologe was dazu sagen kann: Man hat bei dieser starken Mutterbindung Ravels niemals den Eindruck einer alles erdrückenden Übermutter, die die Persönlichkeitsentwicklung ihres Kindes verhindert, sondern es scheint eher zurückhaltende Fürsorge gewesen zu sein, die der Ahnung entsprang, dass Maurice nicht nur wegen seiner Begabung, sondern auch wegen seiner körperlichen Defizite anders war. Zwei übergroße weit abstehende Daumen und ein auffallender Abstand zwischen kleinem Finger und Ringfinger waren schon deutliche Zeichen. Dazu aber kam, dass der kleine und schmächtige Ravel – als Erwachsener war er 1,58 m groß und wog dabei 48 kg! – für diesen Körper einen viel zu großen Kopf hatte, was die Ärzte, sowohl diejenigen, die ihn behandelten, als auch diverse Postum-Diagnostiker, dazu brachte, von einer leichten Hydroenzephalie (Wasserkopf) zu sprechen, was mit eine Ursache für den Morbus Pick (Hirnschädigung) sein könnte, an dem aller Wahrscheinlichkeit nach Ravel jahrzehntelang litt und der für den Zusammenbruch seiner Möglichkeiten, sich auszudrücken – sowohl mündlich wie schriftlich, vom Musikalischen ganz zu schweigen –, verantwortlich zu machen ist.
Tatsächlich klagt Ravel schon 1917, kurz nach dem Tod seiner Mutter, über Schlaflosigkeit, den *nuits blanches*, aus denen heraus er 1919 auf einer Postkarte schrieb:
»Muss glauben, dass die Notwendigkeit des Schlafes ein Vorurteil ist, denn es geht mir nicht schlechter.«
Der Kettenraucher – natürlich schwarze Zigaretten –, übermäßige Kaffeetrinker und exquisite Kenner schwerer Rotweine, dem auch einige Ausflüge in den Bereich der Opiate nicht fremd waren, musste allerdings bei wachster Intelligenz und mit klarem Geiste ab Mitte der zwanziger Jahre den langsamen Verfall seines Körpers beobachten, ohne dass etwas dagegen hätte unternommen werden können. Was für ein Schicksal für einen, der noch kurz vor dem Tode sagte: »Ich habe noch so viel Musik im Kopf, ich habe noch nichts gesagt, ich habe alles noch zu sagen!«
Er muss zusehen, dass sich der Arm bewegt, wenn er den linken Fuß vorsetzen will, er muss sich entschuldigen, weil ein übermütig geworfener Stein nicht in der Brandung, sondern im Gesicht einer Bekannten landet, er muss Sätze mitten im Wort abbrechen, weil er

nicht mehr weiß, wie ein »S« auszusprechen geht, er muss sich (1927) die Hand führen lassen, als ein Verehrer ein Autogramm erbittet, er rennt in den Garten, pflückt Blumen und überreicht sie einem lieben Besuch, weil er nicht mehr weiß, wie man »Bon jour« sagt, er zeichnet aus einem Lexikon einzelne Buchstaben ab, weil er nicht mehr weiß, wie man schreibt. Und das alles bei klarem Kopf! Und immer wieder bessert es sich, nährt Hoffnungen auf neue Werke und wird elendiglich enttäuscht von der wieder – und stärker als vorher – zuschlagenden Krankheit. Alles lässt er mit sich machen, wenn es nur eine kleine Aussicht auf Heilung gibt: Elektroschocks, Heilgymnastik, Spritzen, Hypnose.
Im Oktober 1932 erleidet er als Fahrgast einen Taxi-Unfall: Schnittwunden, ein paar Zähne verloren und eine unterschwellige Gehirnerschütterung: »Aber ... seitdem bin ich zu nichts anderem in der Lage, als zu schlafen und zu essen.«
Vielen schien der Verfall Ravels mit diesem Unfall zusammenzuhängen, es spricht aber manches dafür, dass die Pick'sche Krankheit – die Degeneration bestimmter Hirnpartien – angeboren war. Immer weniger wehrte er sich gegen die Krankheit. Er verzweifelte und zog sich noch mehr zurück, als er es bis dahin ohnehin schon getan hatte.
Helene Jourdan-Morhange schließlich berichtet das Ereignis, das wie ein erschütterndes Motto über Ravels Lebensabend stehen könnte: »Ich sehe ihn noch, wie er in Montfort-l'Amaury in einem Sessel auf dem berühmten Balkon saß, dessen Aussicht er so liebte, und wie er verloren ins Weite schaute ... ›Was machen Sie da, mein lieber Ravel‹, fragte ich besorgt; worauf er nur antwortete: ›Ich warte.‹«
Das Tragische: Ravel blieb bis zum Tod uneingeschränkt in seinen schöpferischen Fähigkeiten – er konnte nur nicht mehr Klavier spielen, und er konnte keine Noten mehr schreiben.

ENTSTEHUNGSZEIT
1906 wollte Ravel eine symphonische Dichtung zu Ehren Wiens komponieren. Zwischen Dezember 1919 und März 1920 entstand dann »La valse« – parallel komponiert in einer Fassung für Orchester, einer für zwei Klaviere und einer für ein Klavier.
Der ursprüngliche Plan (1906) war, in einem »Ausdruck der Lebensfreude« (Arbie Orenstein, »Maurice Ravel – Man and Musician«, New York 1968) eine Apotheose der Wiener Walzer-Seligkeit zu komponieren, eine Art Mega-Walzer über eine Epoche, der er zwar nicht mehr angehörte, die ihn aber – wie jeden musikalischen

und luxusliebenden Menschen – offensichtlich fasziniert hat. Dann aber kamen Verdun und die Ardennen, Millionen Tote, der Gaskrieg, Überlebende mit zerschmetterten Gesichtern, die noch Jahre nach dem Krieg das Entsetzen darüber wach hielten – außer bei den Hasserfüllten, die darob erst recht »Rache für Versailles« schworen – und der Zusammenbruch dieses riesigen Farbenkleckses »Österreich-Ungarn«, der doch nichts mehr war als ein Krake, der sich über das lange schon kränkelnde Europa gestülpt hatte. Ravel hatte den Krieg in exponierter Stellung miterlebt. Wie jeder Franzose dachte auch er 1914, der Krieg werde nur ein paar Wochen dauern und rasch erledigt sein. Er meldete sich freiwillig, wurde aber abgelehnt, weil er »für um zwei Kilo zu leicht befunden wurde« (Ravel in einem Brief an Roland-Manuel). Aber er gibt die Hoffnung nicht auf und schreibt im September 1914 im selben Brief:

»Ich hoffe jetzt auf eine generelle Überprüfung aller Wehrdienst-Untauglichen, und wenn das wieder nicht klappt, werde ich gleich nach meiner Rückkehr nach Paris zu intrigieren versuchen. Die Herrschaften werden sich schließlich doch von der Anmut meiner Anatomie rühren lassen.«

Er betreut noch rasch die Edition der Klavierwerke Felix Mendelssohn Bartholdys für die »Édition classiques« bei Durand und wird im März 1915 tatsächlich eingezogen. Als Soldat unterscheidet er sich nicht von Millionen anderer Soldaten, wenn er am Anfang »cool« Sätze schreibt wie: »Es wird doch noch so weit kommen, dass ich Angst habe« und »Im Moment amüsiert mich das Ganze sehr, glauben Sie mir. Ich bin noch im Stadium der Neugier.« Aber peu à peu – und da kann er noch so lächelnd als Soldat in die Kamera gucken – gewinnt das Grauen die Oberhand. Ende September 1916 – nachdem er zuvor in vorderster Front auch Verdun erlebt hatte – kriegt er in Châlon-sur-Marne eine Bauchfellentzündung, muss ins Lazarett, wird operiert und im November nach Hause geschickt. Seine Mutter war da schon so krank – was man ihm an der Front verschwieg –, dass sie am 5. Januar 1917 starb: für Ravel der größte Verlust seines Lebens, von dem er sich nie mehr wirklich erholen konnte. Etwas unglaublich Souveränes aber hatte sich vorher noch ereignet, etwas, das von der geistigen Größe Ravels einen Eindruck gibt: Er war von einer »Nationalen Liga zur Verteidigung der französischen Musik« gebeten worden, beizutreten. Ziel war, wie der Titel schon sagt, der »Schutz« der französischen Musik, was konkret umgesetzt bedeutete, dass man sich bemühte, Aufführungen deutscher und österreichischer Komponisten zu untersagen. Ravel trat nicht bei. Er schrieb vielmehr:

»Es wäre meiner Meinung nach sogar gefährlich für die französischen Komponisten, systematisch die Produktion ihrer ausländischen Kollegen zu ignorieren und so eine Art nationaler Clique zu formieren: Unsere derzeit so reiche Tonkunst würde unweigerlich degenerieren und sich in schablonenhaften Formeln einschließen. Mich kümmert es wenig, dass zum Beispiel Monsieur Schönberg Österreicher ist. Er ist nichtsdestoweniger ein Musiker von hohem Wert, dessen überaus interessante Recherchen nicht allein auf einige Komponisten alliierter Länder, sondern sogar bei uns einen positiven Einfluss gezeitigt haben. Mehr noch: Ich bin ausgesprochen erbaut davon, dass die Herren Bartók, Kodály und ihre Schüler Ungarn sind und dass sie dies in ihren Werken so glutvoll zum Ausdruck bringen ... Sie sehen, Messieurs, dass meine Ansichten in vielen Punkten sich so sehr von den Ihren unterscheiden, dass ich die Ehre, Ihrer Liga beizutreten, ablehnen muss. Dennoch hoffe ich weiterhin ›als Franzose zu handeln‹.« Beispielhaft, oder?!
Er ahnte also schon, was er komponierte, als er mit »La valse« den Abgesang auf den Walzer, die Belle Epoque und das 19. Jahrhundert in einer Weise anstimmte wie sonst niemand. Vielleicht war gerade die Ruhe, die er 1919/20 in dem Dörfchen Lapras an der Ardèche hatte, das Moment, das die Vision dieses Malstroms, den »La valse« darstellt, erst hat entstehen lassen. Der Wirbel, in dem er lebte – Krieg, eigene beginnende Krankheit, Tod der Mutter, Spüren eigener Schaffenskraft, aber nicht wirkliches Vertrauen in sie, oder besser gesagt: argwöhnisches Beäugen, ob sie wiederkommt, nachdem er 1919 ein Jahr beinahe kreativer Agonie hinter sich gebracht hatte –, das alles mag ihn dazu geführt haben, in die Partitur von »La valse« folgende Sätze zu schreiben: »Durch wirbelnde Wolken hindurch sind hier und da Walzer tanzende Paare erkennbar. Die Wolken zerstreuen sich nach und nach und geben (A) den Blick auf einen gewaltigen Saal frei, in dem sich eine Menschenmenge dreht. Allmählich wird die Bühne heller, bis im Fortissimo (B) der volle Glanz der Kronleuchter erstrahlt. Ein Kaiserhof um das Jahr 1855.«
Gnadenloser danebengelegen – was die Einordnung des eigenen Werks angeht – hat kaum je ein Komponist! Es war Ravel offensichtlich nicht wirklich klar, was für ein Meisterwerk er da komponiert hat, oder, um es anders auszudrücken: Wenn Guernica nur malen kann, wer den Kampf im Bett gewonnen hat, kann La valse nur komponieren, wer im lustvollen Verzicht darauf das Symbol für eine ganze Epoche sieht. Denn »La valse« ist die radikalste Beschreibung der Lust am Untergang, die es gibt, ein Untergang, der deshalb kommen muss, weil die Lust daran schon vor ihm da war. Die dekadente Epoche des Fin de Siècle hätte keine passendere Lei-

chenmusik finden können, und weil diese Lust am Untergang, am Scheitern, am Wissen um die Sehnsucht nach dem Ende in uns allen ist – Novalis hat das Gleiche ein Jahrhundert zuvor in den »Hymnen an die Nacht« gemacht –, reißt uns dieser Wirbel mit.

URAUFFÜHRUNG
12. Dezember 1920 in Paris.
Camille Chevillard leitete das Orchestre des Concerts Colonne.
Ballett-Realisation: 23. Mai 1929 an der Pariser Opéra, in der Choreographie von Bronislawa Nijinska durch Ida Rubinstein.

ERFOLG
Da gibt es Francis Poulenc, der dabei war, als Ravel »La valse« in der Fassung für zwei Klaviere (Marcelle Meyer war der zweite Pianist) Strawinsky und Diaghilew – der Choreograph, der »La valse« sozusagen bestellt hatte – vorspielte:
»Als Ravel geendet hatte, sagte ihm Diaghilew – sehr zu Recht, wie ich finde –: Ravel, das ist ein Meisterwerk, aber kein Ballett. Es ist das Gemälde eines Balletts. Strawinsky hingegen sagte zu meinem größten Erstaunen kein einziges Wort! Nichts! ... Es war für mein ganzes Leben eine Lektion in Bescheidenheit, dass Ravel ganz ruhig seine Noten nahm und hinausging, als ob nichts passiert wäre.«
Aber Ravel war darob so »sauer«, dass er jahrelang den Kontakt zu beiden abbrach.

ANEKDOTEN
Ist schon alles gesagt.

WERK
Sätze
Mouvement de valse Viennoise

Dauer
ca. 13 Minuten (wenn es einer schneller nimmt: Geld zurück!)

Besetzung
Piccoloflöte
2 Flöten
2 Oboen
Englisch Horn
3 Klarinetten

2 Fagotte
1 Kontrafagott
4 Hörner in F
3 Trompeten in C
3 Posaunen
1 Tuba
3 Pauken
Triangel
Gesamtes Schlagwerk (kleine Trommeln, große Trommel,
Becken, Kastagnetten, Tam-Tam etc.)
2 Harfen
Violinen I und II
Bratschen
Violoncelli
3 Kontrabässe

HITS
Wenn einer »La valse« noch nie gehört hätte – er wüsste schon nach ein paar Takten (Kontrabässe und Kontrabass-Pizzicato und tiefe Harfe und tiefe Fagotte), worum es hier geht, so eindeutig ist dieses Entree in den Todesrausch.
Genial ist die Idee, das aufkeimende Thema zunächst die Bratschen und Celli spielen zu lassen – eine unwiderstehliche Klangfarbe.
Man könnte sich jetzt verlieren in der Meisterschaft Ravel'scher Orchestrierung, dem raffinierten Einsatz von Flageoletten und Glissandi bei den Streichern zum Beispiel – die Bratschen in den tiefen Lagen! –, dem virtuosen Einsatz all dessen, was die Schlagwerker zu bieten haben –, überlassen wir das aber den Spezialisten und konzentrieren uns darauf, wie Fragmente von Walzermelodien aufgebaut werden, einen Augenblick lang in Strauss'scher Seligkeit tanzen, um dann demontiert und einer gewalttätigen Katastrophe zugeführt zu werden. Das Ganze ist ein einziger Hit – falls man das angesichts des Todes sagen kann.

FLOPS
Kein einziger! Gut – es dauert ja auch nicht lang und über diese kurze Strecke kann man von einem Komponisten wie Ravel schon erwarten, dass er sich keinen Flop leistet!

OBACHT
Fast von der ersten Note an gibt es in »La valse« für jedes Instrument fast nur »Obachts«. Da ist kein Platz für den berühmten

Sekundenschlaf des Triangel-Spielers (»Dann steh ich auf und mach: ›Ping‹«, wie Georg Kreisler singt), um nur ein Beispiel zu nennen. Von allen Ausübenden verlangt Ravel in diesem Stück (und nicht nur in diesem) alleräußerste Konzentration – es ist, als stünden die Musiker selbst im Schützengraben und nur die größte Wachsamkeit sicherte ihr Überleben.

Von speziellen »Obachts« kann man also – leider – gar nicht reden.

ES MEINEN

André Suarès:
Ravels »einziger Fehler ist manchmal, ohne Fehler zu sein«.
Attila Csampai sagt zu »La valse« in seinem Konzertführer: »Hier sprengt einer mit voller Absicht den musikalischen Rahmen der Gattung.«
Olzep Kuhn, der bekannte Tanzpädagoge, beim Abschlussball: »So, und jetzt kommt ›La valse‹ von Ravel, und zwar linksrum! Wer das schafft, kriegt zwei Freikarten für Bon Jovi.«

BEIKIRCHER RÄT

ANLASS

Da man ja nicht immer Länder dabei hat, die gerade mal untergegangen sind – und es besteht kein Zweifel darüber, dass »La valse« dafür die ideale Begleitmusik ist –, bietet sich als Anlass für diese Komposition jede klassische Kehraus-Situation mit obligatem Kater: Betriebsfest morgens früh um fünf, Abi-Ball, wenn die Lehrer weg sind, Opernball, wenn die »Mascherln« schon im Genick hängen etc.

NUTZUNG

Man kann »La Vvalse« im Bank-Geschäft hervorragend nutzen, wenn es darum geht, jemandem ungünstige Kreditbedingungen schmackhaft zu machen: ein bisschen Prozent- und Zins-Akrobatik aufs Papier gepinselt und »La valse« aufgelegt – jeder wird in diesem Noten- und Zahlen-Taumel am Ende alles unterschreiben!

AUTO

Man sollte eigentlich immer zwei spielbereite CD-Player im Auto zur Verfügung haben: einen für den Normalgebrauch, den anderen aber für die Finalsituation. Wenn die Leitplanke touchiert ist und der Wagen in rasendem Dreivierteltakt über die Autobahn schlingert – natürlich in Geisterfahrer-Richtung –, dann geht automatisch der zweite CD-Player mit Ravel an! Stilvoller und adäquater kann man es nicht mehr haben.

PAUSEN-TALK
»Das habe ich auf CD besser.«
»Das hätten Sie von Celibidache hören sollen.«
»Zweimal hintereinander ›La valse‹ und ich esse nur noch Pizza.«
»Warum das denn?«
»Weil das das Einzige ist, was man mir dann noch unter der Tür durchschieben kann!«

FRAUEN
»Nach der Musik möchte man ermattet seinem Mann in die Arme sinken – hätte man sich zwei Abos leisten können!«

MÄNNER
»Schnitzlers ›Reigen‹, Stucks ›Sünde‹ und Ravels ›Valse‹, mehr braucht man nicht, um diese Zeit perfekt verstehen zu können.«
»Und Freud.«
»Ja, genau: Fritz Kreislers ›Liebesfreud und Liebesleid‹, das müsste auch noch dabei sein!«

BEWERTUNGEN

Technik	🎺🎺🎺 mit Selbstschussanlage	Weil es für alle so extrem schwer ist.
Gesamt	🎺🎺🎺 mit Partezettel (Trauerzettel)	Nie ist eine Epoche so intensiv, so grundsätzlich, so perfekt analysiert und so hinreißend schön zu Grabe getragen worden.

Maurice Ravel
1875–1937

Boléro

Maurice Ravel wurde – wegen des Verdachts auf Hirntumor – am 19. Dezember 1937 operiert, was zu Tage brachte, dass die linke Gehirnhälfte in ihrer Kammer regelrecht zusammengefallen war. Nach kurzem Erwachen – er fragte nach seinem Bruder Edouard – schlief Ravel ein und starb neun Tage später.
Ist es nun nicht denkbar, dass einer, dem es nie leicht gefallen ist, zu komponieren, der vielleicht eine dumpfe Ahnung in sich trug, dass die Kräfte begrenzt sind, der aber auch ein absolut sicheres Bewusstsein in Bezug auf seine Fähigkeiten und auf seine Stellung im Musikleben hatte, dass so einer gar keinen großen Wert legte auf private Erfüllung und Reproduktion? Muss es gleich pathologisch sein, wenn so einer bis zu seinem 50. Lebensjahr zu Hause lebt? Vielleicht hat er gerade diese Sicherheit gebraucht, um draußen bestehen zu können. Und einfach haben es ihm »die da draußen« weiß Gott nicht gemacht.
Der angehende Pianist übte zu wenig – jedenfalls sahen das seine Lehrer so –, und der angehende Komponist wollte sich – ein Vorwurf, den alle seine Lehrer erhoben, außer Gabriel Faurè, der zeitlebens zu Ravel hielt – nicht angemessen genug in die trockenen Kontrapunkt-Hausaufgaben vertiefen. Dann bemühte sich der schon bekannte Komponist um einen Kompositionspreis des unerträglich konservativen Konservatoriums – der Name allein sagt es ja schon –, um den Prix de Rome, nahm einen Anlauf nach dem andern und wurde immer wieder (insgesamt 5-mal) abgewiesen, was schließlich 1905 zum Skandal führte, weil selbst der Öffentlichkeit klar wurde, was für ein knöcherner Haufen da über Kompositionspreise entschied und welches unerträgliche Mittelmaß von diesen Herren gefördert wurde. Immerhin trat der Direktor des Konservatoriums daraufhin zurück und Faurè wurde sein Nachfolger.
Bis dahin begegnete Ravel dieser konservativen Arroganz mit demselben Mittel: als arroganter, süffisanter Dandy. Makellos in der Kleidung, immer mit einem Spazierstöckchen bewaffnet, trug er mit einer scheinbaren Selbstverständlichkeit zur Schau, dass er

etwas Besseres war als alle anderen ... Das trieb die gesattelten Pariser Herren natürlich zur Weißglut. Was Wunder, wenn sie seine Uraufführungen auspfiffen und vernichtend kritisierten: schienen doch seine Kompositionen die reine avantgardistische Häme und Herausforderung zu sein. Was Wunder, wenn sich gleich die Lager polarisierten: einerseits Debussy, der Bewahrer bzw. Erneuerer aus der Tradition heraus, andererseits Ravel, der Avantgardist, dem nichts heilig schien. Unnütze Scharmützel führten dazu, dass die beiden sich entzweiten, obwohl sie einander schätzten. Was Wunder, wenn bei diesem Geschrei Ravel nur noch ein Weg offen blieb, vornehm und getümmelverachtend wie er war: der Rückzug ins Private und in die Arbeit. Jetzt, so ab 1912, war es ihm plötzlich nicht mehr wichtig, alle paar Wochen seinen Bart modisch zu verändern oder auf den Sitz der Perle in der Krawatte zu achten – was er auch ein bisschen gemacht hatte, um von seinem mickrigen Körper abzulenken. Der Bart fiel dem Rasiermesser zum Opfer: Der Komponist von »L'Heure espagnole«, von »Daphnis et Chloé«, den »Miroirs«, der »Rhapsodie espagnole« oder von »Ma mère l'oye« hatte solche Sperenzchen nicht mehr nötig.
Vielleicht auch deshalb lehnte er 1920 die Aufnahme in die Ehrenlegion ab: Er war schon – gerade weil er aus der Bourgeoisie stammte – ein Anti-Bourgeois.
Aber: 1921 kaufte er ein Haus, die Villa La Belvédère in Montfort-l'Amaury in der Nähe von Paris. Er umgab sich mit einem Zaubergarten, dem *jardin féerique*, voller Bonsais und Zwergpflanzen; er entwarf selbst seine Tapeten und stellte alles voll mit gefälschtem chinesischen Nippes: »Alles war falsch, und es amüsierte ihn riesig, zu wissen, dass all diese angeblich chinesischen Objekte Fälschungen waren«, berichtet Manuel Rosenthal. Sogar einen falschen Renoir hatte er – zum Entsetzen seiner Freunde – da hängen. Eine Oase des Kitsches, sagten die Bekannten – eine Insel der Erholung im Trivialen, möchte *ich* sagen. Und da sind wir bei dem Thema, das in der Musik Ravels eine große Rolle spielt: die fast schon naive Kindlichkeit, die Ravel sein Leben lang blieb.
In vielen seiner Kompositionen ist sie zu spüren – bei allem Raffinement der Orchestrierung; und vielleicht ist sie auch eine Wurzel für Ravels Suche nach immer neuen Klangfarben, die ungeheure Experimentierfreude dieses Komponisten. Wie er sich immer wieder freigemacht hat von Einflüssen – Saint-Saëns, Debussy, Chabrier, Schönberg, Strawinsky –, um seinen eigenen Weg zu finden und zu gehen, das ist atemberaubend und beeindruckend. Trotzig wie ein Kind, das sich seine eigene Welt erschaffen will, egal, was die Großen dazu sagen. Natürlich hat er auch Kinder gemocht; viel-

leicht weil er immer auf der Suche nach dieser unverbildeten Einfachheit war, die Kindern eigen ist.

Vielleicht kommt die Fähigkeit Ravels, als Komponist bis dahin unerhörte und neue Türen aufzustoßen, aus dieser wundervoll kindlichen Kreativität; vielleicht ist es gerade das – natürlich gepaart mit den weit nach vorne weisenden musikalischen Einfällen –, was die Generationen nach ihm – heute beinahe mehr denn je – beeinflusst.

Bei so einem muss man nicht für jedes Detail aus der Biographie heraus eine Erklärung suchen: Man öffne einfach Ohren und Herz und höre, welche Musik das ist – dann weiß man, wer er war.

ENTSTEHUNGSZEIT

1926 machte Ravel eine große Konzertreise durch Europa, wurde gefeiert und ließ sich feiern. Anfang Januar bis Ende April 1928 wiederholte sich das auf einer großen Amerika-Tournee. Er dirigierte, amüsierte sich, lernte Bartók kennen, Edgar Varèse, Douglas Fairbanks, Fritz Kreisler, Paul Whiteman, George Gershwin, trat in einem Film auf – »zwei Zentimeter dick geschminkt«, wie er seinem Bruder schrieb – und hielt sogar einen Vortrag über zeitgenössische Musik: seine Musik. Es ist der einzige längere Vortrag, in dem er sich über seine Musik geäußert hat. In dieser ganzen Zeit aber entwickelte sich in seinem Kopf ein Thema, das er mit im Gepäck hatte:

»Ein einsätziger Tanz, sehr langsam und ständig gleich bleibend, was die Melodie, die Harmonik und den (ununterbrochen von einer Rührtrommel markierten) Rhythmus betrifft. Das einzige Element der Abwechslung ist das Crescendo des Orchesters«, schreibt er in seiner autobiographischen Skizze. Ida Rubinstein, die Tänzerin Diaghilews – mit dem sich Ravel wegen »La valse« mit überworfen hatte –, blieb auch nach ihrer Trennung vom »Ballets russes« eine enge Freundin des Komponisten und bat ihn, für sie ein spanisches Ballett zu schreiben. Ravel wollte ursprünglich »auf die Schnelle« ein paar Stücke aus Isaac Albeniz' »Iberia« orchestrieren, was aber an den Erben scheiterte, die die Rechte ausschließlich dem spanischen Komponisten Enrique Fernandez Arbós zugesprochen hatten. So blieb Ravel nichts anderes übrig, als sich selbst was einfallen zu lassen – und uns, den Erben Albeniz' für ihre Engstirnigkeit zu danken! Juli bis Oktober 1928 machte er sich an die Arbeit und schuf eines der populärsten Werke der Musikgeschichte. Vielleicht hat ihn neben dem Tänzerischen etwas ganz Besonders interessiert: das Element »Monotonie« bis zum Äußersten zu treiben – in einer genialen Reduktion der musikalischen Bewegung auf die Klangfarben.

URAUFFÜHRUNG

Am 22. November 1928 wurde das Werk an der Pariser Opéra unter der Leitung von Walther Straram uraufgeführt. Bronislawa Nijinska (die Schwester des großen Nijinskij) entwarf die Choreographie, und Ida Rubinstein tanzte – umgeben von zwanzig Tänzern! Am selben Abend wurde übrigens auch »La valse« in der choreographierten Fassung vorgestellt.

ERFOLG

Man erwartete einen Skandal – es wurde aber ein Erfolg; als Stück für den Konzertsaal sogar einer der größten Erfolge aller Zeiten.

ANEKDOTEN

Es soll, erzählen alle Biographen, bei der Uraufführung eine Frau gerufen haben: »Hilfe, ein Verrückter!« Was Ravel dazu veranlasst habe, seinem Nachbarn: »Die hat's kapiert!« zuzuflüstern.
Toscanini soll den Boléro zu rasch »genommen« haben; auf Ravels Kritik antwortete Toscanini, dass es sich dabei seines Wissens nicht gerade um einen Trauermarsch handele.
Als eine der erotischsten Musiken, die je komponiert wurden, musste der Boléro natürlich auch für Filme (»Die Traumfrau« z. B.) herhalten. Ob es Ravel unangenehm gewesen wäre?

WERK
Sätze
Tempo di Bolero moderato assai

Dauer
15–19 Minuten

Besetzung
Piccoloflöte
2 Flöten
2 Oboen
(2. Oboe spielt auch Oboe d'amore)
Englischhorn
Klarinette in Es
2 Klarinetten in B
Bassklarinette
2 Fagotte
4 Hörner in F
Trompete in D
3 Trompeten in C
3 Posaunen

Tuba
3 Saxophone: Sopranino
　　　　　　Sopran
　　　　　　Tenor
3 Pauken
2 Trommeln
Becken
Tam-Tam
Celesta
Harfe
Violinen I und II
Bratschen
Violoncelli
Kontrabässe

HITS

Gut – es sind zwei hübsche Melodien, fein artig in jeweils sechzehn Takte gepackt, alles prima.

Der Hit aber ist der Aufbau und die daraus sich ergebenden Klangfarben. Hier spielt Ravel mit einem Riesenorchester, als hätte er es neu erfunden. Vergessen Sie Aufteilungen wie: erste Geigen, zweite Geigen etc. Am Ende hat fast jeder Musiker seine eigene Stimme zu spielen, so fächert Ravel die Gruppen auf.

Alles läuft in C-Dur, steigert sich bis fast zum Ende, da hat Ravel noch zwei Mega-Ideen: Plötzlich transponiert er das Ganze in E-Dur (ab Takt 328), lässt es sieben und einen halben Takt da oben schweben, haut in der zweiten Hälfte des achten Taktes in den Bässen zwei G rein und reißt die ganze Maschine so wieder nach C-Dur zurück und Ende. Das ist ebenso einfach wie grandios.

FLOPS

Kein einziger – es sei denn, sie hassen Orchester und lieben ausschließlich säuselnde Counter-Tenöre. Aber: Warum sitzen Sie dann hier?

OBACHT

Technisch gesehen ist »La valse« schwieriger – in fast jedem Instrument. Dennoch gibt es kaum ein Orchesterwerk, das so in die Hose gehen kann wie der Boléro. Warum?

Es liegt am Tempo und der Durchhaltefähigkeit des Dirigenten. Spannung kommt nur auf, wenn der Dirigent sich wirklich an die Vorgabe »moderato assai« hält, was ein Superlativ ist und mit »sehr moderat« nur ungenau übersetzt; es müsste »sehr sehr moderat« heißen. Das aber bedeutet, dass der Dirigent vom ersten Takt an, nein: schon vorher, dem Orchester die Zügel anlegen muss, sonst gehen ihm die Gäule durch. Das Dirigentenpodium heißt im Orchesterjargon »Kutscherbock«: Beim Boléro versteht man plötzlich, warum. Man kann sich als Publikum gar nicht vorstellen, was für eine – auch körperliche – Energie ein Dirigent aufbringen muss, wenn er bei diesem Werk ein langsames Tempo durchhalten muss: Er muss mit beiden Füßen auf der Bremse stehen und trotzdem fahren. Wenn das ein Dirigent kann, wächst die Spannung in diesem Stück ins Unerträgliche. Dann plötzlich ist der E-Dur-Teil ein einziges Aufatmen und die Rückführung ein Absturz in die Katastrophe.

Man muss es so dirigieren, wie Ravel komponiert hat: mit der Präzision und dem kühlen Kopf des Feinmechanikers.

ES MEINEN

Ravel:
»Mein Meisterwerk? Der Boléro natürlich – schade nur, dass er überhaupt keine Musik enthält.«
Zum grandiosen Ende des Boléro sagt Attila Csampai:
»Ravel, im weißen Kittel eines Ingenieurs, dem die Kontrolle über seinen Apparat zu entgleiten droht, zieht kurzerhand den Stecker aus der Wand.«
»Merkwürdig, dass ausgerechnet er mit seiner nie ausgelebten Sexualität es war, der dieses Meisterwerk der musikalischen Erotik komponiert hat.« (Michael Stegemann, »Maurice Ravel«, rowohlt)
Nochmal Ravel:
»Wenn man den Boléro schnell spielt, so scheint er lang; wenn man ihn aber langsam spielt, so scheint er kurz.«
Olzep Kuhn, berühmter Tanzpädagoge:
»Boléro? Ravel? Choreographie? Ja, aber die einzige Möglichkeit wäre: Alle Orchestermusiker müssten spielen und gleichzeitig tanzen.«

BEIKIRCHER RÄT

ANLASS
Ist sie mit dem Boléro einverstanden, wird der »One-night-stand« zum Fest. Wenn nicht, kommt es sowieso nicht dazu, besser so. Weil der Boléro aber – und das hat Ravel offensichtlich lange vor

allen Kinsey-Reporten gewusst – genau die Länge hat, die man mit seiner Schönen ein Leben lang pflegen sollte und kann – die »Drei-Stünder« geben ohnehin nach einem halben Jahr auf, weil der CD-Player kaputtgegangen ist –, ist man gut beraten, wenn man zu Hause ab und zu dazu den Boléro auflegt, vorausgesetzt die Kinder schlafen schon. Sie freut sich und mann selbst bekommt wieder ein Gespür für die richtige Zeit: 18 Minuten ist weltweit der Durchschnitt, außer in Deutschland (drei Minuten). Gut – jeden Tag könnte ich auch nicht den Boléro hören. Obwohl ...

NUTZUNG
s.o.

AUTO
s.o. Aber Vorsicht: Es könnten sich Neugierige um das Auto scharen, wenn sie den Boléro hören. Denn spätestens seit der »Traumfrau« weiß man ja, wann der gehört wird.

PAUSEN-TALK
»Das habe ich auf CD besser.«
»Gibt's die auch bei Beate Uhse?«
»Das hätten Sie mal von Celibidache hören sollen: Je älter er war, desto spannender hat er den Boléro dirigiert.«
»Tja, die Erinnerung dirigiert mit, was?!«
»Ich habe das mal in einer Fassung für Ziehharmonika und Tamburin gehört. Interessant, aber ...«
»Zieht sich, was?«

FRAUEN
»Wissen Sie, warum der Boléro so selten gespielt wird?«
»??«
»Weil es kaum noch richtige Männer unter den Dirigenten gibt.«
»Ich weiß nicht, was alle mit dem Sex beim Boléro haben. Für mich ist er die reine Entspannung.«

MÄNNER
»Wo Sie grad sagen: Boléro. Ich hatte mal eine ...«
»Boléro? Hab' ich kein Zeit für!«

BEWERTUNGEN

Technik	🎺🎺 für das Orchester	Weil: Schwer ist es schon.
	🎺🎺🎺 für den Dirigenten	Weil: Es kann sich unheimlich ziehen.
Gesamt	🥄🥄🥄 mit Hilfsmittel	Fesselnder ist Sexualität musikalisch nicht ausdrückbar.

Anhang

Anton Raaff – Mozarts Idomeneo
Ein rheinischer Tenor

Als Autor, dem das Rheinland zu seiner Wahlheimat geworden ist, darf ich schon auch mit ein bisschen Stolz auf einen Sänger hinweisen, der ein paar Kilometer von meiner Wohnung entfernt geboren ist und für den Mozart seinen »Idomeneo« komponiert hat. Weil er nur Fachkreisen bekannt ist, hier sein Lebenslauf – zum Teil in rheinischem Idiom, wie er selber sprach.
Johannes Raaff und sing Frau, et Anna Margarethchen Raaf, geborene Kochs, hatten sicher die schönsten Träume, als sie ihren kleinen Anton Raaff am 6. Mai 1714 in der Kirche in Gelsdorf – dat es dreck beim Autobahnkreuz Meckenheim – aus der Taufe hoben, dass ihr Sohn aber zum ersten Tenor seiner Zeit und damit quasi zum rheinischen Caruso werden sollte, dodrop wären sie sicher niemals jekumme (Kastraten ausgenommen: Die kann man aber nicht wirklich als echte Tenöre bezeichnen, außerdem hätten die braven Eltern Anton Raaffs es sicher brüsk abgelehnt, bei ihrem Tünn die Voraussetzung zu schaffen, die ihm eine solche Karriere eröffnet hätte ...). Aus gutem Grund wäre ihnen der Gedanke an eine Musikerlaufbahn fremd gewesen: gab es doch vor ihm – und bis auf Peter Seiffert auch nach ihm – keinen rheinischen Sänger vergleichbarer Qualität.
Aber erst mal ist das Bübchen, uns Tünn, mit den Eltern von Gelsdorf nach Holzem umgezogen (gefährlich bei dem vielen Verkehr am Meckenheimer Kreuz!), weil sein Vater *Gutsverwalter* auf Burg Gudenau wurde. Zwar schreibt das Standardwerk in Sachen Musik, die MGG, der Vater sei Schäfer gewesen: Doch daran sieht man, wie wenig hochdeutsche Wissenschaftler dem Rheinland zutrauen. Ist das nicht furchtbar?
Es war also eine gutgestellte Familie, die Familie Raaff, man konnte es sich leisten, dä Tünn noh Bonn nohm Jesuitengymnasium zu schicken. Dort wirkte der 13-Jährige übrigens in der Rolle der »Innocentia«, der Unschuld, im Jesuitendrama »Leonis Basilii Imperatoris filius« mit, wo ihn wahrscheinlich der rheinische Kurfürst Clemens August, der damals 27 Jahre alt war, gesehen hat. Ob er ihn wegen dieses ersten Eindrucks später so vehement gefördert hat, ist

allerdings unwahrscheinlich: Schauspielerei war zu keinem Zeitpunkt seines Lebens Raaffs Stärke.
Ejal, jedenfalls studiert dä Jung brav – auch Musik, das war damals üblich – und wird, noch keine 20 Jahre alt, Sekretär und Haushofmeister auf Burg Gudenau. Jetzt wäre sicher jeder andere Gelsdorf-Holzemer Jung mit dieser Karriere schon hochzufrieden gewesen, hätte vielleicht die KG »Holzemer Vrängel« gegründet, im Kirchenchor gesungen und ein paar Kinder gezeugt – fertig wär die Laube. Nicht so Anton Raaff.
Sein Arbeitgeber, Max Heinrich Freiherr Waldbott von Bassenheim zu Gudenau, veranstaltete Kammermusikabende, bei denen Raaf als stimmliches Naturtalent des Öfteren mitwirkte, was den Freiherrn Waldbott – klingt wie Magenbitter, oder? – von Bassenheim so begeistert haben muss, dass er Raaff dem Kurfürsten vorstellte und damit endgültig die Weichen im Leben des rheinischen Caruso stellte. Raaff wurde am 10. September 1736, mit 22 Jahren also, Cammermusicus am Hofe von Clemens August: mit 200 Talern Jahresgehalt.
Jetzt ging's steil nach oben. Schon drei Monate später nahm ihn Clemens August nach München mit – er war ja der letzte »rheinische« Wittelsbacher –, wo Raaff aushilfsweise die Titelpartie in der Oper »Demofoonte« von Ferandini – Text von Metastasio – sang. Das muss so gut geklappt haben, dass jetzt auch Raaff selbst an sein Talent zu glauben begann. Zwar wollte er eigentlich Priester werden – da haben die Jesuiten gründliche Erziehungsarbeit geleistet –, doch glücklicherweise schob er das nochmal auf und entschloss sich, eine gediegene Gesangsausbildung zu machen. Jedenfalls: Er kleckert nicht, er klotzt. Er geht nach Bologna, einer der musikalischen Hochburgen, und dort gleich zu Antonio Bernacchi, dem berühmten Kastraten und vielleicht bekanntesten Gesangslehrer seiner Zeit.
Bei Bernacchi hat er zunächst mal Auftrittverbot, um sich ungestört für die Hohe Schule des Gesanges zu rüsten. Von 1737 bis 1742 dauert diese Ausbildung – in der er übrigens den legendären Padre Martini kennen lernt, den musikalischen Nestor eines ganzen Jahrhunderts, dem er lebenslang freundschaftlich verbunden bleibt –, gegen Ende durch einige – spektakuläre – Auftritte in Florenz und Venedig unterbrochen.
Dann kütt dä Jung noh Hus zurück, zu Clemens August, der sein Gehalt prompt von 200 auf 750 rheinische Gulden jährlich erhöht. Wat willste mieh?
Nun wird er vorgezeigt: Bei der Kaiserkrönung Karls VII., dem Bruder von Clemens August, darf er in Frankfurt singen. Mit den

herumreisenden Opernstars teilt er sich die Bühne und singt übrigens auch mit Ludwig van Beethoven: dem Großvater unseres berühmten Ludwig, damals Tenor, bevor er kurfürstlicher Kapellmeister wurde.
Es schien also alles wieder mal in geordneten Bahnen zu laufen: Dä Jung hat draußen wat jelernt, jetzt will man zu Hause die Früchte ernten. Er muss sich wohl auch recht arriviert gefühlt haben, denn 1744 stiftet er in Holzem die Nepomuk-Kapelle, was für einen Bürgerlichen damals nicht alltäglich war. Möglicherweise kam es zu der Stiftung, weil Raaff zwei Jahre zuvor den Kurfürsten nochmal um eine geistliche Laufbahn gebeten hatte – was dieser ihm abschlug, vermutlich angesichts der überragenden musikalischen Talente des Petenten; und mit der Kapelle wollte er jetzt einen Schlussstrich unter seinen Traum, Priester zu werden, ziehen. Man weiß et nit jenau, es och ejal, weil: Et es e schön Kapellchen, wat dem Raaff noch hück jot zu Jesicht steiht.
1747 starb der Vater, und zwei Jahre später überzeugten ihn Familie und Freunde: »Jung, jank erus en die Welt! Wat willse dann do en demm Bonn noch weede?« Wie auch immer: Hier endet »dem Anton Raaff seine« (= rheinischer Genitiv!) rheinische Zeit, ab jetzt wird er Europäer.
Er geht zu Maria Theresia nach Wien, wo er Opern von Jomelli uraufführt, und von 1750 bis 1752 »tourt« unser Barock-Pavarotti durch Italien. Erfolge über Erfolge darf er verzeichnen, wenn auch der große Dichter Metastasio – einer der produktivsten Opernlibrettisten aller Zeiten – über ihn schrieb: »Un tedesco nominato Raaff eccellentissimo cantore ma freddissimo rappresentante.« (Ein Deutscher namens Raaf, ausgezeichneter Sänger, aber unterkühltester Schauspieler.)
Aber ich bitte Sie, mein lieber Metastasio, muss denn ene Jung us Gelsdorf och noch spille künne, wenn er schon singe kann wie ine junge Gott? Also dann!
1752 folgte er dem Ruf des Königs von Portugal und reiste nach Lissabon. Reiste? Geritten ist er die ganze Strecke, mit einem Freund, und als er gegen Mittag in Lissabon ankam – ich vermute mal, nach mehreren Wochen und mit steifem Rücken –, musste er abends schon bei Hofe ein Konzert geben!
Ansonsten war alles schön in Lissabon – bis auf Pombal, den mächtigsten Minister im Land, der aufgeklärter Reformer und Jesuitenhasser war: Hauptsächlich auf sein Betreiben hin hat 1773 Klemens XIV. den Jesuitenorden aufgelöst. Dass das mit dem Jesuitenschüler und äußerst frommen Raaff nicht gut gehen konnte, war klar, zumal der Freund Raaffs, mit dem er nach Lissabon geritten war,

sich dort auch noch vergiftete, was unseren Sänger jahrelang bedrückte. Kurz und gut: Nach einem weiteren Krach mit Pombal verließ Raaff nach drei Jahren Lissabon »mit dem Versprechen, wieder zu kommen, aber mit dem festen Entschluss, nie wieder dieses Land zu betreten« (wie die »Leipziger Allgemeine Musikalische Zeitung« schrieb), und ging nach Madrid an die dortige Oper zu Carlo Broschi – besser bekannt unter dem Namen Farinelli.
Vier Jahre blieb er dort. Es ging ihm wunderbar, die »Leipziger Allgemeine Musikalische Zeitung« zum Beispiel schrieb: »Sein Gehalt war ansehnlich, er wurde auf Kosten des Hofes gut gespeist und prächtig meubliert«, und dem Geld, das ihm der königliche Diener brachte, lag auch schon die Quittung bei, sodass er »also nichts, als die fünf Buchstaben seines Namens beyzusetzen hatte«. In der Madrider Zeit starb sein Lehrer Bernacchi, was ihn im Beileidsbrief zu dem legendären Satz veranlasste:
»Das Paradies! Signore, das Paradies, das ist es, was etwas bedeutet, der Rest sind Bagatellen.«
Ansonsten hatte er eine Leidenschaft für die spanische Sprache: Er las bis kurz vor seinem Tod den »Don Quichotte« im Original und mit großem Vergnügen, wird berichtet. 1759 aber, nach dem Tode des Königs, verließen Farinelli und Raaff Spanien, um nach Italien zu gehen.
Während sein Freund Farinelli in Bologna blieb, trat Raaff in diversen Orten auf – außer in Rom, weil die »collarini«, wie er sie nannte, die »Bäffchen«, einst seinen Lehrer Bernacchi ausgezischt hatten. 1761 bis 1769 weilt er am Königshof von Neapel und der dortigen Oper und ist auf dem Höhepunkt seines Könnens. Hier lernte er Johann Christian Bach kennen und sang mit großem Erfolg den Catone in Bachs »Catone in Utica«. Bach schrieb eigens für Raaff zwei Motetten, vor allem aber einen »Smash-Hit«, der noch Jahre später sogar Mozart beeindruckte: die Arie »Non so, d'onde viene«, mit der Raaff bis ins hohe Alter brillierte.
1769 ist er in Florenz, seine Karriere beginnt sich zu neigen, Anton Raaff ist immerhin 55 Jahre alt, Zeit für einen Tenor, Memoiren zu schreiben oder in Sendungen à la »Das war mein Leben« aufzutreten – da ereilt ihn der Ruf des Kurfürsten Carl Theodor aus Mannheim, und das bewegte Leben unseres Jungs ussem beschaulichen Holzem bekam – zumindest aus der Sicht der Nachwelt – einen Kick, den man nicht mehr für möglich gehalten hätte. Der Ruf nach Mannheim brachte Raaff an eine der berühmtesten Bühnen deutscher Zunge, mit dem – wie viele Zeitgenossen sagen – besten Orchester der Welt.
Das war überwiegend das Werk von Ignaz Jacob Holzbauer, der als

Kapellmeister »das meiste zur Vollkommenheit dieses Orchesters« beitrug, wie Christian Friedrich Schubart schrieb.
Es war also kein Gnadenbrot, das unseren Anton Raaff in Mannheim erwartete, und das wusste er auch. Sonst hätte er dem Kurfürsten nicht antworten können: »Wenn Eure Durchlaucht mit meinen geringen Überresten zufrieden sein wollen, so werde ich mich glücklich schätzen, als ein geborener Unterthan in Ihrem Dienst zu sterben.«
Andererseits: Das Gehalt von 1.500 Gulden mag die Raaff'sche Bescheidenheit ebenso angespornt haben wie der Reiz, wieder in deutschen Landen tätig sein zu können.
Nun also: uns Jung in Monnemm! Er singt eine Titelpartie nach der anderen in Opern von Johann Christian Bach, Niccolò Jomelli, Nicola Piccinni und Ignaz Holzbauer, dessen Oper »Günther von Schwarzburg« als eine der ersten deutschen Opern den Umbruch in der Operngeschichte – hin zur Verinnerlichung, zum subjektiven Drama – ahnen ließ, auch wenn die Oper selbst noch sehr italienischen Vorbildern verhaftet ist. In einer der Proben – Raaff feierte als 63-jähriger Tenor in der Titelpartie Triumphe – saß im November 1777 ein junger Mann, der über unsern Tünn folgendermaßen urteilte:
»h: Raaff hat unter 4 arien und etwa beyläufig 450 täct eimahl so gesungen, daß man gemerckt hat, daß seine Stimme die stärckste Ursach ist, warum er so schlecht singt. Wer ihn eine Arie anfangen hört und nicht in demselben Augenblick denckt, daß Raaff, der alte vormals berühmte Tenorist singt, der muss gewiss von ganzem Herzen lachen. Denn es ist halt doch gewiss: Ich habe es bei mir selbst bedenckt: Wenn ich iezt nicht wüsste, dass dies der Raaff ist, so würde ich mich zusammenbiegen vor lachen, so aber – – – ziehe ich nur mein Schnupftuch heraus und schmutze. Er war auch sein Lebtag, wie man mir hier selbst gesagt hat, kein Akteur; man musste ihn nur hören und nicht sehen. Er hat auch gar keine gute Person nicht. In der opera musste er sterben, und das singend, in einer sehr langsamen Aria, und da starb er mit lachendem Munde. Und gegen Ende der Aria fiel er mit der Stimme so sehr, dass man es nicht aushalten konnte. Ich saß neben dem [1. Flötisten Johann Baptist] Wendling im Orchestre. Ich sagte zu ihm, weil er vorher criticirte, dass es unnatürlich seye, so lange zu singen, bis man stirbt, man kann's ja kaum erwarten. Da sagte ich zu ihm: Haben Sie eine kleine Geduld, iezt wird er bald hin sein, denn ich höre es. Ich auch, sagte er, und lachte.«
Sie haben es am Stil des Briefes sicher schon gemerkt: Wolfgang Amadè Mozart ist der Verfasser.

Gut: Vielleicht wollte Mozart seinen Vater Leopold, dem er das schrieb, etwas ärgern, weil der ihm dauernd in den Ohren lag, er solle sich in Mannheim an Herrn Raaff halten und nur an ihn, wenn er bei Hofe etwas erreichen wolle, denn Raaff sei »ein Gottsförchtiger, ehrlicher Mann«, der »die Deutschen liebt« und so weiter. Mozart wollte sicher mehr geschätzt als protegiert sein, da mag es den jungen Komponisten schon genervt haben, dauernd zu hören, er solle sich an einen »abgehalfterten« Tenor hängen, um zu reüssieren.

Nun, man lernt sich peu à peu kennen; als aber im Februar 1778 Raaff über Aloysia Webers Stimme ein positives Urteil abgab, scheint das auch Mozart Raaff geneigter gemacht zu haben. Schon ein paar Tage später ist Mozart jedenfalls zu Gast bei Raaff und bringt ihm auch gleich die Konzertarie »Se al labbro mio non credi« mit.

Darüber schrieb er an seinen Vater Leopold:
»Die Aria hat ihm überaus gefallen. Mit so einem Mann muss man ganz besonders umgehen. Ich habe mit Fleiß diesen Text gewählet, weil ich gewusst habe, dass er schon eine Aria auf diese Wörter hat; mithin wird er sie leichter und lieber singen. Ich habe ihm gesagt, er soll mir aufrichtig sagen, wenn sie ihm nicht taugt oder nicht gefällt; ich will ihm die Aria ändern, wie er will, oder auch eine andere machen. Behüte Gott, hat er gesagt, die Aria muss bleiben, denn sie ist sehr schön, nur ein wenig bitte ich Sie, kürzen Sie mir's ab, denn ich bin izt nimmer so im Stande zu soutenieren. Von Herzen gern, so viel Sie wollen, habe ich geantwortet; ich habe sie mit Fleiß etwas länger gemacht, denn wegschneiden kann man allzeit, aber dazusetzen nicht so leicht. Nachdem er den anderen Theil gesungen hat, so that er seine Brülle herab, sah mich groß an und sagte ... schön, schön! Das ist eine schöne seconda parte, und sagte es 3 mahl. Als ich wegggieng, so bedanckte er sich sehr höflich bey mir; und ich versicherte ihm im Gegenteil, dass ich ihm die Aria so arangieren werde, dass er sie gewiss gerne singen wird; [und jetzt kommt einer der berühmten Sätze Mozarts:] denn ich liebe, dass die Aria einem Sänger so accurat angemessen sey, wie ein gut gemachtes Kleid.«

Ab da beginnt zwischen den beiden eine Beziehung, die man als wirkliche Freundschaft bezeichnen kann und die im »Idomeneo« ihre Apotheose fand. In Mannheim besucht man sich beinahe täglich, und als Raaff und Mozart 1778 in Paris weilten, war in dieser für Mozart sehr schwierigen Zeit Raaff der Mensch, zu dem er absolutes Vertrauen hatte. Raaff hat ohne Zweifel das Genie in Mozart erkannt und geschätzt, vielleicht auch die leichte Lebensart des jungen Draufgängers goutiert. Auf jeden Fall hat er versucht, das Seinige dazu beizutragen, Mozart den Weg zu ebnen und ihm Aufträge zu verschaffen. Als 1778 der Hof Carl Theodors nach München umzog und Raaff mitmusste, haben er und Cristian Cannabich, der Konzertmeister und Orchesterdirektor, sich besonders dafür eingesetzt, dass Mozart einen Opernauftrag bekam.

Ein wenig hat allerdings auch Mozart selbst dazu getan: Er widmete die sechs Sonaten für Violine und Klavier (KV 301–306) der Kurfürstin, und er komponierte für die offizielle Mätresse des Kurfürsten, die Gräfin Paumgarten, die auch singen konnte, Rezitativ und Arie KV 369 »Misera! Dove son?« »Elende! Wo bin ich?«. Also wie man sieht: nicht unclever, unser Mozart!

1780 klappte es dann endlich: Mozart bekam den Auftrag, für die kommende Saison die große Karnevalsoper zu komponieren: den »Idomeneo«. Ja, Sie lesen richtig: Karnevalsoper! Kei Wunder, dat do uns Tünn die Titelpartie singe wollt! Hier kam es nun zu einer wirklichen Zusammenarbeit zwischen Raaff und Mozart, zwischen dem alten Sänger und dem Avantgarde-Komponisten.

Ich meine, das muss man sich mal vorstellen: ein Sänger, der den Zenit seiner Stimme längst überschritten hat und der ohnehin der Repräsentant der *alten* italienischen Art zu singen war, der wie eine Barockstatue auf der Bühne stand und dessen einzige schauspielerische Leistung das Öffnen des Mundes gewesen zu sein scheint, der zwar über eine Technik verfügte, die den Jungen nicht mehr zur Verfügung stand, der aber ansonsten quasi so was von *out* war, und auf der anderen Seite ein 24 Jahre alter Komponist, der nicht nur der Komponist einer neuen Zeit, einer neuen Opernauffassung und damit einer Raaff ziemlich fremden Welt war, sondern der auch noch in seiner Musik bis dahin nicht zugelassene Tiefen der menschlichen Seele erreichte und ausdrücken konnte – und das nicht nur mal so, als vorübergehendes psychologisierendes Töne-Gehexe, sondern bewegend und gültig für alle Zeiten.

Raaff wäre nicht der Sänger gewesen, der er war, wenn er das nicht gespürt hätte.

Und es muss ihm Angst gemacht haben.

Plötzlich ist er auf seinen Ruf bedacht. Er bittet ständig um Änderungen, um Rücksicht auf seine altersbedingte Kurzatmigkeit, um solistische Behandlung und um Gottes willen keine Ensemble-Partien. Er kämpft um jede Silbe, dass sie ihm nur ja gut auf der Zunge liege, und führt sich auf wie eine Filmdiva, die vor lauter Aufgedonnere im Schminkraum gar nicht mehr zum Drehen kommt. Leopold Mozart, mit dem Wolfgang über jede Nuance des »Idomeneo« intensiv korrespondiert, verliert die Nerven und

schreibt: »Der Teufel möchte ewig ändern und wieder ändern« – und meint Raaff damit. Es muss so ziemlich Callas-mäßig abgegangen sein.
Und was macht Mozart?
Er geht auf Raaff ein, er ändert, er streicht, er ändert wieder und ist monatelang ein Erzengel an Geduld. Das kann nicht nur damit zu tun haben, dass Mozart Raaff wirklich mochte. Es muss damit zu tun haben, dass Mozart Raaffs völlig andere Kunstauffassung für die Titelpartie haben wollte, er wollte die beiden widersprüchlichen Auffassungen aufeinander prallen lassen. Und mit Sicherheit hat es auch damit zu tun, dass Mozart die Angst in Anton Raaff spürte und davor Respekt hatte. Die Briefe Mozarts – es würde zu weit führen, jetzt alles zu zitieren, aber lesen Sie es nach, es ist höchst erbaulich – zeigen dem einfühlsamen Leser, dass die Auseinandersetzung mit den Änderungswünschen Raaffs für Mozart der Prüfstein für seine Auffassungen waren; an ihnen schärfte sich sein Blick für Personenführung auf der Bühne, für Dramaturgie und für die Richtigkeit seiner modernen, ja fast psychoanalytischen Auffassung von Musiktheater. Deshalb bleibt er bis zuletzt offen für Raaff: »Nun giebt es noch eine Veränderung, an der Raaff schuld ist – er hat aber recht; und hätte er nicht – so müsste man doch seinen grauen Haaren etwas zu gefallen thun.«
In diesen Sätzen Mozarts zeigt sich, was ich meine.
Raaff seinerseits verlor mit jeder Änderung Mozarts die Berührungsangst mit dem Neuen und zeigte sich seinerseits als großer Künstler, der auch im Alter noch bereit war, zu lernen und mit offenem Geist auf das Neue einzugehen.
Ist das nicht aufregend am Leben des Anton Raaff? Ein rheinisches Dorfkind, begnadet mit einer Stimme, die über die Jahrhunderte ihresgleichen sucht – was allein schon Grund genug wäre, seiner zu gedenken und ihn zu feiern –, emanzipiert sich im Laufe seines Sängerlebens zu einem Künstler, der in der Reife des Alters einem der größten Genies der Musikgeschichte begegnet und es, wenn auch zunächst ängstlich aber dann doch selbstbewusst, dazu bringt, sich in der Auseinandersetzung mit ihm zu prüfen – und zu wachsen! Was für ein Schlussakkord! Zumal Raaff diese Dynamik bewusst gewesen sein muss. Er genoss den Triumph der Aufführungen des »Idomeneo« sicher nicht nur in dem Bewusstsein, als Sänger noch einmal seinen Mann gestanden zu haben; er genoss sicher auch, beim Neuen dabei gewesen zu sein, ihm zum Durchbruch verholfen zu haben. Ein Sängerleben, das die Spanne von Barock über Farinelli und die erste deutsche Oper bis hin zu Mozart mitgestaltet hat! Selbst ein Caruso kann so was nicht von sich

sagen, von Pavarotti ganz zu schweigen. Schade, dass wir seine Art, Arien zu interpretieren, heute nicht mehr wirklich rekonstruieren können. Dennoch ist in der Stimmführung von »Torna la pace« aus dem »Idomeneo« noch etwas zu spüren von dem konstruktiven Konflikt zwischen der alten Raaff'schen Welt der Triller und Verzierungen und der mozartischen Welt, die den Selbstzweck dieser Virtuosismen zugunsten einer klaren musikalischen Aussage verneint.

Gebrauchsanweisung

Wer ins Konzert geht, ist kein Einfaltspinsel, aber so ganz Experte ist auch kaum einer. Was also liegt näher, als einen Konzertführer zu schreiben, der endlich mal klar ausspricht, was Sache ist: Wo kann ich schlafen, wo sollte ich wach sein und worum geht es bei dieser oder jener Symphonie überhaupt? Wie bei guten Köchen auch, sollte obendrein etwas über den Komponisten zu erfahren sein und darüber, wie seine »Gerichte« bei Zeitgenossen angekommen sind. Daneben selbstverständlich auch etwas über ihre genaue Zusammensetzung. Weil wir in einer Zeit der Relativierung von allem und jedem leben, schließt sich eine klare Gesamtwertung an, die »Sterne« eben.
Im Einzelnen heißt das, dass in jedem Werk folgende Rubriken zu finden sind:

1. Komponist
Hier steht was zu seinem Lebenslauf.

2. Entstehungszeit
Hier wird geschildert, wie es zu dem Werk kam.

3. Uraufführung
Hier steht, wann das war.

4. Erfolg
Hier steht, ob die Uraufführung erfolgreich war oder nicht.

5. Anekdoten
Hier steht Amüsantes oder Kurioses um Uraufführung oder Werk.
Damit ist der biographische Teil abgeschlossen.

Es kommt der Teil, der sich mit dem Werk befasst:

Gebrauchsanweisung

6. Sätze

7. Dauer

8. Besetzung
Hier steht das, was die Überschriften sagen.

9. Hits
Hier steht, wo man wach sein sollte.

10. Flops
Hier steht, wo man schlafen kann oder wo der Komponist danebengelangt hat.

11. Obacht
Hier steht, wo die gefährlichen Stellen sind.

12. Es meinen
Hier steht, was andere zum Werk oder zum Komponisten gesagt haben.

Unter der Rubrik »Beikircher rät« können Sie etwas darüber erfahren, wie man mit dem Werk umgehen kann.

13. Anlass
Hier steht, zu welchen Anlässen das Werk passt.

14. Nutzung
Hier steht, wie man es nutzen kann.

15. Auto
Hier steht, ob und wie es fürs Auto taugt.

16. Pausen-Talk
Hier steht, was man so in der Pause hört oder was man in der Pause von sich geben kann.

Unter der Rubrik »Gesamtwertung« sind zwei Abteilungen:

17. Technische Bewertung
Hier steht, wie schwer das Werk ist.
1 bis 3 Hörner ist die Punkteskala.

18. Gesamt
Hier steht, wie gut das Werk ist.
1 bis 3 Dirigierstäbe mit Attribut ist die Skala.

Inhalt

Vorwort
9

Einleitung
11

Der Dirigent
15

J. S. Bach · Brandenburgische Konzerte 1–6
21

W. F. Bach · F-Dur-Symphonie Falck 67
30

F. J. Haydn · Symphonie Nr. 94 G-Dur
35

W. A. Mozart · Symphonie Nr. 40 g-moll KV 550
44

W. A. Mozart · Symphonie C-Dur »Jupiter« KV 551
54

W. A. Mozart · Klavierkonzert B-Dur KV 595
60

L. v. Beethoven · Symphonie Nr. 3 Es-Dur op. 55
66

L. v. Beethoven · Symphonie Nr. 5 c-moll op. 67
79

L. v. Beethoven · Symphonie Nr. 9 d-moll op. 125
93

L. v. Beethoven · 5. Klavierkonzert Es-Dur op. 73
110

L. v. Beethoven · Violinkonzert D-Dur op. 61
118

N. Paganini · Violinkonzert Nr. 2 h-moll
126

G. Rossini · La gazza ladra Ouvertüre
141

F. Schubert · Symphonie Nr. 7 h-moll D 759
152

F. Schubert · Symphonie Nr. 8 C-Dur D 944
165

F. Mendelssohn Bartholdy · Symphonie Nr. 3 a-moll op. 56
175

F. Mendelssohn Bartholdy · Violinkonzert e-moll op. 64
188

R. Schumann · Symphonie Nr. 4 d-moll op. 120
197

R. Schumann · Klavierkonzert a-moll op. 54
214

F. Liszt · Klavierkonzert Nr. 1 Es-Dur
228

M. Bruch · Violinkonzert g-moll op. 26
245

G. Bizet · L'Arlésienne Suite Nr. 1
264

A. Dvořák · Symphonie Nr. 9 e-moll op. 95
279

M. Ravel · La valse
293

M. Ravel · Boléro
302

Anhang: Anton Raaff
311

Gebrauchsanweisung
321

Inhalt
324

Register
327

Register

Aal	203
Abort	87
Abrissbirne	266
Abspeckübungen	63
Aerobicstep-Kurs	29
Akzeleration	36
Albatros	19
Algen-Kur	116
Alleen	28
Altbierglas	90
Altbier-Trinker	62
Altstadt	217
Altsteinzeit	129
Ampel-Gesichtspunkt	16
Anapäst	28
Anatomen	54
Anti-Bourgeois	303
Äpfel	180
Aprilnarr	35
Arm, nebenbei	283
Arrest	21, 22
Audi 100	262
Aufprall	42
Ausbeinen	280
Ausschweifungen	21
Austern	208
Autogenes Training	42
Bäckermeister	166
Bagger	266
Ballermann 6	203
Band, nächster	236
Bauopfertod	45
Beatles, The	253, 260
Beefsteak	236
Beethovendenkmal	204
Beichtvater	231
Beischlaf	214, 217
Bewegungsmelder	50
Bier, braunes	70
Bier, Pilsener	279
Bierkutscher, böhmischer	283
Bildungslücke	231
Billard-Spieler	178
Blaskapelle, Südtiroler	41
Blechschaden	42
Bleifuß	225
Bleyfeder (Bleifeder)	100
Blutdruck	286
Bluthochdruck	286
Bratschenstuhl	281
Bratschentrauma, *das*	194
Bratschenwitze	171
Breitohren	54
Brillengläser	138
Bruichladdich	185
Buchstaben, die fünf	314
Bühnensicher	130
Bundesgartenschau	58
Burgunder	226
Büttenrede	48
Cannabis	317
Caruso, rheinischer	311
Catarakt	48
Chambertin	72
Chanson	255
Clayderman-Zückerchen	224
Cocktails	284
Coincidentia oppositorium	164
Cola, Dose	230
Concha	54
Crescendi, raffinierte	149
Damen, erschrockene	38
Donna, Seconda	143
Dreierpack	47
Eiffelturm, kleiner	89
Eine, das	205

Einrichtung, gediegene	99
Elfmeter	34
Elfmeterschießen	163
Elixier Leroy	135
Ente, getrüffelte	133
Entlassungsgesuch	22
Erinnerung	308
Erschrecken	158
Eselsgeschrei	128
Experte, *der*	114
Faule, der	144
Fehlgeburt	144
Feuersteinwerkzeuge	129
Feuerwehrball	283
Fiaker, Wiener	134
Finger, gefaltet	129
Finger, waschen	189
Fisch im Zeitungspapier	45
Fleischer	280
Format, großes	251
Frage, beunruhigende	106
Franzose	270
Fremdliteratur	128
Friedhof	198
Frieselfieber, hitziges	46
Frühlingswirbel	170
Fugenfinger, Bach'sche	176
Führungsprinzip	22
Fußtruppe	172
Gassatim	36
Gassenhauer	255
Geburtstag	141
Gentleman	178
Gesäge, teuflisches	217
Geschirr-Abtragen	42
Gesellenbrief	280
Gespenstergeschichten	202
Giftmischerei	46
Giraffe	134
Glatze	148
Gnadenbrot	315
Grabrede für Beethoven	118f.
Gräupchen	203
Gravitationslinse	229
Greenpeace	72
Großstadtkind	155
Gurkenmaske	29
Hände, bewegliche	232

Hände, fleischige	110
Hätz, et kölsche	247
Hausfreund	42
Hefeschnaps	21
Heiduckenuniform	21
Helix	54
Hintertreffen	17
Hiram-Abzeichen	45
Hofluft	81
Hopfenstange	68
Hotelzimmer	234
Hund, armer	264
Husar	203
Immerhin, Freikarten	266
Improvisation	30
Internet	27, 46
Ja und nein	45
Kaffeebaum	202, 203
Kaffeehaus, Wiener	282
Kaffeetrinken	21
Kaiserpinguine	19
Kalbsschultern	280
Karnevalsdienstag	23
Karnevalsoper	317
Kastraten	36, 145
Kiel	23
Kinderberuhigung	123
Kistchen	80
Kleid, gut gemachtes	316
Klöchen	87
Komitee zur Durchführung der	251
Komödienstadel	273
König von Westphalen	85
Kopfschlächter	91
Krallern	144
Krawattenbinden	63
Kreißsaal	15
Kreuz-Wibbel-Stich	26
Kuhhaut	79
Kulturpolitik	216
Kunstmelodien	254
Kurzstrafiger	22
Kutsche	178
Kutscherbock	307
Landesgartenschau	58
Langohren	54

Läppchen	54	Polarstern der Poeten	177
Lärm	177	Postschiff	34
Laternenanzünder	66		
Lazarett	296	Quartals-Kreative	199
Liberté, la	89		
Lichtbilder	105	Rakete, Mannheimer	48, 89
Liebling, Mamas	293	Rätselhaftigkeit	293
Liederjan	206	Raufereien	199
Lotterleben	32	Rechenbuch	219
Love-Parade	43	Rechnungsbuch	217, 220
		Regimentsmarsch	281
Maccaroni	145	Reisebüro-Musik	173
Mälzelmetronom	73	Revolutionäre, politische	156
Manschettenknöpfe	17	Richmodis-Haus	246
Maria Stuart	184	Rindertotenlieder	173
Marionettenopern	37	Rizinusöl	144
Markenzeichen	170	Rohrspatz	249
Meckenheim, Autobahnkreuz	311	Rosenmontag	216
Mehlschöberl	101	Rosenmontagszug, Kölner	172
Mehrfachvermarkter	70	Rossebändiger	100
Melker	18	Rotznasen	189
Menschenrechte	72	Rückgabe	268
Mietskaserne, Berliner	246		
Mist	267	Samtjacke	127
Mitschöpfer	17	Sarg	229
Monnemme	48	Sattelschlepper	52
Motorrad	37	Schande	264
Mozart-Alter	267	Scharade	66
Musik, die stinkt	252	Schilcher	166
Musikverein, steiermärkische	159	Schlager	255
		Schlangenbeschwörer	132
Nachtkleider	100	Schlendrian	199
Nähmaschine	26	Schnabel	153
Napoleons Penis	55	Schnitt	36
Nieren	162	Schnulzen-Robbie	201
Nippes	303	Schrittmacher	28
Notenbank	30	Schulter, kalte	82
Noten-Lese-Plackerei	265	Schürmann-Bau	51
Null, große	235	Schützengraben	300
		Schwammerl	152
Oben	67	Schwein	176
Ohrenindex, Schwalbe'scher	54	Seitensprünge	112
Oktoberfest, erstes	197	Sekundenschlaf	300
Ozeandampfer	284	Seriennummern	284
		Shetland-Pony	184
Paraphrasierung	240	Sommerurlaub	180
Parodien, feine	269	Sonnenjüngling	205
Päuschen	88	Souffleur	195
Pausen, Durchhalten der	161	Sound, ungewöhnlicher	274
pfeifen, mit-	25	Spargelschäler	122
Piano recital	234	Spazierstöckchen	302

Spielmann	35	Vanitas	237
Spottvers	88	Vater, allein erziehender	133
Spunde	50	Verbot, polizeiliches	259
Stammkunden	156	Verklärung, süßliche	153
Stiefel	197	Versilbern	32
Stiefzwilling	223	Verwechslungen, wilde	279
Stop-and-go-Verkehr	42	Viergroschenprozess	199
Stradivari-Viola	135	Viermäderlhaus	165
Straßenjungen	100	Violine, umgekehrte	120
Sub-Woofer	243	Volkshochschulausgabe	43
Syphilis	134, 166, 202, 218	Volksmelodie	254
		Wartezeit	62
Tannenzapfen	19	Wasser, Zuber	100
Tanzstunden	279	Wasserhahn, rostiger	129
Tasten-Callas	201	Wasserlachen	100
Tatraplan	291	Wechselkurse	83
Taufurkunde	126	Weg, der rheinische	248
Tellerwäscher	68	Weiberfeind	37
Tenor, Counter-	306	Weight-Watchers	63
Teppich, roter	192	Windbeutel	177
Thalia-Theater	273	Wohlstandstrinker	80
Theaterintrigen	179	Wohltätigkeit	45
Thürklinke (Türklinke)	159	Wohnungen in Wien, Beethovens	93–99
Tic douloureux	31	Wunderkind	190, 191, 201, 229, 246f., 265
Tintenfeucht	143		
Todesrausch	299	Würde	143
Todl	35	Würstel	70
Trägheitsgesetze	50		
Tragus	54	Xanthippe	37
Trampolin	18		
Trauring	220	Yellow press	132, 165
Triefaugen	105		
Tristan-Akkord	239	Zahnausfall	134
Trödler	99	Zaubergarten	303
Trostpflaster	169	Zehenspitzen	200
		Zeit, gute alte	36
Übertreibung	154	Zentrum allen Hasses	252
Unten	67	Zeppelinluftschiff	257
Untergang, Lust am	297	Zigarrendreher	15
Untermalung	23	Zuber, Wasser	100
Urlaubs-Stau	107		

Konrad Beikircher
Et kütt wie´t kütt
Das rheinische Grundgesetz

Gebunden
Mit einem Vorwort von Johannes Rau

Beikirchers liebevoll entlarvende Beschreibungen des »Rheinländers an sich« – inzwischen ein Klassiker nicht nur für Heimathirsche.

»Der Meister sprüht nur so ...« *Kölnische Rundschau*

www.kiwi-koeln.de

Konrad Beikircher
Und? Schmecket?

Eine kulinarische Reise durch das Rheinland
Mit Rezepten von Anne Beikircher
Gebunden

Riechen tut sie gut, schmecken tut sie auch gut – die rheinische Küche. Das rheinische Leben an sich ist ja so wundervoll leicht und tänzerisch – da sollte auch die Küche mithalten können.
In »Und? Schmecket« hat sich die exzellente Köchin Anne Beikircher vorgenommen, die rheinischen Rezepte, mit denen sie in Bonn aufgewachsen ist, ein wenig zu entschlacken und zeitgemäß zu präsentieren. So sind Rezepte entstanden, die auch »de Frau Doktor« kochen kann und mit denen sie bei ihren Gästen prima dasteht.
Konrad Beikircher erzählt dazu Geschichten aus dem Rheinland, die den Genuss vortrefflich abrunden und ein Buch entstehen lässt, nach dem man auch kochen kann.

www.kiwi-koeln.de

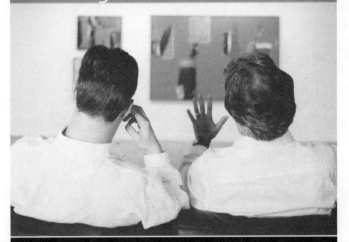

Die Konzertführer auf CD!

Gelesen von Konrad Beikircher, mit umfangreichen Musikbeispielen

Andante Spumante
Ein Konzertführer
Mit Musik von Bach, Haydn, Mozart, Schumann, Beethoven, Dvorák, Schubert, Mendelssohn Bartholdy, Ravel, Rossini u.a.

5 CDs im Schuber
ISBN: 3-936186-10-3
Vertrieb Tonträgerfachhandel:
Universal Classics

Scherzo furioso
Der neue Konzertführer
Mit Musik von Vivaldi, Chopin, Bruckner, Brahms, Tschaikowsky, Debussy, Prokofjew u.a.

5 CDs im Schuber
ISBN: 3-936186-38-3
Nur im Buchhandel erhältlich

tacheles!/Roof Music GmbH
Prinz-Regent-Str. 50-60 · 44795 Bochum
Tel.: 0234/29878-0 · Fax: 0234/29878-10
mail@roofmusic.de · www.roofmusic.de

Weitere Beikircher-CDs bei tacheles!/Roof Music:

Ciao Ciao Bambina
Konrad Beikircher singt
italienische Lieder der 50er
und 60er Jahre u.a. von
Buscaglione und Modugno.
ISBN: 3-933686-73-3
Indigo Best. Nr. 98972

Pinocchio
von Carlo Collodi
Lesung mit Musik
ISBN: 3-933686-90-3
Indigo Best. Nr. 08522

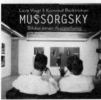 

Mussorgsky
Bilder mit literarischen
Annäherungen; Texte von
Wilhelm Busch, Heinrich
Heine u.a., gesprochen
von Konrad Beikircher,
Klaviermusik: Lars Vogt.
ISBN: 3-936186-15-4
Vertrieb Tonträgerfachhandel:
EMI Classics

...und sonst?!
Der 7. Teil der rheinischen
Trilogie - jede Menge Anekdoten
und Weisheiten
ISBN: 3-936186-20-0
Indigo Best. Nr. 19502

Außerdem im Programm:
**Nee...Nee...Nee
Wo sie jrad sagen
„Wie isset?...Jot!"
Himmel un Ääd
ja sicher!**

tacheles! ROOF MUSIC
tacheles!/Roof Music GmbH
Prinz-Regent-Str. 50-60
44795 Bochum
Tel.: 0234/29878-0
Fax: 0234/29878-10
mail@roofmusic.de

Weitere Infos unter:
www.roofmusic.de

Im gut sortierten Buch- und
CD-Fachhandel erhältlich